社会企业创立指南

Do Good Well

Your Guide to Leadership, Action, and Social Innovation

尼娜·瓦萨（Nina Vasan）　珍妮弗·普舍贝洛（Jennifer Przybylo）◎著
刘曼红　刘小兵　申长江　董伟国◎译

中国人民大学出版社
·北京·

献给我的家人，是你们让我热爱社区。

献给我的社区，你们爱我如家人。

——尼娜·瓦萨

献给我的母亲和父亲——你们是世界上最富爱心、

最能给予支持、最无私的父母。

——珍妮弗·普舍贝洛

译者序一

刘曼红①

我与尼娜和珍妮弗初次会面是在 2015 年深秋，在斯坦福大学附近的一家餐厅，见面后我才意识到亚马逊名列前茅的畅销书作者竟是这么两位充满朝气的年轻女医师。此次交流给我留下深刻印象，亦是我力主翻译此书之缘起。

初读《社会企业创立指南》，感觉耳目一新。与大多数创业指南书籍不同，这本书旨在指导那些希望为社会作出贡献的年轻人，如何帮助社会弱势群体，解决环境污染问题，致力于保护稀有动物，等等。这种愿景固然美好，如何实施则是一个现实问题。大量案例研究为本书的特色。例如，作者以拯救海龟为例，探讨了实施路径：切实可行，量力而为，脚踏实地。

实现美好理想可取道于非营利机构或社会企业，而后者将公益目的与商业运作手段相结合，利用商业原则解决社会问题，改变了人们固有的公益与盈利相对立之概念，而这些特征是社会企业在世界各国蓬勃发展的原因。社会企业最大的优势在于其可持续性：以盈利维持社会目标，变施舍为能力之赋予，为社会做好事也为自己创造物质利益。获得金钱时又获得精神满足，何不乐哉。

本书探讨了生物之间三种不同关系：(1) 寄生：一方获益，另一方受损；(2) 偏利共生：一方获益而另一方没有受损；(3) 互利共生：双方都获益，共生共赢，以达到 1+1>2 的社会效果。最后一种关系正是社会企业成立之根基。书中还探讨了社会企业的各种融资渠道。基于多年研究经历，我自然偏好社会企业的股权融资：社会创效投资（impact investing），也称为社会责任投资，包括风险投资、天使投资

① 中国管理现代化研究会风险投资专业委员会首任主任委员；中国人民大学教授，博士生导师；国际生态发展联盟联合创始人，国际执行主席；中国天使投资联盟联合创始人。

及其他股权投资。本书基于对风险投资家的采访，分析风险投资对于社会企业的投资问题；考察企业的盈利能力之外，重视企业社会效益，诸如环境问题、社会弱势群体的扶持问题。它仍然是一种投资，经济回报仍为基础。然而经济回报不是唯一目的，它同样重视或更重视社会环境回报。

经过两年多的努力，《社会企业创立指南》中文版终于与读者见面了。我相信中国读者将会像美国读者一样喜欢这本书。希望这本书有助于那些对于自己的人生充满理想与憧憬、愿为社会做些贡献的年轻人，那些令人称誉的社会企业家。在此感谢所有参与本书翻译的人员：本书译者及邱昱翔博士、王佳妮博士、陈苏博士等。也衷心感谢一直默默支持我，对社会有着强烈责任心的周松堦先生及香港致富集团的全体同仁。

我将这本书赠予我的外孙女刘孟洋（Tesla Elise Montgomery）及外孙毛晓勇（Alistair Joseph Montgomery），希望他们成长后也能为社会做些有益的事情。

译者序二

申长江①

在全球，饥饿、失学、歧视、疫情、贫富差距、环境污染以及气候灾害等问题层出不穷。幸甚，一群富有社会企业家精神的群体正努力弥补社会发展过程中伴随而来的断层。诚如本书作者所述：社会责任时代已到来。

党的十八大报告指出："和谐社会靠全社会共同建设，我们要紧紧依靠人民，调动一切积极因素，努力形成社会和谐人人有责、和谐社会人人共享的生动局面。"党中央根据我国经济社会发展的新态势、新特点，与时俱进地倡议构建社会主义和谐社会；从全面建设小康社会、开创中国特色社会主义事业新局面的全局出发，明确提出构建和谐社会的战略任务，并将其作为加强党的执政能力建设的重要内容。

在中国，和谐问题自古即受到众多先哲的关注。追求和谐，崇尚和美，成为中华传统文化的核心理念和根本精神。春秋时期有"和实生物，同则不继"（《国语·郑语》）的观点。《说文解字》解释：和，相应也；《尔雅》解释：谐，和也。《中庸》中的"致中和，天地位焉，万物育焉"，以及《周礼·天官·大宰》中的"以和邦国，以统百官，以谐万民"等也对和谐做了深层的阐释。

《礼记·礼运大同篇》提到："大道之行也，天下为公，选贤与能，讲信修睦。故人不独亲为亲，不独子其子，使老有所终，壮有所用，幼有所长，鳏寡孤独废疾者，皆有所养。男有分，女有归。货恶其弃于地也，不必藏于己；力恶其不出于身也，不必为己。是故谋闭而不兴，盗窃乱贼而不作，故外户而不闭，是谓大同。"文中描绘了一幅"贤者主政，相亲相爱，人人劳动、各司其职、各尽其力、各得其所，路不拾遗、夜不闭户"的和谐社会景象。实现社会和谐、建设美好社会始终是人们

① 中国生产力促进中心协会常务副理事长、秘书长。

孜孜以求的社会理想。

现代社会以社会分化为主要特征。按照社会学的观点，社会分化是指社会结构系统不断分解成新的社会要素、各种社会关系分割重组最终形成新的结构的过程。在全面建成和谐社会的过程中，多元化的社会组织可以协助支撑其转型过程中的社会需求。社会和谐的根本要旨是公平与效率之间关系的组织协调，社会公平体现在社会资源的分配，例如就业机会、财富分配、教育、社会安全与保障、各社会群体的参与以及对弱势群体的保护等方面。为此，人们始终在寻求公共产品和社会公共利益保障的最佳模式。

社会企业为调节公平与效率之间的关系提供了社会福利事业组织模式的新选择。远景、使命与价值是区分社会企业与一般企业的三大指标。不同于非营利组织与一般企业，社会企业从一开始就与产业及市场连接，注入共好、共享的社会价值，将盈余再次投入社会公益之中，进而将社会大众福祉与企业发展目标合而为一。

我们认为社会企业是和谐社会发展组织链上的一环，是一种公共组织变革——以社会公益与商业行为互动的组织运行模式。社会企业的双构性决定了其组织行为具有经济性和社会性双重功能。在社会经济领域，社会企业是商业经济和公益经济的主体，它利用社会福利政策支持下的企业、市场和社会三个维度结合的变革组织，建构了以社会公益目的和企业商业战略为共同特征的实体，它所具有的双重功能在和谐社会发展过程中起着无可替代的链接效用，它的产生亦具有组织与制度创新的时代意义。

构建和谐社会既要从宏观上执持亦要在微观上贯彻。社会企业作为微观主体的一部分，期望通过本书介绍的社会企业创立指南，培养社会企业创业者的社会企业家精神，进而有利于和谐社会的构建。社会的和谐发展将为社会企业家提供机会与可能，社会企业在其发展过程中又为社会提供多元的就业机会选择、更好地履行社会责任、改善社会风气以及为其他形态企业发挥典范效应。与此同时，社会企业家在其企业发展过程中所坚持的理念有助于改善社会的管理文化、优化社会功能、解决社会问题，他们亦成为构建和谐社会体系的中流砥柱。

中文版序言

对我们来说，将《社会企业创立指南》带给中国读者既是一种巨大的快乐，也是一种不可多得的机遇。我们很高兴与中国读者分享我们的工作成果，当然这也是为本书作出贡献的许多人的工作成果。希望读者受到启发，学到新的东西，并因为我们的努力而改变自己的思维方式。这本书的机缘来自采取行动和领导创新。有机会阅读本书只是您旅程的开始，希望它是您在中国和世界其他地区产生积极影响的催化剂。

这本书的英文名称是“Do Good Well”。它是两个具有相同含义的英文单词“Good”和“Well”的组合，“Good”意指帮助他人的工作，如义工服务和社会企业家精神等，“Well”旨在强调有更好地完成这类工作的方法。这本书是如何更好地做到这一点的指南。

我们希望《社会企业创立指南》有助于您塑造自己在社会中的角色及您利用自己的才能对社会产生影响。最重要的是找到您的目标和愿望，并为此付诸行动，成为中国社会创业的领导者。

自《社会企业创立指南》2013年出版以来，我们一直乐于听到世界各地使用该书的人们的反馈！我们听说过教育工作者使用本书培养学生的社会企业家精神、领导能力、服务和创新能力。我们经常见到读过这本书的学生和年轻人将其作为启动创业或非营利组织的指南。他们正在解决诸如获取清洁水、贩卖儿童和毒品成瘾等棘手问题。现在，我们期待收到您的回复并了解您如何使用《社会企业创立指南》来解决问题并让世界变得更美好。

将这本书从梦想变为现实是一项耗时超过五年的工作。我们感谢所有参与这一旅程的人，感谢您的善意、承诺和热情，感谢香港理工大学管理与营销系的伊斯拉尔·库雷希（Israr Qureshi）教授、朱志贤先生及黄亮先生。

感谢香港理工大学胡罡教授首先萌发了将这本书翻译成中文的想法，并把《社会企业创立指南》的灵感、知识和想法带到了中国。将厚厚的英文原著翻译成中文版是一项繁重的工作——这要感谢中国人民大学刘曼红教授、刘小兵博士、申长江先生、董卫国先生组成的翻译团队，以及邱昱翔博士、王佳妮博士、陈苏博士等人的协助和支持。

为了最终能呈现出最好的译著，刘曼红教授付出了巨大努力，是《社会企业创立指南》这本译著的最大功臣。她将胡罡教授的愿望变成了现实，为此组建了一个翻译团队，与美国两位作者进行沟通协调，并找到了中国人民大学出版社作为本书的出版商。谢谢刘曼红教授牵头努力把《社会企业创立指南》带到中国！

尼娜·瓦萨博士

于加利福尼亚州旧金山

珍妮弗·普舍贝洛博士

于马萨诸塞州波士顿

自　序

本书是如何开始创作的

2002年5月，我们两个人在华盛顿举办的保诚社区精神奖颁奖大会上初次见面，很荣幸可以和全美其他优秀的年轻志愿者一起获得这一奖项。尼娜来自西弗吉尼亚州的维也纳，因发起成立美国青年抗癌协会而获奖。美国青年抗癌协会是一个全国性的青年志愿者组织，致力于让美国抗癌协会的学生志愿者认识到自身作为领导者的潜能，并激励他们一起努力找到提升社区健康水平的创造性解决方案。珍妮弗来自伊利诺伊州的林肯坞，以创造性的工作帮助避难所中的居民获得工作和经济独立。

我们发现身边来自全美各地的学生创立了许多具有开创性的非营利组织和社会企业，他们积极开展活动，为社区带来了持久性的改变。这个拥有多样化背景、兴趣和经验的学生群体令人印象十分深刻，合作的潜力显而易见。虽然那时我们有把这些青年领导者聚在一起的一些想法，但没有一个想法看上去很合适。

2004年，已是大二学生的尼娜应明尼苏达大学社会工作学院及教育与人类发展学院的吉姆和帕姆·图尔的邀请，在全国服务学习大会上发表演讲，并分享了她作为一名青年社会企业家的经验。一位出版商问她有没有兴趣把演讲中的观点写成一本书来指导孩子们发展领导力。

尼娜非常喜欢这个主意。多年来，她收到了许多封来自学生、家长、学校和一些机构寻求帮助的电子邮件——他们都想为这个世界带来一些积极的影响，却缺乏必要的指引。不难发现，尽管这种需求很迫切，但并没有很好的资源。尼娜认为，当时是大一新生的珍妮弗应该对这个项目有同样的热情，所以她找到了珍妮弗。

我们在讨论这本书的可行性时，显然不只是关注孩子们有这方面的需求。我们的很多同学和朋友也很想做一些有意义的事来造福社会，却不知道该如何着手。我们坚信如今的学生群体和年轻的专业人士需要一本实用、有趣并且真实的手册来指导他们进行社会变革，于是开始迎接这一挑战。

本书是如何完成创作的

这本书可以说是坚持多年、充满爱的劳动成果。尽管本书一再进行重大调整并几易其稿，但它最初的愿景始终未变：为那些致力于为这个世界做有益之事的人提供实用性的指导，让他们不仅能做有益之事，而且力求精益求精。我们需要这样一个工具，它不仅能解答本书开始创作时的问题，还能解答在解决社区难题时持续出现的问题。在本书的创作过程中，犯错是经常的，而且通常只有通过不断地试错最终才能找到正确的方向。在寻求社会企业创立指南的过程中，我们意识到缺少一个至关重要的部分，即一个实际框架。这启发我们创造了进行社会创新的简单三步法。三步法以个人经验为基础，同时也以在企业、非营利机构、社区行动和领导力等领域创新的学术研究为基础。根据在学习时自身的需求，我们致力于让本书的形式充满乐趣并富于互动性，给读者一种在现实生活中向同龄人寻求建议的感觉。我们希望本书不仅能激发你，而且能提供实用的甚至是具体的步骤来帮你把理想中的抱负转化为触手可及的现实解决方案。在校学生希望这本书可以画重点、做笔记并进行个性化学习。在了解多样化的需求和学习方式后，我们努力让本书可以方便地阅读——无论你是躺在床上休闲、在学校学习，还是和你的团队工作。

我们是在社区精神的指引下开始本书的创作的，也是在社区精神的激励下完成了它。极其幸运的是，我们团队招到了一群出色的年轻领导，跟他们合作是我们的无上荣幸。他们是我们极为尊重和敬仰的同辈，是杰出的梦想家和无畏的先驱者。他们用自己的工作和引领生活的方式真正地体现了什么是社会企业。一路走来，他们是我们的伙伴，并且将在未来继续激励我们。他们是使这个世界变得更好的有力证明。他们的慷慨投入和坚定支持令我们倍感渺小，他们是：纳撒尼尔·惠特莫尔、乔纳森·马里诺、凯瑟琳·克莱姆、麦肯齐·罗瑞、阿莉娅·惠特尼·约翰逊、丹尼尔·邹赫必、威廉·黄、利丽克·陈、莎拉·克兰曼、欧内斯廷·福、梅戈·苏里文、莱克西·塔巴彻尼克、莫娜·琼斯·罗曼斯克、拉夫内特·考尔、特伦特·韦弗、费布·迈耶斯、阿曼·拉拉、凯利·科特、尤里·布鲁施特恩、珍妮弗·卡斯滕、艾米·丁、希巴·马修、麦克斯·诺文德斯特、安妮·隆、信·大名、瑟加尔·哈蒂、肖恩·赫尼斯、亚历山大·米塔尔、维诺德·南布迪里、克里斯蒂娜·

亚当斯、尤妮斯·比勒、迪维亚·里尼瓦桑、理查德·罗斯得福、丹尼尔·匹克、恰斯·泰勒、图瓦·雷赫尔、苏代·泰尔、珍妮特·费彻伯格、达拉·马萨奇、艾莉森·科恩、斯科特·沃伦、谢尔·泰尔、亚丝明·曼德维瓦拉、夏利尼·帕尔马、利拉·玛卡热齐、科里卓·威尔克、安娜·欧菲特。

我们也十分感激编辑艾琳·努尔。一直以来，艾琳是我们最有力的支持者和指导者。如果没有她的支持和信任，我们永远都无法把这本书从梦想变为现实。我们要感激整个乔西-巴斯/威利出版团队，他们是：保罗·福斯特、凯茜·马伦、安尼萨·达文波特、艾莉森·诺尔斯、迈克尔·库克、萨曼莎·鲁本斯坦、贝弗莉·米勒、宝拉·戈德斯坦、理查德·谢泼德。我们还要对以下人士深表感谢：文学作家之家的苏珊·科恩，她在最初就看到了这本书的潜力，并鼓励我们坚持到底；伊丽莎白·普舍贝洛（也就是珍妮弗可爱的妈妈），她的文字编辑能力如魔法一般；丹尼·摩尔多瓦，他非常慷慨地将 dogoodwell.org* 这一域名分享给了我们；利丽克·陈，这位亲爱的朋友扮演了非常独特的角色，她在为这本书提出策略的同时，与我们合作编写了一本关于年轻女性领导力的姊妹篇图书。

在此，我们也想对几位特殊朋友表示感谢，它们是：微软 Word 软件的追踪修订功能、谷歌文档以及 Skype 屏幕共享功能。

我们刚开始创作这本书时，这只是一个出于激情的小项目，纯粹是源于我们自身对领导力以及社会变革的热情。那时，我们从没有预料到近年会发生如此大的变化，也没有预料到一个属于社会责任的新时代即将到来。我们为生活在这样一个时代而倍感幸运——这个时代赞扬并鼓励创造、创新和企业家精神。当这些可以用来解决当地和全球社区问题时，这种幸运感更强烈。有这样一些创新者，用他们富于创新性的工作激励我们，并用他们慷慨的支持来鼓励我们。生命里能有他们是一种幸运。他们是穆罕默德·尤努斯、比尔·德雷顿、艾伦·卡赛、宋诺·沙阿、南茜·卢布林、克里斯托弗·温西普、杰西卡·杰克雷、劳伦·布什。

社区精神激发了本书的创作，支撑了本书创作的全过程并最终使其得以完成。在未来，社区精神仍将会是本书不断完善的动力。所以，我们要向作为读者的你致谢！感谢你珍视并努力建设你自己的社区，感谢你在未来的行动和领导中发扬这一精神。

---

* 本书英文名的 org 域名。——译者

前　言

我们正处在一场前所未有的变革中。这场变革没有硝烟，没有独裁法令，没有政府运动，甚至连对手的影子都没有，但当我们坚定地拥抱社会责任这个将定义我们这一代的价值观的概念时，一场文化转型就此开始。

与大多数变革一样，那些鼓励绿色出行、采购本地食材和重视教育的先驱者推动了社会责任时代的到来。这场变革同样也拥有它的大众英雄，比如：比尔和梅琳达，巴拉克和米歇尔，安吉丽娜和布拉德。但这场变革的不同之处是，社会责任时代并不是由巨资、政治领袖或者对名人的崇拜驱动的。这场变革的力量就蕴藏在普通大众之中，我们拥抱这一运动并投身其中，通过具有社会意识的选择和行动来默默地引领变革。如今这场运动取得了一定的成果，下一代领导者将会像你一样，接受使命的召唤，领导变革，组织集体行动，接受甘地的挑战："你想要这世界怎么改变，你就自己先变成那个样子。"这场运动需要你的力量来推动。

为了响应号召并采取行动，你需要一个教练：一个不仅向你展示你应该做什么，而且告诉你该如何做以及如何做好的人。

翻开《社会企业创立指南》，这是一本支持理性的理想主义这一既简单又强大的理念的著作。这本书的核心是关于进步的一种新范例——一种关于社会创新的简易适用的方法，一种可以带来不同并改变世界的既实用又理想化的行动方案。这个方案简单易懂，而且可以灵活应用到任何想法并实施到社区改革当中，它以简单的三步来帮你开展有意义的行动：

(1) 做可行的事。

(2) 一同努力。

(3) 使之持久。

每一步都有详细的操作建议、达成最佳实践的工具、个人轶事和案例来帮你制定行动方案。我们从当代顶尖的创新家、企业家、人道主义者、行动主义者和公务员的共同经历里选取了多个实用的入门工具。这些工具可以教会你从筹资到发起一项运动再到注册成立一家 501(c)(3) * 型机构或非营利组织，帮你建立和改善你身边的社区。这本书能让你认识自己作为领导者以及进步推动者的潜力。它是你为实现积极改变而努力奋斗道路上的指引者。

接下来的内容是关于我们所处的这个社会责任时代更为详尽的论述，以及本书中很多重要概念和想法的描述。

时机：欢迎来到社会责任时代

我们现在所处的社会责任时代开始得悄无声息。起初的一些变化几乎难以察觉：绿色产品悄然摆上了当地超市的货架；有一个同学加入了全美教育行动；你最喜欢的“八卦”博客刊登了一些名人在联合国发言的照片。但在最开始时，所有的努力都是由少数理想主义者、社会正义倡导者做出的，比如穆罕默德·尤努斯（Muhammad Yunus）——创办孟加拉乡村银行，艾伦·哈泽（Alan Khazei）——创办城市年组织，比尔·德雷顿（Bill Drayton）——创办阿育王，吉姆·金姆（Jim Kim）和保罗·法默（Paul Farmer）——创办健康伙伴组织。为团结社区、增加机会以及拯救生命，他们提出了开创性的解决方案，是当之无愧的创新者。

不久之后，当你在超市购物时，可能突然发现可生物降解的清洁剂、草饲牛肉以及放养鸡蛋。当你获知曾经的同班同学将辞去一份轻松的工作去发展中国家工作时，你的反应不再是“哦，真是不可思议!”，而是“我应该把她介绍给在巴西运营小微金融项目的朋友”。你喜爱的那些公众人物——运动员、演员、音乐家、政治家和企业家——不只是在公益项目上挂名或者在慈善晚宴上摆个造型让媒体拍照，而是挽起袖子，和那些为低收入群体建造房屋和争取人权的组织一同努力。做有益社会的事迅速从令人敬仰的例外变成了意料之中的常态。

你为如下这些人富有创造性的工作而激动不已：南希·卢布林（Nancy Lublin），创办 DoSomething. org；索纳尔·沙阿（Sonal Shah），曾掌管白宫社会创新与公民参与办公室；谢乐尔·乌都（Sheryl WuDunn）和尼克·克里斯托夫（Nick Kristof），创办半边天组织。你很快意识到，做有益的事是这代人的激情所在，并由一些人引领：摇滚明星本·拉特雷（Ben Rattray），他创办了 Change. org——世

* 501(c)(3) 为美国税法的一个条款，其具体含义在本书第 39 章会介绍。——译者

界上增长速度最快的服务社会变革的平台；劳伦·布什（Lauren Bush），她是标志性“喂养袋”的模特和设计者，一个袋子可以供养一个饥饿学童一年；杰西卡·杰克林（Jessica Jackley）和马特·弗兰纳里（Matt Flannery），年仅 20 多岁便创建了 Kiva. org，这个网站已经发放超过 1 亿美元的小微金融信用贷款。你的同龄人在世界各地引领变革，带来新的尊重人权、相信平等并共建社区的新时代。因他们的发声，你自觉渺小。这些卓有远见的人将社会责任从一时的流行转变成一种价值观，并向你发出了开始行动的强有力号召。

星星之火已经迅速发展为一场真正属于社会责任时代的文化变革。这是为什么？为什么是现在？答案在于环境、经济和政治三股重要文化暗流的聚集。

首先是绿色运动，我们日益认识到日常选择对社会、经济和环境产生的影响。通过对自我行为负责，通过“用我们的钱包投票”，我们可以增进环境的可持续性并要求企业履行社会责任。我们可以通过购买本地商品来减少碳足迹并支持小农场主的生意；可以在购物时不再使用一次性纸袋或塑料袋，而是改用可以重复使用的布袋；可以选择从那些开发混合动力或高燃油效能车型的公司购买汽车。绿色运动让我们认识到：尽管有关商业行为的政府法规对保护环境发挥着很大作用，但个人的发声也不容忽视，而且这些发声可以带来巨大的改变。

第二个促成当下社会责任时代的文化暗流是始于 20 世纪末期的全球经济衰退。面对高失业率、大规模破产和丧失抵押品赎回权，以及表现糟糕的股票市场，美国人勒紧了裤腰带并且攥紧了钱袋子。他们迅速地投入社区服务，志愿者队伍的数量一度打破纪录。[1]很多失业者开始把目光转向社区服务，这不仅能帮助别人，而且能让他们有效地利用空闲时间，通过在社区学到的技能找到新的工作。即便是无意寻找工作的群体（比如已经有工作的群体），志愿者的数量也在增加。[2]这很可能有以下几个原因：自己的处境相对较好，渴望帮助不幸的人；在困难时期更能体恤别人的难处；团结起来共克时艰的天性。经济衰退增强了社会对未被满足的需求的认知，并动员大家来满足这些需求。不仅个体发生了转变，很多公司也发起了一系列的行动来增强企业的社会责任感，并努力提供畅销的产品和服务来实现共同的价值观。

第三个对社会责任时代的开端起到至关重要作用的因素在本质上是政治性的，它发端于 2008 年的美国总统大选。奥巴马的竞选活动激励了民众，特别是青年人，让他们不仅期待和要求变革，而且要成为变革的积极参与者。服务和社区行动变成了全国性话题的核心。奥巴马政府通过以下行动增强了公民服务的重要性：推动通过了具有里程碑意义的立法并创建了新的机构来提升和增强社会责任感，其中包括《爱德华·肯尼迪美国服务法案》（Edward M. Kennedy Serve America Art），这一法案创造了四个全新的服务机构以及白宫社会创新与公民参与办公室，该办公室致力于“将促进服务作为解决方案”。[3]让这一趋势更加强大的是，这并不局限于一个候选人或者党派。乔治·W. 布什、比尔·克林顿、乔治·H. W. 布什和吉米·卡特等前总统都投身于支持社会责任的基金会和行动。

绿色运动的成功让我们认识到：个体也可以带来有意义的改变；经济衰退让我们对身边的问题变得更为敏感，并且让我们知道可持续性对于社会进步而言是不可或缺的；白宫和好莱坞人士对社会责任的积极推动使做有益的事变得很酷。曾经仅局限于所谓“流血的心灵”的罕见社会责任行动，早已超越了流行阶段，成为我们文化里根深蒂固的一部分。

意识到社会责任的教育价值后，学校提出有关领导力和服务的要求，并逐渐尝试将社会变革融入课程。如今的学院和大学向学生们提供与创新、社会企业家精神、行动主义、社区发展、领导力和人权有关的课程、专业甚至学位。时代已经改变，并且世界正在回应这种改变。

《社会企业创立指南》是本书作者对这个激动人心并前所未有的时代的回应。我们希望，利用实用且适应性强的引领社会变革的方法来燃起理想主义的火焰。这本书可以帮助读者在良好意图和有效行动之间架起一座桥梁。如果能帮助你投入到正在我们身边展开的强大运动当中，还能让你参与到其演进和未来的领导中，对于我们而言也是一件幸事。

目的：社会进步

在倡导社会责任的新时代，我们的目的是进步，而非完美。作为一个全球社区，我们已经认识到，虽然每个人都希望实现世界和平，但它并非像一个扎着蝴蝶结的礼物那样很快就能来到我们身边。即便是超人也无法消除城市贫困或阻止全球变暖。

所以，与其执着于一个不切实际的乌托邦，不如将目光重新聚焦在更小的、触手可及的目标上，为世界带来实质性的改变。在本书中，你将会看到同样务实的思维方式。这就需要你日复一日、一点一滴地解决问题并推动社会进步。要做到这一点，具有社会责任感的公民要有所行动。行动可以是非常复杂的，如为发展中国家的农村创立一家提供清洁饮用水的公司；也可以是非常简单的，如选择购买可持续生产的本地食物。通过集体努力，个人行动的效力可以被放大。通过合作，我们可以联系更多的人，带来更大的改变，甚至让梦想变得更大。领导力和一致的行动可以促进社会进步，推进自由和平等，增加机会，进而使我们离理想更近一步。

工具：社会创新

社会进步的关键工具之一就是社会创新——新颖的想法、行为、方法、产品和服务，对于机构来说，要么改变我们对变革过程的思考方式，要么满足还没被满足的社会需求。最棒的是，社会创新可以来自任何人，发生在任何地点和任何时间。而这一切需要跳出定式思维并有决心。

尤其在今天，学生群体和青年人是社会创新的主要驱动力量。我们是创新的一代。对于我们来说，现在的推销方式已经完全改变，新的硬通货是影响力。我们并不畏惧挑战常态，不畏惧去问为什么事情是现在这个样子，并且敢于去设想更高效或更公平的可能性。此外，当代的社会创新有很多形式：可以是重新定义现有技术，可以是为一个经典的方法寻找新的用法，也可以是从头开始创造一个全新的产品或流程来解决社会问题。除了依靠慈善组织和非政府组织等传统的机构来孵化和提供社会创新外，我们已经找到了创新性的方式和政府进行合作，或者建立企业来推动达成我们的社会目标。一路走来，总的来说我们已经从商界（特别是初创企业）学到了很多重要的内容：建立责任感，实现效率最大化，强调社会企业的可持续性，以更好地确保社会企业长期健康高效。

《社会企业创立指南》赞扬当今时代的社会创新和企业家精神，并强调创造性和思考的多样性。它将全程指导你如何深入地研究问题，以及如何批判性地审视现有的解决方案。它将促使你在进行头脑风暴提出新的解决方案时进行宏大的、与众不同的、大胆的思考。本书也将向你介绍核心的经营理念、社会创新文化的基本信条，以及如何驾驭它们并带来持久的社会变革。

动力：你自己

可以肯定的是——你是促进社会进步的最重要因素。你——你的灵感、你的动力、你的信念——是将你的努力转化为你所在社区（不论这个社区是本地的还是国际的）持久变革的动力源泉。所以，对你自己有充分的了解至关重要，可以让你清楚自己的内在动机、最强优势、个人不足和最珍视的价值观。一旦对自己有了深刻了解，你就可以很好地发现身边的问题以及机会，解决这些问题或利用这些机会将为你带来极大的成就感，而这些问题和机会将与你独特的才能和个性高度匹配。千万不要低估正确地选择你所要解决的问题的重要性！因为你越是能从这项任务中得到满足，这项任务越是适合你，你成功的可能性越大。

本书第一部分的章节将帮助你更好地了解自己，弄清楚什么是最重要的，以及什么类型的事业和问题最能吸引你，从而帮助你完成人与问题这项至关重要的匹配。在这段自我发现之旅上，我们为你设计了很多练习来帮助你思考，突出关键的见解。第一部分还能让你看到所遇问题的各种可能性，让你建立一种思维模式，确保你在遇到适合自己的事业时可以识别出来。最后，你将学到如何深入研究你所要解决的问题，并通过头脑风暴来找到潜在的解决方案。

过程：《社会企业创立指南》的方法

如果有一套可以用来解决世界上所有问题的按部就班的指南就太棒啦！想象一下："只要从第一步做到第十步，你就可以终结世界饥饿问题，为 1 062 名女童子军筹得资金，并且能够把底特律从高失业率的困境当中解救出来……"遗憾的是，没有这样的万灵方案，因为现实世界的问题总是混乱而复杂的。当然，没有任何两个问题是一模一样的。解决一个问题所需要采取的步骤就跟这个问题本身一样独特。

想要高效地引领和促进持久的变革，你需要为所面对的挑战量身定制解决方案。虽然一套死板的指南没太大用处，但是拥有一个大体的行动方案、一个应用范围很广的灵活战略还是很有帮助的。本书的第二部分为你展现了这样一种方法论——一套用于促进社会进步的新颖范例，你可以将其应用在从保护环境到促进人权等各种问题上。尽管本书并不能预测你将遇到的每一个挫折，但是"善行有报"的方法将会突显成功的社会创新所必需的关键因素，确保你雄心勃勃地做有益之事的努力具有这些特点：有效、协同、可持续——让你能够精益求精。

这个方法很简单：做可行的事，一同努力，使之持久。你将学到这些东西：执行建立在别人经验基础上的新颖的、基于证据的解决方案；利用团队、社区和一致行动的力量；使你的努力具有可持续性，以确保行动能够自我持续。我们将这些基本的想法分解为以下关键部分：

第一步：做可行的事
设计一个系统解决方案
在已有可行基础上行动
测量、评估、改进并不断重复
挑战已有可行之道，创新，维持新的可行之道
第二步：一同努力
在巩固现有和从头开始之间寻求平衡
培养社区主人翁意识
增强团队凝聚力
建立伙伴关系
第三步：使之持久
从小规模做起，验证可行后再扩张
打造自我持续的解决方案

融入社会企业家精神

分享可行之道

我们希望，无论是当你发起行动时，还是当你的努力有了结果时，本书都能给予指导。你可以把它当作使用手册。你可以不时地回头来参考它，当你阅读本书时，可以做笔记并划重点。你可以组织头脑风暴，提出并回答问题。这本书是指导你为这个世界带来有意义的改变的私人导师，所以充分地让它为你所用吧！

路线图：工具箱

虽然“善行有报”的方法为你勾勒出了实现社会变革的战略，但是你仍需要本书第三部分的工具来将你的愿景变为现实。第三部分提供了大量基本话题的实用而具体的建议。这些建议将指引你从产生想法到将其实现的整个过程：从为你的组织命名到建立伙伴关系，从实现领导层过渡到将社会责任作为职业。书中包含大量激励你成功的故事，以及帮你组织想法的有用提示、例子和练习。

由于我们强烈地意识到团结的行动才能驱动社会进步，因此我们选择一同努力。第三部分的每一章都包含一个或几个美国顶尖年轻领导者的智慧结晶——他们有资格就其所在领域的最佳实践和潜在陷阱发表意见。我们极其幸运地分享这些学生和青年领导者的经验：来自硅谷的年轻的风险投资家将指导你如何筹资；一个入选彼得·泰尔“20 Under 20”项目的年轻人教你如何寻找导师；第一个由年轻人领导的全国性反烟草组织的创始人将为你上一堂关于行动主义的速成课；等等。所有这些知识将让你掌握创造更好未来所需的工具。

网站：dogoodwell. org

《社会企业创立指南》为你提供了发起行动并引领社会变革的愿景（第一部分）、方法（第二部分）和工具（第三部分）。但是你还需要一些其他的——一个支持你、让你不断努力并为你提供将影响传递下去的机会的社区。这也是我们创建 Do Good Well 网站的原因。在 dogoodwell. org，你将找到关于领导力和社会变革的网上之家，这里为你提供了一同努力和分享可行之道的工具。登录该网站加入我们吧，和领导者联合起来，把社会责任作为一种价值观、使命和生活方式来传扬。

目　录

第一部分　愿　景

第二部分 方 法

第三部分　工　具

第一部分
愿　景

欢迎！恭喜你迈出了为你身边的世界创造有意义且持久改变的第一步！这本书将会让你掌握必备的工具和战略，你需要利用好它，以你的良好意愿和精力来开始一段我们所希望的充满成就感的社会责任旅程。

第一部分从起点开始。如果你渴望为世界带来影响，但尚未确定具体希望解决的问题，那么第一部分将会帮你认识你身边存在问题的可能性。通过一系列用于明确你价值观和突出你强项的自我反思练习，你将获得深刻的个人心得并能够认清最能让你有成就感的事业所在。另外，如果你已经找到了致力于解决的问题，这些章节可以告诉你如何更好地定义它：从提炼出问题最本质的组成部分到预见一项干预行动的最终目标，以及进行头脑风暴想出潜在的解决方案等。不论你在社会责任旅程的哪个阶段，本书第一部分都能帮助你明确你的创新愿景，并迈出实现它的第一步。

第 1 章

认识自己

忠于自己。

——威廉·莎士比亚，《哈姆雷特》

你想对这个世界有所影响。你充满干劲，立志为世界带来积极的改变并渴望立即开始行动。但是，你到底想做什么呢？你想推进哪项事业呢？哪些技能可以帮助你达成目标呢？

想要回答这些问题，你需要先花些时间了解自己。你是怎样的一个人？你的价值观是什么？你喜欢什么？你擅长什么？这些对于你应该如何融入这个世界以及如何才能把它变得更好至关重要。尤其需要说明的是，你对自己越了解，越容易发现真正能够使你产生共鸣的事业，越能够以有意义和有效的方式来发挥你独特的才能。而且，你与计划从事的事业越匹配，越能从工作中获得满足感，越会把更多精力投入进去，也就越能够带来更多的改变。

了解自己不是轻而易举就能做到的，不是你花费一个周末就能处理完的事情。自我认识是一个贯穿你一生的长期过程。所以，尽管本书不能帮你规划出整个自我发现旅程（也不应该这么做），但它将帮你去想清楚有关人生的意义和目的。

【笔记】

要想忠实于你自己，你首先要认识自己。

你是谁

这可是个大问题。事实上，你也可以认为本章都在回答这一问题。不妨先暂时退一步，做一个快速的评估，来看看你是如何看待自己的，以及别人是如何看待你的（见图1-1）。练习1.1将帮你完成自我反思。

图1-1 我是谁

练习1.1

我是谁

在下表第一栏填入十个你描述自己的词语。比如你可能会写下：创新者、女儿、数学家、世界旅行者、调解人、有趣的、聪明的、家庭教师、体贴的、企业家。然后，将别人描述你的十个词语填写到第三栏。最后，在中间一栏标注出现两次的词语。

我对自己的描述	重合部分	别人对我的描述

你是怎么看待自己的

如果选择十个词语来形容自己，你会选择哪些词语？这些词语可以是名词（比如你的人生角色：妹妹、律师、导师），也可以是形容词（比如你的个性：爱冒险的、聪明的、忠诚的）。

当然，最重要的是诚实！如果有些东西是你自身很重要的一部分，千万不要羞于把它们写下来，即便它们看上去很傻或者不像其他描述那样严肃，也要写下来。

请将这十个词语写在练习 1.1 中表格的第一栏里。

别人是怎么看待你的

你可以让朋友、家人或者其他非常了解你的人来帮你完成这项任务。让他们用十个词语来形容你。

把他们描述你的词语填到练习 1.1 中表格的最后一栏。

写下自我描述的十个词语和别人描述你的十个词语后，对比两列词语。如果你列出的词语和别人列出的词语有重合，在中间一栏标注出来。要格外重视重合的词语，因为它们既符合你对自己的评价，也符合别人对你的看法。其他词语对你也很有帮助，因为它们可能暗示了你身上被忽视或没有足够重视的一些品质。

如果能从更多的朋友或家人那里得到更多描述你的词语，那当然更好！可用这些词语来替换第三栏，然后重复这个练习。统计一下自我描述的每一个词语与别人描述你的词语重复的次数，弄清哪些词语出现的次数最多。你可能也想列出朋友和家人描述你的所有词语的清单，来确定哪些词语出现的频率最高。这最能让你了解别人对你的看法。当你这么做时，你用来描述自己的那十个词语可能会发生变化，而这种变化反映出你从这次练习中获得的见解。

你关心的是什么

只有了解了你关心的是什么，才能知道什么事情能激发你的积极性。这些能激发你的积极性的事情可能就是驱使你采取行动的事业或想法。这些事情能让你心甘情愿地牺牲周末，让本已十分忙碌的你承担起更多的责任。你之所以乐意做这些事情，是因为你能从中获得极大的成就感。

当你弄清什么能让你行动起来后，人生也就变得轻松多了。这是因为如果你能勇于面对自己真正喜爱的东西，并能从中获得满足，你将会发现很多选择并不是精心算计后做出的，而是受到你最珍视和最能让你感到充实的那些特质的自然吸引做出的。这个道理不仅适用于你对所投身事业的选择，而且适用于你对大学专业、职业道路甚至人生伴侣的选择。

这一部分将有助于弄清对你和你的领导力而言很重要的一些想法和特质。

你感激的是什么

先想一下：你对哪些事情或经历心怀感激？这可以是物（比如你的家），可以是人（比如你的家人），也可以是思想（比如言论自由）。做完练习 1.2 将有助于你理清思路。

练习 1.2

我感激的是什么

请列出十项让你因生活里拥有它们而感到幸运的事物，然后写下你感激每项事物的具体原因，以及如果它们明天就从你的生命里消失，你的生活将会变成什么样子。下面的表格已经为你提供了一个例子。

我感激……	原因	如果没有它，我将会……
我的家	● 让我在晚上感到安全 ● 让我保持温暖干爽	● 我不知道将会在哪里和谁待在一起。我可能不会感到安全（或者本身就不安全） ● 我可能会因为太热、太冷或者淋雨而生病

续前表

我感激……	原因	如果没有它，我将会……

你最感激的事物很可能也是大多数人所需感激的，但是有些人可能并不拥有它们。花些时间来深思一下为什么这些事物对你很重要，以及如果它们消失了，你的生活将会变成什么样。这将让你更好地理解不拥有这些事物的人的生活是怎样的。或许你会发现，一想到别人并不拥有你认为的最基本的条件（比如稳定的居住条件），你就想去帮助他们获得同样的东西。

你珍视什么

抽象地思考一下：你最珍视的品质、想法和观点分别是什么？你特别看重诚实这个品质吗？你看重可以与政府持不同意见并公开表达异议的自由吗？你看重种族和宗教的多样性吗？这些可能是你早就看重的东西，因为你有大量与之有关的经验；也可能是你尤其看重的东西，因为你的生活里缺少它们。

你很可能会发现，有些你感激的事物同时也是你珍视的事物。尽管如此，如果要把它们归纳到练习 1.3 的表格里，你需要提取出它们如此宝贵的具体原因。比如，如果朋友和家人是你所感激的（见练习 1.2），那么你珍视的可能就是“亲近的、支持性的关系”或者“能被我信任的人所理解”。

练习 1.3

我珍视什么

列出十项你珍视的事物，然后弄清为什么它们对你很重要，如果没有它们，你的世界将会是什么样子。

我珍视……	原因	没有它，我将会……
多样性	● 拥有不同信仰的人促使我去发现自己的信念	● 我可能不会如此地挑战自己，而且可能不会如此地成长

我们珍视的事物也是我们希望维持和保护的事物，我们希望自己和别人都能拥有更多这样的事物，希望将它们传遍整个世界。弄清你到底珍视哪些事物至关重要，因为这决定了你是怎样一个人，以及你想在这个世界留下怎样的印记。

什么能让你感到激动

任何能激发你的情感（不论是哪种情感）的事物，都是你不可忽视的重要经验。你要重视这些经验，因为它们显示出更深层次正在起作用的进程。情感反应只是冰山一角，表象之下是我们坚守的信念和人性本能。这也就意味着，如果你产生了情感反应，那么你同时也意外地发现了让这个情感反应成为可能的潜在信念。如果你能弄清楚这些信念和核心原则是什么，就能以卓有成效的方式来驾驭你的情感。让你感到愤怒的事物会驱使你寻求正义，让你感到幸福的事物会激励你将同样的欢乐带给别人。

想一想让你烦恼或开心的事情。这些事情可能是你的亲身经历，或者仅仅是你在新闻里听到的故事。你从中感受到了什么情绪？伤心、愤怒、失望，或者是骄傲、喜悦、宽慰？思考一下触发这些情绪的场景是怎样的。具体是什么让你感到难过或开心呢？你可以利用练习 1.4 来帮助思考。

练习 1.4

影响你情绪的因素

回忆让你备受感动的五件事，可以是一段经历、一个故事或一个情景。在表格中写下对事件的简要描述，你感受到的情绪，以及事件的情绪触发点。如果你能想到超过五个实例，可以额外添加空行。

事件	情绪	触发点
在一堂关于薪酬差异的课上，我高中的经济学老师说：同样一份工作，美国女性通常比男性获得更低的薪酬	愤怒	● 平等和公正对我而言极其重要 ● 这个新得知的事实与我对这个世界天真的看法非常不一致。我很震惊如此不公平的事情竟然能持续到今天

一定要牢记你在练习 1.4 中发现的引起你情感反应的触发点，因为这些就是你极其关心的东西。然后，你观察一下这些触发点的共同之处是什么。“不公正”这个触发点是所有事情中最让你感到烦恼的吗？那些冷漠的行为会让你感到失望吗？看到一个社区通过共同的努力发生改变时，会让你充满希望并激动不已吗？当你知道哪些事情能让自己感动时，你就能更容易地确定你关心的事业是什么。比如，如果你发现你的很多情感触发点都是围绕平等和公正的话，那么投身于消除社会经济的、性别的或者种族的不公正或许会为你带来极大的个人成就感。

你敬佩什么人

古希腊有一句谚语：“告诉我你敬佩哪些人，我就可以告诉你，你是怎样的人。”通过我们的榜样可以透露很多关于我们自己的信息。我们之所以敬重并模仿他们，是因为他们的行动激励了我们，或者他们体现了那些我们也想拥有的品质。练习 1.5 将让你把注意力集中在这些人身上。

练习 1.5

我敬佩的十个人

列举十个你敬佩的人。他们可以是名人或者你熟悉的人，在世的或者已经去世的，不限职业或个人经历。说出他们让你敬佩的品质和行动。

敬佩的人	品质	行动
我的父亲 我的母亲	● 支持别人、坚强、可依赖、值得信任 ● 慷慨、无私、关爱别人、体贴	● 在危急时刻担起责任，为别人提供很棒的建议 ● 凡事先考虑别人；总是向别人伸出援助之手

现在，检查一下练习 1.5 中提及的品质和行动。你是否发现有些品质一再地出现？哪些类型的行动更能博得你的尊重？你是否钦佩逆境中坚韧的人？那些敢于创新的人是否能激励你？找出那些你最为看重的品质和行动，这将有助于指导你的个人发展。

你的强项和弱点分别是什么

想要了解你自己，另一个至关重要的方面就是认清你的强项。一旦你认清了自身优势所在，就可以做出特别的努力来继续增强它们。这也可以让你认清能让你的才能发挥独特作用的机会。

另外，认清你的弱点也同样重要，因为和强项一样，它们也是你自身的一部分。我们都有缺点，越早认识到自身的缺点，越早改善。

练习 1.6 将会帮你认清自己的强项和弱点。

练习 1.6

我的强项和弱点

分别列出十个你的强项和弱点。它们可以是一些品质、技能或者经验（包括你缺少的经验）。如果你自己列不出十个，可以让别人帮你。

强项	弱点
可以和来自不同背景的人建立良好的关系	没有太多的工作经验

你通过对自身才能和不足的仔细评估能学到什么？思考如何解决问题时，你应该时刻牢记你的强项是什么，它们是你可以用来解决问题的工具。如果你有独特的才能和观点，要加以应用，或许别人从未从这一角度审视问题。你擅长做的事情往往也是你喜欢做的，因为你很可能已经花了相当多的时间和精力来发展这些才能。留意那些既可以发挥你独特的才能又可以让你乐享其中的事情。

另外，认清哪些领域不是你的强项也很重要，这可以凸显出哪些才能和长处是你应该从潜在的团队成员和伙伴身上去找寻的。这些人可以弥补你的不足，你也可以从他们身上学到很多东西。

完成这些练习之后，你应该对自己是怎样一个人，关心的是什么，强项和弱点分别是什么等问题有了更深刻的了解。有了这些至关重要的自我认知之后，你就能更好地评价和影响你身边的世界了。

第2章

认识这个世界

在改变世界之前，你需要对这个世界是如何运作的（或者在有些情况下是如何运转失灵的）有清楚的认识。对当今世界有深刻的认知是成为一个积极的全球公民的重要基础，因为这一认知为当下所有事情提供了一个大的背景，从你在报纸上读到的故事到你在社区里看到的问题，概莫能外。这一认知也会影响你思考这些问题以及解决问题的方式。

本章是对目前世界面临的主要问题的概览（见图2-1），仅仅作为未来你自我主导研究的一个起点。我们希望，你通过阅读本章对身边的世界产生兴趣，关注报纸、博客、书籍，或者与受这些问题影响的人、致力于解决这些问题的人交谈，从而更多地了解世界。这个世界极其复杂却又相当迷人，让我们开始了解它并行动起来吧！

动 物

动物无家可归问题

仅在美国，就有数百万动物由于各种原因无家可归。在一些情况下，宠物的主人发现自己无力继续照料它们。在另一些情况下，宠物的主人可能无法为那些未绝育的宠物的后代找到新的领养者。如果不能为那些从街头收留或送到收容所的动物找到新主人，它们就有可能被安乐死。

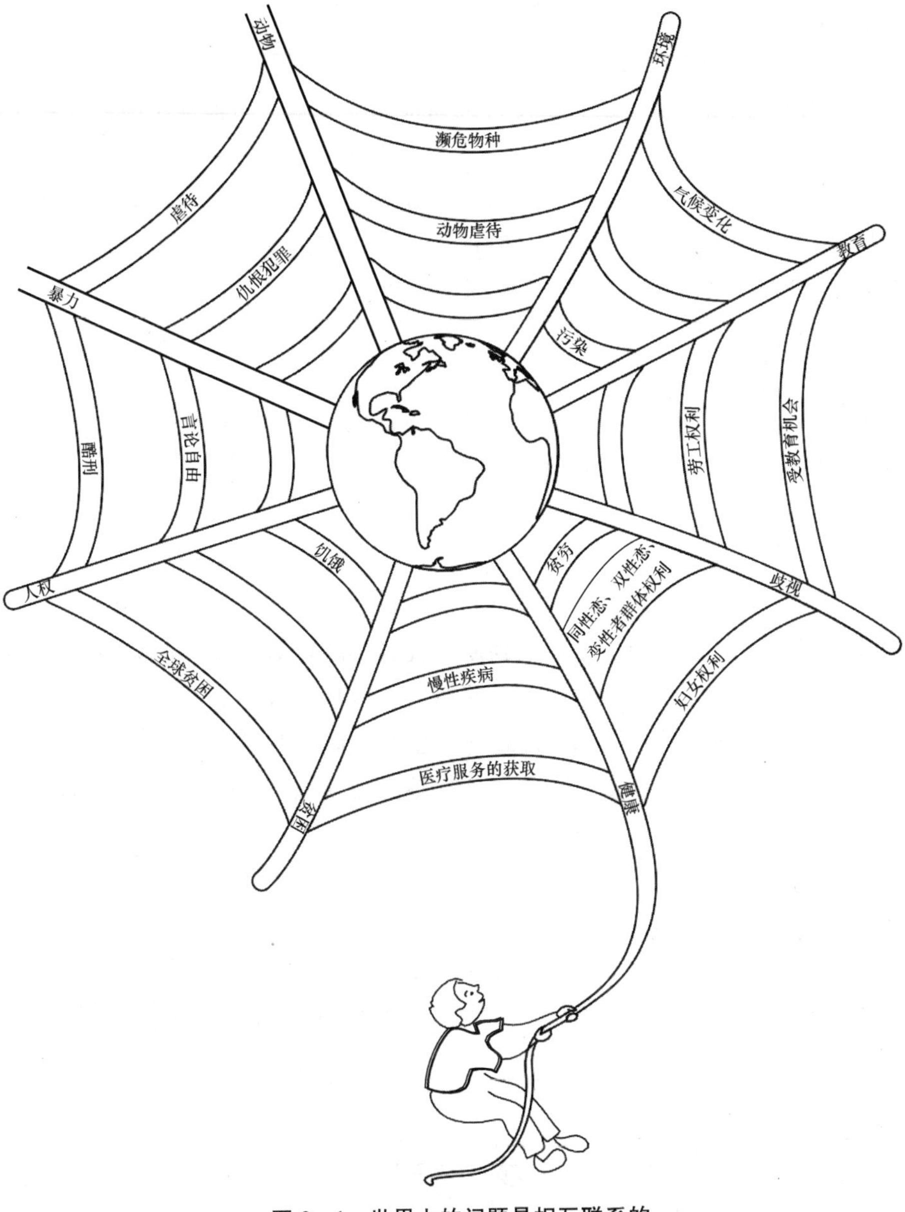

图 2－1　世界上的问题是相互联系的

动物虐待问题

几乎所有动物（宠物、家畜、动物园里的动物等）都有可能面临令人震惊的糟糕的生存环境和虐待。它们有可能和其他动物一起被关在狭小的空间里，得不到充足的食物和水，住在从未打扫过的笼子或窝里，或者完全被主人忽视。它们也有可能遭受主人或动物训导员的虐待（比如脚踢、鞭打或者撞击）。

物种灭绝问题

过度捕捞、捕猎以及非法狩猎使很多物种濒临灭绝。而物种灭绝将会降低地球动物物种的多样性，破坏食物链——大自然中捕食者与被捕食者之间脆弱的平衡关系。即便是对食物链的很小干扰，也可能被放大很多倍，使“涟漪”变成可能影响一系列生态系统的“巨浪”。工业化和城镇化带来的栖息地破坏以及环境污染也是造成包括濒危物种在内的很多物种衰退的关键原因。

工厂化农场问题

很多生产肉蛋奶制品的大型农场往往将动物饲养在极其糟糕的环境中，还有可能使用给动物带来极大痛苦和折磨的农业和流程技术。

污染与动物健康问题

除了破坏自然栖息地之外，污染还会对动物的健康产生直接的影响。这些动物有可能被垃圾噎住，摄入可能致病的物质，或者接触可能影响它们自身及后代健康的有毒物质。即便这些动物的健康不会因摄入有毒物质而受到影响，有毒物质在动物体内积累（这一过程称作生物体内积累）也会对以这些动物为食的其他动物（以及人类）的健康产生影响。由于人类在食物链的最顶端，这个问题应该引起我们所有人的关注。

幼犬繁育场问题

动物虐待问题广泛存在于幼犬繁育场，以及常年为宠物店提供其他类新生宠物（如猫等）的繁育场中，与此同时，每年都有数百万动物因无法找到领养家庭而被杀。[1]

歧视

年龄歧视问题

年龄歧视指基于年龄不公平地限制个体机会的行为。尽管任何年龄（取决于具体场景）的个体都有可能遭受年龄歧视，但是最经常遭受这一歧视的是未成年人和老年人，而老年人和这一问题紧密相关。尽管美国有禁止年龄歧视的法律，但是在现实中，我们发现老年人会更难找到工作、获得晋升，或者会被强烈建议尽早退休。年龄歧视也有可能扩展到医疗和住房等其他领域。

残疾歧视问题

根据美国平等就业机会委员会（US Equal Employment Opportunity Commission）的定义，残疾是指："在实质上限制了主要生活自理能力（比如行走、说话、看、听、学习）的生理或心理问题。"[2]尽管《美国残疾人法案》（Americans with Disabilities Act）及其他立法已经将基于残疾的歧视和骚扰行为列为违法行为，但这样的歧视（和年龄歧视一样）往往难以证实。歧视也有可能体现在对物品和服务、医疗、交通设施和教育机会的获取方面。

同性恋、双性恋、变性者群体权利

同性恋、双性恋、变性者群体的权利因国家不同而差异极大，甚至在同一国家的不同地区之间也有所不同。在有些国家，同性恋者会被处以囚禁甚至死刑。仅有为数不多的国家认定男性同性恋关系违法，而女性同性恋关系合法。此外还有一些国家未明确地谴责同性取向，但是将特定性行为视为非法，从而隐晦地歧视同性恋、双性恋和变性者群体。[3]

在同性恋关系合法的国家里，同性恋关系被承认的程度不尽相同：允许结婚（拥有和异性恋夫妻同等的权利），允许民事结合（拥有和异性恋夫妻同等或更少的权利），允许存在同居伴侣关系（更少的权利），无法获得任何承认。[4]这些法律名词很重要，因为它们决定了很多权利，比如医院探视权、医疗决定代理权、保险资格、领养权、个人纳税登记、财产权和继承权等。

不论政府是否承认同性恋关系，同性恋、双性恋和变性者群体都在全世界范围内备受歧视和排挤。这一群体不得不面对暴力仇恨犯罪和言语攻击，有些青少年因不堪忍受欺凌而选择自杀。在世界上很多地区，男/女同性恋者会遭受就业和住房歧视，不允许服兵役，而且没有领养资格。

种族歧视问题

种族主义和种族歧视仍是当今世界面临的重要问题。这些问题在外来移民的类型不断变化、短时间内不同种族的群体聚集的区域表现得尤为明显。急剧变化的人口特征和跨文化沟通的缺乏导致明显的种族歧视和冲突。此外，种族间长期存在紧张关系。

在美国，尽管法律禁止种族歧视，过去 50 年里取得了很大的社会进步，但种族歧视仍然是一个备受关注的问题。尽管种族歧视是非法的，但和种族有关的就业歧视还是会发生，并反映在失业率上。美国劳工统计局（Bureau of Labor Statistics）的数据显示，2012 年 8 月，有 14.1％的非裔美国人处于失业状态，而仅有 7.2％的美国白人没有工作。[5]美国少数族裔还面临住房、教育、医疗以及刑事司法等领域的歧视。

宗教歧视问题

宗教歧视是指基于宗教信仰而对个体或团体的不公正对待。没有特定信仰的个体（比如无神论者或不可知论者）也有可能遭受宗教歧视。宗教歧视可能体现在就业、教育、医疗、执法和住房等领域。虽然宗教自由在美国受《宪法第一修正案》（the First Amendment）的保护，但宗教排斥和歧视仍客观存在。这一点在 2001 年的“9·11”事件后变得尤为明显，在美国很多穆斯林遭受歧视乃至宗教迫害，即使他们和“9·11”事件中的恐怖分子或极端主义者并没有任何关系。[6]

妇女权利

在妇女权利领域仍亟待做出改变。在一些国家，法律禁止妇女拥有财产。[7]在另一些女性拥有投票权的国家，女性出任公职的比例仍远低于 50%，而这一比例应该和女性占人口总数的比例一致。[8]

在所有国家，针对女性的性暴力和身体暴力都是很严重的问题，在有些国家这一问题十分普遍，并非个例。[9]性别不平等体现为女性更高的文盲率、就业歧视、工时更长但薪酬更少以及更高的贫困率等。在世界某些地区，女性割礼、对女性家庭成员的“荣耀”杀戮，以及选择性堕胎（因为对男孩的偏爱而强行将女性胎儿堕胎）等现象并不鲜见。年轻的女孩可能被逼迫去卖淫、出售为奴隶或者很小就嫁出去。

在世界上很多区域，糟糕的产前及产后护理导致孕产妇死亡率很高。健康和计划生育知识匮乏也带来极其不利的影响，导致艾滋病传染率很高，家庭人口过多以至于家庭收入难以维系生计。

教　育

受教育机会

受教育权是 1948 年联合国《世界人权宣言》（Universal Declaration of Human Rights）列明的最基本的人权之一。宣言明确指出，所有人都至少有权利接受小学义务教育。[10]特别是对于女孩的教育，不同的国家对这一责任的履行不尽相同。有些国家能保障小学教育和初中教育，甚至是大学教育，然而有些国家连提供小学教育都捉襟见肘。很多发展中国家的政府没有足够的资金来建造学校、购买书籍、培训教师以及支付教师工资。

即便提供了教育机会，也有很多障碍可能会使孩子们没办法充分利用。在学校数量稀少的地区，学生们要走很远的路才能到学校，有些学生单程就要步行好几个小时。到了学校，学生们也可能很难顺利学习，因为他们的父母没钱为他们购买学习所需的纸、笔和课本，或者因为太饿而无法安心学习。在世界上的有些区域，如果孩子可以工作赚钱或者参与家庭生意，父母很可能不会让他们去上学，而是去赚钱补贴家用。

课程削减与排斥问题

在美国，紧跟财政预算缩减而来的是公立学校音乐及视觉艺术课程的严重削减。艺术教育的支持者提出，音乐和视觉艺术课程是全面教育的重要组成部分，对孩子的创造力发展很有帮助。此外，在一个儿童肥胖问题日趋严重的时代，体育课和运动项目对于孩子健康运动行为的发展极为重要，但是这些课程和项目也因财政预算缩减面临被压缩的风险。[11]

另一个需要注意的问题是公立学校的性教育，以及其在可用性和内容方面的变化程度。很多拥有性教育课程的学校并不讨论避孕方法，而是强调禁欲。[12]在世界范围内，针对性教育的态度从进步（比如瑞典的性教育是强制性的）到更为保守（没有关于性教育的正式政策，而是将这一责任推给家长）不尽相同。在包括美国在内的有些国家，由州或者地区来主导学校性教育政策。美国公立学校有的仅仅提供禁欲教育（不讨论避孕），有的提供全面的性教育（充分讨论避孕方法，但同时鼓励禁欲）。

尽管在课堂上提供怎样的性教育内容通常是一个争论激烈的话题，但是全面性教育的有效性是毋庸置疑的。多项研究证明，全面的性教育降低了意外怀孕率和性传播疾病感染率，而且并没有因此增加青少年热衷于性行为的可能性。[13]在艾滋病感染率很高的国家，强调预防和避孕方法的性教育（既针对青少年也针对成年人）是应对艾滋病的最佳武器。

教育不公问题

即便政府提供免费教育，所有的教育系统仍面临一系列问题。比如在美国，公立学校系统是分权化的，所以学校的课程决策是由州或者当地政府做出的，这就导致了学校与学校之间的显著差异。公立学校的经费是由联邦、州和当地政府一同提供的，其中绝大部分经费来自州政府和当地政府。在有些情况下，当地的财产税会用来资助本地区的学校，但这是一个颇具争议的做法，因为这样一来那些位于财产税比较高的富人区的公立学校获得的经费就会大大增加。而在其他区域，联邦、州或者当地政府削减较少的经费就可能导致强化课程的取消。

教育改革问题

在美国，低收入、艰苦的工作条件、缺乏准备和指导造成教师流失率高得惊人。[14]有关美国教育的另一个核心问题是其教育质量，世界上很多国家的学生在标准化测试中的表现胜过美国学生。在参与2009年国际学生成绩研究的34个国家中，美国学生的数学位列14，科学位列17，阅读位列14。[15]但是如果将美国学生的成绩按照学校的贫富水平区分，那么最穷学校与最富学校学生的表现存在巨大差距。如阅读科目，美国最富学校学生的得分甚至高于排名最靠前国家的学生得分。[16]这一结果表明美国的教育系统存在社会经济原因导致的学生成绩差距，而这一差距也同时存在于不同的性别和种族中。

环　境

气候变化问题

诸如石油、煤炭和天然气等燃料的使用导致大气中的二氧化碳含量显著上升，因肉类消费需求而大量喂养家禽、家畜导致大气中的甲烷含量增加，使得全球变暖。氟利昂曾广泛用作制冷剂和压缩气体，使地球的紫外线防护层——臭氧层日渐稀薄。这将带来很多负面的影响，比如世界上很多地区的皮肤癌发病率持续上升。[17]

能源节约与回收利用问题

尽管诸如风能和太阳能等清洁能源已经取得了长足的发展，但作为替代能源，它们仍然相对昂贵并且效能较低。近些年，通过补贴来鼓励消费者减少能源使用的提议获得支持。如果消费者减少能源使用，电力公司就不必为了满足每年用电高峰期的需求而增加价格昂贵的发电机组。

回收利用仍然是实现能源节约的重要手段，使用再生材料可以降低生产成本并减少垃圾的产生，避免为原本就已经溢出的垃圾填埋场增加更多负担。随着处理器的速度快速提升，丢弃的电子产品数量增加，电子垃圾（比如电脑、手机、电视机等）的处理就显得格外重要。这些垃圾含有诸如铅和水银等有害物质，如果处理不当，有害物质就会渗透到土壤中。

污染问题

污染带来的影响是广泛的，并被以下现象所证实：雾霾、酸雨、河湖的富营养化、海洋的酸化以及日渐稀薄的臭氧层。污染会通过破坏自然栖息地来扰乱生态系统，并给生物和其后代以及生物链带来直接的伤害。新生儿畸形、癌症和哮喘等疾病被证实与污染有关。由人类产生的太空垃圾带环绕地球轨道而存在。在太平洋上，由垃圾和降解塑料构成的垃圾带的体积正逐年增大。[18]

资源枯竭与栖息地破坏问题

煤炭和石油的开采正在加速地球自然资源的枯竭，并破坏了很多自然栖息地。原油泄漏以及核能事故威胁着动物和人类的健康：原油泄漏会对海洋栖息地造成损害，受核能事故影响的大片土地则需要几个世纪的时间才能彻底恢复。来自工厂的化学废弃物和农药残留会导致河湖的富营养化，从而破坏水体及水体周边野生生物脆弱的生态平衡。森林砍伐（通常是城市扩张的结果）会破坏自然栖息地并导致大气中二氧化碳的含量增加，进而导致全球变暖并使海洋吸收的二氧化碳明显增加，从而导致海洋的酸化以及水生生物生存条件的恶化。

健　康

医疗服务的获取

全球各地的医疗服务条件不尽相同。有些国家和地区有很多医院和医生，有些国家则不然。那些住在远离医院的地区的居民可能需要长途跋涉、翻山越岭才能获取医疗服务。但是即便一个国家拥有一个庞大而发达的医疗服务系统，也不能确保每个公民都有足够的经济条件来使用。医疗服务很贵，在没有全民医保的国家，那些雇主不提供医保、自己又无力负担商业健康保险的人只能自掏腰包来支付医疗费用。即便有医保，人们也有可能面临高昂的医疗账单，因为他们的医疗保险无法覆盖所有医疗服务。医疗系统改革在全球范围内都是一个热门话题，因为几乎所有国家都在提高医疗服务的可获得性、降低医疗费用以及提升医疗质量。特别值得注意的争论是：应该如何为医疗系统提供经费；应该如何提供医疗服务；基于财政约束，是否以及何时应该采取定量配给医疗服务的措施。

慢性疾病问题

长期以来，对于发达国家而言，慢性病（比如糖尿病、心脏病和慢性阻塞性肺疾病）比传染性疾病（比如疟疾、肺结核和霍乱）的负担还大。近些年来，发展中国家的慢性病发病率急剧上升，甚至超过了历史上传染性疾病带来的负担。[19]高吸烟率、食用高脂肪的西式食品、激增的肥胖率以及医疗资源的相对匮乏等，都是导致发展中国家慢性病发病率上升的原因。

心理健康问题

虽然消除精神疾病的努力已经取得了一定的成效，但仍需要更开放、更包容的态度。治疗的难点在于精神疾病服务的可获得性和可承受性。2005 年的一项研究显示，高达 26.2%的美国成年人在 2004 年被诊断存在精神障碍。[20]根据美国疾病控制及预防中心的数据，2010 年，自杀是第十大最常见的死亡原因；在 10～24 岁的人群里，自杀是第三大最常见的死亡原因；在 25～34 岁的人群里，自杀是第二大最常见的死亡原因。[21]

全球健康问题

全球健康侧重于世界范围的健康与疾病模式，力求不仅更好地了解造成区域和国际差异的因素，而且解决任何不公平问题。全球健康背景下的核心问题包括医疗服务的获取和质量，这两者因国家不同而不尽相同，甚至在同一国家的不同医院和地区间也存在差异。这是差异化的财政资源分配、医护人员水准，以及获取高级医疗培训的机会等一系列因素造成的。在有些地区，基础设施的匮乏使医疗服务的提供困难重重。这导致相对便宜的药物短缺，出现本可以避免的死亡。此外，有的地区有成熟的公共医疗系统，或者通过对健康行为的教育、监督和促进来提升健康水准并致力于建设预防疾病的机构网络，但有的地区可能难以做到。

吸毒成瘾问题

吸毒成瘾者指那些渴求某种物质并持续服用，全然不顾因此带来不利影响的人。滥用和成瘾的常见物质包括非法毒品（比如海洛因和可卡因）、处方药（比如奥施康定和阿普唑仑）、酒精以及烟草。

吸毒成瘾会摧残生命：因过量吸毒造成死亡或者生理失能，因共用针头或高危性行为感染艾滋病病毒或肝炎病毒。吸毒成瘾常导致家破人亡，滋生暴力或者加剧潜在的精神问题。在社会层面，吸毒成瘾的经济代价是巨大的，吸毒会减少劳动力和降低生产力，并增加由此导致的诸如肝炎和生命衰竭的医疗支出。

从导致死亡的人数来看，烟草上瘾尤为致命。在美国，由肺癌导致的死亡人数排在首位[22]，癌症是导致死亡的第二大原因。[23]这是一种悲剧，因为一些疾病通过预防是可以避免的。据估算，有 90%的肺癌是吸烟直接导致的。[24]

贫 困

全球贫困问题

根据世界银行（World Bank）2012 年 2 月发布的数据，减少全球贫困的努力取得了很大的成效。1981—2008 年，发展中国家每天生活开支少于 1.25 美元（这是世界上最穷的 10～20 个国家的平均贫困线）的人口比例已经从 52%降到 22%。世界银行的数据也证实，联合国千年发展目标（United Nations Millennium Development Goal）中关于在 2015 年前将世界上每天生活开支少于 1 美元的人口减半的目标（相对于 1990 年的水平）已经在 2008 年提前实现。[25] 尽管如此，仍有许多工作要做。即便我们以目前的速度来减少贫困，2015 年仍有 10 亿人口每天的生活开支少于 1.25 美元。

而生活开支高于 2 美元/天（即高于中等收入发展中国家的贫困线）的人口增长速度却没有那么快，也就是说减贫效果主要来源于最贫困的人群。[26] 此外，很多国家的基尼系数（Gini index，测量收入不平等程度的指标）持续增长，意味着这些国家的贫富差距正不断加大。[27] 财富分布不均会给这些国家带来不稳定因素，而且最富有的那部分人可能会因此没有动力进行投资，从而影响经济进一步增长。在未来，贫困人口以及收入不平等情况的减少将取决于联合国千年发展目标能否实现，比如小学教育的普及以及妇女权利的赋予。

无家可归问题

人们无法获得稳定居住条件的原因有很多，比如由失业或意外开支（比如医疗开支）导致的破产、突然致残、心理疾病、紧急情况（比如摆脱受虐待的关系或家庭环境）或者由于房贷断供而被逐出。导致这一问题的其他因素包括：可负担的房屋的匮乏、政府福利项目的减少以及个人药物的滥用。

饥饿问题

据联合国粮农组织（Agriculture Organization of the United Nations）2010 年发布的报告，发展中国家有 16%的人口忍饥挨饿，全球有 9.25 亿人口营养不良。印度、孟加拉国、埃塞俄比亚、巴基斯坦、印度尼西亚和刚果民主共和国的营养不良人口占到全部营养不良人口的 2/3。[28]

尽管世界上 98%的营养不良人口位于发展中国家，但饥饿从未远离发达国家。[29] 2010 年美国人口普查披露，有 4 690 万美国人生活在贫困中。[30] 2011 年由美国农业部经济研究服务中心（US Department of Agriculture's Economic Research Service）出具的一份报告显示，在 2010 年有 14.5%的美国家庭在 12 个月里至少经历过一次食物匮乏。[31]

失业问题

美国房地产泡沫的破裂以及 21 世纪初的全球金融危机使世界经济变得混乱，导致全球股票市场不景气、强大的金融机构垮掉、政府救助崩溃以及抵押品赎回权丧失。随之而来的是世界范围内大规模裁员和失业率上升。美国失业率从 2007 年 5 月的 4.4%升至 2009 年 10 月的 10%，然后缓慢降至 2012 年 8 月的 8.1%。[32] 而高失业率与无家可归和饥饿问题紧密相关。

人　权

言论自由问题

言论自由以及与其紧密相关的出版自由在美国受《宪法第一修正案》的保护，这一权利在美国经常被认为是理所当然的。当然，这并不意味着该法案从未被违反过，或者所有形式的言论都应该受到保护（比如，如果现场并未着火，你不能在一个坐满了观众的剧场大喊“失火了”）。总体而言，言论自由及出版自由在美国是人们坚守的基本原则，并且有多重保护措施。世界上很多国家对言论和出版物进行审查，即便是在比较民主的国家里，公民也有可能因辱骂外国政要而被拘留，或者因诋毁宗教而遭囚禁。在一些情形下，言论自由和出版自由可能会遭到严格限制，包括对互联网的审查、对记者的监禁等。

种族灭绝问题

种族灭绝是指基于特定群体的种族、宗教信仰或其他身份标识而对其进行的系统性毁灭。大屠杀、强制绝育以及其他旨在造成群体性灭绝的行为都是种族屠杀行为。在过去的两个世纪里，包括波斯尼亚战争、卢旺达种族大屠杀、达尔富尔冲突在内的事件提醒我们要时刻保持警惕。批评家呼吁国际社会付出努力来阻止种族灭绝并将行凶者绳之以法，这需要国际维和力量更快地采取行动。

人口贩卖问题

人口贩卖本质上是现代的奴隶制，是对无家可归者、妓女、吸毒者、难民、旅行者、离家出走的青少年以及儿童等弱势群体和颠沛流离群体的剥削。被贩卖的人口往往是被绑架、被家人卖给人贩子或者被骗的。一旦被人贩子控制，他们可能会被迫卖淫或者从事其他强制的劳动来为人贩子带来收益。另一些人口贩卖的情况是，债务人被要求通过劳动来偿还债务，但是薪酬之低让他们永远无法彻底偿还债务。尽管这是一个影响所有国家的问题，但是阻止人口贩卖并惩罚人贩子的法律却因国家而异。令人震惊的是，有些国家并没有关于人口贩卖的法律，或者仅禁止一些特定形式的人口贩卖。[33]

劳工权利与血汗工厂

劳工权利指雇员对雇主最基本的要求：公平的工资、安全的工作环境、通过工会来行使集体谈判权的自由。个体不得被剥夺工作机会或选择工作性质的权利。他们也应该获得尊重，同工同酬，拥有合理的休假时间以及失业社会保障。然而，劳工权利受到侵犯的情况极为普遍。有时，雇员可能会面临极其有害的工作条件。

美国面临的一个严重的劳工问题是，在拥有同样技能水准、从事同样工作的前提下，女性通常比男性获得更低的薪酬。

生育权

生育权指个体拥有控制其生育和性健康的能力，能以知情的方式来行使这一权利并且不受外力的胁迫或强制。在有些国家，诸如强制堕胎或绝育、女性和男性割礼、拒绝提供避孕或其他生殖健康服务的现象十分普遍。[34]全面生育权的实现是联合国千年发展目标中提升产妇健康这一子目标的重要组成部分。

冤狱与酷刑问题

冤狱问题涵盖以下情况：个体或政府违背个人意志，以强行或胁迫方式将其关押；错误的判罪导致无辜的个体入狱。在这些情况下，个体可能未经指控或经虚假指控而被关押或入狱，他们可能完全不经审判或遭遇不公正的审判，也有可能被施以酷刑或者其他强制措施而屈打成招。

根据美国西北大学误判研究中心（Northwestern University's Center on Wrongful Convictions）和密歇根大学法学院编纂的全美被证无罪记录，1989—2012 年，有超过 2 000 人被误判定罪。[35]很不幸的是，酷刑在世界范围内实际存在。被关押在美国关塔那摩监狱的囚犯就曾遭受酷刑[36]，尽管美国民众强烈抗议，联合国予以谴责，很多政治家试图将其关闭，但是截至 2013 年 10 月这一监狱仍然存在并且没有关闭计划。[37]

暴 力

虐待问题

虐待是指故意对他人实施的生理、心理或性伤害。尽管任何人都有可能遭受虐待，但是以受虐群体或受虐者与施虐者之间的关系为特征的虐待有几大类：儿童虐待是指以儿童为目标的虐待；老人虐待是指对老年人的虐待；家庭暴力是指对配偶、生活伴侣或家庭成员等人的虐待。除了因虐待行为而导致的立即伤害外，因受虐而产生的长期后果可能会导致心理创伤或者模仿性虐待行为，而后者可能会使虐待行为形成恶性循环。药物滥用经常和虐待行为紧密相关：要么是药物滥用导致虐待行为，要么是生理、心理或性虐待导致受虐者滥用药物。

欺凌问题

儿童欺凌问题由来已久，并且随着社交网络的兴起出现了全新的形式。除了言语攻击乃至身体暴力依然普遍出现在教室、过道和操场之外，如今儿童和青少年正面临网络欺凌。在网络欺凌中，欺凌者会在自己或被欺凌者的主页里利用留言和上传照片等功能，公开、恶意、反复地攻击。

在美国，一系列因性取向而被欺凌所导致的青少年自杀事件揭示了当代欺凌的严重性和可恶本质。2010 年，致力于与许多同性恋、双性恋及变性青少年所遭受的欺凌问题做斗争的项目“一切好起来”（www. itgetsbetter. org）正式启动。

帮派暴力

暴力是帮派生活方式的核心部分。各帮派通过贩毒、勒索和其他危险活动来敛财，而这些活动经常涉及暴力。帮派之间的地盘争夺战是暴力活动的另一主要原因，此外潜在帮派成员入伙时，会被要求进行一次随机或直接的暴力行为。帮派之所以能控制社区，是因为它可以在社区内制造恐惧感。这种暴力行为能够挟持整个社区甚至城市的一个区域，阻碍社区的发展和团结。

枪支管控问题

在美国，《宪法第二修正案》（the Second Amendment）保护公民个人保有和携带武器的权利。枪支管控通常是指限制枪支的生产、分销、零售和使用。不同州的管理法规差异很大。人们就管理法规到底应该严厉到什么程度进行了激烈争论：有人主张更宽松的法律以便公民更好地自我防卫，有人则主张更严格的法律以防止武器落入罪犯之手。每当校园或公共场合发生枪击案，枪支管控就会成为全国性的争论话题；这些事件往往又凸显出在为枪击案射手提供心理健康服务方面存在问题，使枪支管控进一步复杂化。

仇恨犯罪

仇恨犯罪是指因个体的种族、宗教、国籍、性取向或性别认同等特征而对其发起的犯罪行为。在美国，联邦和州层面关于仇恨犯罪的法律都规定对以仇恨为动机的犯罪行为加重处罚。受这些法律保护的群体以及对罪犯的量刑程度则因州而异。

本章列出的这些问题只是帮你大致了解世界的整体情况。你只需将其简单地看作未来研究和探索的起点。如果要成为一个真正了解情况并行动起来的全球公民，你需要持续地阅读和观察来了解你身边的问题，并观察问题是如何相互联系的。你要时刻问自己，为什么事情是现在这样的，并思考能做些什么来使情况变得更好。在阅读本章的过程中，我们希望你已经发现了一个或多个能引起你兴趣或者强烈地激起你情感反应的问题。在阅读第 3 章时，你需要时刻将这些问题记在脑海中。

第3章

确定要解决的问题

机会总是垂青有准备的人。

——路易·巴斯德

伟大的领导者和行动主义者是如何发现他们为之奋斗终生的事业的呢？他们是不是拿着一份全球问题清单坐下来，然后将一个又一个条目划去，直到最后仅剩下自己最感兴趣的问题和最能发挥自己才能的事业呢？还是坐等灵光闪现？

答案是，两者都不是。即便做再多的论证，将你的梦想、兴趣和技能与问题清单对比，最终得到的答案也不过是一个优化后的冷冰冰的方案。你要找的不是符合所有要件的东西，而是你的任务——你的激情所在，你注定要做的事情。这种精神、这种对于事业的热情，不是通过论证就可得到的，而是需要体验的。另外，你的生命中会有很多并不让你感到“惊讶”的时刻，问题就那样出现，而且好像在抓着你的衣领说：“解决我！”

那么，你该如何发现可以激励你走向伟大的问题呢？答案可能会让你意外。遗憾的是，没有单一的行为可以保证你找到自己的激情所在，没有那种“如果你做了A，就会找到B”的方法。所以，真正的答案并不是一个方法论或者战略，而是一种思维方式。有些人天生拥有这种思维方式，他们随处都可以看到问题和机会，其他人则需要经过训练才能做到。但是如果你拥有正确的思维方式并积极和周围的世界互动，问题会来找你。你甚至不需要刻意去寻找就能撞见它们。这是因为，有了正确的思维方式，你既能时刻了解世界，又能敏锐地理解引领变革的可能性。

如果你天生拥有这种思维方式，或许你心里已经明确了一个希望解决的问题（甚至可能同时找到了问题的解决方案）。但是，如果你感到自己被某件事情吸引，如何才能确定这就是真正适合你的呢？

尽管你无法通过论证来找到适合你的事业或者你希望解决的问题，但是你应该用批判的眼光来审视那些引起你兴趣的机会。本章将带你学习这一评估过程。

在这一点上，实际上有两种人：

（1）你已经发现了能够激发你热情的问题，想在动手解决问题之前弄清楚这是否真正适合你。如果是这样，请直接跳到本章后面的“一旦你确定了要解决的问题”部分。

（2）你还没有发现一个真正激发你热情的问题。若是这样，那就继续往下读。下面这个部分将会帮你发现你身边的机会。

确定你要解决的问题

大多数人在把精力集中于他们极其关心的特定问题很长一段时间后才意识到，他们的兴趣实际上可以扩展为一项更大的事业或者一系列更广泛的问题，而他们之前关注的只是其中一部分。我们将会在本章稍后部分讨论问题和事业的区别。现在先关注一下如何帮你找到能鼓励和激发你去努力并引领变革的问题（见图 3－1）。

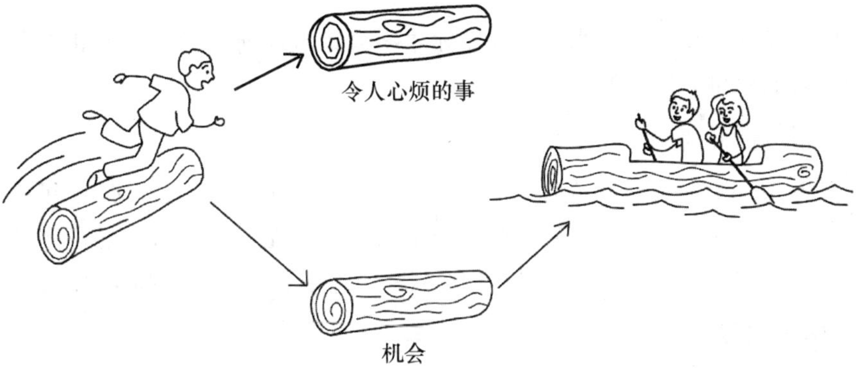

图 3－1　确定你要解决的问题

尽管发现这类问题在很大程度上是一个自然过程，但遵循“行动、思维方式和机会”这三项原则会有所帮助。前两项是你可以直接影响的，准备好这两项，你就处在寻找答案的最佳状态了。

行动

站起来，走出去，开始行动吧！如果你只是端坐室中，不论你多么努力也无法找到你的激情所在。如果想成为一个尽责的全球公民，你需要融入你身边的世界。这也就意味着你需要付出极大的努力来接触新的环境、想法和人。你要另辟蹊径去尝试新的活动，跳出固有的圈子去结识新朋友。不要只是想——去做！你永远也不知道什么场合、情况或者对话会帮你意识到能激发你热情的问题所在。用杰克·伦敦（Jack London）一句很有名的话来讲就是："你不能坐等灵感，你得拿着大棒去追寻它！"

思维方式

正确的思维方式是找到答案最重要的条件。如果没有它，即便你拥有丰富的经历，也难以意识到某段经历有价值。有了正确的思维方式，你的大脑会处理你所有的经历。你会时刻准备好处理你遇到的事情，当你可以这么做时，就能够识别出新的机会并对世界产生影响。

为了培养这种思维方式，你需要：

1. 做足调查和准备工作

广泛地阅读有价值的报纸、书籍和博客来增加你的知识储备。尽可能地拓宽你的知识面，从而更好地理解你遇到的情况的背景，并且能够和其他领域联系起来，这些领域可能会为问题的解决方案提供至关重要的见解。

2. 留心观察

要时刻眼观六路、耳听八方，这样你才不会错过任何关键的细节和机会。问题并不总是轻易就可以发现的。

3. 放任你的好奇心

质疑一切。用批判的眼光来审视一切，从而更好地了解：是否存在问题？如果是，为什么是现在这种情况？为什么至今仍未解决？在大多数情况下，你可能只能发现很少的新的有趣信息。但有时，你会发现一个真正吸引你的问题。

4. 保持思想开明

你永远都不知道你的下一个伟大灵感将会来自哪里，所以对于新经验和新挑战要保持开明。不要沉迷于你认为的"应该"怎样融入身边的世界的特定想法或观念。要善于接受这个宇宙带给你的任何东西，它有可能呈现你意想不到的精彩！

5. 了解你自己

了解你是谁、你关心的是什么、你擅长什么（以及不擅长什么），这对于找到适合你的事业至关重要。从理想角度来讲，你希望找到一件既适合你又能引起你兴趣的事情，而且这件事情能发挥你的才能并使你以有意义的方式来对世界产生影响。第1章有一系列可以帮你更好地认清你自己和你的动机的练习。如果你还没有完成练习，现在去重温一下第1章吧。当你对自己有了一个良好的认知之后，就会自然地被那些适合你的问题吸引。

案例研究

全球乡村水果公司

做足调查和准备工作：在出发去印度旅行之前，大学生安妮·瑞（Annie Ryu）尽可能多地了解了她计划访问地区的文化以及当地面临的问题。

留心观察：在印度时，安妮留意到一种大多数旅客视而不见的东西：路边一堆堆看上去奇奇怪怪的水果。

放任你的好奇心：安妮打听后得知这是菠萝蜜，是本地盛产的热带水果。她原本可以就此打住，但是她被吸引并进一步探寻为什么水果会堆在路边。安妮了解到，当地的农民没有能力长途运输这些水果，只有很少一部分运到路边来售卖，剩下的水果只能烂在菠萝蜜树上或地里。

保持思想开明：安妮曾经因和 Remindavax 有关的工作而到印度出差，Remindavax 是一家由她参与创立的社会企业，旨在通过移动技术来改善病人遵从医嘱的状况。她没想到此次会遇到农产品分销问题，但是她并没有因为这与她目前关注的医疗健康问题没有直接关系就忽视，而是进行了一些思考。她意识到，如果可以找到避免这些水果浪费的办法，就有可能帮助当地居民获得更多收入，而收入的增加可以提升这一区域的健康水准。这一发现令她激动不已。

了解你自己：安妮知道她将要应对菠萝蜜问题带来的创新性挑战。根据以往经验，她知道自己意志坚定、足智多谋、富有创造性，这些都是可以帮助她解决问题的关键品质。在 Remindavax 工作令她获得了进行社会创新的经验以及一些商业技能。基于此，安妮相信她不仅乐于解决问题，而且能够贡献一些有用的技能和知识。安妮最终创建了全球乡村水果公司——一家具有社会意识的商业公司，这家公司通过帮助农民出口菠萝蜜干到美国来支持当地经济。

如果你想从安妮·瑞这里了解更多关于如何创立一家具有社会意识的商业公司的内容，请阅读第 38 章。

机会

与所有事情一样，在寻找适合你解决的问题的过程中也包含机会因素。比如，如果你决定星期六而不是星期天去海边，可能就不会看到海滩上被垃圾缠住的海龟，也就不会被触动而加入当地的一个环保团队。星期天你可能会去登山远足，在路上目睹的一场交通事故使你意识到社区需要更有效的交通信号灯。这里想表达的是，最终吸引你注意力的事一定程度上取决于你做出的随机决定。那就拥抱这个随机因素并纵情于永远不知道下一件事是什么的兴奋中吧。

行动起来和身边的世界互动吧！让自己投入新的活动。与此同时，努力研究前文列出的要点来培养正确发现问题（或者是机会，这取决于你怎么看待它）的思维方式。最后，拥抱这一切机会吧。运用正确的思维方式，你可以将随机发生的事情转化为永久的激情和力量。

一旦你确定了要解决的问题

一旦你发现了感兴趣的问题，先停下来沉思片刻。虽然你无法通过推理来找到适合自己的问题，但是你可以通过推理来排除不适合自己的问题。在你准备专注于一个问题之前，应该先停下来考虑如下因素：你的第一印象是否正确；你是否真的对此问题感兴趣；这个问题是不是你的激情所在，你是否想投入其中。不经思考就贸然行动是很愚蠢的。也有一种可能是你在几个问题之间犹豫不决。无论是哪种情况，在考虑你已经发现的问题时，问自己如下几个问题。

1. 这是我感兴趣的事吗？

这是一个很重要的问题。如果你知道有非常多的人仅仅因为一件事情看上去好像是对的，或者至少大家都这么做而投入其中，你肯定会感到吃惊。当然，这些事情都是值得做的，我们也都认同这些领域需要大家的关注。这些问题激发了我们乐于做慈善的本能，但是如果你并非真正对这些问题感兴趣，你很可能过一段时间后就对其失去兴趣，或者失去用创新的解决方案来重塑这一领域的动力，而这原本应该是你的目标所在。

理想的情况下，你应该耐心等待，直到一个问题激发了你的兴趣并让你想去了解更多。这个问题存在的原因可能很复杂很微妙，而这一挑战令你兴奋。这项事业或者它所从属的更大的事业也许和你高中时喜欢的课程有关，也许和你大学所学的专业有关，或者这就是你长期以来想做更多了解的领域。总之，无论你选择什么，一定要确定它是你出于兴趣想进一步了解的。

2. 这是我的激情所在吗？

当你想要去解决这个问题时，是否会感到干劲十足并激情澎湃呢？你对问题本身及其解决方案是否有明确的观点呢？这是不是一个你可以滔滔不绝说上三天三夜的话题呢？如果你迫不及待地想要撸起袖子开始干的话，这是一个很好的迹象。

3. 我对这件事有强烈的情感反应吗?

当你思考这个问题时，你是否有强烈的情感反应呢？看到人世间的不幸，你是否会感到悲伤呢？你会因为他人对此无动于衷而感到气愤吗？你会因为所有的尝试终告失败而感到失望吗？可能你至今仍感到懊丧和难过，或者希望有朝一日这些问题都成为过去。这些都是你可以利用的强大的情感：它们会驱使你前进，鼓励你在处境艰难时仍继续努力（在特定的时间点处境肯定会变得艰难!）。那些可以触发你内心深处情感反应的事业——无论是何情感反应——都值得你好好考虑一下。

4. 这件事能强化我的价值观吗?

这里有一个例子可以证明为什么自我认知很重要。（如果你没有完成第 1 章里关于自我认知的小练习，现在就回去做一下吧。）知道你支持的是什么，是一项非常重要但被严重低估的自我认知。如果你有良好的自我认知，清楚自己看重的价值观和原则，这些认知将对你生活的方方面面进行指引。你做出的决定，尤其是那些艰难的决定，可以而且应该取决于你个人的价值观。

考虑问题时，你应该问自己，你为这个世界带来的改变是否符合你的价值观。假设平等对你来讲是最重要的原则，你就会坚信，任何人不论种族、信仰、性别或者性取向，都是平等的而且应该平等对待。假设你在两个值得去解决的问题之间做选择：保护你家附近的一片森林免遭破坏，在你的工作场所争取透明的同工同酬政策。两者都是值得做的，但是解决不同性别间同工不同酬的问题可能更符合你看重的平等原则。同工不同酬问题的解决将会增加这个世界的公平性，这就是可以极大地提升你看重的个人价值观的事情。

5. 我能有意义地做出贡献吗?

你要问自己这样一个问题，你是否拥有可以帮你解决待定问题的技能或经验。如果答案是肯定的，无论你正在考虑的问题是什么，这都可以成为你选择这个问题的理由之一。比如，如果你对帮助难民在美国安顿下来很感兴趣，那么拥有法律学位或者认识精通国际法的律师对于帮助难民寻求避难所会有帮助。类似地，你或者你的家人可能认识一家酒店的所有者，他愿意在淡季时腾出几间客房作为处于过渡期的家庭的临时住所。也可能你自己以前就是难民，你的经验可以帮助你与那些处在艰难和动荡时期的人们沟通感情。

此外，略微不同寻常的才能和知识也可能特别重要，尤其是在尚没有人将其应用于你正在考虑的事业的情况下。出于这个原因，你最好把自己所有的强项总结一下，不要遗漏任何一点，即便其看似和目前的问题没有任何关联。如果你已经完成了第1章的练习，此时可以回顾总结了你的强项和弱点的练习1.6。当你考虑到底选择解决哪个问题时，可以不断地回顾这个练习。

当你考虑是否要去解决一个你发现的特定问题时，以上5个问题旨在引导你思考。实际上并不存在你应该或不应该去解决一个问题的严格界限。但是作为一个粗略的指导，针对一项事业，如果你对以上5个问题中的至少4个持肯定答案，那么你应该认真考虑一下这项事业。如果你仅对一两个问题持肯定答案，那么你最好继续寻找可以让你感到更兴奋的事情。理念就是，选择你热爱的事情——可以让你周六心甘情愿早早起床去努力的事情。你需要致力于解决这个问题，这样即便遇到艰难困苦也会继续坚持。

从一个问题到一项事业

一旦你确定了一个需要解决的具体问题，就需要问自己下一个问题："我正在努力推动的更大事业是什么?"这就涉及比一个具体问题更广泛、更普遍的事业。问题指的是一个需要解决方案的具体情况，事业指的是一系列具有共同特性的问题集合。重点是，如果你热衷于解决一个特定问题，可能会发现让你充满热情、能为你带来成就感的是推动包括解决这个特定问题在内的更大的事业。一旦明确了你关心的事业，就可能会发现你希望去解决的一系列相互关联的问题。

从一个具体的问题扩展到一项事业，你需要考虑所有导致这一问题的因素。是哪些力量导致了这一问题的发生呢？原本可以怎样阻止问题发生呢？

为更好地了解这一情况，让我们来看一些存在于当地、国家和国际层面不同类别的问题及对应事业的例子。

类别：教育

● 本地层面。

问题：编号为118的公立学校可能因预算缩减而被迫撤销运动队。

你的事业：增加学校经费。

● 国家层面。

问题：在美国，46%的教师会在五年内离开。

你的事业：降低教师的离职率。

● 国际层面。

问题：在世界上有些地区，人们并不重视女性的受教育权，女孩子可能无法去上学，而是留在家里操持家务和家庭生意。

你的事业：促进教育的性别平等。

类别：同性恋、双性恋和变性者群体权利

● 本地层面。

问题：两个男孩以恋人身份参加高中毕业舞会遭到拒绝。

你的事业：停止对这一群体的歧视。

● 国家层面。

问题：在美国一些州，同性伴侣可以形成民事结合关系、同居伴侣关系或者婚姻关系，但是联邦政府并未正式承认，导致同性伴侣无法像异性夫妇那样享受同样的联邦福利和保护。

你的事业：为以上群体争取婚姻平等。

● 国际层面。

问题：在 78 个国家里，同性恋被认为是犯罪行为；其中有 5 个国家对同性恋者判死刑。[1]

你的事业：消除对同性恋的歧视。

思考你致力于解决的问题所归属的事业时，你需要从尽可能多的角度来审视这一问题。由于问题的复杂性，一个问题可能涉及几项不同的事业。比如，如果你关心社区青少年的高怀孕率问题，可能会发现自己对很多顶层的事业更感兴趣，比如生育权或者健康教育。你可以在练习 3.1 中进行从问题扩展到事业的练习。

练习 3.1

问题与事业练习表

列举出一些你感兴趣的问题，然后分别为这些问题想出至少 3 个涉及的事业。下面的表格已经给出了示例。

问题	事业	事业	事业
你所在社区的无家可归问题	增加可负担住房的供给	降低失业率	加强心理健康服务

比如，你由关注青少年高怀孕率问题进而关注促进健康教育这一更大的事业，因为你相信通过性教育能够大幅降低青少年怀孕率。发现了自己对健康教育的兴趣之后，你会发现自己对归属于健康教育事业的其他问题也充满热情：教育儿童如何选择健康的食物，为所在地区的社区大学提供心理健康服务，指导糖尿病患者如何控制血糖。

第 4 章

了解这个问题

你已经发现了一个让自己热血沸腾并迫不及待想要去解决的问题，接下来你要做的第一件事是——克制你自己！这很难做到，但是在你开始行动之前，甚至在你开始考虑解决方案之前，最明智的做法就是先暂停一下。

如果你不能很好地了解问题的范围、导致问题和缓解问题的因素以及这个问题的历史和社会背景，就无法设计出相应的解决方案。如果你不了解人们针对这个问题已经做了哪些尝试，哪些尝试成功了、哪些失败了，受这一问题影响的民众或团体是怎么看待这个问题的，那么你将无法设计出好的解决方案。这就意味着你需要在开始行动之前多做一些研究，以便更好地了解这个问题。

本章将会为你提供关于研究过程的概览，教你清楚地定义所想了解的事情以及需要问的问题，并让你弄清通过哪些资源可以解决这些问题。一旦你对问题及其背景有了很好的了解，就说明你已经准备好开始思考潜在的解决方案了。

研究的价值

只要留心，你就可以学到很多。假设你加入了一个篮球队，在一场势均力敌的比赛的第四节，教练决定由你来替换一名场上的队员。如果你一直在关注比赛，就会知道对方的 22 号球员小动作很多，你们的一个前锋已经因此受到了很大的影响并且看上去很累，而且你们惯用的三角进攻战术似乎并不起作用。若对比赛过程、球员和战术策略有所了解，你上场后就可以有效的方式来扭转局面。然而如果比赛的大部分时间你都在场下用手机发短信，那么你将会对场上的情况一无所知，必然犯和其他队员相同的错误。

类似地，确定了一个你热切希望解决的问题后，了解正在解决这个问题的人或者机构以及问题所处的大环境同样至关重要。你将要服务的社区的人口状况和历史是怎样的？问题是怎么产生的？为什么至今仍未解决？人们为了解决这个问题已经做了哪些尝试？这些信息将有助于你制定战略，从而增大成功的可能性。没有这些信息，你很可能错失问题的关键部分并重复尝试已被证实不可行的解决方案。

这里想表达的是，提前做准备可以帮助你更好地解决你遇到的问题，不论是在“场上”还是“场下”。当你做了研究并掌握了关于目前状况尽可能多的信息以后，你将会以更充分的准备来迎接和战胜所面临的挑战。

明确问题所在以及解决问题所需要的知识

人们经常忽视但又非常重要的一点是：如何清晰准确地界定问题。心怀善意的个人和团体经常做得过多而且行动过快，结果导致他们的努力被分散，产生的影响变小。尤其是在开始的时候，你要缩小关注的范围，仅关注一个特定的问题。要想把一个问题分解到它最基本的组成因素，你需要问自己：

- 谁受到了这个问题的影响？
- 正在发生什么事情？
- 这个问题发生在什么地方？
- 问题是何时开始变严重的？
- 问题发生的原因是什么？
- 别人以前试图怎样解决这个问题？

任何以你目前的知识无法回答的问题，你都需要进行研究并给出答案。这是一个可以找出你的知识中薄弱环节的好方法。你可以用本章中的战略和工具来加强薄弱之处。你掌握的信息越多，准备得越充分，就能越精准地明确问题所在，从而使之变成一个可控的并且能实现的目标。

假设你明确的问题是：你所在区域海龟的数量正在减少。对谁、何事、何处、何时、为何以及如何等因素稍做研究，你就可以对所面临的情况有更深刻的认知（见图 4－1）。

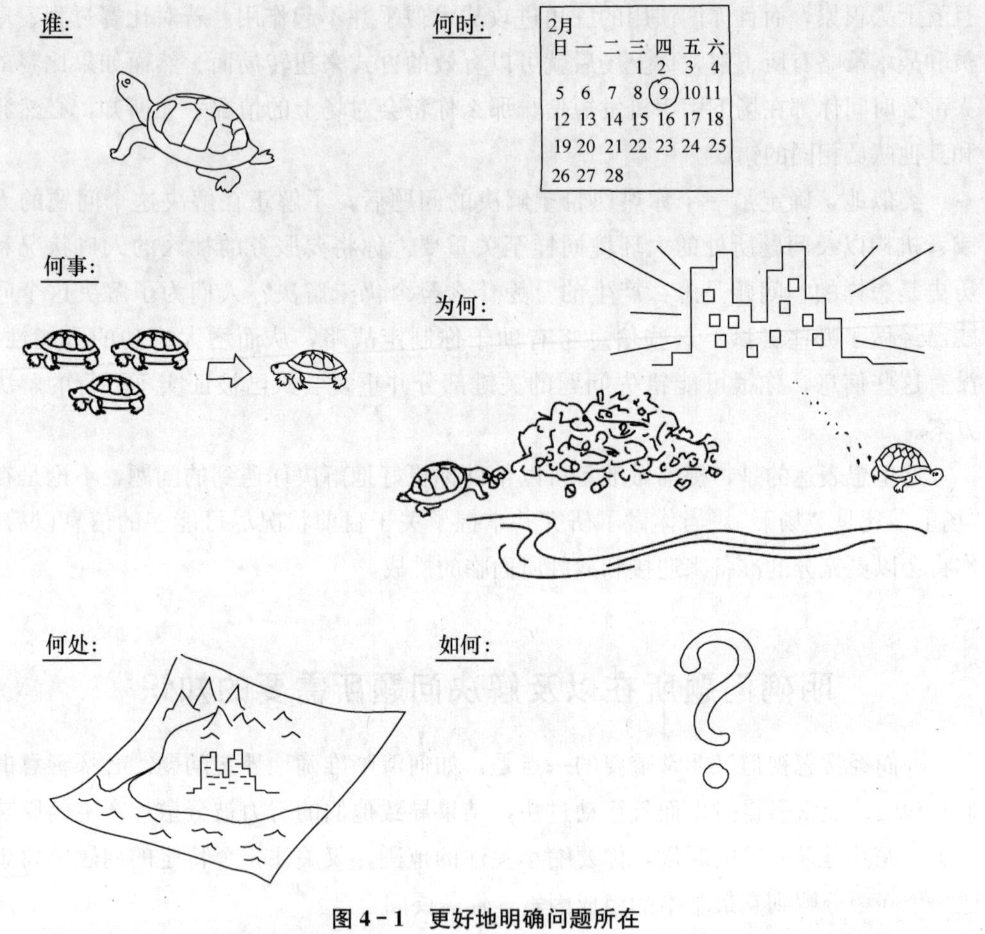

图 4-1　更好地明确问题所在

谁受到了这个问题的影响?

● 直接受影响：海龟（具体来讲是肯氏龟）。

● 间接受影响：像你一样喜欢看到海龟的人；需要依靠海龟来控制其他物种的本地食物链。

正在发生什么事情?

● 海龟的数量正在逐渐减少。

这个问题发生在什么地方?

● 位于你所在的区域，问题发生在月亮湾和柔浪海滩。

问题是何时开始变严重的?

● 三年前，人们发现月亮湾的海龟数量开始减少；两年前，柔浪海滩的海龟数量也开始减少。

问题发生的原因是什么?

● 海龟因吞食海中的塑料垃圾而被噎住。

- 海龟习惯在黑暗安静的海滩下蛋，但是月亮湾和柔浪海滩附近新建公寓楼的灯光阻止了海龟在这里下蛋。

别人以前试图怎样解决这个问题?

- 你的社区里尚没有人干预过这个问题。

这样一来你就知道如何研究“谁、何事、何处、何时、为何以及如何”这些因素，以及如何精确地调整问题的范围了。于是问题的焦点就从“海龟的数量正在逐渐减少”变成“在过去的三年里，由于新建公寓楼造成的污染和对海龟自然栖息地的破坏，位于月亮湾和柔浪海滩的肯氏龟的数量正在逐渐减少”。问题也就变得明确了，这将指引你努力前进的方向。

除了解所在社区问题的特定信息之外，你也可以将“网”撒得再大一些，去了解与问题相关的各种话题、人口状况以及所面临挑战的历史和背景。对问题进行头脑风暴时，这些额外的信息将非常有用。在海龟这个例子里，当你完成一些额外的研究之后，你或许会学到很多。

- 肯氏龟是一种主要生活在墨西哥湾的濒危物种。
- 关于肯氏龟的自然栖息地、交配行为以及食物来源的信息。
- 本地水域中发现的污染物类型以及噎住海龟的塑料制品的来源。
- 夜间照射到海滩的灯光来自公寓楼户外网球场的照明灯。

【小贴士】

如果你无法测量解决问题的进度，就无法评估。如果这个问题没有被精准描述并且没有清晰的目标，你就无法去测量。

寻找你要解决的具体问题所涉及的一项或几项事业的信息，从而让自己熟悉这些领域的历史和进展也很关键。要特别注意面临同样问题的人尝试过哪些解决方案。比如，在海岸线的其他区域是否有人已经挽救肯氏龟？不要害怕去问别人哪些解决方案可行，哪些不可行。你有可能从别人之前的努力中获取灵感，或者学到别人从尝试和错误中总结出的最佳做法。在其他领域里可行的解决方案用于解决你遇到的问题可能同样有效。重申一下，开始思考解决方案时，所有这些数据在你的支配下都会起到重要作用（但是现在开始思考解决方案为时尚早，在读到第5章之前请耐心地等一等）。

研究这个问题

明确了你要解决的具体问题以及研究目标以后，如何找到并收集你所需要的全部信息？你能够获取的信息可以按照获取方式归类。你会发现，有四种研究问题的一般方式——阅读、观看、行动以及交谈（见图 4－2）。

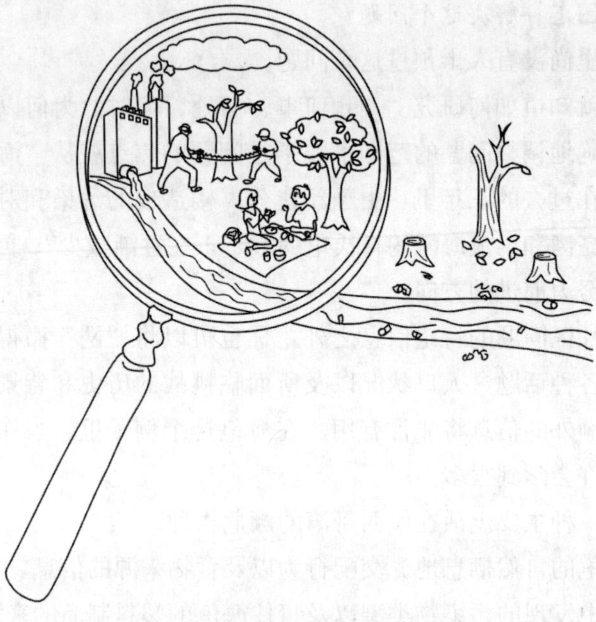

图 4－2　深挖以弄清问题的根源

阅读

提到研究，你想到的第一件事可能就是大量阅读。这是因为书面文字是向受众传递想法的最高效、最有序的方式之一。随着可获取的在线资源增多，先进的索引和搜索技术已经使随时精确地寻找你需要的信息变得极其简单。你可以考虑从以下渠道获取信息。

维基百科

尽管你需要对来自维基百科的信息进行仔细审核，但这仍然是全面了解问题的好渠道。拉到词条的最底部，你会发现丰富的引文。被引用的作品可能是书籍、期刊文章或者影视作品等。你可以将这些作为额外的资源来利用。

搜索引擎

利用谷歌和必应这样的搜索引擎可以搜索那些包含有用目标信息的网站。比如，如果你想获取更多你所在区域的海龟信息，可搜索“海龟分布”，搜索引擎不但会建议你去访问哪些网站，而且会利用图片搜索功能显示出一张海龟分布地图。

如果你不知道从何处着手来在线寻找信息，搜索引擎极其有用。你永远都不知道会搜到哪些有用但又意想不到的信息，而且你很有可能会搜到包含政府机构、非营利机构、企业、个人网站和博客在内的综合资源——如果没有搜索引擎，你可能永远都想不到参考这些资源。

关于信息来源的告诫

尽管所有信息来源都有可能无意（在一些情况下是有意的）地包含虚假或误导信息，但是互联网在这一点上尤为脆弱。因为整个互联网是不受管控的，没有什么能够阻止人们发布他们希望发布的内容。这就意味着观点可能会被呈现为事实，而“事实”在现实中可能是未经证实的，还有可能是扭曲的。

从本质上讲，互联网是最野蛮的西部世界，因为这里相对没有责任性可言。这也就意味着你在选择在线信息来源时要尤为谨慎。你需要检查每一个网站来搞清楚：什么人出于什么原因创建这个网站；它上一次更新是在什么时候；网站上的信息是否有任何形式的偏见。这可以帮你去其糟粕取其精华。

相比之下，书籍、报纸、杂志等具有某种形式的内在责任性。如果它们呈现的不是准确的信息，读者会流失。自出版物是例外，作者会付费进行出版。你需要用更加审慎的眼光来对待此类出版物。对于公共或私立机构出版的内部通讯或者杂志，你也要以批判性的态度来进行评估，因为它们可能会以更偏向机构的方式来呈现信息，或者由于机构的本质而使信息带有某种偏见。

即便如此，几乎所有的信息来源都存在这样一个问题：事实本身是正确的，呈现事实的方式却暗含某种偏见。比如，《纽约时报》（*The New York Times*）一般被认为在政治上是偏自由派的，而《华尔街日报》（*The Wall Street Journal*）是偏保守派的。

书籍

书籍是深入了解某个话题的重要资源，有空时去当地的图书馆、书店或者在线书店看看吧。你可以参考百科全书来获得关于一个话题的可靠概览，阅读传记来从和你致力于同一项事业的行动主义者那里获得激励，阅读非文学书籍来获取关于最佳做法的信息。如果你更喜欢使用电子阅读器，可以去在线书店查找感兴趣的书目，越来越多的书籍（通常是新近发行的）有电子版。

报纸

如果你想了解一个特定社区所存在问题的历史，以及人们针对问题做了哪些努力，当地报纸是一个极好的信息源。通常你也可以查看在线存档的文章，如果当地报纸没有在线存档，你可以去图书馆寻找电子化的微缩胶片。你还可以直接和报社联系，看看它们有没有往期的版本或者你可以搜寻的数据库。区域或者全国性的报纸对于了解问题的全景或者相关的问题很有帮助。搜索一下相关的文章、社论和致编辑的信等，可能会发现值得注意的宝贵观点。

新闻通讯与杂志

很多非营利机构、公司、专业团体和娱乐集团会定期出版内部通讯或者杂志，让会员或者雇员了解它们所在领域的发展状况。这些出版物可能采用邮寄的方式送达，但是越来越多的出版物是以 PDF 的格式通过电子邮件发出的。出版物对于会员通常是免费的，但是成为会员可能需要缴纳一定的费用。

对于通过电子邮件发送的期刊，你通常可以在线提交电子邮件地址来免费订阅。如果发现和你志趣相投的组织，你可登录其网站查看是否有内部通讯或杂志的电子版，你也可以注册来订阅。基于你感兴趣的领域，你也可能发现订阅一些独立杂志或者查阅这些杂志的往期版本是有价值的。

经同行审阅的期刊文章

搜索与你关注的问题或事业相关的经同行审阅的期刊文章是十分有必要的。经同行审阅意味着这些文章的准确性已得到评估，并且在出版前经相关领域第三方专家认可。同行审阅是学术出版的黄金标准，这意味着在相对合理的程度上你可以相信出版物中的信息是正确的：实验得到严格的检验并采用了可靠的方法；评论文章和其他类型的文章援引了可靠的信息源并呈现出准确的信息和富有逻辑的结论。如果想知道对于你关注的问题人们曾经采取哪些解决方案以及它们是否有效，经同行审阅的期刊文章是一个绝好的信息来源。

在线搜索经同行审阅的文章的渠道包括：

- 斯高帕斯（Scopus）拥有从 1885 年至今的经同行审阅的期刊资源。但是它只支持付费订阅查看，所以查一下你的大学或图书馆是否付费订阅了，如果是，你就可以免费查阅。
- 知识网络（Web of Knowledge）提供了比斯高帕斯年代更久远的经同行审阅的期刊资源，但是它涵盖的领域较少，也仅支持付费订阅。
- 谷歌学术（Google Scholar）可以免费访问，但是它可能不像付费订阅网站那样有序提供各种资源。
- 医学图书馆（PubMed）是一个可以免费访问的政府网站，如果你关注健康和医疗话题，这个网站应该是你的首选。

观看

你可以通过观看电视或在线视频来获取很多有用内容，比如查找和你所在地区某个问题相关的新闻画面、教学视频以及纪录片。尽管你可以通过订阅或购买获取这些节目，但是如今这些内容大部分都可以在线获取。你可以在新闻网站上找到想要的新闻画面，甚至是整个新闻节目；短视频是类似 YouTube 这样的网站提供的基本内容；你可以通过亚马逊实时视频服务（Amazon Instant Video）、苹果 iTunes 或者网飞（Netflix）来下载或者在线播放纪录片。

行动

亲自体验无可替代。当你试图理解所希望解决的问题的根源时，这是尤其有用的战略。通过亲身体验或观察，你可以获得宝贵的见解。

在海龟的例子里，假设你不确定哪些因素导致了海龟数量的减少。你对海龟最初的研究（参考维基百科、一些主张保护海龟的网站、一本关于爬行动物的书）显示，强光会把海龟从繁殖地吓走。你意识到，海滩旁边的公寓楼建造于海龟数量开始减少一年之前。有没有可能是公寓楼的灯光在夜间把海龟吓跑了呢？想查明事实只有一个办法：夜间去海滩查看情况，甚至是在夜间不同时段的不同场景下去查看。你这么做了之后就会发现，和公寓楼配套的两个网球场的灯光直接照射到受影响海滩的大部分区域。

即便你无法直接观察或者体验，你会发现深入存在问题的社区了解情况也会很有帮助。这可以让你更好地了解造成问题或者有助于解决问题的态度、信念或文化习俗。

交谈

即便你有很多实践与体验，仍应该与外界进行互动，和社区里受问题影响的人们交谈。他们为什么认为那是一个问题？他们认为问题的产生原因是什么？问题是如何影响到他们的？他们认为怎样才能解决问题？

鼓励社区居民参与对于你了解这一问题并设计出一个可持续的解决方案至关重要。（关于社区主人翁意识的更多内容请参见第 11 章和第 34 章。）你也应该向相关领域比你更有经验的人寻求建议。比如，去接触正在解决类似问题的当地团体的领导者；向研究领域与你关注的问题相关的教授发送电子邮件进行交流；约见政府官员、媒体记者以及其他任何能够为你关注的问题提供更多历史和社会背景的人。

不论你和谁交谈，一定要问两个问题：他们认为导致问题的原因是什么，他们是否了解过去试图解决这个问题的人所做的任何努力。如果你能找到那些曾经尝试解决这个问题的人，一定要先去和他们交谈。你要问他们曾经做过哪些尝试，以及哪些起作用，哪些不起作用。

研究你希望去解决的问题时，一定要不惜时间并深入彻底。认真仔细的系统研究将会为你带来巨大的回报。一旦你感觉已经做了足够的研究——这些研究不仅能帮你清楚地明确问题所在，而且能够作为问题潜在答案的知识基础——就表明你已经准备好开始制定解决方案了。

第5章

进行头脑风暴，提出解决方案

在第4章，你学习了如何研究一个问题，以便更好地了解这个问题的范围、历史、造成问题以及使之复杂化的因素。你对情况已有清楚的认知，现在是时候开始思考解决问题的方法，并在该方法的指引下看到你所期望的积极改变。换言之，你该怎样尝试解决问题呢？

这是一个至关重要的问题，因为你采取的战略在很大程度上决定你的努力能否成功。这并非危言耸听，这只是一个告诫，鼓励你先停下来认真思考一下，避免仓促地开始行动。解决一个问题有很多方法，你在开始行动之前应该认真仔细地考虑每一个选项。比如，如果你的目标是提高你所在社区驾驶员的安全带使用率，你可以采用很多不同的方法来实现这个目标：发起一项主题活动；与当地的驾校合作，在驾驶员教育课程中进一步强调安全带的使用；推动立法来加大对驾驶员不使用安全带行为的处罚。类似的方法还有很多。

本章将会帮你产生很多旨在解决你所关心问题的想法。一旦确定了尽可能多的选项，你就可以根据自己的情况和资源来逐渐缩减这些选项，直到最终选出一个最佳方案。

想法和解决方案的区别是什么？

头脑风暴的一般规则就是：没有糟糕的想法。的确是这样，但是你在听到一个很棒的想法时应能够识别出来。你也可以略过下面的内容，直接去读第6～9章。这些章节阐述了针对社会创新的善行有报方法的第一步——做可行的事。尽管在头脑风暴阶段需要你努力提出尽可能多的想法（无论这些想法看起来多么不可行），但最终还是需要你找到并执行一个成功概率最大的想法——一个切实可行的解决方案。你可能会想："难道我不需要先试一试来确定它是否可行吗?"的确如此，但是你也可以运用在第 4 章学到的知识来辨别这个想法能否带来你期望的持续的改变，它是一个治标的解决方案还是一个治本的解决方案。第 6～9 章概述了可行的解决方案背后的基本原则，你稍后可以利用这些原则来缩小选项范围。阅读接下来的内容，你将获得可以用来提升头脑风暴的广度和深度的关键性见解。

第 6～9 章展示了最佳解决方案的特点：

1. 考虑问题的大背景，与既有努力协同交互，从而从尽可能多的角度来解决问题。(第 6 章)

2. 采纳并改进既有的基于事实的解决方案。(第 7 章)

3. 根据新的信息进行改进，以提升功效和效率。(第 8 章)

4. 面对特定的挑战、障碍或者当既有解决方案有所不足时，可以做出创新性的改变。(第 9 章)

当你开始行动时，需要不断地进行头脑风暴，如有需要，可随时回顾本章的内容。

开始头脑风暴

头脑风暴是解决问题的一种战略，它鼓励创造性的和不受束缚的思考。其目标是产生大量的潜在解决方案，尽可能自由大胆地思考，以确保不会遗漏任何可能性。所以，尽情发挥你的创造力吧！虽然你最终会知道有些解决方案很棒（实际、恰当、有效），有些解决方案很糟糕（不切实际、不恰当、无效），但是在最开始时请不要用这些标准来评估你的想法。再强调一次，稍后再对你的想法进行评估——头脑风暴的意义就在于在客观环境里产生尽可能多的想法。一个你认为不切实际从而否定的想法，在采纳同伴的建议改进后或许会成为一个很棒的想法，或者它会激发一个更好的想法。想法的产生是创新的源泉。

【笔记】

头脑风暴一词流行，是亚历克斯·奥斯本（Alex Osborn）的功劳，他是广告行业的一名管理人员，在 1953 年写了一本书——《应用想象力》(*Applied Imagination*)，书的内容是关于团队如何产生富于创造性的高质量想法。关于团队头脑风暴，他支持以下四项规则：(1) 注重数量；(2) 拒绝批评；(3) 欢迎不同寻常的想法；(4) 对所有想法进行综合并加以改善。[1]

尽管你可以独自进行头脑风暴——你拿着日记本在一个安静的地方专注于某件事情，或者在入睡前放飞你的想象力——但是通常来讲，集体进行头脑风暴更富有成效。聚集的人越多，能够获取的观点、经验和创造力也就越多。通常，好的想法可以相互裨益，而团队活力对于这种积极的相互影响至关重要。

接下来你将了解三种类型的头脑风暴。你不必以特定的顺序来尝试，但是每种类型都应该尝试一次，因为你可能会发现不同类型的头脑风暴会产生各自独特的一组想法。要仔细记录每次头脑风暴时的想法。当一次头脑风暴无法产生新的想法时，你可以回顾一下之前的头脑风暴来对答案进行对比，也可以提出任何独特的建议供团队考虑。通过提出团队遗漏的解决方案，你有可能沿着类似的思路引发其他想法。

餐巾纸上的头脑风暴

晚餐或喝饮料时的对话可能令你突然想到一些很有趣的想法，你可以用手边的东西——一张餐巾纸、一张卡片或者你的智能手机记录下来。这就是所谓的“餐巾纸上的头脑风暴”——这是一种非正式的头脑风暴，它可以发生在任何时间、任何地方并且不限人数（尽管这种类型的头脑风暴尤其适合 2～6 人）。如果你在外面碰巧看到了激发你灵感的事物，或者使你以一种全新的意想不到的方式进行思考的事物，那么这种类型的头脑风暴特别适合你。牢记问题和最终目标的同时记下这些想法，观察或者联想以待今后使用。

白板上的头脑风暴

从创业企业到科学实验室，哪里有伟大的想法诞生，哪里就有白板存在。在教室或者会议室，这种形式的头脑风暴适用于几乎任何规模的团队。白板就像一座灯塔，指明了前进的方向；它能促进行动——你们一起产生想法，努力优化这些想法并形成最后的结果或决定。进行白板上的头脑风暴的方法有多种，练习 5.1 介绍了其中两种。

练习 5.1

白板上的头脑风暴

1. 先让大家聚集在一块大的白板（或者一张贴在墙上的厚纸）前面。用一支马克笔画两条竖线把白板分为三部分。在最左边一栏写下“问题”两个字，在中间写下“资源”，在最右边写下“解决方案”。然后，给团队里的每个人一个便笺本和一支笔。如果团队规模很小，可以尝试给每个人不同颜色的便笺本。

2. 先从"问题"这一栏开始，指导每个人思考自己已经确定并想要解决的问题。然后让每个人问自己：

- 不论过去还是现在，哪些因素导致了这一问题的产生？
- 是什么使这一问题难以解决？
- 很有可能遇到哪些困难？

让团队成员在每张便笺上写下一个想法，然后贴在对应的栏目下面。

3. 在中间这一栏重复这一练习，让团队成员确定团队可以利用的资源。这些资源可能包括资金、技能、专业知识、伙伴关系、社区资产等。确保把和你们有类似目标的团队囊括进来，即便你们目前和它们没有直接的合作。

4. 最后来到最右边这一栏，让团队成员思考前两栏的信息，提出潜在的解决方案。

说明：如果团队成员多于15人，可以考虑分成几组，每组讨论结束后，再聚集在一起来分享每组最好的想法。

下面是团队可能希望尝试的另外一种很棒的头脑风暴练习：

1. 以同样的方式开始练习，指导每个人列出导致问题的因素。当所有人都把他们的便笺贴到最左侧那栏以后，移出所有内容重复的便笺，只剩下独一无二的想法。

2. 接下来，让团队成员选出自己感觉导致问题的最重要因素。每个成员可以选出三个因素，他们可以通过在被选中的便笺旁边做标记的方式来进行投票。最后，统计票数，选出一个团队认同的导致问题的最重要因素。

3. 让团队聚焦于这个因素，然后就资源进行头脑风暴。在这一环节的最后，让每个人投出三票来选出团队排名前三的资源。

4. 最后，进行头脑风暴提出能充分利用这三种资源的解决方案，然后投票选出最佳方案。

市政厅里的头脑风暴

在市政厅进行头脑风暴显得有些正式，但是这样可以容纳不同团体的人，并能汇集很多不同的观点。在这种情况下，你可以组织大型的公共集会来召集可能有兴趣参与问题解决过程的任何人。参与者应该包括你的团队以及问题所在社区的成员。除了一般的社区成员外，还要邀请当地的政治及宗教领袖、企业家、学校董事会成员等。任何有可能受到问题或解决方案影响的有关各方都应该被邀请参与到问题的解决过程中来。这样可以达成两件事：(1) 把广泛的观点连同社区的具体情况放到台面上；(2) 让社区成员以主人的身份参与解决方案的讨论，这有利于该方案的可持续性。（更多关于社区主人翁意识的内容请参见第11章和第34章。）

一旦召集了这个市政厅形式的征集想法的会议，接下来就让大家充分参与到问题的讨论中。要鼓励社区成员提出解决方案，并在黑板、白板、投影仪或者笔记本上记录下来，以便让大家都看到。记下社区成员所有的解决方案后，如果团队之前进行头脑风暴提出的想法还未被提及，那么可以向社区提出你们的想法，然后就这些想法征求社区成员的意见并认真记下任何批评或建议。如果社区成员否定了一个想法，不论你多么喜欢这个想法，它都极有可能不会成功。相反，如果社区成员赞同一个想法，那么它成功的可能性就很大。

缩小解决方案的范围

围绕你确定的问题进行头脑风暴提出大量的潜在解决方案之后，你也就做好准备来缩小解决方案的范围了，最终选出那些能更准确地反映实际情况并且可能是最有效、最高效和最具持续性的解决方案（见图5-1）。

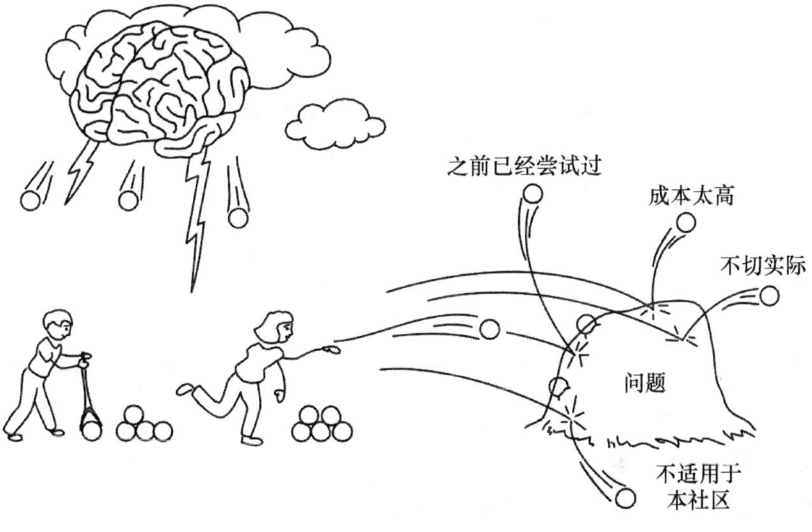

图5-1　进行头脑风暴，选择解决方案

> **【小贴士】**
>
> 记录下你所有的想法，包括你不打算实施的想法。定期回顾这些想法，你可能会发现，过去被你否决的想法如今在新的情况下或社区里有很大的潜力。

细想一下头脑风暴环节，有没有一些特定的解决方案在不同的环节里不断重复出现？这可能意味着它们很有价值。有没有一些解决方案很快就被社区成员否决了？

如果有，这些想法可能极难实施。你和你的团队也能够很快地排除掉很多其他解决方案，最终留下为数不多的真正有价值和潜力的想法。

一旦你将选项缩小到少数几个，下一轮的选择将会更加艰难。这需要在与社区成员进行磋商的同时进行深思以及更多的团队讨论。当你阅读第二部分中用于社会创新的善行有报方法时，要把这些选项记在心里。当你了解更多关于成功和可持续的社区解决方案的核心要素时，就会知道，如果一个解决方案不能获得认可，那么它实施起来将会阻力重重。

要记住，当你最终选出一个行动方案后，不必把其他你认真考虑过的解决方案都扔掉。如果选中的方案未能成功，你随时可以重新考虑其他解决方案，为未来寻找灵感。应尽可能深思熟虑并在第一次就选出正确的行动方案，但如果失败了也不必羞愧。重要的是整理思路，分析为什么原来的想法不可行，然后再次进行尝试。

案例研究

旱地自然资源中心

作为弗吉尼亚大学的学生，恰斯·泰勒（Chas Taylor）和丹尼尔·匹克（Daniel Pike）发现了一个迫切需要解决的问题：那些依靠自然资源为生的人们陷入了一个恶性循环，这个恶性循环损害了环境并降低了他们供养自己和家庭的能力。为了尝试解决这个问题，恰斯和丹尼尔在肯尼亚联合创立了旱地自然资源中心（Drylands Natural Resources Center），致力于将农林产业变成在保护环境的同时可以为当地农民带来稳定收入的可持续商业。恰斯是地球伙伴公司（一家致力于土壤改良和生物能源发展的公司）的有限合伙人，他曾在比尔及梅琳达·盖茨基金会的农业团队提供咨询服务，也曾就职于麦肯锡公司。丹尼尔在本书出版时正攻读哈佛商学院工商管理硕士，他之前曾就职于阿仕特朗太阳能公司（一家从事太阳能设计和安装的公司），以及分析集团（一家经济咨询公司）。在这个案例中，恰斯和丹尼尔把第3～5章的话题整合到了一起——他们分享了一个如何从确定问题到进行头脑风暴提出潜在解决方案，再到最终采取能产生持久结果的行动的故事。

确定你要解决的问题

恰斯：马库埃尼是肯尼亚一个缺少供电和供水基础设施的地区。当地的居民大多以农业为生（只吃他们自己种出的东西）。为了满足对燃料和收入的需求，他们砍伐了大部分自然森林作为柴火和木炭，而城市对这些东西的需求也在增加。这些自然林地本来起到了稳固土壤和河堤的作用，遭到砍伐后，土壤被侵蚀，河流变得干涸，生态系统里的水和营养物质也变得越来越少。而且情况因为气候变化变得更糟，气候变化在马库埃尼表现为更少的总降雨量以及更大的降雨多变性，导致农业产出明显下降。随着农作物产量的下降，农民被迫进一步砍伐剩余的森林。和东非的很多干旱地区一样，马库埃尼陷入了环境恶化和农业生产率降低的恶性循环，从而导致食物短缺、营养不良甚至饥荒等诸多问题。

了解这个问题

丹尼尔：我们是如何开始思考怎样来解决这样一个令人生畏的问题的呢？我们确定对于旱地区感兴趣以后，通过了解干旱和半干旱气候下森林砍伐和农业的基本科学知识来开始思考如何解决问题。我们通过认识的人、学术研究、媒体以及互联网尽可能多地搜集这些地区的农业、技术和商业现状的信息。最后，我们调研了其他组织是如何尝试解决这一问题的，并试着对它们的哪些努力可行、哪些不可行进行了评估。

我们了解到有一些组织正在尝试解决这一问题：环保项目聚焦于环境保护和可持续的自然资源管理；经济援助项目聚焦于优化农作物种植选择、增加产量以及开拓市场；社会项目聚焦于女性权利或者艾滋病病毒/艾滋病防治。但是很少有项目综合解决这些问题。我们认为找到了它们的方案所缺失的一点：除非同步解决造成现状的长期的环境问题，不然不可能持久地增加农作物产量和农民收入。我们需要能在干旱地区起作用的解决方案，一个能为我们的团队和当地农民带来足够的收入从而让项目得到长期维持和发展的解决方案。

进行头脑风暴，提出解决方案

餐巾纸上的头脑风暴

恰斯：通过家人的朋友，我认识了一个叫尼古拉斯•萨亚诺（Nicholas Syano）的肯尼亚人，他当时正在威斯康星大学攻读自然资源管理硕士学位。尼古拉斯曾和我及家人在弗吉尼亚共度了一个圣诞节假期。在此期间，我和他整日讨论他在肯尼亚的社区所面临的农业、经济、社会问题及挑战。我们决定做些什么，于是联合丹尼尔成立了旱地自然资源中心。

白板上的头脑风暴

丹尼尔：我们花了半年的时间进行前期准备，去做研究并优化我们的想法。我们把朋友和同学召集到一起，向他们解释这个问题，让他们就如何筹资、开始运营和发布可持续的项目出谋划策。我们花了一个夏天的时间和尼古拉斯以及当地农民交流，进行集体讨论并提出具体需求和现实的做法。我们一起努力，为旱地自然资源中心设立了三个主要目标：第一，通过改良土壤和水利条件帮助农民修复土地；第二，通过增加农业产量和销售农林产品为农民带来额外收入；第三，更广泛地发展和传播关于旱地林业与农业的最佳做法。

市政厅里的头脑风暴

恰斯：踏上肯尼亚的土地时，我们对于这个国家的了解才刚刚开始。比如，我们意识到，科学的项目必须根据当地的性别状况（比如当地的男性只负责犁地，女性负责几乎所有其他农务）、土地所有系统（比如农场的所有权流转起来很难，并且农场面积随着代际分配变得越来越小）和法律系统（制定于英国殖民时期）进行调整。我们到农民的家里去调研，了解他们的情况，建立起信任。我们把社区成员聚集起来，让尼古拉斯召集大型的会议来收集他们的想法、了解社区情况并检测社区成员对我们的想法的反应。市政厅里的讨论——尤其是和那些参与过失败的援助项目的农民进行讨论——帮助优化了我们的想法并指出了可持续解决方案的必备要件。比如，我们通过大力支持选举女性领导者改变了社区领导层的选举机制。

做可行的事，一同努力，使之持久

丹尼尔：最初几年，我们和农民紧密协作，测试并优化了有关农林业的综合项目，改进了农业实践，发展了可持续的木材砍伐以及小商业。

随着时间的推移，这些做法改善了农民土地的状况并增加了农作物产量，同时也让农民通过可持续的木材砍伐以及出售木炭和动物饲料等农林产品获得收入。教育是我们的方法的核心，项目包括两周一次的课程、社区会议以及为农民提供的现场咨询。如今，旱地自然资源中心有300多个成员家庭（约1 800人）。该中心由尼古拉斯负责日常管理，拥有接受过农林技术、社区扶助以及项目管理等培训的全职员工。最重要的是，我们赢得了当地社区成员的信任，他们的持续投入确保了项目的成功。

第二部分
方　法

第二部分呈现了创立社会企业的方法，它是一个简单灵活的框架，可以用来开发适用于任何想法和社区的执行方案。不论你的目标是通过行动来巩固一个社区，还是发布一种具有公共社会意识的产品或服务，创立社会企业方法的三个核心步骤可为你独特的社会创新行动奠定坚实的基础。

第一步："做可行的事"指导你有效地思考和计划，采取有据可依的做法，从你自己和别人的错误中汲取灵感来使你的行动方案最优化，并持续地对其进行再评估以及再优化。

第二步："一同努力"，你会发现通过合作、培养社区主人翁意识、团队协作以及建立伙伴关系促使你努力向前的新途径。

第三步："使之持久"，让你的努力坚持下去并可持续发展：有促进适度增长的机制；维护机构知识；应用社会企业家精神；留下领导力财富。

这种方法的 12 个原则虽然分在 3 个步骤里，但它们是相互重合并协同的。要记住，这 12 个原则不应该被认为是 12 个连续的步骤。这种方法用来支持不断重复的流程，因此在第一次阅读相关内容时按章节顺序很有效，但是随着工作不断推进，你很可能需要以独特的方式来应用该方法，反复翻阅本书。

善行有报的社会创新方法

第一步：做可行的事

- 设计一个系统解决方案
- 在已有可行基础上行动
- 测量、评估、改进并不断重复
- 挑战已有可行之道，创新，维持新的可行之道

第二步：一同努力

- 在巩固现有和从头开始之间寻求平衡
- 培养社区主人翁意识
- 增强团队凝聚力
- 建立伙伴关系

第三步：使之持久

- 从小规模做起，验证可行后再扩张
- 打造自我持续的解决方案
- 融入社会企业家精神
- 分享可行之道

第一步

做可行的事

诚然，“做可行的事”听上去有点过于简单。从某种意义上讲，的确如此。但是当你停下来深思时，这个想法变得更加微妙。

你可能会想，“我当然要做可行的事。我为什么要浪费时间去做不可行的事呢?”这种思维方式就是问题所在。我们想当然地以为正在做的或者计划要做的是有效可行的，并且从不停下来思考一下事实是否如此。这一问题在社会部门尤其严重，做好事带来温暖舒适的感觉——以及缺乏基于市场的竞争——经常令人产生关于功效的错觉，并且妨碍其他部门采取常规做法：数据驱动分析。

在用于社会创新的善行有报方法的第一步，我们不做任何假设——这也是“做可行的事”的核心要义之一。这些章节将会帮你微调在第 5 章里形成的解决方案，从而使它们成功的概率和效率达到最大化。

- 第 6 章：设计一个系统解决方案——探索问题更为广泛的背景、根源以及它与社区的关系。学习如何以协同的方式来整合你潜在的解决方案，以接受其他试图解决相同问题的团队以及解决问题的多种模式。
- 第 7 章：在已有可行基础上行动——认识到采取有据可依的解决方案的价值及它们作为你进行调整和改进的起点的潜力。
- 第 8 章：测量、评估、改进并不断重复——要明白对解决方案持续的测量、评估和改进是提升其功效、效率和适应性的基础。

- 第 9 章：挑战已有可行之道，创新，维持新的可行之道——应用你的创造力找到应对障碍以及根深蒂固的问题的解决方案。测试你大胆的新想法并引入游戏规则改变者。

第6章 设计一个系统解决方案

我们不能用制造问题的思维方式来解决面临的重大问题。

——阿尔伯特·爱因斯坦

设计一个系统解决方案的全部要义在于扩展你的思维。这就意味着你的解决方案要全盘考虑，即整个系统。每一个问题都有一个丰富而多层面的背景，包括经常相互交织的起因、社会和文化背景，以及多样化的下游效应。了解这些情况以及为解决问题所做的努力，能够让你根据特定需求调整解决方案，甚至让你识别出协同的机会，从而放大你介入的影响。系统解决方案很可能比狭隘理解问题及其背景而设计的方案更有效。

问题存在的原因是多方面的

你计划解决的问题很可能已经存在很久了。总的来说，一个问题从开始出现到在你所在的社区或社会里变得根深蒂固需要好几年的时间。诸如文化、经济、社会、政治等多个因素导致问题长期存在。比如无家可归问题，不可能只有一个简单的原因。相反，无家可归是很多相互关联的因素交织在一起导致的严重问题，比如：失业，有限的可负担住房选择，难以获得医疗服务，家庭暴力，药物滥用，未经治疗的精神疾病，生理残疾，学习障碍，社会排斥，等等。

问题的解决需要多方面的努力

假设你决定要解决无家可归问题，那么我们假设这是一个理想的世界，在这里你可以调动几乎无限的力量和资源。你打了个响指，失业问题突然间就不见了——所有人都有一份工作。这样就能解决无家可归问题吗？不能，因为很多无家可归者有未经治疗的精神疾病，这使他们无法保住一份工作。他们为什么不去寻求治疗呢？因为他们或许无法获得足够的心理健康资源或者缺乏必要的社会支持来使用医疗体系并坚持治疗。但是如果你打了个响指，让每个人都能获得医疗服务和社会支持呢？这样就能解决无家可归问题吗？不能，因为有一部分无家可归者是由于遭受了家庭虐待，他们为了开始新生活可能会暂时无家可归。针对根深蒂固的问题，需要一个多管齐下的计划来成功地消除所有原因。

当然，这并不意味着问题的所有方面都指望你们这些社会改革者来解决。这是不可能的。尽管如此，在考虑你的团队要如何解决一个特定问题时，你需要时刻牢记有多方面的原因。如果你能有效地同时处理一个以上的原因，那很好，如果不能，也没关系。不管你的努力是单方面的还是多方面的，重要的是你要清楚团队在整个行动方案（本地或社会层面）中的位置。在无家可归这个例子里，一个全面的方案可能包括降低失业率、提高心理健康服务的可获得性以及质量、为遭受家庭虐待的人提供更多资源等。

协调团队的行动来配合这个全面方案，确保调动尽可能多的力量来解决问题。如果有特别薄弱之处（比如，你所在的社区对于家庭暴力几乎没有认知以及预防服务），你可以考虑改变团队针对这个问题的方法来满足需求，或者想办法让你的团队与另一个正致力于解决这类问题的社区团队合作并提供帮助。

了解整个系统

假设你所在地的一座大坝崩塌了，你该怎么做来提供帮助呢？你可以尝试解决由水位上涨造成的紧迫问题。比如，如果洪水迫使居民撤离家园，你可以帮助这些流离失所的居民在海拔更高的地方安顿下来。你也可以继续解决洪水将会造成的其他问题，比如，你该怎么清除可能在水灾严重地区滋生的细菌呢？你也可以回想一下，哪些预防措施可以在一开始就避免这次灾难。

除了解时间进程之外，通过观察“上游”和“下游”来了解问题的多重原因及影响也极其重要。在洪水这个例子里，你可以观察到“下游”河段一片狼藉并且满是垃圾；或许你能召集一个志愿者团队来进行清理。你也可以观察“上游”——或许你可以将洪水改道。最后来观察一下问题的“源头”——想办法把大坝堵上。

与崩塌的大坝一样，你试图解决的社会问题也有不同的表象，“上游”的原因和“下游”的影响是多方面的，所有这些将引导你了解这个问题的现状。为了解这个问题的全貌，你需要回顾问题的历史。这个大坝当初为何建造？为什么建在那个地点？为什么建成那个样子？为什么使用那些材料？以及为什么采用那些安全措施？你要一步一步沿着“河流”来深究，了解这个复杂系统的每一个部分。这些部分是如何相互影响的？如果这个大坝位于一个城镇，但是大部分严重的水灾发生在另一个城镇，这些城镇应该如何一同努力来解决问题？如果将洪水改道，会给当地的环境和野生生物带来怎样的影响？所以你必须通盘考虑问题的历史、原因、社会背景、给当地带来的影响以及任何你能想到的解决方案。

比如你开始进行头脑风暴，提出潜在的解决方案，并决定第一件要做的事就是修复大坝。你开始研究所有可以利用的方法、工具以及材料，研究其他的大坝崩塌事故以及人们是如何修复大坝的。假设你了解到很多地区曾经使用水泥来修复大坝，那么当时哪种水泥见效最快呢？哪种效力最长久呢？那些水泥是由什么制成的？你能获得相同的原料吗？当时的花费是多少？用到哪些专业技术？如今这种水泥还起作用吗？当时是怎么把大坝的漏洞给堵上的？……如果有一个地区成功地用橡胶堵住了大坝，那你就得重新分析一下这些问题来了解全局。因为对于每一个潜在的解决方案而言，都有很多选项需要进行研究和理解。了解了整个系统后，你才可以设计出解决方案，它既能解决这个系统某一部分的问题，又能直接或间接地解决其他问题。在练习 6.1 中，开始进行头脑风暴，提出潜在的解决方案，并为你试图解决的问题起草一份行动计划吧！

练习 6.1

起草一份行动计划

在每一个类别（源头、上游、下游）里列出 3 项与你试图解决的问题有关的因素，然后选出一个因素进行头脑风暴，提出 5 种可以解决问题的方法，同时留意其他因素会因此受到怎样的影响。

更多关于头脑风暴的指南，请参见第 5 章：进行头脑风暴，提出解决方案。

源头：

上游：

下游：

所选因素：

1.

2.

3.

4.

5.

弄清问题的根源

无论你执行哪个解决方案，一定要确保它至少能处理问题的一个根源性原因。很多项目想获得立竿见影的效果，针对可能会在最短时间内产生最大影响的方面采取行动。这样一来针对的往往是问题的表象，而非根源。你想要的不是作为权宜之计的“创可贴”——而是解决方案。打地鼠式的解决问题的方式可能会在短期内成效显著，但往往是昙花一现。想要解决一个问题，你需要找到问题的根源。比如，许多项目试图通过在避难所和施粥处分发食物来解决无家可归问题。这是一项很重要并且很有价值的服务——持续地捐助食物，但是，饥饿并非无家可归的根源。分发食物既不能赋予那些需要帮助的人所需要的能力，也不能提供一种可持续的解决方案。

通过研究这一问题以及相关证据发现：根据全美无家可归者联合会（National Coalition for the Homeless）的数据，20%～25%的无家可归者患有精神方面的疾病。“严重的精神疾病会影响患者日常生活的基本能力，比如生活自理、料理家务……以及建立和维持稳定的社会关系。”[1]而且，“加利福尼亚公共心理健康系统关于严重精神疾病患者的一项研究发现，他们中15%的人在过去一年里曾至少遭遇过一次无家可归的情况”[2]。所以，虽然建立施粥处和避难所是值得称赞的短期解决方案，但是努力提高心理健康服务的易获得性，以及令病患遵从医嘱，可以更好地为这些患有精神疾病的无家可归者提供长期服务。所以，你设计的解决方案应该至少能够处理问题的一个或多个根源性原因。

案例研究

健康引领组织

上大学时，瑞贝卡·欧尼（Rebecca Onie）在波士顿的一家大型医院做志愿者。她注意到一个问题：对于很多贫困家庭，仅仅获得医疗服务并不能显著改善他们的健康状况。尽管一个患儿可以获得一个很棒的儿科医生的恰当诊断，但是更大的问题通常是患儿的家庭没有足够的钱来为他购买食物，无力承担他的医疗费用，或者无法请假带患儿来复诊。瑞贝卡意识到，造成患儿不良健康状况的根源不是某种感染，而是资源缺乏。

瑞贝卡提出的创新性解决方案是创建一个由大学生运营的组织，让儿科医生像开处方药那样为患儿开具诸如食物、住房、儿童看护以及交通协助等"资源处方"。看过医生之后，患儿的家庭成员可以带着他们的"资源处方"来找学生志愿者，志愿者会帮他们与其需要的资源进行对接。瑞贝卡的健康引领组织（Health Leads，原名健康项目组织）旨在改变医疗系统，让非医疗资源的分配变成医院和诊所能够提供的标准服务。健康引领组织的目标在于解决问题的根源，而非问题的表象。

进行预防和"治疗"

医疗和公共健康领域有三种预防措施：

- 首先，从一开始就预防问题的发生（比如注射疫苗）。
- 其次，尽早发现问题并进行治疗（比如进行癌症筛查，服用降低胆固醇的药物）。
- 最后，通过治疗和修复使问题带来的负担最小化（比如服用抗生素，接受手术）。

将你的解决方案应用于社会问题时，不妨使用这三个层级的预防措施来指导你思考。这三种类型都需要考虑到。在无家可归问题这个例子里，从治疗精神疾病到增加可负担的住房选择，再到提供食物，所有这些努力都有重要的作用。又比如受虐儿童在逃离虐待之后仍然面临很多挑战，包括长期的心理健康问题以及他们自身变成施虐者的风险。所以，帮助那些已经面临问题的人和一开始就预防问题的发生同等重要。

整合战略以创造出最有效的解决方案

癌症患者通常会接受包括手术、放疗和化疗在内的多种治疗方案。每种疗法都有独特的疗效，所以将其组合起来使用时，它们的疗效就会放大。综合性的组合疗法对于社会问题也同样有效；通过运用针对问题生命周期不同节点的组合战略，能够使你的努力最大化。

研究现有解决方案时，不妨后退一步来看看有没有漏洞——问题的哪些方面没有解决好，或者完全被忽略了？现有的解决方案缺失了什么？这些缺失可以是你开始行动的起点。系统的所有部分都需要考虑到原因、表象、预防性措施以及解决措施。你要做的是弄清在这一系统中如何让你努力的成果最大化，从而让整个系统变得尽可能强大。换言之，如果你确定的问题正在接受“手术”和“放疗”，在这个“组合疗法”中，你应该把重点放在提供“化疗”上。通过提供缺失的部分，你增强了这个系统作为一个整体的力量。

随着你对问题的了解加深，可能会发现很多需要额外注意的方面。不要试图一下子把它们全部解决——这对你的事业将会是很大的伤害。在不降低工作质量的前提下来应对尽可能多的方面。也就是说，做好两件事要比把二十件事做得一般强。如果你发现你的解决方案很轻松地就解决了一个问题的两个部分，并且相信自己准备好了去挑战第三个部分，就应该考虑扩大努力的范围。

引入新的社会责任力量

这些社会问题的复杂性同时也给我们提供了令人兴奋的机会。因为这些问题是多方面的，也就意味着有很多可以带来改变的方法。几乎所有人都能对一个给定的问题产生影响。比如，解决健康问题不仅仅是医生和护士等传统的医疗专业人士所能做到的，还需要其他人士（比如教育工作者、记者、艺术家、商业领袖、艺人、律师、政治家、工程师、社会工作者、学生等）的支持。事实上，最具创新性的解决方案往往出自那些拥有其他领域专业技能的人士。创新的驱动者无处不在。

第7章

在已有可行基础上行动

如果说我看得更远，那是因为我站在了巨人的肩膀上。

——艾萨克·牛顿

烘焙蛋糕时，你不是把材料随便地混合在一起，而是使用一个配方——人们通过无数次试验和试错得出的结果。你这么做是因为你知道配方会起作用，也就是说，试图重新发明蛋糕的做法是愚蠢的。当然，一旦你掌握了基本知识，就可以微调配方来实现个性化或改善，但你总是需要先从熟悉最基本的知识——那些已经被证实可行的事情开始。

类似地，当你解决社区存在的问题时，也不需要从头开始，可以从别人停止的地方继续下去。你试图解决的社会问题往往早就存在。很多人尝试过解决这些问题；他们所做的尝试有些可行，有些不可行。即便你最终决定一切从头开始且重新“发明并定义蛋糕”，了解基本的历史背景对你也很有帮助——以前人们做了哪些尝试来解决这个问题，这些尝试为什么可行或者不可行，为什么一个全新的方法可能是必要的。

在已有可行基础上行动背后的想法极其简单。首先，收集尝试过的解决方案的信息（见图7-1）。其次，弄清这些解决方案是否有效。这些判断应该基于客观证据和理性分析。最后，使用这些知识作为你自己工作的起点。放弃那些无效的想法，保留有效的，在此基础上开始行动，或者进行调整来适应你独特的情况。这就是获得进步的方法。

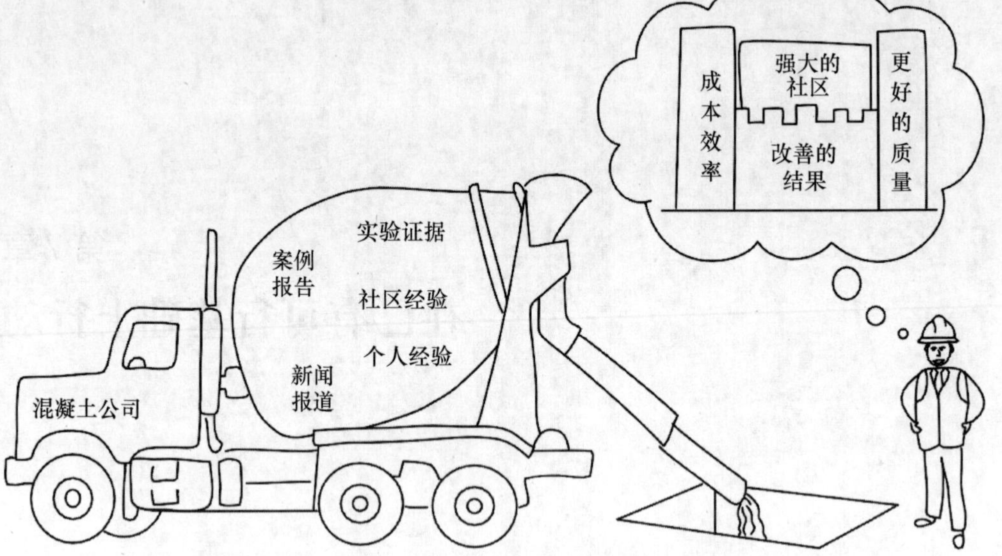

图 7－1　用别人的经验为你自己的工作打下坚实的基础

弄清什么是可行的

一个可行的解决方案是有效的解决方案——它能产生你想要的结果。当然，评估一个解决方案是否可行时，你需要首先确定想要的结果，以及你愿意接受该结果的代价。因此，在一种情况下可行的解决方案，在另一种情况下由于想要的结果不一样或者可利用的资源更少，可能就不可行。评估别人执行的解决方案是否有效时，你要尝试去弄清他们最初的目标是什么，以及是否实现了这些目标。如果达成了目标，是怎样达成的呢？如果没有达成，距离达成目标还有多远呢？你需要寻找能够为这个解决方案的有效性提供证据的数据或者研究。

有效性毫无疑问是至关重要的。比如，教育女性定期对乳房进行自我检查以及 X 光检查以尽早发现癌症。这看上去是一个好主意。如果女性通常什么都不做，那么教育她们进行自我检查并发起一项旨在增进大众对乳房 X 光检查的认知的活动应该是有效的，但结果并非如此。研究者分析数据发现，乳房 X 光检查仅对年长的女性有效，对于年轻女性而言并不是必要的，而且花费高昂。[1] 所以，为高中女生提供免费乳房 X 光检查的项目听上去不错——这的确也是一个解决方案，但并不是一个有效的解决方案，因为有证据证实它是无效的。

要想发现有效的解决方案，需要提出问题（比如，这个有效吗?）和收集数据，然后通过研究数据得出结论（有效或者无效）。这种收集并评估数据来回答问题的试验性过程，是发现基于证据的解决方案或者被证实的解决方案的可靠方法。

若要使你努力产生影响的可能性最大化，你需要在任何必要的时候寻找到基于证据的解决方案并将其整合进你的行动。当评估你最终采用的解决方案时，你也需要采用这种理性的评估方法来追踪进展并找出需要提升的领域。关于这一点，你将会在第8章（测量、评估、改进并不断重复）中了解到更多。

学习已有可行之道

如果想知道对于你确定的问题而言，哪些策略可能被证实是有效的，你需要做些研究来弄清哪些类型的解决方案已经被尝试过并且取得了哪些成绩。在报纸、杂志、官方报告和已经尝试过解决这个问题的组织的网站查阅与这个问题有关的内容。无论何时，只要有可能，就去寻找基于数据的分析报告，这些数据来自那些尝试证实一个解决方案是否有效的研究。最重要的是，坚持与那些直接受问题影响的人或者过去努力解决这个问题的人进行交谈。

进行研究时，意识到你可以将很多类型的研究应用到工作中很重要。比如你的目标是通过一家501(c)(3)类型的非营利机构来提高达拉斯地区刑满释放人员的就业率。起初，你很有可能去接触其他致力于同一事业的非营利机构，看看它们采取了哪些有效的战略。在这种情况下，你最好调查一下达拉斯地区的此类非营利机构，然后把这个问题分解成最基本的组成部分来指导你的研究。

- 提高就业率：你下一步可能要去找更多的提高诸如单亲妈妈等人群就业率的案例，看看能否从中获得一些经验，了解其他组织（诸如政府和商业部门）是如何增加就业的。

- 针对刑满释放人员：在互联网上搜索，你可能发现一篇讲述某个组织帮助刑满释放人员重新融入家庭、回归生活的文章，或者一份显示某个组织如何成功地降低再次犯罪率的研究报告。哪些做法对于这个独特的人群是可行的呢？

- 在达拉斯地区：你需要知道在达拉斯地区哪些方法是可行的，以及地理位置是如何影响潜在的解决方案的。或许达拉斯的“车轮上的食物”（Dallas Meals on Wheels）项目已经找到了一个有效的方式将货物和服务送达遍布整个城市的人群。你如何把对他们有用的东西应用于你的工作中呢？

- 通过一家非营利机构：非营利机构的哪些独特战略已经成功实施？刑满释放人员对于非营利机构援助项目的反应是怎样的？当非营利机构与教堂、企业、政府以及监狱进行合作时，会发生哪些改变呢？

关键是你可以参考很多不同的信息源，把它们的成果或经验用到你的工作中。尽管你应该更加相信那些有数据和图表证明的研究成果，但还有很多其他类型的证据可以供你参考。比如，你可以联系当地的假释裁决委员会，与已经被雇用和尚未被雇用的刑满释放人员会面，了解他们找工作的经验。当你进行研究时，需要考虑如下问题：

- 别人曾经尝试过如何解决这个问题？
- 他们使用了哪些方法？
- 这些方法的有效性如何，哪些证据可以证明它们的有效性？
- 哪些方法有效，哪些无效，为什么？
- 他们的方法缺失了什么？
- 你如何在他们成功的基础上进一步行动？
- 你如何与他们进行合作？
- 你如何以不同的方式解决这个问题？
- 是什么让你认为你的新方法能够起作用？

一旦收集了这些信息，花些时间来处理。证据都摆在面前之后，你可能会发现，刑满释放人员之所以找工作很困难，不是因为公司不愿意雇用他们，而是因为他们面试准备不足。这一信息可能会戏剧性地转变你解决该问题的方式，防止你把大量的时间和金钱花在无法达成目标的解决方案上。

在已有可行基础上改进

一旦确定了可行的解决方案，你就可以将信息带入下一阶段。通常，最佳解决方案并非全新打造游戏规则，而是在现有解决方案的基础上略做改变，并因此产生戏剧般的效果。比如，你怎样才能以更容易、更快速、更节省的方式来执行一个解决方案呢？你如何才能把目前可行的解决方案应用到另一项事业、另一个群体或者另一个区域呢？逐步改进是明智的和可持续的。一定要记住：充分利用别人的成功来深化你自己的影响。

案例研究

地雷探测

肖恩·赫尼斯（Sean Genis）是一位来自宾夕法尼亚州的美国海军上尉。他是美国海军学院的优秀毕业生，在那里，他进行了非线性声学地雷探测的研究，也就是本案例将要讲述的内容。作为罗德奖学金的获得者，肖恩在牛津大学攻读了哲学、政治与经济学等课程，以一等荣誉学位毕业。目前他作为一名军官服役于美国吉米·卡特（USS Jimmy Carter）号核动力潜艇。在这个案例研究中，肖恩展示了非常重要的一点：要时刻记住，有效的社会变革并不总是需要从头开始，把一个好主意变得更好同样可以有所收获。

了解这个问题

肖恩：地雷分布于世界上 80 多个国家。据估测，每天由于地雷造成的伤亡人数超过 17 人。地雷还带来了极大的经济问题：单个地雷的威胁往往会使大片肥沃的农地无法使用，并限制了货物和资源的运输。尽管 140 个国家和地区于 1997 年签署了《渥太华禁雷公约》(Ottawa Mine Ban Treaty)，开始排除地雷，但是以目前的进度完成排雷作业需要 450～500 年。[2]

事实上，定位地雷比挖掘更加困难。大多数雷区并无详尽记载，即便有，第二次世界大战后塑料地雷的出现也使金属探测器派不上太大用场。目前尚没有一种探测方法普遍适用于地雷所分布的多样化环境。[3]

学习已有可行之道

肖恩：在研究现有的解决世界性地雷问题的过程中，我偶然发现默里·科曼(Murray S. Korman) 极具前景的一项成果。科曼是美国海军学院的一名物理学教授、声学地雷探测领域的领导者，与詹姆斯·萨巴蒂尔 (James Sabatier) 共同发布了几项地雷探测实验成果，萨巴蒂尔是密西西比大学国家物理声学中心[4]的高级研究科学家。遗憾的是，科曼和萨巴蒂尔的大部分研究局限于单一维度的分析，也就是必须使用与地表进行直接物理接触的设备来探测地雷。

在已有可行基础上改进

肖恩：地雷是我的战友以及战区的平民所面临的问题，为了解决这一问题，我在美国海军学院读大二时加入了科曼的实验室。因为和雷区地表进行物理接触可能会引发问题，所以我致力于设计和建造一款非接触的设备，这款设备能够基于两个维度对地基振动进行测量。一个前向的激光器可以让设备在不与地表进行物理接触的情况下测量地表震动，这个激光器也可以通过设定来自动勘测二维的网格，提高地雷探测的可靠度和精准度。

诚然，我不能凭一己之力使地雷探测发生变革。使用我的设备对一个区域进行地雷探测的实际速度慢得让人难以接受。此外，需要做大量研究和开发来将我的实验性设备改进成简易实用的设备。尽管如此，我的成果是沿着正确方向迈出的一小步，它是对已被证实的理念的改进，让我们拥有可靠的地雷探测设备的梦想离现实又近了一步。很多这样小的进步最终可能会挽救生命，并能给目前受田园和林地里不明危险所限制的社区带来新的经济发展机会。

第8章

测量、评估、改进并不断重复

这是一个很多组织不想让你知道的事实：很多花在有价值的事业上的时间和金钱最终被浪费掉了，因为这些项目看起来很好，实际上却无效。比如很流行的“抵制药物滥用教育项目”（Drug Abuse Resistance Education，D. A. R. E.），警官教育小学至高中学生如何拒绝毒品。该项目在20年时间里投入百万美元，2001年美国卫生局局长在评估后认定它并未减少毒品使用情况。[1]但是在此后的几年里，D. A. R. E. 项目仍然以原有的形式实施于美国的绝大部分学区以及其他很多国家。在2004年，D. A. R. E. 项目终于对课程做了体制性的改变。[2]遗憾的是，没有研究表明这些改变对这一项目的有效性带来了改观。

2009年，当D. A. R. E. 项目采用了由宾夕法尼亚州立大学开发的面向中学生的预防项目“保持真实”（keepin' it REAL）[3]之后，它终于朝正确的方向迈出了一大步。与总是无法证明有效性的传统D. A. R. E. 项目课程相比[4]，经美国药物滥用及心理健康服务管理局（US Substance Abuse and Mental Health Services Administration）评估，“保持真实”项目是全美排名前三的最有效的药物滥用预防项目，每花1美元能带来28美元的收益。[5]

传统的D. A. R. E. 项目有良好的用意，却没有有效的典型例证。庆幸的是，D. A. R. E. 项目最终转向基于证据的做法，但是大量的时间和金钱已经浪费在无效的解决方案上。

在本章里，你将学习如何测量和评估你所实施的解决方案的表现，从而确保你的团队以有效使用资源的方式取得进展。你也将学习，当你发现薄弱环节时，该如何重新部署和改进团队的行动方案。更重要的是，你将认识到你的工作对测量、评估、改进这一过程的持续需求（见图8-1）。

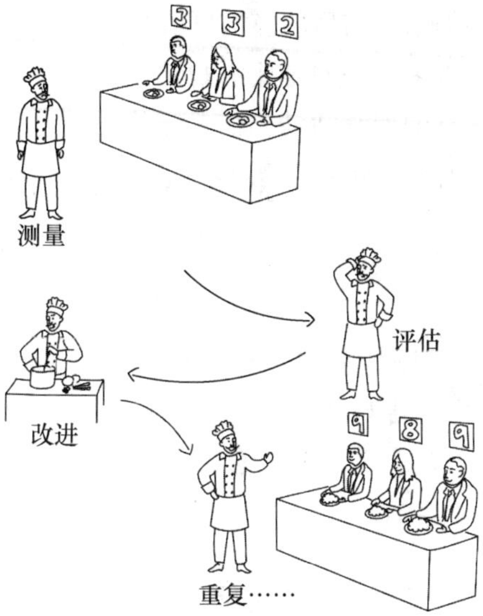

图 8-1　测量、评估、改进并不断重复

测量重要的内容

可以测量的内容有很多：团队成员的数量、筹集的资金额、你辅导过的孩子的数量等。但是你首先应该测量最能体现你所带来影响的内容，比如，以下内容相比较而言哪个更重要：是你辅导过的孩子的数量，还是这些孩子考试成绩的平均变化？是你的志愿服务小时数，还是你在这些时间里种下的树的数量？是你所筹集的金额，还是你用这些钱做的事情？测量的意义不仅在于测量本身，更在于测量正确的内容。

花些时间来思考一下你希望达成的目标是什么，以及你可以通过测量什么来估算你的进展。比如在第 7 章，我们讨论了在达拉斯地区降低刑满释放人员失业率的例子。假设你决定通过提供一系列旨在提高职场竞争力的求职和面试技巧培训来帮助他们。以下是你可以用来判断此项目有效性的一些测量指标：

- 参加三次求职和面试技巧培训中第一次培训的刑满释放人员数量。
- 参与三次培训的刑满释放人员的比例。
- 刑满释放人员每发出 10 个求职申请获得的面试机会数量。
- 每获得一个工作机会所需的平均面试次数。
- 刑满释放人员全职工作的平均薪酬。
- 获释半年内找到工作的刑满释放人员的比例。
- 愿意雇用刑满释放人员的企业数量。

- 刑满释放人员在参加培训前后的平均自信水准。

可以测量的内容还有很多。关键是要清楚地定义你干预行动的目标是什么，然后进行很可能提供有用信息的测量活动。需要记住的是，在有些情况下，你需要在开始你的干预行动前对现有情况进行一系列测量，以便后期通过对比来清楚地体现你的项目的效果。

【提醒】

埃里克·莱斯（Eric Ries）在其《精益创业》（*The Lean Startup*）一书中对“虚荣指标”提出了警告：“诸如注册用户数、下载量、网站点击量……虽然可能给人带来乐观的感觉，但是和实际上很重要的数据并不一定有什么关系。”[6]一定要确保你测量的指标是重要的。

当然，并不是你测量的所有内容都会反映出项目的有效性。在有些情况下，你收集的数据可能仅仅让你更好地了解服务对象的需求或者加深你对使用方式的认识。比如，统计参加培训的刑满释放人员的数量并不一定能测量培训的影响，但是对比这些数据或多或少能让你知道是否有越来越多的人知道你的项目。你可能会据此调整向潜在参与者推广培训的方式。

【小贴士】

收集数据时，要留意你的方式。面对面访问让你能够了解被访问者是如何进行回应的以及他们的感受，但是人们也有可能会因为不想伤害你而承受更大的压力，从而给出更加支持你的工作的特定回答。

一旦确定了要测量什么，你就需要找到最佳的测量方法。比如，如果你想测量一个辅导项目是否提升了孩子的学习成绩，那么你应该怎样测量学习成绩呢？是季末的成绩等级、老师在成绩单上的评语、考试的平均分还是年度的标准测试？这些测量真的量化了你认为应该量化的东西吗？如果你不知道该从何处入手，那么看一下在你所处的领域中是否已经存在标准化的测量指标。使用已广为接受的测量指标还有一个好处，即测量的一致性，这可以让你在评估项目后与其他类似项目的评估结果进行对比。

接下来，你该如何收集数据以及在哪里记录数据呢？首先，你要决定如何方便、精确地对测量数据进行记录和追踪。你是专门准备一个笔记本，在不同的地方记录不同的测量数据，还是在电脑上建立数据表，为不同类型的测量数据标注不同的标签？你会多久记录一次数据？

【小贴士】

需要快速得到答案吗？那就做在线民意调查吧。一天之内你就可以评估公众的观点，并为你和你的团队正在进行的辩论提供支撑数据。需要注意的是，调查对象以及提问方式不同，调查数据可能会有很大偏差。但是对于特定类型的决策，这样的参考数据是一个很好的起点。

另一个重要的考量是，如何避免（至少是最小化）测量数据的偏差，保证分析尽量精确。客观的方法（比如考试成绩）往往比主观的方法（比如和学生面谈，询问他们对辅导项目的看法）更精确，但是主观的数据往往非常有价值，你最好就所有的主观性问题向和项目没有直接关联的人征求意见，以确保你没有问任何对答案有诱导性的问题。此外，要尽可能使你提出主观性问题的方式以及提问时的环境相同。

评估证据

完成数据收集后，下一步就是对数据进行评估。但在检查数据之前，甚至在收集数据之前，你应该和团队一起设计一个评估方案。这个方案应该说明：你将怎样使用评估结果，由谁来负责数据分析，如何以及和谁分享评估结果，基于评估结果可能做出什么改变，以及做出改变的时间安排是怎样的。最终你可能不会完全遵循这一方案，但是有个计划总是明智的选择。

接下来检查数据。对于访谈得到的定性数据，你可以从中寻找趋势并得到有价值的见解。对于定量数据，运算并进行简单的数据分析，然后用电子表格软件做一些图表分析。根据数据类型或者问题的复杂程度，你可以咨询一下统计学家。

不论评估结果看上去是否支持你的项目，召集整个团队一起仔细检查。你要征集尽可能多的意见，确保没有误解信息或者得出错误的结论。当判定你的方法中哪些方面起了作用以及哪些方面没有达到目标时，要尽可能详尽。你要和团队一同努力来理解结果背后的原因。只说一句“这个可行”是远远不够的。你需要知道它为什么可行。

妥善记录你的发现。如果你能证明自己正在做的事情可行，那么当你接触那些看重投资的社会回报的投资人、授予人和捐赠者时，这些数据将会非常有用。如果可以，在评估报告中加入成本效益分析的内容。

案例研究

Change. org

流行的请愿网站 Change. org 最初提供的功能比现在要多得多。经过仔细的评估和分析，网站领导者意识到：使用者感觉在网站所提供的工具中，最有用的是集体请愿功能。于是团队聚焦于这个关键方面，并决心提供比其他网站都要好的集体请愿功能。

如今，Change.org 持续地评估自身的表现，追踪人们是如何收集请愿的签名的，以及这个请愿带来了哪些进步。比如这个网站上抗议美国银行（Bank of America's）计划每月向每名用户收取 5 美元费用的请愿一共收到 300 000 个签名。这些请愿与全国强烈的抗议一起迫使银行放弃了收费计划。

改进方法

基于对数据的评估，你很可能发现自己处在选择的十字路口：如果你发现你的方法是成功的，能够朝着目标取得令人满意的进展，可能就会决定沿着这一路线继续前行，或者只是进行一些细微的调整。如果你发现你的计划根本行不通，或者不能产生你想要的结果，最好明智地思考一下。如果你认定是你的目标和期望值不切实际，最好利用这个机会改变方向或者“中心点”。中心点是商业上的一种说法，指的是在业务方向上做出深思熟虑的改变，目的是对改进产品或服务的新假设进行测试。或许你的数据指出了一个仅需微调就能纠正的错误；或者这些证据表明制定一个完全不同的行动计划十分有必要。

你要和你的团队进行磋商来决定下一个行动方向。如果你决定改变方法，要让大家进行充分的讨论。你面前的证据提示你应该做出怎样的改变呢？你们团队里的哪个人将会主导这个改变并监督它的实施呢？

尽管有些负面的结果或者令人失望的数字可能会让人感到灰心，但是要记住测量和评估可以为你提供成长和改进的工具。你要利用这些工具来改进，从而增大你对周围世界的影响。

重复，重复，再重复

一旦你完成了对方法的测量、评估和改进，再一次重复这一过程！最有成效的项目是那些不断地评估和反思自己工作的项目，这让它们可以进行自我调整，来应对不断变化的需求和新的情况。

案例研究

人口媒体中心

图瓦·雷赫尔（Tova Reichel）即将攻读乔治华盛顿大学公共健康与医疗服务学院的博士。

她有社区项目监控与评估的专业技能，研究重点是行为改变沟通。图瓦与我们分享了她是如何使用评估来提升人口媒体中心（Population Media Center，PMC）的影响力的。

方法

图瓦：人口媒体中心（PMC）是一家国际性的非政府组织，致力于在全球范围内通过媒体来促进性别平等和维护妇女权益。PMC 采用娱乐教育模式，借助媒体寓教于乐，鼓励社会变革。[7]PMC 的项目大量使用积极正面的人物形象，通过广播和电视节目来传播故事让受众尊敬和效仿。PMC 的长期目标是，通过鼓励受众积极的行为改变来降低人口增长率，并提升发展中国家妇女的社会地位。

测量重要的内容

图瓦：我和 PMC 一同工作来测量和评估它的项目在埃塞俄比亚的影响力。我们采用案例研究方法，收集了 PMC 的一档广播剧节目在埃塞俄比亚亚的斯亚贝巴的一个妇女受众群体样本中的影响力的信息。我们主要采用定性方法，包括与客户以及护工的深度访谈，护工都是成年女性，她们来自亚的斯亚贝巴及周边地区的 6 个医疗诊所。访谈的目的是了解妇女在埃塞俄比亚获取生育健康服务的情况，以及妇女权益在埃塞俄比亚妇女的生活里意味着什么。

在认为听众可以就这些节目对她们生活的影响提供有价值信息的前提下，我们采用了专题小组讨论法。最后，我们对这些访谈节目的一个脚本进行了内容分析。我们编纂了关于妇女权益的关键词，并且拟了一份清单，以便使用这些概念来帮助分析脚本，脚本中所有与妇女权益关键词匹配的术语、短语以及概念都会被统计。

评估证据

图瓦：我在研究的分析阶段发现，一个专题讨论小组里的妇女解释说她们的丈夫从来不收听 PMC 的广播节目，因为广播剧节目里的男性角色总是以负面的形象出现。这一研究表明 PMC 的节目需要做出一些改变来吸引男性受众。

改进方法

图瓦：我提出了这一发现，PMC 将它应用到在尼日尔开发的类似试播节目中。PMC 做了改进，现在也强调在广播脚本中创造积极正面的男性角色的重要性，这样一来可以使节目同时有效地对准女性和男性受众。

第9章

挑战已有可行之道，创新，维持新的可行之道

毋庸置疑的是，创造力是人类最重要的资源。若没有创造力，就没有进步，并且我们将永远重复同样的模式。

——爱德华·德·博诺

在第7章中，你学到了如何用已被证实的业绩记录来调整和改进战略及技术。在本章中，你将学到如何挑战传统并尝试全新的做法——成为一个创新者。

创新听上去挺吓人，但事实上并非如此。不得不承认的是，当大多数人听到“创新”这个词时，他们脑中浮现的画面是：科学家在黑板上狂书，穿着白色连衫裤的工程师正在创造下一个划时代产品的原型。的确，有些创新诞生于这样的环境下，但是大多数创新并非如此。只要你留心观察，接受新的想法（不论起初它们听上去有多么疯狂），愿意尝试看上去不太可行的解决方案，你同样可以进行创新！

当然，在把规则掷出窗外并让你的创造力天马行空时，你需要对你的新想法进行审慎的检查（见图9-1）。一个新的解决方案不能称为创新，除非它切实可行。有经验的创新者都知道：创新既意味着测量、评估、改进并不断重复（见第8章），也意味着应用新的观点来改变现状。对你的新想法仔细研究，可以让你知道它们什么时候会起作用，如何改进以及何时需要放弃。因为你的目标一直都应该是做可行的事。本章在讲述创新的同时会强调评估的重要性。

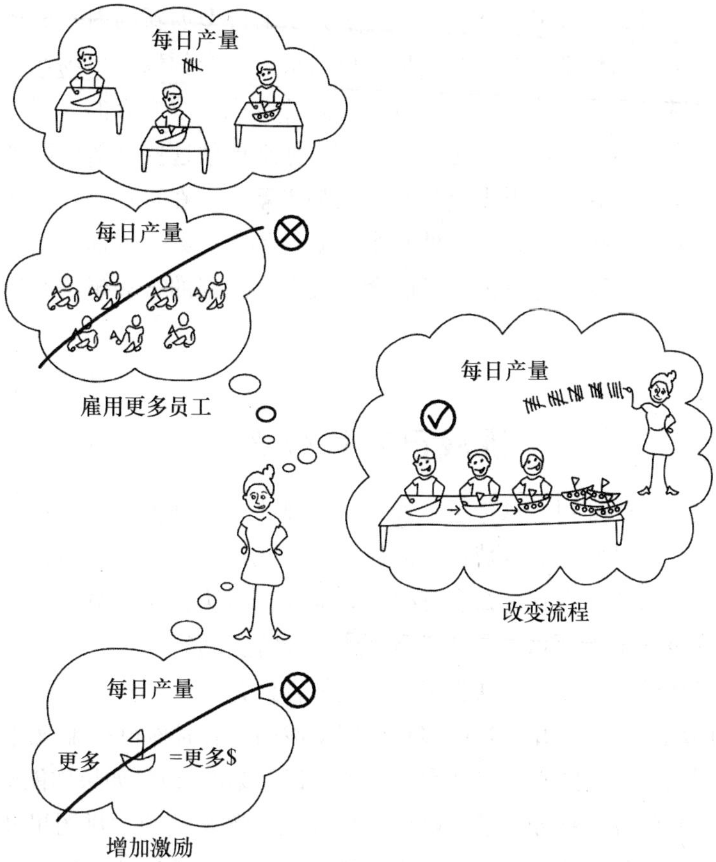

图 9－1　挑战已有可行之道，创新，维持新的可行之道

定义创新

就最基本的层面而言，创新意味着满足一个需求。这个需求可能是特点明显且众所周知的，也有可能是在新的解决方案清楚地揭示旧体系的不足前鲜为人知的。不管是众所周知还是鲜为人知，需求的存在意味着不足的存在。以下做法可以让你成为创新者：(1) 找出这些不足（或者更进一步，找到机会）；(2) 创新性地思考潜在的解决方案。创新意味着找到新的方法来满足需求。

基于不同的方法，有多种进一步定义和划分创新的方式：创新的来源（生产商还是使用者）、创新的类型（产品、流程、服务等）、创新对现有领域的影响（维持性的还是破坏性的），等等。市面上有以不同模式描述不同形式创新的书籍。根据我们的目的，大致将创新分为两种类型：渐进型创新和彻底型创新。

渐进型创新通常源自对一个既有想法或解决方案的改进，或者是引领一个给定的领域或市场走出意料之中的下一步（更多关于渐进型创新的内容请参见第 7 章）。彻底型创新通常是意料之外的，而不是简单地推进一个领域或市场，这种创新有可能会从根本上做出改变。这是一些有潜力成为游戏规则改变者的大胆想法。也就是说，这些想法通常是高风险的，这也就突出了仔细评估这些创新可能带来的结果的重要性。在本章中，我们将把重点放在彻底型创新上。在这里，一方面，我们将鼓励你去挑战既有的解决方案，从大处着眼并激发创新。另一方面，渐进型创新同样有很大的潜力带来改变，并且你很可能会发现本章呈现的很多想法对思考渐进型创新也很有帮助。

挑战已有可行之道

现在是时候进行批判性思考了。找出缺陷是进行创新的关键所在。当一个明显的问题存在时，你最好了解清楚这个问题的所有情况。比如，你所在社区的帮派入伙率持续上升，为什么会有这么多青少年转向这一暴力的生活方式呢？是放学后没有其他相对安全的事情可做，是因为不稳定的家庭环境，是帮派文化带来的魅惑，还是你所在社区的高中毕业生缺少工作和受教育机会？

大多数问题很复杂，并且是由多重原因造成的，有时你很难梳理出主要的原因，或者这些原因相互作用的本质（请参见第 4 章以及第 6 章）。如果你能够把问题分解并弄清相互联系的各个部分，就能够识别出尚未妥善解决的“拼图里缺失的一角”，或者发现别人完全忽略的内在联系。你的创新可能是基于这些见解以及你的独特观点来解决问题。

在另外一些情况下，问题可能没有那么明显，需要进行一些研究和仔细的检查才能发现未被满足的需求。比如，一些课余项目已使你所在区域的帮派成员数量明显减少，为什么仍有学生加入帮派呢？怎样改进课余项目才能吸引更多的学生呢？能够找到哪些其他的解决方案来进一步降低帮派入伙率呢？你通常会发现，这类问题最终可以归结为：现行的解决方案能否以更快速、更经济、更有效或者更高质的方式实施？在这种情况下，你的创新可能是一项新颖并出乎意料的技术，这项技术能改进现有方法产生的结果；也有可能是一个全新的方法，其产生的结果超越现有的所有解决方案。

进行创新

尽管创新并无固定模式，但是你可以采取一些行动或者促进一些行为来增大产生创新性想法和识别出它们潜力的可能性。要记住，你的目标是挑战已有可行之道。

所以要尽量保持开放的思想，不仅要考虑全新的方法或战略，也要考虑新颖的方法、工具、技术、可以引入或合作的新生力量或者可能整合的观点。

在《创新者的基因》（*The Innovator's DNA*）一书中，杰夫·戴尔（Jeff Dyer）、赫尔·葛瑞格森（Hal Gregersen）以及克莱顿·克里斯坦森（Clayton Christensen）指出了创新者的五项技能，总结如下。[1]若能将这些技能内化，你就能以卓有成效的方式进行创造性的思考。

1. 联系：在看似不相关的想法、问题或领域之间建立关系。
2. 发问：对现有的做事方法以及是否有其他方法提出质疑来挑战传统。
3. 观察：通过分析人们和系统的行为，找出做事的新方法。
4. 交流：寻找有不同背景的人来与他们讨论问题以及潜在的解决方案。
5. 实验：创造机会检验想法，然后基于这些结果采取行动。

你可以通过练习 9.1 来练习应用这些技能。

练习 9.1

开始进行创新

你可以把《创新者的基因》一书中列明的五项核心技能应用到你想要解决的问题中，通过这种方式来培养你自己的这五项技能。

1. 联系：思考一下那些用来解决并非你所关注的领域和事业的解决方案。如果可以，你将怎样将它们应用于你想解决的问题？

2. 发问：是否已经存在解决你所确定的问题的其他行动？是基于什么证据？与其他选项相比，是哪些方面让其成为好的解决方案？如果你可以改变这些解决方案的某一个方面，你将会改变什么？为什么？你认为你做出的改变将会带来怎样的影响？

3. 观察：什么是你的目标人群（被问题影响的群体）需要但目前尚未得到满足的？这个群体是否拥有特殊的技能或者采取特定的行为，可以帮助解决这个未被满足的需求？

4. 交流：与尽可能多的人讨论这个问题以及任何你产生的新想法。撰写纸质或在线日志来整理这些想法以及你得到的反馈。

5. 实验：一旦你确定了实施计划的想法，给自己一两个月的时间来测试这个初始方案。需要注意的是，尽管在未来的较长时间里，你将需要继续测试和优化这一方案，但是，在相对短的时间内进行测试来开始行动并造势还是很有价值的。

值得注意的是，培养联系和质疑的能力至关重要。因为很多了不起的创新并非全新的想法，而是对旧想法进行了重新组合，或者将其应用到新的环境中。比如，吉米·威尔士（Jimmy Wales）用维基技术挑战了历史悠久的参考书行业，在此前六年，这个集体协作工具就已出现并被证实可行。他的这项创新通过创建一个由数以千计的志愿者协作编写的免费且开源的在线百科全书，使收集信息的行动更主动。维基百科（Wikipedia）不仅挑战了历史悠久的可行之道，而且改变了我们收集和获取信息的方式（更不用提用它来准备考试和让朋友对我们的知识量大吃一惊）。

进行检验

你一旦灵感来袭，产生了一个好想法，接下来就要弄清它是否可行。尽管有必要对你的解决方案以及可能遇到的障碍进行深入思考，但是在现实世界中必须对这个想法进行检验，即便检验的规模很小。如果你的新想法效果良好，你可以扩大它的应用规模；如果效果不太理想，那么予以放弃，没必要将时间和精力浪费在会失败的行动上。但是你仍能获得有价值的信息来指导你调整未来解决问题的方法。

所以，无论如何都要去尝试！不论你的想法是一个原型、一个试验还是一个测试版本，都要实际检验一下。描述这一点的商业术语是“最小化可行产品测试”；它能够让你弄清创新的想法是否可行，并给你机会去测量、评估、改进并不断重复这一过程。《精益创业》的作者埃里克·莱斯说：“传统产品开发包含一个漫长的、深思熟虑的孵化过程，以尽力使开发出来的产品尽善尽美，与之相反，‘最小化可行产品测试’的目标是：开始学习这一过程，而非终结它。”[2] 然后保留可行的部分，并重复这一过程。

失败的创新往往是以下一个或多个方面的失衡所致。

1. 时间：如果你的努力过于缓慢或孤立，你将得不到有意义的促进。如果你行动得过于匆忙，在急于求成的过程中可能会忽略重要的细节。

2. 信心：如果你信心不足，永远都不会有勇气检验你的想法。如果你自信过度，有可能会否认或忽略解决方案里不可行的方面。

3. 专注：如果你不够专注，就很容易分心并且忽视你的目标。如果你过于专注，当潜在的中心点或者其他选项出现时，就可能因为缺乏必要的灵活性而无法去探索。

维持新的可行之道

> 新之始，始于旧之末。
> ——塞内卡

如果你的新想法经检验胜算很大，这很好，保留可行的部分并持续改进。但是如果检验以失败而告终，也不要惊慌。不是每个新想法都行得通，不必因为失败而感到羞愧。我们从失败中学到的往往比从成功中学到的要多。记住这些教训，可以指导我们下一次把事情做得更好。

比如，脸书就在不断地测试新想法。其中一些想法，比如“脸书墙”很快获得了成功。有些想法要被完全理解和接受可能需要更长时间。还有一些失败了，比如“灯塔”功能可以让你与朋友分享在线活动并据此推广来自商家的精准广告。这是一个创新的想法，但是用户的反响并不好，于是脸书明智地删除了这个功能。

> 获得新想法的头脑再也不会回到原来的维度进行思考。
> ——奥利弗·温德尔·霍姆斯

当然，脸书可以轻易地追踪、测量并评估一件事情是否可行。相比之下，信息技术领域之外的个人或机构很难做到，但其重要性并未因此而降低。你要尽力确保所测试的解决方案的结果是可以测量和评估的。有了这些数据，你就可以明确地判定哪些事情可行或者不可行，如果不可行，原因是什么。你要用所学来改进下一轮检验，或者放弃不可行的潜在解决方案。至少，你已经有过一个新的想法，这本身就是一次非常有价值的练习。

维持新的可行之道

第二步

一同努力

不只是行动，而且是团结的行动在驱动社会进步。因此，方法的第二步聚焦于合作——一同努力。“我们对阵他们”的竞争心态是进步的障碍；它导致时间和资源的浪费，从而减慢进步和创新进程。你和你最亲近的朋友以及盟友一同努力时会感受到每个人都要有团队精神。你可以从你致力于改善的社区入手，扩展到试图解决同样问题的其他团队，乃至与你采用类似方法的团队，达成共识。为什么要这样做？因为从广义上来讲，我们都处在同一个团队；我们的敌人是社会问题，而非其他善意的个体或组织。建立合作的桥梁应该是组织文化的一部分。这样可以充分利用个体和组织的力量来促进改变，从而最大限度地服务于更伟大的事业。

- 第 10 章：在巩固现有和从头开始之间寻求平衡——在巩固现有努力和从头开始之间寻求适当的平衡，不仅在刚开始时非常必要，而且适用于你的工作取得进展时。从起步的第一天开始，很多新晋领导者就急于建立他们自己的团队；然而在大多数情况下，更加成熟的组织结构比因新想法而成立的新团队能更好地实施这一想法。当新项目出现时，除了发起并建立新的团队之外，你仍然可以通过加入其他社会变革力量来寻求产生更大影响的机会。
- 第 11 章：培养社区主人翁意识——任何潜在的解决方案的形成到实施，你的努力能否成功和持续，自始至终都取决于目标社区的参与和责任的共担。
- 第 12 章：增强团队凝聚力——培养另一种类型的社区：这里是指在你们团队内部形成一种有凝聚力并共担责任的纽带。你要通过优先促进高质量的沟通以及激发出别人最好的一面来实现你的领导潜力。

● 第 13 章：建立伙伴关系——当你的项目在目标社区扎根，有一个强大的团队引领它向前时，你就应该考虑与其他团队进行战略合作来促进彼此目标的实现。你要化竞争为合作。

第 10 章
在巩固现有和从头开始之间寻求平衡

一旦你对问题的解决方案有了一定的想法，接下来就应该考虑最适合实施这些想法的框架：你应该加入一个成熟的组织，然后在其内部实施你的想法，还是成立一个新的组织？本章将向你展示两者的利弊，并且突出最需要考虑的重点，从而指导你做出决定。

需要注意的是，无论你选择建立一个新的组织还是加入一个现有的组织来实施你最初的想法，“巩固现有还是从头开始”这个问题会不断出现。在任何组织（无论是相对成熟的还是相对新的）中，当新想法出现或者新项目发起时，你需要再一次评估哪种情况能最好地服务于项目目标，是在机构内部从零开始（没有最佳的资源和体制）还是与另一个有类似目标的组织进行合作（可以获得帮助项目成功的知识和资源）。决策的过程是类似的，因为你最终总是会选择最利于执行方案和实现愿景的组织结构。你将会发现，你可以通过在巩固现有和从头开始之间保持平衡，来使获得成功的机会最大化，这也是本章派得上用场的地方。

巩固现有

对现有成果进行巩固的优势

不论你选择解决什么问题，很可能其他个体或团队已经在努力解决它。如果选择加入它们，你可以享有很大优势。成熟的组织已经经历了招募志趣相同的人、建立可行的组织结构和筹集资金这些麻烦重重的阶段。在大多数情况下，这些组织已经和社区建立了紧密的联系，与类似的或联合的组织建立了伙伴关系，并产生了很强的组织认同感。加入既有的组织，你可以使用已有机制来引领改变，而不是把精力花费在重建相同的机制上。与其费心于组织的日常运营，不如把精力放在把想法变成现实上。改变在于集体行动，而集体行动在于汇聚力量，而非分散精力。

加入成熟的组织还有其他好处。首先，成立时间较长的组织一般已经获得诸如正式公司或者非营利机构的合法地位，而获得这一地位可能是一个复杂而漫长的过程（但是这可以实现，具体细节请参见第 38 章和第 39 章），所以如果能省去这些麻烦和花销，将是一个额外的好处。其次，像红十字会（Red Cross）和基瓦尼俱乐部（Kiwanis）（美国工商业人士的一个俱乐部）这样的组织，在全美甚至全世界都有分支机构，你可以利用这些网络将你的想法传播出去。最后，加入一个成熟的、备受尊重的大型组织，可提高你的知名度和可信度，有助于获得社区的支持。

加入现有组织的另一个关键的现实的好处是：大型或国际化的组织网络有助于确保努力的持续性。特别是如果你是一名学生，校园组织很容易因为成员毕业或者成员的自然减少和流动而衰落或消失。学业和假期可能会使重要的项目暂停很长一段时间。而全国性的组织网络可以缓解这些问题，因为即使你暂时无法参与，它们仍然能够推进你的项目。此外，大型组织往往比小型或非正式组织更为稳定，所以在这些组织里你的项目更有可能持久地继续下去。

最后，还要谈一下经验，以及和经验相关的机构知识。对你而言，一个对你的事业十分了解，并对你所在领域的变革拥有经验的组织是相当有价值的。通过加入这样的组织，你能够获得诸如人脉、资源、经验等方面的好处，并利用这些优势来完善你的想法，这样你就可以充满干劲地开始行动了。

对现有成果进行巩固的劣势

也就是说，加入现有组织面临的并不总是阳光和彩虹。换取一个成熟组织的资源、经验和人脉的代价就是，你对该组织的结构和整体方向几乎没有任何发言权。作为一个员工或者志愿者，你可以发表一些看法，但是看法的分量和别的成员并无二致。虽然你可以提议新的项目、伙伴关系和社区联盟，但是你需要获得组织或者组织领导层的批准。有时组织的优先事项可能和你的并不一致，所以你可能无法获得实现你的想法所需要的支持。

一个意志坚定的领导者可以让好的事情在一个组织内发生，不论他是不是这个组织的最高领导者。但是，在既有组织内成为一个值得信任的人需要花费很多时间、付出很多努力。与之相反，如果你从头开始创建自己的组织，自然就会对这个组织的方向和行动拥有更强的控制力。

从头开始

从头开始的优势

你是自己命运的主宰者，但是你需要从零开始。你要全靠自己去招募成员、筹集资金、与社区建立联系并寻找导师。这听起来有点儿令人生畏，但是这也意味着你将对团队发展以及实现伟大想法的方式有绝对发言权。你可以根据自己希望解决的问题或问题的类型来定制团队及其行动。你也能够从创建一个团队的过程中学到很多东西。

尽管开始时可能会有一个陡峭的学习曲线，但是任何时候你都可以向更加成熟的组织寻求帮助。你可以考虑直接与另一个组织合作来实施你的行动方案。事实上，在你的社区内建立合作关系几乎一直都是一个好想法，特别是当你刚起步时。如果你计划在自己的组织刚起步时就与一个更成熟的组织建立合作关系，需要明确一点：你为什么先建立一个独立的组织，然后与另一个组织建立合作关系，而不是直接加入这个组织。关于伙伴关系的更多内容，请参见第 13 章和第 31 章。

从头开始的劣势

如果你选择创建自己的团队，就意味着你放弃了一个成熟的组织能够给予的固有人脉、资源和经验。你需要招募成员，寻找并获取你自己的经费来源，建立一个行之有效的组织和团队结构。如果你对领导力或者团队活力知之甚少，就需要边学边做。你需要承担很多责任，因为你不仅要为解决问题而努力，还要带领整个团队。令人遗憾的是，很多新团队很快就面临失败，即便那些最终站稳脚跟的团队，也要花费很长时间来变得更加成熟以承担大型项目和采取行动。

做出选择

既然你已经了解了巩固现有和从头开始各自的利弊，那么你要问问自己：我是想坐在司机的位置上，还是只想拼车呢？司机可以选择听什么音乐，但是搭车者可以快速上路。哪种选择更适合你的旅程呢？无论你是选择加入一个现有团队还是创建一个自己的团队，无论你是单凭自己的力量实施一个项目还是和多个伙伴一起来做这件事，你选择的理由应该是：你认为你选择的组织结构能够让你得到发展并实施你的想法。要记住，把你的精力放在解决问题上，而不是单纯为了发起一个组织或行动。

很多领导者太急于创建自己的组织。巩固现有相对于从头开始而言是有价值

（和成熟度）的，而后者往往会分散社区的资源和责任。总而言之，我们建议你首选加入一个现有组织，但是如果你发现这么做遇到了阻碍，并且有足够的理由证明你需要创建自己的团队，那就去行动吧（见图 10－1）。

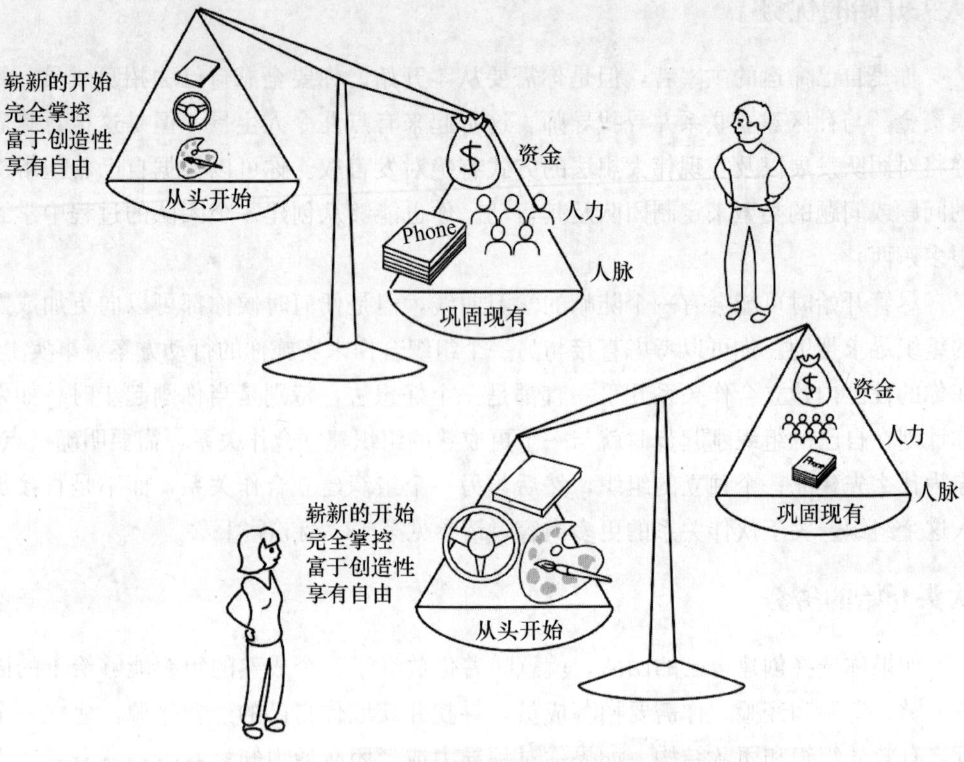

图 10－1　是巩固现有还是从头开始，要根据实际权衡

在几种特定的情况下，你可能需要创建一个新的团队。如果你遇到了下面这些情况中的任何一种，那么建立团队可能是实现你的想法的最佳方式。

- 你接触的组织不愿意支持你提出的计划或行动。这可能有很多原因：你提出的计划不符合这个组织的任务；你提出的方法偏离这个组织的专业领域；这个组织目前已经不堪重负或者缺少发起额外行动的经费。有时可以采取折中的办法。比如，你可以考虑通过扩大解决方案的对象范围来囊括与这个组织的任务更加一致的额外群体。或者虽然这个组织目前没有资源投入你的项目，但是同意在几个月之后给予支持。如果无法达成合理的折中方案，那就考虑成立你自己的组织吧。

- 这个组织支持你想法的条件是，以你极其反对的方式对其做出改变。如果你通过头脑风暴产生了一个解决方案，你坚信这个方案可以解决问题，但是没人愿意实施，除非以一种你认为会影响其有效性的方式对其进行改造。这时或许就需要创建你自己的团队来执行这个解决方案了。

● 你提出的解决方案如此创新，以至于它需要一个全新的组织结构才能够实施。偶尔会有这种情况：一个解决方案过于独特，没有任何组织曾经从这个角度来尝试解决问题。现有组织的结构可能不适合或者很难被改造得适合你的解决方案。此外，这些想法往往是高风险的或者有争议的，降低了成熟组织承接这种项目的可能性，就更不用说组织结构问题了。如果你的解决方案确实是革命性的，你可能需要定制组织结构。

这里的底线是：如果没有成熟的组织愿意帮助你实施你的想法（在你可以预见的合理程度之内），你应该考虑一下为什么会这样。然后重新评估你的需求和方法来尽力达成折中的方案。但是如果无法达成折中的方案，并且你坚信你的解决方案有很大的潜力，只是还没有找到合适的机构载体，或者你的方案很独特，需要独特的组织结构，那么你就放手去创建自己的组织吧。

【提醒】

创始人、总裁、首席执行官，这些头衔放在你名字前面自带光环。但是，如果成为老板在你创建自己组织的原因中排在前三位，那你就应该重新评估你的优先事项了。通常情况下，加入现有组织比创建自己的组织能够产生更大的影响。

力争平衡

“到底是巩固现有还是从头开始?”这个问题并没有标准答案。实际上你需要考虑二者，并达成一种平衡。比如，假设你成立了一个组织来召集老年人为社区做贡献（从头开始）。团队里的老年志愿者一般会致力于社区里的花园项目并维持环境卫生。但是对于暑期项目，你决定把志愿者和经费投入到一个成熟的公民组织中，帮助它在你们镇上举办一个年度节日活动（巩固现有）。这样你就做到了在巩固现有和从头开始之间达成平衡。

“北极星项目”（The Polaris Project）是一家非营利组织，它致力于与性交易做斗争，是在巩固现有和从头开始之间达成平衡的良好例证。它有一系列组合项目：面向学生群体的“北极星伙伴项目”（为这个群体在内部创建的一个项目）；用 4 种语言提供 24 小时免费热线服务的“全美反商业化儿童性交易运动”（与其他组织一同创建的）；促进州立法来改变关于性交易的法律法规（巩固现有努力并在其他组织成功的基础上开始行动）。

但是，当你刚起步时，不要开发太多项目，这会分散你的精力，你应该聚焦于你希望实施的第一个项目或行动方案。它更适合通过一个新组织还是一个现有组织来实施？要记住，在项目推进过程中，总需要在巩固现有和从头开始之间寻求平衡。而眼下要专注的就是，在这个特定的时间，对于这个特定的项目而言，什么样的决定是最好的？做出这个决定，然后从这里开始去行动。

第 11 章

培养社区主人翁意识

社区的需要并不由我们决定，它们自会告诉我们。

——健康伙伴组织（一个领先的国际健康和社会公正组织）的“健康伙伴模式”[1]

很多善意的社会活动是由受益的社区之外的个体来领导的。比如，有些关心发展中国家民众困境的美国人可能会跨越大半个地球去努力改善其生活。即便我们把注意力放在国内，也可能在自己社区之外找到社会行动的灵感。比如，一个来自高分学区的教师有可能会组织一群学生来辅导那些在低分学区上学的孩子。虽然这些行动是善意的，但是历史证明，如果这些只是单方面行动，往往并不会见效，或者效果只是暂时的。

为什么？因为在这些由外部主导的活动中，至关重要的社区主人翁意识被忽略了。实际上，即便这些活动是由社区内部的一个成员发起的，如果只有一个社区成员拥有这种主人翁意识，更多的社区成员没有的话，那么获得的进步同样也不会持久。培养社区主人翁意识是一种兼容并蓄的合作解决问题的形式，它利用社区本身的见解、动机和投入来使外部干预行动的成功概率最大化，并能保证干预行动在创始人离开之后仍能正常持续（见图 11 - 1）。

社区主人翁意识是使社会变革持续的至关重要的组成部分，不论这个变革是由社区成员自身还是由善意的“外人”发起的。在本章中，我们将全面介绍社区主人翁意识的定义，以及为何它对于你想从事的任何类型的工作都如此重要。在本书的第 34 章，我们将进一步讨论社区主人翁意识，以及如何与社区成员进行互动并激发他们参与到行动中来。

图 11-1 培养社区主人翁意识

了解社区

我们几乎可以使用任何一个标准来定义一个社区：地理位置、文化、种族、性别、信仰、年龄、专业、兴趣或者以上元素的组合。在帮助你所在的社区之前，要花些时间对它做一些了解。你要关注它的历史、政治、社会经济状况、人口特征以及其他你认为相关的特性。此外，尽可能多地了解你要解决的问题的背景——问题是如何出现的，人们以前针对这个问题做过哪些努力，以往的干预行动为何可行或者不可行。

案例研究

一代公民组织

斯科特·沃伦（Scott Warren）和艾莉森·科恩（Alison Cohen）分别是一代公民组织（Generation Citizen）的执行理事和评估主管。一代公民组织是一家501(c)(3)类型的非营利机构，它致力于联合大学生志愿者和教师来为年轻人提供公民行动课程，目的是让这些年轻人获得

必要的知识、技能和动机去解决他们自己的社区所面临的问题。

斯科特：开发解决方案非常重要的第一步是：通过个人经验和研究去了解你要解决的问题的社会背景。在拉丁美洲和非洲的五个国家长大的我见证了民主的力量，以及在未被充分代表的民众当中推行民主的重要性。17岁时，我参与了一项旨在结束达尔富尔种族灭绝的倡议，并且加入了STAND——一个全国性的反对种族屠杀的学生组织。20岁时，我成为STAND的全国学生负责人。但是，该组织存在多样性不足的问题：我们的运动主要是由全国顶级大学和富有高中的学生推进的。这种公民参与的不均衡是一个十分普遍的现象；哈佛大学的梅拉·莱文森（Meira Levinson）指出，相对于更富有的白人同龄人，贫穷的少数族裔的学生接受更少的政治程序方面的教育。[2]这些学生更倾向于不行使投票权并相信政府不会对他们的需求做出回应。[3]研究也证实，当选的官员几乎不会为最贫穷的20%的民众争取利益。[4]

一代公民组织通过实践公民学来传播相关知识，并且将受众锁定为在历史上未被充分代表的人群——低收入以及市区的有色人种年轻人。联合创始人斯科特意识到，对于他的目标社区而言：(1) 公立学校是很重要的工作对象；(2) 让学生们以采取行动的方式来参与课程——向新闻编辑写信，游说政治家，会见本地和州议员——这可以在传授知识的同时让他们参与到社区活动中。在学期结束时，青少年需要选择一个他们希望解决的社区存在的问题，并一同努力去尝试解决它。

斯科特：本地社区的理解以及认可是行动成功的关键。从与学校员工（我们目标社区的守门人）的会谈中我们了解到：保持我们的课程与州教育标准的一致性非常重要。一代公民组织因在"公民行动"教育活动中既强调参与又与州教育标准保持一致而独树一帜。

艾莉森：基于社区响应行动的公民课程的确产生了影响。评估结果发现，学生参与一代公民组织的项目后，参与的公民行动明显增加。此外，大学生志愿者也提升了公民行动技能与教学技能，他们中有96%的人计划把这些技能应用于今后在公共部门的职业生涯。

一代公民组织的成功在于，它认真了解并关注目标社区成员——学校学生——以及这些社区的关键守门人——学校员工及其他领导者的优势、需求和想法。

了解社区的想法

如同商界的市场调研团队和消费者焦点小组驱动着产品的开发，在社会变革的世界里，社区对问题的想法至关重要。一个解决方案，无论看上去多么优秀，如果没有首先了解社区对问题的想法，就不应该实施。比如，如果你计划为遭受严重干旱的偏远农业社区打水井，那么在你了解到社区成员相信干旱是他们必须接受的来自上帝的惩罚以后，就需要重新思考一下你的计划了。你可以去打井，但是没有人会去用。

因此，在一个给定的环境里评估一个解决方案的适当性时，了解社区想法是非常有必要的。目标社区认为不合适的解决方案很有可能不会获得成功。你可能听过中国的一句谚语："授人以鱼不如授人以渔"，向一个人传授如何捕鱼来让他自力更生似乎是一件好事，但如果这个人是一个素食主义者呢？所以一定要花些时间去了解你所希望帮助的人的想法，这样在实施解决方案时才有可能尽量避免出现问题。

另一个积极去了解目标社区想法的原因是，这样可以让你从关于问题的第一手资料里获得一些有益见解。社区成员或许能够帮你了解问题的起因，或者你从未考虑过的其他复杂因素。他们可能会提出一些解决方案，发现你未看到的机会或者为你指出有用的资源。

DonorsChoose. org 这个网站很好地体现了获取社区想法的重要性，以及它对于社区主人翁意识的意义。查尔斯·贝斯特（Charles Best）发现，公立学校的教师因一件事情而烦恼不已：学校没有足够的经费，他们不得不自掏腰包购买蜡笔、胶水和尺子等教学必需品。这些教师没有渠道寻求资金援助，没有办法让捐赠者知道他们的具体需求。贝斯特还发现，很多慈善家致力于促进教育，向大学捐款，但是并没有好的体系让他们为公立学校捐款，他们也无法得知每个学校或者教室具体需要什么东西。基于对教师和捐赠者想法的了解，贝斯特创建了 DonorsChoose. org。这是一个由社区驱动的网站，在这里教师可以说明他们需要哪些东西来帮助学生，并把需求发布在网站上，捐赠者可以选择给哪些老师捐款，以及捐多少。DonorsChoose. org 是完全透明的：教师会详细记录捐款的用途，并记录学生由于这些捐赠而获得的进步，他们会把这些信息反馈给捐赠者，让捐赠者清楚地知道他们带来了怎样的影响。通过了解两个社区的需求，贝斯特在教师和捐赠者之间搭起了一座桥梁，培养了社区成员主人翁意识并使捐赠产生的影响最大化。

促进责任共担

社区主人翁意识的基础是你的团队和目标社区有责任共担的意识，即双方都致力于一同努力来取得更好的结果。责任共担意味着共同承担责任，以获得不同利益相关者对解决方案的认可和长期参与。

促进责任共担的关键是自始至终让社区参与到解决方案的制定以及实施的方方面面。你们之间的互动不应该让人感觉是"我们"和"你们"，而应该是更大意义上的、集体的“我们大家”。你的团队和目标社区应该一起决定理想的解决方案。最终的目标是什么？谁会在实施解决方案的过程中起到积极的作用？对于短期和长期的目标，不同利益相关者应该如何共担责任？

你能够鼓励的社区参与者越多，社区越是会投入到解决方案的实施和维护中。这对于实现长久的改变至关重要，因为一个自我主导的社区基础架构对于维持你的解决方案在你离开后的几年甚至几十年内正常运转非常有必要。

> 没有什么力量能比让一个社区发现它真正关心的是什么更能推进改变。
>
> ——玛格丽特·惠特利

鼓励社区投入的最佳方式之一就是：让社区成员参与到解决方案的设计和实施中。和社区成员一起进行头脑风暴提出解决方案，达成共识并作为团队来一起采取行动。参与解决方案全过程的每一步，会让社区成员有主人翁意识。记住：你的角色不是把变化带到社区，而是赋予社区能力，让它能够自己去做出改变。这是持续进步的秘诀。

第 12 章
增强团队凝聚力

一个团队，只有团结一致才能获得成功。你可能聚集了世界上最多的熠熠生辉的个体，但是如果他们不精诚合作，你的团队也就一文不值。

——贝比·鲁斯

大多数关于合作的讨论过于集中在你的团队作为整体与其他团队或社区进行合作的层面，但是团队内部的协作对于能否获得成功同样重要。通过创建一个和谐团结的团队，可以增强创造性、责任感，并最终提升团队整体的战斗力（见图 12－1）。

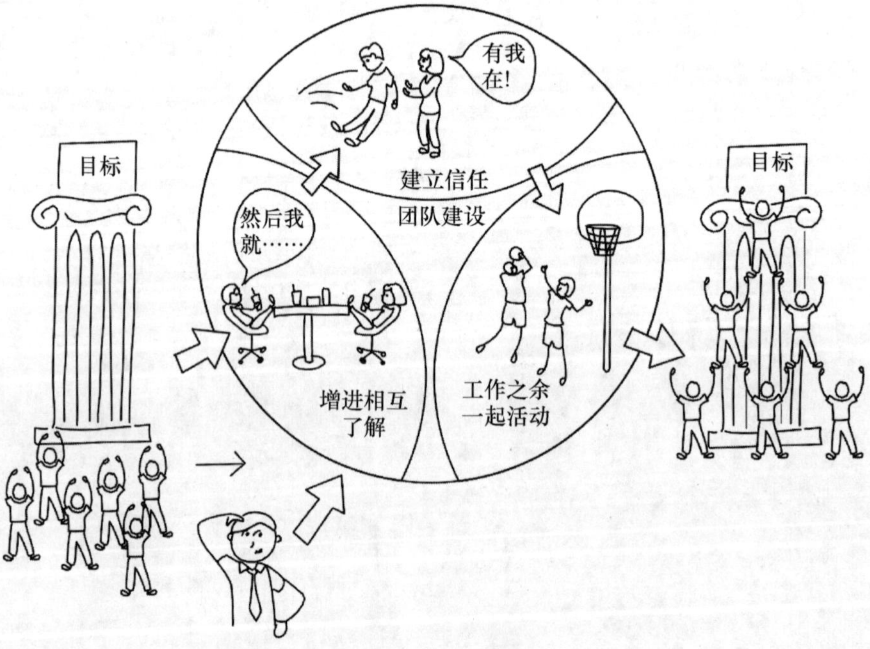

图 12－1　增强团队凝聚力能提升团队战斗力

培养社区意识

就最基本的层面而言，每个人都希望感受到他们属于一个既喜欢又被需要的群体，以及一个他们能够有意义地做出贡献并能不断成长的地方。一同分享的成功更加甜蜜，一同分担的艰难更好度过。

你要通过在团队内部增强社区归属感来充分利用人们的这种天性。如果你能为团队成员提供一种更有成就感的团队经验，团队成员就更能在他们的工作中获得个人满足感，同时对团队产生更强烈的忠诚感。心理学家大卫·麦克米利安（David McMillian）和大卫·查维斯（David Chavis）明确了社区归属感的四个关键要素：

1. 需求的整合与满足——共同价值观和回报是有效的激励。
2. 共同的情感联结——成员们曾共享过的承诺和信念以及将会分享的在一起的经历、地点、时间和相似的经验。
3. 成员意识——归属感。
4. 影响力——为团队做出贡献而获得的被重视的感觉。[1]

在一个以产生积极的社会变革为目标的组织中，对事业的共同价值观一般是将人们召集在一起的第一个原因。根据麦克米利安和查维斯的研究，共同价值观是一种天然的黏合剂。你可以通过鼓励成员分享他们的个人动机以及加入团队的原因来增强这种联结。组织可以通过提供充足的机会让团队成员在工作之余共度时光来进一步增强这种情感联结。由此形成的友谊可以转化为更好的团队合作，并且能够为团队成员带来更强的成员意识以及归属感。此外，当我们处在一个具有培育性和支持性的社区时，我们更能畅所欲言，表达有创造性的想法，发现并说出潜在的问题。当你的团队成员真正直抒胸臆表达新想法时，你一定要称赞他们。这将使他们确信自己在组织内部的影响力，并能够鼓励他们进一步积极参与。

鼓励团队成员树立主人翁意识

作为一个领导者，你经常需要将很多工作任务分配给不同的团队成员，委托他们负责完成。虽然有时候很难做到，但是无论如何都不要进行微观管理。如果你相信团队成员的能力和智慧，就应该给他们创造的自由空间，让他们成为整个解决方案，至少是方案一部分的主人。

那些对解决方案有主人翁意识的团队成员，那些对事业有参与感并认为自己的贡献被珍视的团队成员，会相信自己很重要——他们的确很重要！像麦克米利安和查维斯强调的那样，对这种有影响力的人给予鼓励是社区建设至关重要的一个方面。

就如我们所讨论的，社区归属感对于保留成员和提升团队士气非常关键。

促进高质量的沟通

良好的沟通在很大程度上是一个团结的、运转良好的团队的基础。亚历山大·彭特兰（Alex Pentland）是麻省理工学院媒体实验室企业家精神项目（MIT Media Lab Entrepreneurship Program）的主任，当他想找出最能预测一个团队成功与否的关键因素时，考虑了很多因素：智力、个性、才能等。最后，沟通成为决定成功与否的最重要因素。彭特兰认为，团队成员沟通的方式可能比沟通的内容还要重要。也就是说，沟通的模式能够很好地预测结果，甚至在不与潜在团队成员会面的情况下，彭特兰和他的团队通过分析沟通模式就能预测哪些团队的表现会优于其他团队。他认为最有利的沟通模式在以下方面具有很高水准：

1. 活力——团队成员之间交换信息的频度与质量。
2. 参与——团队成员参与到对话中的程度。
3. 探索——团队成员与团队之外个体进行沟通的情况。[2]

关于活力非常重要的一点是，它测量的是面对面沟通。彭特兰和他的团队很早就强调，最能使团队受益的是面对面沟通，而非电子邮件或短信。所以，少花时间写邮件，多走出去和你的团队进行面对面的交谈吧。

另一项有趣的发现是，重要的不是几个领导者之间的沟通，而是全体团队成员参与沟通对话的程度。这也就意味着你需要鼓励成员之间不分层级地进行沟通。

彭特兰和他的同事发现，强烈的探索意识和从外部征集想法与意见的意愿是团队沟通的好兆头。所以，鼓励你的团队成员走出去和别人分享想法，就像彭特兰的研究显示的那样，探索孕育成功。

【笔记】

更多关于如何有效地与你的团队进行沟通的内容，请参见第 30 章。

激发出别人最好的一面

作为领导者，你的首要任务之一就是帮助身边的每个人充分发挥他们的潜能。在这个方面，我们鼓励你经常给予团队成员具有建设性并可行的反馈来帮助他们持续提升和成长。你要花时间去发现别人的技能并给他们自由和空间去发挥优势。一个鼓励团队成员发展领导技能的环境具有非常大的吸引力，它可以增强团队成员对团队以及其他成员的责任感。

提升幸福感

在《快乐竞争力》(*The Happiness Advantage*)一书中，心理学家肖恩·埃科尔(Shawn Achor)指出：当人们感到幸福时，能更好地工作，效率更高并且更具有创造性。[3]他在书中写道："为期十年的研究证实，幸福感提升了商业和教育领域的几乎所有表现，其中销量提升了37%，效率提升了31%，工作的准确率提升了19%，并同时对健康和生活质量有诸多改善。"[4]

营造一个积极乐观的具有培育性的环境意义重大。怎样才能提升团队成员的幸福感？埃科尔给出了五个简单的建议，这些建议已经被证实与提升团队成员的幸福感和满意度密切相关：

- 写下三种你感激的事情。
- 给你社交网络里的某个联系人写一条积极的信息。
- 冥想两分钟。
- 锻炼十分钟。
- 花几分钟的时间记录你昨天最有意义的经历。[5]

把这几条建议推荐给你的团队成员吧，也可以考虑把其中的一些建议纳入你们的会议议程。比如，你可以在每次开会前让每个成员写下或者思考一下他们感激的三件事情。就像埃科尔所强调的，"快乐能为成功加油，而不是相反"。

第 13 章

建立伙伴关系

如果大家协同努力，成功自会到来。

——亨利·福特

关于学习如何合作，很重要的一点是学习如何建立伙伴关系。伙伴关系毫无疑问是不可或缺的，它能加速你带来有意义的持久改变的进程，并让你结识更多志同道合的人。通过与其他团队联合起来向共同的目标努力，你可以立即获得丰富的资源，比如专业知识和经验、强大的人力支持以及分销网络。

回想一下在小学你记忆生物之间不同类型的共生关系时的情景。

- 寄生：一方的获益以另一方的损失为代价（适者生存或者零和游戏）。
- 偏利共生：一方获益，另一方不因此而受到任何影响（单赢）。
- 互利共生：相互裨益（共赢）。

最佳的伙伴关系是相互裨益的，在这种关系里每一方都做出独特或有价值的贡献，从而使双方共同获益。为什么要关注伙伴关系的构建呢？因为理想的伙伴关系能够产生一个神奇的流行词——协同增效作用，也就是我们常说的“一加一大于二”。

本章是对伙伴关系的简要介绍，明确阐述了当考虑潜在的伙伴关系时需要牢记的关键点。在本书第 31 章，你能找到更多有关如何寻找、建立并维护卓有成效的伙伴关系的内容。

化竞争为合作

彼此类似的组织之间的竞争是阻碍合作的主要（并且是不必要的）原因。也就是说，竞争产生的原因显而易见。每天都有新的组织诞生，其中大多数组织相互之间或者与成熟组织之间有相同的事业或者目标。由于类似的组织会努力去争取相同但有限的资源（比如经费、成员、政治承诺等），也就很容易理解为什么它们可能把彼此看作竞争者了。

虽然少许的竞争偶尔是有益的，但是这种类型的竞争通常是适得其反的，并最终对你的事业不利。比如，假设你从邻家一个 12 岁的名叫朱丽叶的小女孩那里购买了 5 盒女童子军饼干，当朱丽叶的队伍里另一个叫安娜的小女孩向你售卖同种饼干时，你很有可能会拒绝她。虽然两个女孩朝同一个目标努力：为她们的队伍筹资，但是安娜感到她输给了朱丽叶，开始想明年怎样才能卖得比朱丽叶多。

当你从一项事业（在这里是女童子军）的视角来看待资源时，安娜向朱丽叶已经兜售过的区域再次兜售就是浪费时间。如果她和朱丽叶有一点点合作，就可以把售卖目标转向另一个社区。如果能够意识到挨家挨户敲门售卖是对自己技术能力的浪费，安娜还可以创建一个网站在线售卖饼干，这将是其他当地童子军队伍都没尝试过的想法。如果朱丽叶和安娜能够合作，她们或许能够覆盖更大的销售区域，女童子军也就能获得更多的资金。

你可能会觉得这听上去有点天真。我们不大可能一觉醒来就发现竞争对手主动过来与我们握手拥抱。另外，你肯定也在想，竞争不是会驱动创新吗（更不用提市场自由了）？答案当然是肯定的。那么，有利的和不利的竞争类型之间的区别是什么呢？建设性竞争促使我们做得更好，更努力地尝试并提出更有效的解决方案。与之相对的是，约束性竞争会限制你潜在的影响并将世界变为一个零和游戏。在约束性竞争中，你会忘记更大的目标，千方百计去超越你的邻居，而不是想着怎样让世界变得更好。

这种竞争性的“我们对阵他们”的心态是社会进步的障碍。它不仅会浪费时间和资源，而且会拖慢进步和创新的进程。所以重点在于，一定要识别出哪些是约束性竞争。如果你感到你的团队和另一个团队正在做很多重复的努力（或者重复取得对方已有的成果），这是你们应该进行合作的一个强烈信号。

如果你的团队和其他团队的技能结合起来能够更好地抓住一个机会，你也应该考虑与它们建立伙伴关系。出于这个原因，你最好能够清楚地了解你的团队以及和你们类似的团队的优缺点分别是什么，这样你就可以知道什么情况下与它们合作可能会有利于目标的实现。最重要的是，你要挑战自己，把相似的团队看作潜在的伙伴，而非竞争者。练习 13.1 将帮助你进行这项至关重要的思维转变。

练习 13.1

视竞争对手为合作伙伴

列举五个你现在可能将其视作竞争对手的组织。你们的共同点是什么？你们是如何重复彼此的努力的？你羡慕它们有哪些独特的技能和资源？你们怎样才能达成潜在的合作并让双方都从中获益？

团队	共同点	重合的努力	独特的技能和资源	合作机会

案例研究

重见光明组织

谢尔·泰尔（Sheel Tyle）毕业于斯坦福大学，他是重见光明组织（ReSight）的执行理事和新企业联合会（New Enterprise Associates）的风险投资人。他同时也是 S2 资本的联合创始人，这是一家社会投资基金，主要投资欠发达国家由年轻人创建的旨在促进性别平等、改进医疗服务以及促进经济发展的极具前景的公司。在这个案例研究中，谢尔与大家分享了他如何建立能够增大其行动影响力的有价值的伙伴关系。

问题

谢尔：世界上超过 1.61 亿人有视觉障碍。他们中 87%的人居住在发展中国家，在这些人中，80%的视力受损是可以治疗的。[1]问题很简单：看不见就无法工作。此外，大约有 80%视力受损的发展中国家女性自谋生路或没有工作，面临被边缘化和被虐待的困境，她们被家人视作负担并且极其自卑。[2]

解决方案

谢尔：为了解决这个问题，我成立了重见光明组织，这是一家致力于消除可治疗的视觉障碍的 501(c)(3) 型非营利机构。重见光明组织培训并雇用那些经治疗恢复视力的人。这些人当中大部分是女性，他们负责对其社区进行视力健康教育，筛查如不及时治疗就会产生视觉障碍的视力问题以及其他健康状况（比如糖尿病和高血压）。重见光明组织帮助发展中国家预防视觉障碍并治疗眼疾患者，同时增强了眼疾患者的能力，将他们变为所在社区希望的象征。

伙伴关系

谢尔：准备发布第一个项目时，我们意识到仅靠自己所能做的实在太少。于是我们就向其他致力于视力保护的非营利组织和国际机构学习它们服务于低视力患者的经验。这些组织和机构包括 SEVA、视力救星（Sight Savers）、视觉障碍群体国际教育委员会（International Council for Education of People with Visual Impairment）等。它们向我们提供了资源和建议，作为回报，我们在它们选择的地点实施我们的项目。

考虑一系列的合作机会

和另一个组织合作，并不是一件要么全身心投入要么毫不介入的事情。你们没必要在每个项目上都合作，当然也没必要永远保持伙伴关系。合作机会的规模和形式多种多样。

如同“组织间一同努力的连续统一体”模型中描述的，这些看似无止境的选项可以归结为五种最基本的组织间关系。一同努力：一个连续统一体（见图 13－1）由俄亥俄州立大学社会工作学院的顾问克莉丝·克洛特（Chris Kloth）基于理查德·贝彻（Richard Boettcher）教授的组织间五种类型的关系改编而来。

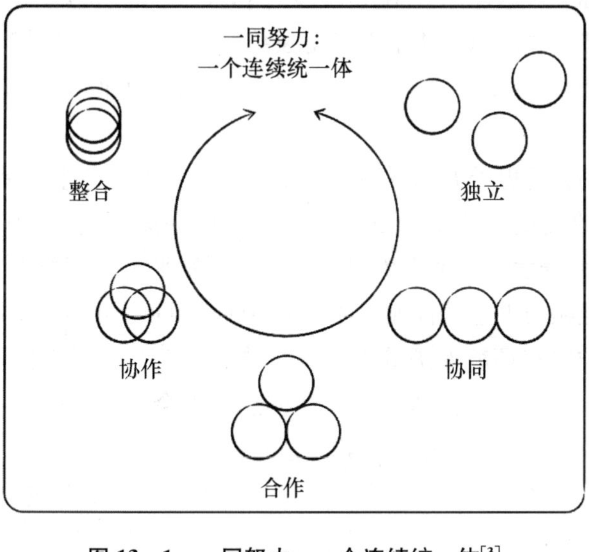

图 13－1　一同努力：一个连续统一体[3]

了解这个连续统一体对于建立多种相互裨益的伙伴关系是不可或缺的。与一个伙伴合作时，你可能会选择完全合并你们的力量来整合你们的行动；自由地分享彼此的最佳做法并一同创建一些东西；利用对方的优势合作，但是只共享有限的信息；或者只是简单地进行协同，在很大程度上仍保持相互独立。你可以在特定的项目或合作期间完全恢复组织的独立性——伙伴关系并不意味着你们每时每刻都要在一起做每一件事。此外，伙伴关系的性质可能会随着时间的推移而不断变化——你们有可能在短期内完全整合你们的团队，一段时间之后再转变为协作关系。伙伴关系通常是动态的，根据特定项目的需求或者新机会的出现而不断变化。

因此，你们可以既是竞争者又是合作者。以微软公司和苹果公司为例，根据“组织间一同努力的连续统一体”模型，它们不会（也不应该）整合成一个超级公司，但是可以而且的确进行了协作（微软为苹果电脑开发了办公软件）以及合作（由第三方英特尔公司开发了一款处理器，这款处理器允许苹果和微软的操作系统同时在苹果的机器上运行）。英特尔公司开发的新型处理器同时促进了三家公司的进步。它们不仅驱动了技术的创新，而且为用户创造了更好的产品。它们仍然会在很多项目上进行直接的竞争，也会在一些项目上保持相互独立，但是它们找到了一同合作的方式，并建立了既能使双方共赢又能更好地解决问题的伙伴关系。

寻求独特的合作伙伴

你要时刻留心潜在的伙伴关系。时刻牢记合作的各方并不一定需要彼此相似或者拥有类似的目标——这样你可能会发现不同寻常并相互裨益的重叠区域。秘诀就在于，你需要保持开放的思想并乐于接受独特的可能性，尤其是当每个团队都能为彼此带来新的观点时。从这个角度而言，你需要考虑其他领域或部门的潜在合作伙伴。

伙伴们提供的新的思维方式可能是革命性的，因为在一个领域或地区中很普通的东西有可能会改变另一个领域或地区。比如，人权运动组织（Human Rights Campaign，HRC）开发了一个手机应用“工作场所平等购买指南”，其目的是帮助人们“了解他们光顾的生意是否理解并尊重对他们很重要的事情，并为包容同性恋、双性恋及变性者群体和环境保护等事项赋予购买力”[4]。“所有性取向都是平等的”和“我该买什么咖啡”可能是两个你从来都想不到会出现在同一个句子里的表述。但是人权运动组织找到了一种创新方式来建立伙伴关系。

对于任何伙伴关系，关键是寻求一种解决方案，让你、你的合作伙伴以及你们的事业能够共赢。

第三步

使之持久

对于很多极具前景的想法而言，最容易被忽视的就是可持续性——这个想法可能可行，但是它能持久吗？善行有报方法的最后一步是，确保你的努力不是昙花一现而是能够长盛不衰。一个好的解决方案应该在你本人或者你的团队离开之后仍然能够继续起作用。想要取得这种持久性，你需要采取特别的机制，并将其纳入工作的架构和评估。

- 第 14 章：从小规模做起，验证可行后再扩张——进行头脑风暴，提出拯救世界的解决方案，设想你的团队很快就蓬勃发展为一个跨国组织，这些当然令人心潮澎湃。但你要从大处着眼，从小处着手。只有通过检验你的想法，并扩张那些绝对可行的方面，你才能使资源利用率以及行动的可持续性最大化。
- 第 15 章：打造自我持续的解决方案——你要通过建立一个支持未来规划、机构知识、财务独立以及适应性的系统来优化组织的长期影响。
- 第 16 章：融入社会企业家精神——非营利部门最大的游戏规则改变者正在重构解决社会问题的方式。我们正在从旧的慈善模式转变为可持续的社会企业模式，社会企业模式应用了商业部门的最佳做法，能够以有限的资源和市场规则带来社会改变，甚至能够产生利润。
- 第 17 章：分享可行之道——善行有报方法的最后一步实际上通过分享可行之道把三步（做可行的事，一同努力，使之持久）整合在了一起。你要和别人分享结果、资源以及导师，通过留下一笔财富来将影响传递下去。

第 14 章
从小规模做起，验证可行后再扩张

那些纯粹追求增长或者在核心业务战略之外的领域进行扩张的企业通常会遭遇挫折，那些以客户和股东利益为标尺的企业最后通常更能获得成功。

——杰米·戴蒙

你对想要解决的问题极其在意。假设它影响了很多人，你对此有一个很好的主意，这个主意有潜力来改善数以万计甚至数以百万计人的生活！你坐在挖掘社会影响的金矿上。如果你说出这个想法，所有人都会支持它，投资者和媒体会关注它，很快世界上每一个国家都会有你创建的组织的分支机构……

好了，先停止幻想！

为你的组织策划一个气势宏大的亮相固然很吸引人，但是这样野心勃勃的战略往往不可行并且肯定无法持久。为了产生可持续的影响，你的组织需要以正常的速度成长。成长太慢，你会与时代脱节，跟不上社区的需求；成长太快，将会分散你的资源，失去提供优质产品和服务的能力，并最终崩溃。一夜之间长大的成年人只会出现在神话里，在现实世界中，所有好的想法和组织都需要一个孵化期来测试它们的哪些方面可行（本书的第 7～9 章会指导你如何度过孵化期）。

想想看，可持续的组织都是从小规模起步的。全美教育行动（Today Teach for America）目前在 40 多个地区拥有近 5 000 名教师，但它是从初期只在少数几个城市拥有 500 名教师一步步发展到今天的。脸书公司的前辈——MySpace 和 Friendster 都使用了自上而下的方法，它们试图从一开始就达成很大的目标。它们将目标用户定位为大众群体，希望吸引尽可能多的人，任何人都可以加入它们的社交网络。脸书公司恰恰相反，它采用的是自下而上的方法，从小处着手，最开始是为单一而有限的社区——一所大学里的几千名学生创建的社交网络。之后，它从一个学校扩张到另一个学校，深深扎根于多个大学社区。用户的高接受度使它在扩张时不会失去核心活力。在商业领域，扩张有很多不同的含义，但是在这里当我们讨论扩张你的想法或组织时，指的是以保持你初始想法或团队品质的速度成长的能力。扩张对于可持续性至关重要。看一下脸书公司就知道了，大而持久的想法是从小规模起步的。

本章阐释了以增强你的影响力和促进可持续性的方式成长的框架。

大处着眼，小处着手

之所以不建议从大处着手，主要有两个原因。首先，就像我们在第一步里讨论的，你需要知道自己提出的解决方案是否可行。（更多关于弄清你的想法是否可行的内容，请参见第 8 章。）通过从小处着手，你可以最大限度地利用你的早期资源，并且有机会在可控的水平上进行改进和创新。这样一来，你就可以通过把事情做好而非做大来为社会贡献价值。

其次，通常并不存在适合所有群体的解决问题的万能模型。你需要为扩展的每一个社区量身定制解决方案。即便是像麦当劳和星巴克这样的超级连锁企业，也都会考虑顾客地区性的口味差异和用餐习惯，从而在不同的社区采用不同的菜单和装修风格。

虽然从小处开始着手会更加有效，但你仍应从大处着眼。即便从小处开始着手，全美教育行动和脸书公司都有很宏大的想法，它们的缔造者很早就看到了能带来革命性改变的潜力。为组织设定一个大胆而野心勃勃的愿景并没有什么问题，但是你务必投入到一个拥有无限潜力的想法中……不过在决定扩张之前一定要先对它进行检验，当你真正开始扩张时，一定要考虑你所进入的每一个社区的特定需求（见图 14－1）。

扩张经验证可行的模式

扩张的类型

假设你已经做了一些很棒的工作，通过分析证实你的想法是可行的，现在你希望扩大你的影响。但是你应该怎么扩大你的影响？来自杜克大学社会企业家精神促进中心（Duke University's Center for the Advancement of Social Entrepreneurship）的格雷戈里·迪斯（Gregory Dees）和他的同事定义了两种类型的增长。

图 14-1 从小规模做起，验证可行后再扩张

1. 深度扩张：在现有社区扩大你的影响（新的解决方案，现有社区）

2. 广度扩张：将你的影响扩大至新的社区（现有解决方案，新的社区）。[1]

扩大影响的方式有很多：通过深度扩张，你可以为现有社区提供更好的服务，并且在诸如研究、政策、公共观点等更多领域施加影响；通过广度扩张，你可以扩大你的目标受众群体，服务于更多的社区。但是不要纯粹为了追求规模而去扩张。当扩张时，要确保所使用的方法是恰当的：能够证实社区的需求是什么，以及你的提议可以满足这些需求。

案例研究

同性恋-异性恋联盟

到底是选择深度扩张还是选择广度扩张？答案是两者都选。需求、资源和环境等因素在很大程度上决定了增长的方式。卡罗琳·劳布（Carolyn Laub）在 2000 年创建了同性恋-异性恋联盟（Gay-Straight Alliance Network，GSA）——一个在旧金山湾区拥有 40 家校园俱乐部的组织。GSA 在广度扩张方面成效显著：它现在在加利福尼亚州有 850 家俱乐部，并且创建了一个由青年人主导的反对歧视同性恋和变性者的可扩张模式组织，该模式已被新墨西哥州和得克萨斯州的一些学校采用。

当政治环境需要 GSA 进行深度扩张时，GSA 通过推进加利福尼亚州学生安全与预防暴力法案（California Student Safety and Violence Prevention Act）来采取行动，这个法案具有开创意义，它是最早禁止性取向和性别认同歧视的法案之一。这为 GSA 通过构建 GSA 全美联合会网络（National Association of GSA Networks）来实现"一同努力"和"使之持久"铺平了道路。这一网络联合了 29 个州的组织来支持 GSA。[2]

传播类型

当进行扩张时，有很多方式可以扩展你的努力。迪斯和他的同事根据需要的中心协同力以及资源的多少定义了三种类型的扩展：

- 传播："主动地为其他希望为社区带来创新的个体或组织提供信息或技术协助。"
- 结盟："一种由协议确定的正式合作关系……成为可辨识的组织网络的一部分，这个组织网络的形式从致力于统一目标的松散的组织联盟到与商业特许经营类似的更为紧密的系统操作，不尽相同。"
- 设立分支机构："建立一个大型组织在当地的分支机构，类似于商业领域里由公司所拥有的门店。"[3]

你所选择的扩展类型取决于以下因素：解决方案的性质、你希望拥有的控制度、新扩展项目领导者的技能。

【小贴士】

你要妥善记录那些不可行的解决方案。在扩张时，你可能会发现，起初不可行的一个想法的某些方面在新的背景下可能会变得可行。反之亦然：当你进行测量和提升并发现可行之道因社区不同而不尽相同时，试着去弄清原因是什么。

在扩展你的组织时，要记住第 10 章讨论的在巩固现有和从头开始之间寻求平衡的问题。如何才能产生更大的影响呢？是在另一个社区创建一个新的分支机构，还是与已经存在于那个社区的想法类似的团队进行合作？这时，你的团队更适合去解决一个问题的全新的方面，还是巩固现有的努力呢？

记住，当你进行扩张时，需要继续进行测量、评估和改进。初始行动中的可行之道和扩张行动中的可行之道可能完全不同。你要使用评估结果来决定是否加速或放缓你的扩张行动。使用这种审慎的、结果驱动的方法来扩张可行之道，能够产生使你的行动持久所必需的力量。

评估供给与需求

假设你的团队找到了一个可行的解决方案（至少被证实过一次）。现在分析一下这个解决方案的供给和需求。需要注意的是，下面这些问题是针对广度扩张的（现有解决方案，新的社区），但是也适用于深度扩张（新的解决方案，现有社区）。

供给：我们有他们所需要的吗？

- 准备：现有证据能否证实你的想法的可行性？你确实做好扩张的准备了吗？哪些要素必须保留？哪些要素需要改变，如何改变？
- 资源：你有没有相应的人力、时间和资金来恰当地实施扩张？体量的增长能否带来更多的捐赠或者利润来维持扩张？实现扩张还需要其他资源吗？会获得哪些资源？
- 利益相关者的共识：你的团队、顾问、合作伙伴和资助者是否同意最符合各方利益的扩张并能最大限度地支持你们的任务？
- 质量管控：扩张之后，现行的工作会保持原有水准还是变得更好呢？你能在现有的团队和新团队之间促进想法、资源和知识的沟通吗？

需求：他们想要我们所拥有的吗？

- 需求：有没有证据证实你的目标社区需要你的解决方案？你能比其他人更好地解决存在的问题吗？
- 接受：你的目标社区想要你的解决方案吗？迪斯和他的同事警告：“如果一个创新的解决方案很复杂，与惯常的做法差异极大，威胁到当地有影响力的团体，或者与各个社区的主流价值观和意识形态有冲突，那么它很可能会遭到抵制。”[4] 目标社区能对解决方案产生主人翁意识和责任感吗？
- 确定性：你已经取得的成功能复制到另外一个不同的社区吗？你的目标社区有相应的资源和环境来培育你的项目吗？方案有可能以正确的方式实施吗？
- 影响：你的行动能够产生可测量的影响吗？迪斯和他的同事警告：“产生的影响不应该只是服务更多的人——也应该保证服务质量。”[5]

供给和需求对接得上吗？在生物学中，当细胞进行复制时，会有一些检查点来核对所有的东西是否与细胞自身的比例以及细胞更大的需求保持一致。细胞既需要外部的增长信号来通知它们进行复制，也需要营养物质、资源和内部机制来帮助实现增长。如果有一个环节缺失，复制就无法成功。就让分析成为行动的检查点吧。如果供给和需求不同时存在，就不要进行扩张。

【小贴士】

如果两者不可兼得，就选择质量（一个一流的组织在一个限定的领域做高质量的工作）而非数量（设立众多分支机构）。

还没准备好去扩张？没问题！扩张绝对不是产生影响的先决条件。一个高质量的团队对 100 个人产生可测量的影响比一个没有成效的团队试图帮助 1 000 个人要好；同理，量力而行地解决好问题的一个小的方面比不自量力地去解决一个与自身拥有的资源不匹配的问题要好。成功地解决一个小的问题好过在一个大问题上毫无进展。如果你在条件不成熟的情况下仍想去扩张，那就寻求一个战略合作伙伴吧。这不一定能发展你的品牌，但是你将能够增强它以及你的影响。

第 15 章
打造自我持续的解决方案

2010 年，海地遭受了一场灾难性的地震。地震发生后，世界各地对海地给予了慷慨的援助。多个国家承诺要给予海地数百万美元的人道主义援助，宗教和慈善组织纷纷组织人力、物力对海地施以援手，提供各种帮助：从提供干净的饮用水，到为在地震中不幸成为孤儿的儿童建造住所，几乎无所不包。不同年龄、拥有不同技能的专业人士和志愿者离开自己的家乡，奔赴海地，全力帮助当地解决困难。

人们发起了众多的项目和行动。每个项目都得到了充足的资金和人员保障，每个人都希望海地的情形能够早日好转，因此投入了大量的时间和精力。多年后，有些项目，比如健康伙伴基金会（Partners in Health）成为海地灾后重建的重要支柱。其他的项目则不复存在，这是为什么？

答案就是，在整个国际社会对这次自然灾害做出快速响应时，基本上没有人去思考这些援助行为的可持续性。从某种角度来说，考虑到当时情况的紧迫性，这一点是可以理解的。但令人惋惜的是，对于很多组织来说，它们成立之初致力于解决的问题现在仍然普遍存在，而它们在最初几个月内取得的进展现在已经消失，在未来某个时期内实现质变的飞跃已经无从谈起。这个问题其实并不仅仅存在于海地救灾中。实际上，大多数组织都存在可持续性方面的问题。

设计自我持续的解决方案是使社会变革持续下去的一个关键因素。我们先看这样一个例子：假如你的医生建议你将体重减 10 磅。面对这个问题，你的第一想法就是喝果蔬汁瘦身。为此，你需要支出一笔费用，还要在一段时间内保持非常强的意志力。坚持两周，你或许可以成功减掉 10 磅。之后，你恢复之前的饮食习惯，过了一个月，你会发现减掉的 10 磅又回来了。这样一来，你之前投入的金钱、时间和精力就都打了水漂。相比之下，采取一种可持续的解决方案也许更有效：在喝下午茶时用白开水和水果代替苏打水和薯条，每天下班之后坚持慢跑 30 分钟。两周之后，你可能发现变化不大。但是几个月之后，你会发现自己瘦了 10 磅。更重要的是，因为这种变化较小，并且是长期可持续的，所以它的影响也是持续的——减肥效果不会反弹，甚至在年底之前会再减掉一点体重，而且你会总体感觉更健康。同样，当你想解决社会问题时，需要设计出可以自我持续的解决方案，因为这不仅可以最大化地利用时间、资金和精力等宝贵资源，而且会带来长期的社会进步。

在本章中，我们将会为你呈现可持续解决方案的关键特点，你应该把这些特点融入你的组织的设计和文化。特别需要注意的是，可持续解决方案包括两个方面：(1) 组织作为整体的可持续性；(2) 组织产生影响的可持续性。需要指出的是，一个好的解决方案意味着在你的组织不再持续介入时，工作效果仍然持续存在，并且能长久产生影响（见图 15－1）。所以，你的目标就是把你的组织和你的想法打造成自我持续的系统，这样一来就可以使影响的持久性最优化。

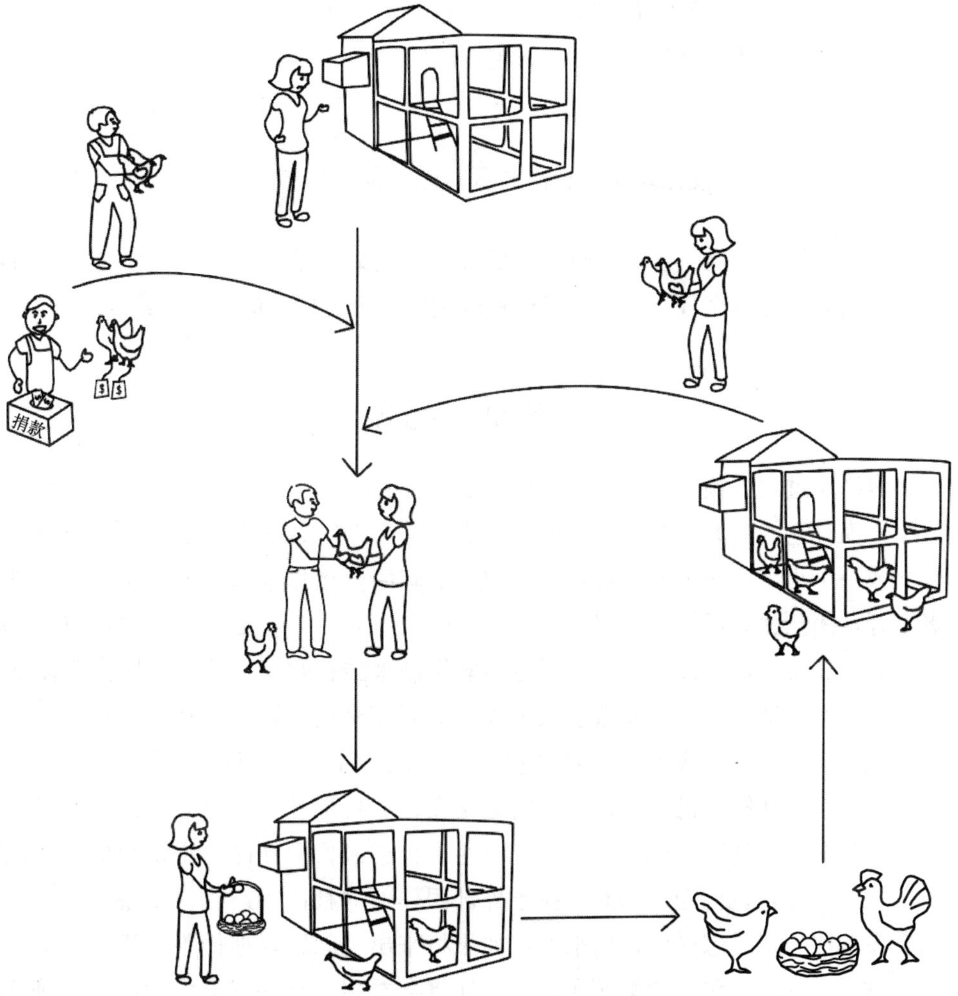

图 15－1　设计你退出后仍能长久持续的解决方案

规划未来

自我持续性的第一个原则就是对未来进行战略性规划。这可以从一点点的想象开始：你认为你的组织在六个月内、一年内和五年内分别是什么样的？你认为在未来的这些时间里，目标问题和社区的状态分别是怎样的？在此基础上想象，对于你的团队而言，短期和长期的成功分别是怎样的？

就像你在第 5 章里做的那样：聚集一群拥有不同背景但致力于解决同一问题的人来进行头脑风暴并讨论预期问题，然后与你的团队以及目标社区进行积极的交流和互动，弄清如何在考虑这些问题的情况下更好地制定解决方案。完成每一步的比较现实的时间表是怎样的？有多少假设在可预见的未来可能会发生改变？为确保拥有足够的灵活性来适应这些改变，我们现在能做些什么？

【笔记】

更多关于规划和设定现实目标的具体内容，请参见第 21 章。

当然，即便是最佳的规划也有可能面临意料之外的情况，但是，你对未来可能发生的情况准备得越充分，越能为目标社区制定一个可持续的解决方案。

构建机构知识

很多组织过度依赖创始人或者某位核心领导者。一个强大的声音就能够改变这个组织，恢复它的活力，并且成为组织变革和成长的驱动力量。情况通常是这样的：一个人或一个小组是知识的掌管者，即唯一了解团队运作细节的人。所以，一旦领导者离开，团队就有可能陷入困境，不得不从头开始，并且很难有原来的发展势头。因此，为了获得可持续性，需要运用适当的机制来转移知识，确保团队内更多的人了解团队运作的细节，而不局限于某个人。这叫作机构知识，指一个确保所有相关方都能充分了解与组织或项目有关的想法、工具及资源的系统。

很多组织存在缺乏机构知识这一问题，在很多目标社区中也是如此。就像本章开头讨论的海地的情况一样，善意的组织通常会进入目标社区并提供很好的解决问题的方法，但是，机构知识仍然存在于外部团体而非社区中。也就是说，社区里没有人熟悉解决方案是怎样设计出来的，如果将来出现问题，他们不知道应该如何维护这个方案。在本章稍后的案例研究中，你将会看到宾夕法尼亚大学的工程师无国界组织（Engineers without Borders）是如何为洪都拉斯的一个农村设计出可以将清洁用水和灌溉用水输送到村庄的系统解决方案，以及采取哪些步骤来确保将知识深深地嵌入社区，以保证团队的工作能够自我持续并带来长期影响的。

在第 37 章中，你将了解如何确保领导层的平稳过渡以及如何构建机构知识，包括如何促进开放频繁的交流、透明的记录维护、无缝的资源转移以及一个领导层过渡方案。但是就眼下而言，要记住：无论是社区还是组织的努力，不仅应该能够自我持续，而且应该能够在任何人或组织不在场的情况下保持生机。要记住，对领导力的真正考验不仅在于你能否做伟大的事情，而且在于你能否建立保证其可持续性的正确系统，从而确保它在你离开之后仍然能够继续发挥作用。

确保财务稳定

对很多致力于解决社会问题的组织而言，最大的不确定因素之一就是经费。过去基于慈善的财务模式导致筹资需求不断以及筹资金额极大。结果就是，组织机构很难计划新项目，执行中的项目的可持续性也很难确保，甚至难以保证员工工资的正常发放。随着社会企业模式的确立，组织可以减少对外界的经费依赖，并且能保持长期的财务独立。尽管如此，它们仍然可能在预测收入和保证市场份额方面遇到困难。所以尽管极具挑战性，但是为了实现自我可持续性，确保财务稳定仍然是一个非常有价值的目标。

虽然对于一个组织或者其单个项目而言，财务完全独立是最理想的，但这毕竟是极少数情况。从现实角度而言，确保一个组织的财务健康几乎是不可能的。你所能做的是尽量争取组织的财务稳定。

要做到这一点，就要先评估现有开支及计划开支的价值，以及它们对于解决问题的贡献。如同第 8 章中描述的，决定你的想法是否可行的重要因素之一就是支出。所以，你要根据开支，找到用更少的钱带来相同影响的方法。

接下来需要关注经费来源，一般包括捐赠、拨款、投资人的投资以及经营收入。一个很好的入手点就是尽可能降低收入的不确定性，让你制定未来的规划有更大的确定性。你可以寻求捐赠者长期的捐赠承诺，或者申请长年拨款。最好的战略或许是将社会企业家精神融入解决方案，通过生产商品或提供服务获得利润。发展良好的组织通常会结合以上所有途径或者更多的方法来获得财务稳定性。关于更多如何获得财务稳定性的具体方法，请参见第 22 章。

你要时常后退一步并纵览一下全局：还有哪些财务来源你没有注意到？你正在挣扎于哪些低效的行动？你可以研究一下其他组织的财务状况，看能否从中获得改进的方法。要确定注册为正式企业或非营利机构的适当时机。你可以和团队一起阅读第 38 章和第 39 章，讨论哪种形式更适合完成你们的任务。最后，要时刻留心，因为新的筹资机会总是不断出现。

调整与发展

组织持久性和生物持久性并无二致，都是适者生存。与在大自然中一样，你的组织以及想法进行调整和发展的能力都是至关重要的。社会面貌是动态的：社区需求、文化和政治背景、可利用的技术等都处在不断的变化中。所以，虽然在本章开头我们着重强调了做好充分准备的重要性，但是随时准备好迅速地应对意料之外的情况也同样重要。

若不把创新作为优先事项，即便是最成功、最兴盛的组织也很容易与世界脱节并落伍。为一个组织或项目注入新的活力，对于保持可持续性至关重要。你可以阅读第 36 章来了解这一战略。

你要把握离开安逸的环境并与有不同想法的人一起工作的机会，同时也要与新兴趋势保持接触并灵活应对。就像你将在下面的案例研究中看到的那样，拥抱未知世界的意愿引发的创新所产生的影响远超你的预期。

案例研究

宾夕法尼亚大学工程师无国界组织

亚历山大·米塔尔（Alexander Mittal）和他的朋友在宾夕法尼亚大学读书时创建了工程师无国界组织的宾大分会。他们的目标是：通过工程技术来改善用水及卫生状况。该组织成功地在洪都拉斯的一个村庄建立了一个供水系统。但是亚历山大并未就此止步，他继续思考如何才能改进洁水工程的可持续性，并且进一步开发出了用于输水管道的创新性技术，这项技术后来成就了一家社会企业。在下面的这个案例研究中，亚历山大分享了他的经验，以及他是如何将自我持续的原则整合进他的解决方案的。

规划未来

亚历山大：为了解决用水问题并把清洁用水带到洪都拉斯的村庄，我们成功地完成了一系列步骤：我们挖掘并保护了一处天然的泉水源，确保泉水可以安全饮用，然后通过管道跨越 5 公里的山路将其输送到社区中心建好的水塔，并利用水塔将水输送到各家各户。当进行头脑风暴提出想法以及优化解决方案时，我们最先考虑了可持续性问题。我们花了几个月的时间到村庄完成这项工作，我们希望创建一个可以在这里持续运行多年的供水系统，一个在我们离开很久后能够继续解决问题的方案。牢记这一点，我们在这里建造了一个叫作重力流的供水系统，该系统可以利用重力将水从水源处输送到社区中心。与通常使用的含有运转部件的电力或燃油水泵系统（这样的系统更可能出现故障而无法使用）相比，重力流系统没有运转部件，预期使用寿命长达 30 年，并且不需要复杂的维护程序。这个系统更符合社区未来用水需求，是一个真正意义上的自我持续的解决方案。

构建机构知识

亚历山大：自从在这个村庄开始行动，我们就一直在尝试尽可能地将知识转移给社区。我们和社区成员分享并讨论了对数据的解读，演示了勘测技术和施工技术，分享了地图和图表，并为他们提供了一台笔记本电脑以供将来使用。在施工过程中，这个社区也展示了当地的工程能力：帮助挖掘管道线路的社区成员通过采用与我们的规划略有不同的铺设管道方式，为工程节约了半公里长的管道。在工程设计方案中，我们并没有采纳他们选择的路线，因为通常只有使用现代勘测设备才能达到施工精准度。但是，他们将当地地形和给水工程概念结合后设计出了这个更好的方案。

确保财务稳定

亚历山大：在我们参加的一次会议上，全体村民几乎一致同意支持这项工程，并且同意每个家庭每月支付一美元用于工程维护，这对他们而言可是一笔大的开支。利用一位当地政府官员竞选时到访的机会，我们获得了她的口头承诺，她表示会尝试为这项工程争取部分经费。离开洪都拉斯之前，我们在费城开展了一项媒体活动，该活动将贯穿项目始终。行动方案一旦确定，就要立即开始非常重要的项目筹资。我们的愿景是以可持续的方式应用技术去解决用水及卫生问题。筹资工作开始后，我们向那些认同我们愿景的当地企业、大学团体和个人寻求资助。

调整与发展

亚历山大：在使用改进的供水系统两个月后，社区家庭发现，孩子身上的皮肤问题变少了，痢疾发作次数也越来越少。他们也认识到了适度讲卫生对健康的意义。我为我们的工作以及这个供水系统对社区带来的影响感到骄傲。但是有个问题一直困扰着我：在建造可持续的供水系统时，为什么要把输水和净水分开处理呢？在输送水的几公里距离中，水会持续与管壁直接接触。于是我想：如果改进管道让其具备净水功能，就可以在输水的同时对水进行净化了。我决定改变方向并去实现这个极具前景的想法。在一年的时间里，我在宾夕法尼亚大学组建了一个研发团队来制造这种新型管道。我们为此注册了一家社会企业，并持续地试验这些新技术可以应用的其他领域。令人吃惊的是，这项技术虽然不像我们开发它的初衷（净化水）那样，但是可以用于诸如能源和电子等工业领域。

第 16 章
融入社会企业家精神

每当社会发展陷入停滞或面临新的机遇，需要有一位企业家看到这个机遇，将愿景变为可以实现的想法，然后将其变为现实，最终将其转变为全社会的一种新模式。我们在教育和人权领域对企业家精神的需要，不亚于通信和酒店领域。这就是社会企业家的工作。

——比尔·德雷顿

试想一下，有两个团体分别提供改善生活的产品和服务。一个是传统非营利组织红十字会，它收集并分配志愿者捐献的血液。另一个是一家制药公司，它通过生产和销售每片 20 美元可以加速血细胞生长的药物来盈利。两者都是用一种可以增加人体血液含量的产品来挽救生命。

根据一种非常老派的想法，非营利机构是在帮助人们、促进健康以及解决社会问题，企业则是通过解决社会问题来赚取利润。同时，由于企业需要利润来维持运转，因此企业把盈利作为底线，并把效率和结果作为优先项，这样钱就不会浪费在无效的事情上。与之相反，非营利机构依赖于热衷慈善的捐赠者捐赠的金钱、时间和资源。所以对非营利机构而言，只要捐赠者对其所作所为感到愉快，捐赠就会源源不断。因此，非营利机构几乎没有动机来建立把效能和效率作为优先项的运营模式。

两种团体本质上提供同一种服务，但是采用的模式不同。每种模式各有优缺点。非营利机构的优点是通过帮助的人数来衡量获得的进展，最终目标是社会公益。它的缺点是缺乏自我可持续性，需要依赖外部的不断捐赠。企业的优点是有效率，因为利润是它的驱动力，做有用的事是最重要的。但是，最终利润才是企业的底线，所以盈利优先于解决社会问题和帮助更多的人（这绝对是一个缺点）。

在过去的十年里，我们见证了将非营利与商业的精华充分结合形成新模式的一场革命，即社会企业的建立。社会企业融合了商业的营利性和有据可依的可持续性模式，以及非营利机构的社会公益任务。它们使用利润来解决社会问题，并根据社会影响来衡量成功与否。社会企业不以赚取利润为最终目的，而是把它作为实现社会变革的工具；利润还能够促进更高的效率和更强的可持续性（见图 16-1）。

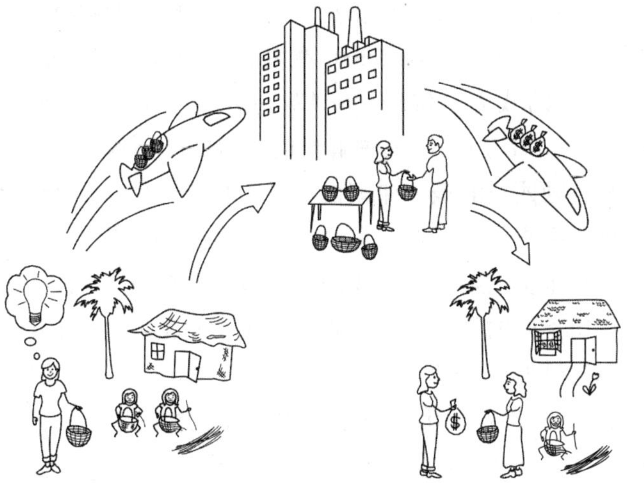

图 16-1 你可以在盈利的同时为世界带来改变

社会企业家精神是一个和社会企业相关但并非对等的概念。社会企业是一种运营实体，而社会企业家精神是它的思维方式。特别需要注意的是，本章的题目是“融入社会企业家精神”，而非“创建一家社会企业”。并不是每个人都适合创建一家公司，也不应该是这样。尽管如此，社会企业家精神仍可以广泛地影响非营利机构、行动主义运动甚至是学校的俱乐部。

社会企业家精神有四个核心原则：

（1）增加社会价值。

（2）通过创新将问题变为机遇。

（3）使用商业原则来解决问题。

（4）负责社区以及培育社区主人翁意识。

本章对这些用于解决社会问题的原则和思维方式进行了概述。本书第 35 章将会带你更加深入地了解有关商业模式的内容。

增加社会价值

【小贴士】

为社会企业提供大力支持的组织包括爱创家（Ashoka）、斯科尔基金会（Skoll Foundation）以及绿色回声（Echoing Green）。

社会企业家精神的核心是解决社会问题并为社会公益做出贡献。当然，达成这些目标的方式有很多种，其中之一就是通过前面所述的社会企业。但是建立一家公司绝不是唯一的或必然地融入社会企业家精神的最好方式。更为重要的是，建立一个可以从根本上改变现状的系统，并开发出让人们能够自助解决问题的新方法。

戴维·伯恩斯坦（David Bornstein）在其具有里程碑意义的《如何改变世界：社会企业家与新思想的威力》（*How to Change the World*：*Social Entrepreneurs and the Power of New Ideas*）一书中解释道："有史以来就存在社会企业家。方济各会的创始人、来自阿西尼的圣·弗朗西斯就可以被看作一个社会企业家——他创建了多个组织，这些组织促进了他所在'领域'的形态改变。与之相似的是，弗洛伦斯·南丁格尔创建了史上第一家专业护士学校，并建立了形成国际规范的医疗卫生标准。在今天有所不同的是，社会企业家正在发展成为一种主流的职业。"[1]

所以，你可以通过所有领域（如商业、政治、非营利，以及科学、工程学、艺术、学术、法律、媒体等），利用多种方式来增加社会价值。

【提醒】

普及社会企业家精神概念的是具有革命性的一位人物：比尔·德雷顿（Bill Drayton），他是爱创家（公共创新者）的创始人兼CEO。

通过创新将问题变为机遇

社会企业家是做什么的?首先他们允许自己看到问题。大多数人不希望看到问题……一旦你看到一个问题并不断地去研究它，你就能找到答案。[2]

——比尔·德雷顿

社会企业家精神鼓励寻找全新的方法来解决问题，有时甚至需要创造全新的系统。比如，经济学家、诺贝尔和平奖获得者穆罕默德·尤努斯（Muhammad Yunus）在孟加拉国就看到了银行发放贷款方式存在的一个问题：银行要求客户拥有良好的雇佣和信用记录才能取得贷款，所以只有富人才能成功申请贷款。这使穷人——特别是贫穷的妇女——由于缺乏这些记录不得不求助于高利贷，高额利息使她们难以从债务中脱身。即便是一个勤劳聪慧的人也无法摆脱贫困。

尤努斯改变游戏规则的创新就是小微金融：给不需要有良好的信用记录甚至是没有任何信用记录的群体发放小额贷款。小额贷款可以让穷人去做一些小买卖来让他们及其家庭脱贫。尤努斯向世界证明了一点：在这个曾经被认为没有能力或文化从而难以偿还贷款的人群中，有许多有才能的企业家，只要给他们提供一点条件，他们就能化困境为机遇。

用商业原则解决问题

如同本章开头所写，社会企业家精神试图利用商业原则来解决社会问题。比如，回想一下穆罕默德·尤努斯关于小微金融的想法。穷人需要钱来满足对食物和衣服等的基本需求。你怎么解决这个问题呢？你可以通过食物银行分发免费食物，或者直接给一个无家可归的人几块钱，让他自己买份晚餐或者一件暖和的衣服。但这都只是权宜之计。

> 一个宏大的想法再加上一位优秀的企业家，没有比这更强大的组合了。这个道理适用于教育和人权领域，就如同它适用于酒店业和钢铁业。[3]
>
> ——比尔·德雷顿

尤努斯借钱给人们来支持他们发展自己的小生意。通过这种方式，问题的实际根源——没有充足的固定收入——就解决了。小额贷款能够让穷人去做小生意来获得固定的收入。这样一来，他们就获得了一个可持续的方法来购买自己所需的东西。通过使用商业原则来解决社会问题，尤努斯把原本可能是施舍的行为变成了能力赋予。如果尤努斯只是把这些钱像做慈善那样施舍出去，资金最终会消耗殆尽。而贷款会被归还，这样就可以贷出更多的钱，从而让通过赋予能力来缓解贫困持续下去。

培养社区主人翁意识

最终，社会企业家精神赞颂这些社区，并从受社会问题影响的人中培养领导者。这些社区被认为不再是需要帮助的目标，它们被赋予能力后能够独立解决问题。你要作为合作伙伴和这些社区一同努力，并且要珍视它们的见解和投入。要记住，社区是使方案落地生根的地方，所以需要社区的努力来使之持久。社区主人翁意识是与善行有报方法有关的概念，更多与其相关的细节请参见第 11 章，更多与其相关的实用提示请参见第 34 章。

> 社会企业家在人们通常只能看到问题的地方发现资源。他们把村民本身看作解决方案，而非被动的受助者。他们从一开始就相信自己所服务的社区拥有能力以及未被开发的资源。[4]
>
> ——戴维·伯恩斯坦

案例研究

家庭用水净化系统

科里卓·威尔克（Kelydra Welcker）是一位来自西弗吉尼亚州的科学家和社会企业家，她创

新性的工作获得了《孤儿》杂志（Oprah Magazine）、DoSomething. org 网站、英特尔公司的认可，以及保诚社区精神奖（Prudential Spirit Community Awards）等。她是纪录片《神童》（Whiz Kids）里的三位年轻科学家之一。本书出版时，她是西弗吉尼亚大学医学院的在读医学博士。在这个案例研究中，她介绍了自己如何利用社会企业家精神的核心原则来解决其社区所在的俄亥俄河沿岸的水污染问题。

确定要解决的问题

科里卓：全氟辛酸（也称 C8）是一种用于制造聚四氟乙烯的化学物质。在过去的 50 年里，有一家大型化学品公司使用这种物质来制造从比萨盒内衬到灭火器泡沫等诸多产品。作为生产流程的一部分，这家公司将 C8 作为废弃物排放到俄亥俄河，结果导致 C8 出现在我们社区的饮用水和泳池里。无处不在的这种化学物质成了一个大问题：美国环保局（US Environmental Protection Agency）将其列为“潜在致癌物”，并向这家公司开出了一张 1 000 万美元的罚单。

通过创新将问题变为机遇

科里卓：当这个污染问题被媒体曝光并且潜在的健康危害爆发时，我关注了有关问题责任以及原因的媒体辩论。我意识到，虽然它们一直在努力防止问题重演，但是并没有解决当下的迫切问题——C8 仍然存在于我们社区的饮用水里。我想立刻采取行动来解决问题，这样我的家人和邻居就能确认饮用水中是否含有 C8，如果有，那就将其去除以保证水质的清洁和安全。

专业的化学检测和水净化系统使用的是精致昂贵的设备和大规模的处理流程，而我想要设计一种简单、经济、有效的方法。在我家后院的一个旧拖车上，我仅用在高中化学课上学到的知识就开发了一种检测饮用水中是否含有 C8 的方法。任何人在家里使用厨房用具就可以检测 C8：他们只需要半升取样水并将其煮沸，再利用检测装置测量沸水泡沫，就可以测出 C8 的浓度。与专业实验室的 C8 报告相比，其精确度达到 92%。

用商业原则解决问题

科里卓：经济性和实用性对于可持续性而言十分重要。如果我们社区的居民让专业团队来检测水中的 C8，就需要花费 4 500 美元以及几个月的时间才能拿到结果。相比之下，我的测试只需要花费 60 美分（用来买装取样水的瓶子）和 30 分钟。我开发的技术为个人提供了检测 C8 的方法，这尤其适用于只能从水井或水箱里取水而无法享用过滤的饮用水的邻居。

培养社区主人翁意识

科里卓：把这家公司描绘成“一家大规模的污染公司”很容易，但它也是我们社区最重要的雇主之一。实际上，我的父亲和姐姐在那里工作了很多年。这家公司是我们社区不可分割的一部分。我对我的社区有责任感，作为社区一员，我希望自己设计的任何潜在解决方案都能得到邻居的支持和理解。鉴于微妙的政治形势，让这家公司和社区之间保持正常沟通非常重要。我需要向大家表明一点，那就是我不是在试图与这家公司做斗争，而是和大家一起努力，不让这种化学物质对他人的身体健康造成危害。这样一来，大家的工作和健康环境可以兼得。

增加社会价值

科里卓：在开发了检测饮用水和环境中的 C8 含量的方法之后，下一步就是找到将 C8 从人们的饮用水中去除的方法。为此我设计了一个后来获得专利的去除和回收 C8 的方法。经过持续的开发、优化和改进，C8 的去除率从 6%提高到 100%，由此产生了我的第二项和第三项专利。有了这些技术以后，我成立了一个团队专门为低收入者和老年群体测试他们的饮用水中的 C8 含量。

第 17 章

分享可行之道

一旦你建立了一个生机勃勃的组织，并且它已经产生有价值的影响，花些时间和外界分享一下你学到的东西（见图 17－1）。就像学者会出版他们的研究成果并面向学术圈和大众进行传播一样，你也需要让世界知道你取得的进展。分享可行之道是可持续性至关重要的组成部分，因为这样可以确保别人能够使用你的成果，并基于它来改进自己的行动。

图 17－1　与别人分享你学到的东西

如同你在已有的可行基础上开始行动，你现在正在为集体知识做贡献，从而让其他领导者和社会创新者能够在你发现的可行基础上行动。这是使之持久的最终方式：别人可以基于你学到的东西来改进他们自己的工作。这样你就走了整整一圈，从向别人学习变为让别人学习你。通过分享可行之道，你正在为世界留下一份财富。本章聚焦于与你组织外部的受众分享可行之道，但是构建机构知识对于你的组织的可持续性同样至关重要。更多相关内容请参见第 37 章。

分享成果

什么对你是可行的，什么是不可行的？关于该信息的技术术语叫作“最佳做法”——经验或证据证明的可以有效地达成想要的结果的流程、技术或者方法。在社会创新领域，组织内的成果分享非常普遍，但是这种分享需要扩展至组织以外更广泛的社区。

美国效率与质量中心（American Productivity and Quality Center）称，实施最佳做法的主要障碍包括：（1）不知道现行的最佳做法是什么；（2）缺乏实施最佳做法的知识、技能或动机。你需要让这些信息变得易获得并且可实施。

因此，一旦对你的工作完成了评估（特别是关于功效和效率），你就应该将发现分享给别人，这样他们就可以学习你的经验。你要与别人分享你的见解，这样别人不仅能够理解什么对你是可行的，而且能够理解在什么背景下以及为什么可行。需要特别注意的是，分享失败与分享成功同等重要，所以不必羞于承认自己遇到的一些障碍。

为了分享你的发现，你可以寻找机会与其他领导者进行互动。你可以在会议上，与当地团体在一起时，在研究期刊或官方报告时分享，或者与事业相关的专业组织的会员分享，当然，最常见的是通过互联网传播知识。让你所在的领域知道这些结果是你的职责。通过探索以下机会来开始你的分享吧。

通过会议分享

会议是分享成果的好地方，因为它能让你与对话题感兴趣的人互动，并且有机会获得实时的反馈。这样的正式集会既可以是大型的全国性的年度会议，比如——全球健康与创新会（Unite for Sight's Global Health and Innovation Conference）；也可以是学校峰会，比如哈佛商学院社会企业大会（Harvard Business School's Social Enterprise Conference）。如果你想正式地分享你的工作情况，可以申请成为发言者、研讨会或小组讨论会的参与者、口头或海报演示人。如果你刚刚起步，可以注册成为参与者并倾听别人演讲，并且更多地通过一对一的方式来与发言者分享你的想法。一般而言，为了获得展示机会，你需要写一份关于你的发现的简明提要，并提前数月提交给会议组织方，看是否可以成为发言者。如果你没有提交，或者错过了提交的截止日期，没关系，有些会议会为参会团体提供展示区域，以便这些团体与发言者进行沟通。参会者通常需要交一笔相对高昂的注册费（费用从几百美元到一千美元不等，再加上交通及食宿开支）。如果你是学生或来自非营利组织，可能会获得折扣，即便折扣价格未公布，你也可以询问是否能够获得折扣，或者通过申请奖学金来支付会议开销。你甚至可以考虑自行组织会议来为别人分享可行之道提供平台。更多关于如何组织会议的内容，请参见第32章。最后，要时刻留意非正式会议提供的机会，比如当地通过 Meetup. com 组织的聚会。

通过出版物分享

你可以将成果投稿给期刊或者内部通讯与它们的读者进行分享。很多举办会议的团体——从全国性的团体到校园俱乐部——都拥有相关的期刊。其中，《斯坦福社会创新评论》（*Stanford Social Innovation Review*）是最受尊重的出版物之一。除了专业出版物之外，杂志、报纸等大众出版物可以让你接触到更广的受众群体。这些出版物上刊登的往往是有人情味的故事，这些故事通常会对你的组织或者你们试图帮助的对象进行描述。第23章有与媒体接触时的有用提示。

在线分享

分享成果最快速、最经济的方式是通过互联网。你可以简单地将你的成果上传至组织的网站，或者在论坛里分享有关你的事业的内容。你可以将你的成果用简明邮件发给你认为可能会感兴趣的组织或个人，并可咨询他们的组织分享成果的方式。很多网站致力于促进最佳做法的在线分享，以及为领导者和社会企业家创建在线社区，这些网站包括 GOOD. is，DoSomething. org，TakingITGlobal. org 等。

分享成果并不是一劳永逸的。问题总是处在变化中，随着改变而来的是新的创新机会——更好、更经济、更快速地达成目标的新方法。类似的是，你的团队及其行动方式会随着你的努力和不断优化的方法而不断改变。经常反思和分享最佳做法是实现持续改进的途径。

分享资源

和分享成果同样重要的是分享资源——你创造出来的用于改进工作以及发展事业的工具及资料。资源可以是接触潜在投资人之前的行动步骤清单，用于团队建设、促进团队成员相互了解的游戏汇编，或者致力于提升高中生公民责任意识的教育课程。如果你创造了一项资源，并且该资源是有效的，就把它分享出去吧。想一想那些课堂笔记总是做得特别好，然后将它通过电子邮件分享给全班的同学；或者那些分享演示文稿模板，帮助整个部门成为演示明星的同事。当你把一些事情做得特别好时，可以通过分享来帮助其他人。

在线分享资源的典型模式是开放内容。杨百翰大学的大卫·韦利（David Wiley）教授开发了一个叫作 4Rs 的框架，开放内容主要围绕这个框架展开：

- 重新使用（reuse）：不做改变/一字不差地使用原内容的权利（比如，复印一份资料）。
- 调整（revise）：改编、校正、修饰或更改内容本身的权利（比如，将内容翻译为另一种语言）。
- 重新组合（remix）：把原内容或调整后的内容与其他内容组合在一起从而形成新内容的权利（比如，把不同内容混编）。
- 重新传播（redistribution）：与别人分享原内容、你调整后或重新组合后的内容的权利（比如，把这些内容的复印件给你的一位朋友）。[1]

【小贴士】

找到一个追踪谁在使用你的材料的办法非常有意义。因为这是一个发现潜在的合作伙伴的绝佳机会。此外，与使用你的材料的群体保持接触，会为你的工作增加很多价值。这些个体可以就你原始的想法是如何被其他社区采用的提供有价值的反馈。

当你创造并优化了有用的材料以后，就可以考虑将其发布在互联网上，这样别人就可以根据开源框架来使用甚至改编你的材料，并将其应用于其他社区或社会问题。互联网上有很多鼓励分享与社会事业有关内容的平台，其中包括 Jumo，TakingITGlobal，IdeaEncore 等。一个非常棒的专注教育的工具是 Curriki（课程维基），它允许任何人上传、使用课程，通过合作来分享建议并取得进步。你至少可以创建一个谷歌文档，将它放到你的网站来鼓励别人使用。现代科技几乎每天都在为我们带来新的协作工具，所以要时刻留意那些可以让你更好地接收和分享可行之道的工具和场合。

【提醒】

在将你的材料公开发布之前，一定要先和律师讨论一下法律或版权问题，因为你可能希望对这些材料规定一些限制性条款。

将影响传递下去

分享可行之道并不仅限于分享你的工作成果或者你开发出的用于促进工作的资源，你还可以分享自己的想法、观点，介绍你的导师。你自己的领导力很大程度上是很多人帮助你的结果，他们向你介绍潜在的合作伙伴，开发你身上能够引领你走向成功的技能。你可以将影响传递下去来回报他们。所以，无论是一个比你年轻的社会创新者向你寻求指导，还是一家公司需要你的专业知识，都不要对他们吝惜时间。

你很可能找到很多创新性的方式来将影响传递下去。比如，麻省理工学院工程学专业的研究生阿莫斯·温特（Amos Winter）设计了一种杠杆自由椅，这是为发展中国家使用者设计的由人力驱动的可以适应任何地形的轮椅。这个设计的优势在于，这种轮椅可由发展中国家当地公司生产的材料组装而成。这样一来，世界上任何地方的人都可以制造和使用这种轮椅，当地公司生产轮椅还可以刺激当地经济的发展。

但是阿莫斯并没有就此满足：他为麻省理工学院的学生开设了一门讨论发展中国家残疾问题的课程，让学生发现自己心中的社会创新者，并发起旨在提高残疾人自由移动能力的项目。他通过创建麻省理工学院自由移动能力实验室来将影响力进一步传递下去，这家实验室可以为任何希望改善残疾人生活的学生提供资源和专业知识。一项技术创新转变成一场运动，催化了一个旨在进一步推动其所在领域社会创新的实验室的发展。通过分享可行之道，阿莫斯为新的领导力、协作以及进步创造了机会。

通过分享成果、资源和导师，你可以创造出一份持久的财富，让别人可以在你的基础上行动并强化他们的工作，这不仅会反过来帮助你提升自己，而且可以保证你的工作的影响力会超越你的目标社区并培育出协同力。分享可行之道实际上把创立社会企业方法的三步结合在一起——你为做可行的事、一同努力以及使之持久做出了贡献。通过分享可行之道来结束对善行有报方法的阐述，我们把原本看上去可能是线性的路径变为一个闭环，使你能够利用这一方法将改变转换为进步。

第 18 章
行动方法

我们想寻找一位能够通过在行动中一步步展示创立社会企业的方法，从而把它们结合在一起的青年领导者。访谈阿莉娅·惠特尼·约翰逊（Alia Whitney-Johnson）时，我们发现了一个富有洞察力的创新者，她的工作体现了创造力、社会企业家精神以及社会责任感。作为一名 19 岁的大学生，阿莉娅把她很简单的爱好——制作串珠首饰——变成了让遭受过性虐待的青少年获得经济独立并摆脱暴力循环的工具。如今，阿莉娅的全球兴起组织（Emerge Global）是一家广受赞誉、致力于为遭受过虐待的青年人以及他们的孩子提供更多机会和自由的社会企业。本章以阿莉娅的视角向你呈现一个详尽的关于全球兴起组织的案例，来带你重温具体方法的 12 个组成部分。

问　题

女孩年仅 11 岁的身体看上去并不能承受孕育一个胎儿的压力，但事情还是发生了，她正在给父亲让她生下的小男孩喂食。热诺卡（化名）和很多其他女孩拥有类似的故事，这是我在一个夏天在斯里兰卡做志愿者时遇到的。当女孩的母亲离开村庄去国外找工作时，她的父亲和叔叔开始对她实施性虐待。她被强奸而怀孕后，为了保障她的安全，她被安排与当地社区隔离开，住进了一家避难所。尽管审判仍在继续，但是施虐者几年来一直逍遥法外。堕胎在斯里兰卡是非法的，热诺卡不得不生下孩子，但因为她是未成年人，无法将孩子送给他人收养。

我对热诺卡的勇气肃然起敬，她不顾自己的名声，毅然走上法庭指控施虐者，为她的妹妹能有更好的生活而斗争。但是她同样面临挑战。如同其他遭受过虐待的女孩，她遭受心理创伤、家庭和社区的疏远以及错失受教育及工作的机会。到 18 岁时，她要在未接受过教育、没有家人、没有工作或者其他支持的情况下生存下去。每当想到她的未来，我都感到痛心。从世界范围来看，童年遭受过性虐待的女孩比其他年轻女性在将来更有可能再次遭受虐待。[1]此外，那些在家中遭受虐待的女孩更有可能允许虐待在自己孩子身上继续下去。[2]

机　会

抵抗施虐者的过程，热诺卡展现出巨大的勇气和力量。我想去了解她，成为反射她的坚韧的一面镜子。但是实现这个目标似乎并不简单——我们来自两个不同的世界，说着两种不同的语言。我们该怎么沟通呢？我想到了艺术的普适性以及治疗功效，并且想起我小时候用来锻炼创造力和表达力的活动——串珠。7 岁时，我开始做首饰生意，设计首饰并以佣金制的方式在手工制品集市上售卖。串珠除了带给我快乐之外，还教会了我很多非常宝贵的技能——基本的商业策略、组织性的发展以及如何与顾客打交道。

当我对热诺卡心怀敬佩之情时，我意识到串珠是一个可以让我们成为朋友的有趣活动。这个简单的想法很快变成一个很有潜力的计划：教热诺卡自己做生意。我当时根本没想到这个计划很快就改变了那么多人的生活。

创立社会企业的方法

当阿莉娅还是一个大学新生时，她就了解自己——麻省理工学院土木和环境工程专业的一名学生，一位充满激情的问题解决者，在闲暇之时还是一位首饰设计者。她也了解自己所在的世界——由于致力于改善每天挣扎度日的人们的生活，她选择了工程学，并在一个夏天奔赴斯里兰卡成为海啸灾难救援的志愿者。在执行一项志愿者任务时，阿莉娅意外地发现了和她年龄相仿甚至比她还要小的遭受过性虐待的女孩面临的令人心痛的现实。虽然她没有接受过缓解贫困的正式培训，也没有与遭受过性虐待的人打交道的经验，但是她不能对此视而不见。为了了解这个问题，她和热诺卡、与热诺卡在同一避难所的其他女孩成了朋友。受她们的鼓舞，阿莉娅有了一个愿景：给这些女孩提供能够让她们自给自足的工具，并且帮助她们对改变这个国家提出愿景。让我们跟随阿莉娅去看一下她是如何实现愿景的。

第一步：做可行的事

设计一个系统解决方案

19 岁时，我发现了自己渴望改变的事实。为了设计一个系统解决方案，我需要了解很多导致女孩受虐待的因素，以及怎样才能带来长期的社会改变。

这个问题为什么会存在？世界卫生组织（The World Health Organization）和美国疾病控制与预防中心（Centers for Disease Control and Prevention）使用了一个生态模型来描述造成性暴力问题的多种复杂并相互作用的因素。和很多社会问题一样，性虐待问题是多方面相互影响的结果，其中包括个体、不同个体之间的关系、社区以及社会。[3]我想设计一个系统解决方案，先从帮助一个女孩开始，但是最终会影响这一问题的所有方面。

个体

问题：童年时期遭受性暴力的经历使这些女孩更容易在将来再次遭受暴力或者成为施暴者。[4]

干预：通过增强她们的自信心、决策能力、技能以及增加自给自足的资源，来帮助她们摆脱以往的受虐经历。

不同个体之间的关系

问题：与一个人最亲近的人（尤其是家人或者生活伴侣）能够影响其行为规范。[5]不健康的关系会导致人们对虐待的容忍或者无力摆脱虐待等情况。

干预：对女性进行以下方面的教育：生理及生育健康、妇女权利以及她们在人际关系中的价值。帮助她们获得经济独立，这样她们就可以自给自足并避免陷于不健康的关系而无法自拔。

社区

问题：在斯里兰卡，遭受过虐待的女性会被孤立，没有资源、机会或者来自避难所之外的任何情感支持。

干预：让这些女孩建立联系，团结起来，为自己的利益发声。与当地女性导师、服务提供者以及工作机会提供者建立联盟来帮助女孩们适应成年生活。

社会

问题：现行的政策和文化规范对虐待问题视而不见，从而使破坏性的常态持续下去。

干预：提高防范性暴力的社会意识，并呼吁政府改变政策。

最终，从帮助一个个体开始，我们有可能做到改变所有使暴力持续存在的影响因素。我们相信，她们能够促使社会改变。的确，当她们出庭做证并维护其年幼的姊妹时，就已经开始这么做了。

在已有可行基础上行动

基于我的研究，我希望通过干预为这些年轻女性创建一个能够支持她们的社区，并且增强她们的自信心、自给自足的能力、决策能力以及增加关于女性权利和生理的知识。我发现很多组织已经开发出经济赋能模型来实现这些目标。所以，我开始研究这些方法及其他项目的成果，并希望在此基础上开始行动。

像孟加拉乡村银行这样的组织已经把女性和小微金融连接在一起来帮助她们。由于发展中国家的很多女性无法获得正式贷款，并且容易受到放高利贷者的利率欺诈，因此这种经济赋能模型可以为女性提供小额贷款（也叫“小微金融服务”）来帮助她们做生意。另一种方法常见于全球市场组织（Mercado Global）这样的机构，它通过连接手工艺者合作社（比如危地马拉的一个纺织工艺者团体）与全球市场来支持手工艺者在交易中赚取更多利润。

在设计项目时，我从这些经济赋能模型入手，结合我们的目标社区来对它们进行改进。我们面临一些挑战：我遇到的那些女孩不是手工艺者，她们也没有渠道或知识来获取小微金融服务。我想找到一种方式，把让女孩赚取收入的理念（就像全球市场组织对妇女手工艺者合作社做的那样）与帮助人们开始做自己的生意的理念（以小额贷款能够做到的方式）结合起来。这样，我们可以让女孩自己赚钱而非借钱来开始做生意。

这个我们后来称为“合作性资本”的理念是我所创建的全球兴起组织的基础。通过该理念，我们可以与女孩们协作，帮助她们在安全、低风险的环境里制作并销售独具特色的首饰来赚取资本——未来她们可以用来投资的资金。这可以让女孩们认识到自己的价值，还不必担负与偿还贷款相关的潜在风险（在很多地区，信用借款已经和道德败坏的高利贷者以及/或者逼迫妇女卖淫来偿还贷款联系在一起）。而且，为了使我们的影响最大化，我们会教这些女孩如何利用这些钱来让她们的孩子接受教育，开始做生意或者买一处可以长期安身的住所。

如今，全球兴起组织已经将这一理念作为其四个项目的基础：

（1）从串珠到生意——让女孩们能够通过串珠赚钱并学习商业知识。

（2）生活技能培训——向她们传授生育健康、就业准备、目标设定以及其他至关重要的主题知识。

（3）导师连接项目——让这些女孩和当地的妇女建立联系。

（4）回归社会项目——当女孩们从避难所转移到社区时，为她们提供个性化的支持。

在我们的模式里，项目协调人每周收集一次首饰，然后由全球兴起组织在斯里兰卡、美国以及线上进行销售。销售首饰的 50%的货款会直接支付给这些制作首饰的女孩。此外，每件产品销售收入中有 0.25 美元将会投资于一个社区基金，该基金可以帮助这些女孩实现她们关于社区项目的想法，让她们能够以集体的力量来影响变革（更多关于全球兴起组织的商业模式请参见本章“融入社会企业家精神”部分）。通过在成功的孟加拉乡村银行模式和全球市场组织模式的基础上开始行动，并根据目标人群对模式进行调整，我们设计出了一个属于自己的安全有效的模式。

测量、评估、改进并不断重复

作为一名工程师，我重视持续改进的过程，基于数据和结果来调整我们的工作。虽然我们的测量标准随着时间的推移在不断改进，但是我们最初的评估体系并不是那么正式：我们收集个体或团队的反馈，观察不言自明的情绪变化以及通过行为反映出来的情绪（比如，是否愿意交谈，是否愿意表达自己的想法和感受等），并追踪女孩们的积蓄的数量。

通过观察，我们意识到最初的方法——把所有的参与者聚集在一起传授商业知识——无法有效地满足每个女孩的个性化需求。女孩们在不同的时间来到或者离开避难所（这取决于她们的案件庭审情况），并且拥有不同的教育背景（有的从来没有上过学，有的已经会做高中算术）。我们意识到，需要根据每个参与者的需求和进度来创建项目。所以，我们将商业培训转变为参与者可以根据自己的进度来学习的练习册（关于这个练习册的概况，请参见“以适当的节奏传授生意”）。

以适当的节奏传授生意：全球兴起组织从串珠到生意的练习册

根据自我进度，完成从串珠到生意的练习册分为四个步骤。

- 第一步：女孩们学习制作首饰的技术，然后参与到工厂的模拟经济环境（包括一个虚拟市场和一家虚拟银行）中。除了每周学习如何挑选首饰原料，她们还需要学习如何在支出限额内制定预算并填写订单表格。
- 第二步：参与者领导虚拟组织，扮演店主和银行职员的角色，并对项目中的另一个女孩进行指导。
- 第三步：女孩在指导下设计自己的首饰产品以及规划首饰生意的整个流程。
- 第四步：参与者规划一个与首饰无关的商业项目。这样她们可以把在项目中学到的技能与她们离开避难所之后的生活目标结合起来。

每周，女孩们只有学完练习册的一页才能上交首饰。通过把制作首饰（她们非

常喜欢做这件事）和她们在商业课程中的进步联系起来，我们能够确保这些女孩学会最大限度地利用她们赚到的钱。这一练习册几经修改，这些修改都基于参与者的反馈（比如，改正不清楚的措辞及图表）和员工认为难以掌握的领域。

在项目开发的最初阶段，离开避难所的女孩表现出了对商业管理以及首饰制作之外的技能需求。这一反馈促使我们开发了补充性的生活技能课程，课程模块包括：就业准备、目标设定、生育健康、理财、危机管理以及社区发展等。我们也发起了一个导师项目来帮助这些女孩与模范女性建立支持性的关系。

在对项目有信心以后，我们开始标准化检测与评估方法。现在，对于每一个项目我们都设定了几个目标以及评估指标（请参见“从串珠到生意的纲领性目标及评估指标示例”），这些目标和指标会通过以下途径进行测量：项目开展前期、中期及后期的调研；由受过培训的员工得到的常规观察数据；练习册进度。我们还会举办年度学员聚会或者其他活动，以便追踪项目的结果（她们是怎么利用积蓄的，她们离开避难所后的收入是否稳定，她们是否再次遭受暴力，等等）。数据评估和项目改进是一个不断重复的过程。

从串珠到生意的纲领性目标及评估指标示例

目标：让每个女孩都能够负责任地管理自己的财务。

评估指标：

- 知识：

—知道如何在支出限额内制定预算。

—知道如何查看银行存折。

- 经验：

—在避难所之外曾为自己的生活制定过预算。

—已经制定了一个利用自己在项目中所赚的钱的计划。

—至少三次成功扮演银行职员和店主的角色。

- 对于个人技能的自信：

—对银行知识已经表现出日益增强的自信心。

—对制定预算已经表现出日益增强的自信心。

【笔记】

起初，我们纠结于如何平衡定量数据（比如，销售的首饰数量以及赚钱的金额）与定性数据（比如，女孩们感受到社区的成长）。后来，我们意识到，为了确保采用基于证据的方法，我们需要想办法把定性数据量化。我们现在用面部表情（从皱眉到开怀大笑）来测量这样的问题：“当你想到未来时，你有多开心?”或者“当你和别人分享你的想法时，你有多自在?”图片简单易懂，并且能够很好地与用于分析的数字关联起来。

挑战已有可行之道，创新，维持新的可行之道

到达斯里兰卡时，我震惊地发现，这些勇气十足的女孩被关在避难所，她们被排除在社会之外，缺少必要的资源来实现自己的目标。不幸的是，解决性暴力问题的方式竟然是把这些能够通过斗争来改变现状的女孩与社会隔离。尽管把这些女孩送到避难所是出于对她们的“保护”，但给人的感觉是保护社会以免受到她们的影响。社会对这个问题的回应、它所认为的可行之道似乎并没有真正起作用。

我开始对在斯里兰卡致力于解决这一问题的非营利机构做调查。虽然有些机构专注于解决成年女性遭受暴力的问题，但是没有一家机构专门解决遭受虐待的未成年人的多方面需求。没有机构去考虑这样一个复杂的问题：一个 11 岁的女孩被强奸而生下一个孩子，她太年幼，无法去工作来供养孩子，并且由于未成年而无法将孩子送给他人收养。没有机构去考虑为了保护这些女孩而停止她们的学业对她们产生的影响；没有机构去考虑，由于这些女孩是未成年人而无视她们对如何以及在哪里保护自己的选择权所带来的情感影响。虽然有一些组织运营收留遭遇强奸的女孩的避难所，但是它们缺乏有针对性的项目，并且没有考虑女孩们离开避难所之后的生活，比如回归社会后如何得到帮助。此外，没有机构和政府合作来考虑在女孩们离开学校和在避难所时适用的政策和庭审时间。简言之，我们发现了一个需要自己的组织和基础架构来推动改变的空白领域。

传统的通过避难所对受害者进行“保护”的模式并不能带来她们所需要的改变。我们需要挑战这个旧观念，把避难所变为疗伤和学习的场所——一个提供机会而非排斥她们的场所。通过这一创新，我们可以为这些女孩提供自给自足的技能，并在她们的影响范围内终止暴力。通过与政府合作来接触这些女孩并向其呈现我们的积极成果，我们能够鼓励政府主动去考虑改变那些影响年轻女性的政策。通过挑战收容系统的现状，我们不仅能够开发出一个可以改善女性生活的解决方案，而且能够改变系统本身。

第二步：一同努力

在巩固现有和从头开始之间寻求平衡

全球兴起组织并不是从一张完美蓝图或者一个触及世界范围内女孩的目标起步的。我的志愿者生涯始于一家非政府组织，我在那里做办公室工作，一有机会就会冒险去它运营的避难所为那些未成年妈妈服务。全球兴起组织的第一个项目就是从帮助这个避难所的 18 个女孩开始的。我原本可以创建一个新的组织，但我选择和一个运营避难所的组织合作——该组织成员远比我要了解这些女孩的需求。我认为进行这种形式的合作要比创建一个新的实体更有效也更可持续，特别是当时我还是一个正在美国读书的学生。所以我和运营这家避难所的非政府组织合作来执行我的项目，并且联系到另外一家位于美国的志同道合的非营利机构帮忙筹集资金。

我们的成功受到国际媒体的关注，我开始收到来自斯里兰卡以及世界范围内其他避难所的请求。我意识到，让斯里兰卡的这家非政府组织去扩张项目是不合理的，因为它仅应对自己的项目就已捉襟见肘了。我们需要两个属于自己的运营实体：一个实体位于斯里兰卡，可以与由不同组织运营的避难所合作；另一个在美国，专注于实现全球性的愿景。在项目发布三年之后，我们在斯里兰卡注册了兰卡兴起基金(Sri Lanka)，在美国注册了全球兴起组织。我们仍然在寻求与尽可能多的组织合作，因为我们深知大家一起努力产生的影响要更大。

培养社区主人翁意识

在发展全球兴起组织时，我意识到，我这个外国人绝对不会为斯里兰卡带来永久的改变，带来改变的人应该来自与我们每天一同工作的这些充满才能的年轻女性。此外，从美国到斯里兰卡的众多志愿者也无法为这些女孩提供长期的支持。为了真正地培养当地社区的主人翁意识，我们需要当地的团队（包括职员、委员会以及志愿者）来运营项目并设定组织愿景：当地的直销店销售首饰并资助在斯里兰卡发现的商机；当地的政府支持并帮助我们接触所有处于政府保护下的女孩，并最终推动政策改变。我们的目标是为当地的领导建立一个架构及激励机制。

虽然位于美国的全球兴起组织起初是为兰卡兴起基金提供志愿者和资金来帮助它发展，但是随着时间的推移，它已经让兰卡兴起基金有能力更加独立地进行项目运营。每年斯里兰卡的团队都会制定发展计划，其中包括规划从财政和运营上独立于全球兴起组织的一系列步骤。全球兴起组织每个季度都会根据兰卡兴起基金达成目标的进展对其预拨款。因此，我们在斯里兰卡的工作很快就由当地负责，充满活力的当地领导者团队将会保证工作的长久性。

增强团队凝聚力

最初通过既有的避难所实施项目时，我们遇到了很多阻力。有对我们的资质以及计划内容的质疑，有对女孩们潜力的怀疑，也有来自避难所职员的嫉妒，他们缺少我们正在为这些女孩提供的机会。结果，我们的项目仅仅是一个和避难所的日常运营完全分开的项目。我们需要建立信任，通过主动分享女孩的进步，以及在项目之外为这些避难所及其职员创造发展机会来激发其积极性。为了获得成功，我们需要把项目视作一个改变避难所本身的整体性解决方案，而不仅仅是一系列独立的使参与者受益的项目。

尽管我们仍然在继续学习与多方合作伙伴增强团队凝聚力的最佳方式，但是我们和这些避难所已有很好的合作关系。我们会和避难所的职员一起细致地审阅课程，这样他们就可以了解我们在教女孩什么内容，并且能够在课堂之外帮助我们强化这些课程。只要有可能，我们都会尝试让避难所的职员参与到我们的项目中，收集他们的反馈并允许他们和项目参与者一起参加相关的培训，比如心脏复苏术以及急救。我们会定期向合作组织提交进展报告，让他们了解我们带来的影响，并且让它们在向其捐赠者、支持者以及主管人员报告时能够提及。这样我们的成功也就是他们的成功。最终，我们会寻找改进这些避难所的方法，从我们自己的网络中帮助它们寻找捐赠者和志愿者。这些通常会使女孩们受益，同时也会改善职员们在避难所的生活质量，从而使合作伙伴非常乐于和我们一起工作。

这让我们认识到，增强团队凝聚力不仅和自己的团队有关，而且要考虑合作伙伴的需求和情况。如今，我们致力于维护一种既能服务于那些女孩也能支持为她们提供服务的避难所的合作文化。

建立伙伴关系

开始创建全球兴起组织时，我幻想能够为遭受虐待的女孩建造乌托邦般的儿童村。我还记得当时我坐在斯里兰卡一位朋友的面前畅谈梦想，他不断地为我的咖啡续杯。开始做调查时，我们意识到现在已经有很多避难所，再增加一个只会让大家更激烈地竞争有限的资源，而不会增加任何新的价值。所以，我们开始构想一个可以改进现有避难所体验的流动教室，为它们增加价值，而不是与其竞争。通过合作，与创建自己的儿童村相比，我们能为更多的女孩提供转型性的改变。此外，我们可以专注于卓越地提供一项服务，而不是提供所有服务。

【小贴士】

要确保把任何与合作相关的具体安排都落实到双方签署的协议上。这能够确保双方对合作的期待都是明确的，从而为成功的合作做好准备。

我们开始和服务于目标群体的避难所建立伙伴关系。每个星期，我们的成员会怀揣着把孤立的避难所变为女孩可以学习重要的商业和生活技能的场所的梦想，钻进一辆装满盛有珠子的箱子、项目物料的破旧面包车，前往各个避难所开展项目。通过与建立已久的避难所合作，我们不仅节省了时间、租赁场地的资金、确认项目参与者资格的精力，而且扩大了网络，提高了可信度。反过来，我们的合作伙伴得到了免费的项目以及一系列对其避难所有益的物品和服务。我们也鼓励女孩利用社区基金来为她们的避难所做贡献。她们已经使用这个基金来粉刷避难所的房屋、修理洗手间，并且购买运动设施为未来入住的女孩改善居住环境（她们也利用这个基金来支持避难所之外的社区项目，比如为老年人送午餐）。通过合作而非独立运作，全球兴起组织和合作伙伴用更少的开支取得了更大的成效。

第三步：使之持久

从小规模做起，验证可行后再扩张

全球兴起组织从帮助 18 个女孩开始起步。我们最初的步伐很快：几个月之内我们就发布了第一个项目，建立了一个网站，开发了第一款产品并推向市场，并且雇用了第一批员工。那时我设想，在五年里我们将进驻三个国家。但是在近八年之后的今天，扩展一项行动要比想象的更为复杂。

在最初的计划成功之后，斯里兰卡各地的组织都希望和我们合作，让我们去接触那些不在工作范围之内的残疾儿童、孤儿和寡妇等。出于对扩张前景的渴望，我们面向一群残疾儿童进行项目试点。但是试点并不像我们期望的那样——这些孩子对于制作首饰的培训及治疗效果并不感兴趣，他们只是单纯地想赚钱。我们意识到，这些残疾儿童和那些遭到虐待的女孩的需求完全不同。我们的项目是针对特定的目标群体设计的，因此对其他群体是无效的。虽然我们很渴望扩张，但是这种形式的扩张并不可行。于是我们决定专注于质量而不是数量，成为在解决一个特定问题上做得最好的组织。因此我们采用了新的扩张方法：首先进行深度扩张，开发一套课程来满足遭遇过虐待的女孩的复杂需求；然后进行广度扩张，以保证项目质量的节奏去帮助更多的女孩。

进行扩张时，我们会确保项目课程和教师培训内容有据可查，行政架构搭建好

（比如有财务管理系统、计划性数据、捐赠者以及顾客），并且有适应增长的销售基础设施。

时至今日，扩大首饰的销售是最难的。尽管首饰销售一直是我们愿景的核心部分之一，但它从最开始就只是我们项目发展的第二优先项。我们有了很棒的项目，便将销售作为扩张和维护工作的关键。

在销售时遇到的挑战也是我们的强项：每一个首饰都是独一无二的（虽然它们符合特定的设计规格，比如长度和样式）。顾客希望首饰反映出制作它的手工艺者的特点，这也就意味着很难将这些首饰批量卖给商场。我们正在考虑能否推广现有的销售方法，或者由前学员或成年妇女开发一条标准化生产线来帮助我们为更年轻的女孩服务。由于销售业绩必须和我们的项目以同一速度增长，因此前面这个问题的答案对于我们工作的扩张十分关键。最终，我们项目的扩张规模取决于商业部分的扩张规模。

打造自我持续的解决方案

带着在斯里兰卡产生持久改变的目标，我们专注于发展全球兴起组织的可持续性。除了使用商业模式作为保证财务可持续性的机制以外，我们还通过机构知识和组织化结构来保证组织的可持续性，通过与项目参与者的长期互动来确保项目的影响。

为了确保我们拥有可持续的影响力，我认为除了我这个创始人之外，全球兴起组织要有自己的生命力。一个组织能否在新领导层的带领下保持兴盛，是对其长久性的最基本测试。这促使我思考如何构建机构知识——存档并分享那些难以分享的知识，比如关系网络以及学到的关键经验和教训。这就需要维护在线的组织文件，同时将领导全球兴起组织所需的知识传授给其他团队成员。这个方法让我感到我们改革性的工作很有希望持续下去。

在组织机构层面，我们在美国和斯里兰卡分别设立了运营实体，从而能够长期维持兰卡兴起基金，即便美国志愿者和其他方面的支持随着时间的推移逐渐减弱也不会有太大影响。

我们同样希望我们在那些获得帮助的年轻女性身上产生的影响也是可持续的，全球兴起组织想做的并不是一次性的干预。我们变成了她们的家人，当她们回归社会取得成功或面临挑战时，我们会给予支持。除了支持她们回归社会之外，我们还会邀请她们回来教授和指导这个项目里的其他女孩，并且通过重聚活动将她们联系在一起。这样一来，全球兴起组织提供的就不仅仅是一系列的项目——它本身就是一个社区。

我们几乎在做每一件事时都会考虑如何创建一个自我持续的解决方案。无论是考虑计划性的还是管理性的行动，长期成功的关键在于想清楚如何让我们的系统和影响可以长期持续下去。

【笔记】

定期的简短沟通让人们持续关注我们的工作，这也是我们可持续战略的核心部分之一。我们会发送电子版的季度内部通讯，在脸书、我们网站的博客、推特以及 Flickr 上保持活跃。在这个大多数沟通都是在线完成的时代，我们发现个人化的通信方式，比如手写卡片和拨打电话会非常有帮助。

融入社会企业家精神

全球兴起组织的内核是具有社会企业家精神的商业模式，这一模式增强了组织的影响力、可持续性以及可扩张性。项目的参与者积攒下的钱不是馈赠或者施舍，而是她们自己赚来的，因此这也是能力赋予过程的核心部分之一。当意识到自己能赚钱时，这些女孩就会主动去串珠。我们将这一过程和教育课程结合起来，教育课程可以让这些女孩充分利用她们的积蓄，并在对她们而言非常重要的事项中成为领导者。这样一来，我们的商业模式就可以同时在经济上和教育上影响这些女孩。

【小贴士】

我们发现，小额开支会迅速累加并随着时间的推移发生改变。我们会定期重新考虑产品定价。我们随时更新数据并想办法减少开支。

那么，我们的模式是如何起作用的呢？尽管全球兴起组织的参与者每周只能制作一两件产品，但是这一过程带来的情感和经济影响确实非常显著。在参与项目期间，女孩们已经积攒了数千美元，并且利用这些钱开始做自己的生意、接受教育、供养孩子以及建造家园。在我们现行的商业模式下，每销售一件产品，50%的销售额将会直接支付给制作该产品的女孩，剩下的50%用于支付首饰的材料和销售费用以及建立女孩们的社区基金（从每件产品的销售收入中提取 0.25 美元），来维持全球兴起组织的可持续性。

【小贴士】

品牌和包装与我们的产品同样重要。顾客非常喜欢我们的“兴起”首饰袋（由一位前组织成员设计并由前女学员制作），这些袋子能够为我们的组织增加可信度并为我们的产品增加价值。

从长远来看，我们需要开发销售渠道来实现扩张。我们已经采用直营店售卖、商场售卖、代售、在线销售以及手工艺品集市以及代理模式售卖。在代理模式售卖中，代理人会举办“首饰派对”，作为“大使”来销售我们的首饰。在斯里兰卡，目前主要通过商场销售；在美国，主要通过在线以及代理模式销售。我们的目标是增加在斯里兰卡的首饰销量，并将此作为战略来降低对国外支持的依赖，增进当地人对于我们事业的认知并使我们的碳足迹以及开支最小化。

虽然我们的模式一直在改进，但是融入社会企业家精神从来都是制定可扩张、可持续的解决方案的有效途径，这样的解决方案能够增强全球兴起组织能力赋予过程的影响以及被赋予能力的对象的主人翁意识。

我们设计商业模式的核心步骤

第一步：测试我们的理念——我们用捐款购买串珠原材料来测试我们的项目。这项测试让我们能够基于这些女孩的兴趣、注意力持续时间以及能力来理解产品开发的可能性。然后我们为最初的目标人群（具有社会意识的女大学生）设计了一系列首饰和包装（包括标牌和包装袋）。

第二步：将产品推向市场并收集数据——我们开始将产品出口至美国的手工艺品集市进行销售。直接的客户反馈以及销售数据（什么样的款式和颜色卖得好）帮助我们了解客户的偏好。同时，我们也意识到我们有了更多目标人群：大学管理人员、职员、妈妈们。

第三步：制定一个商业计划——我们根据之前的销售数据制定了一个商业计划，同时开始寻找能以更低的价格大批量购买原材料的地方。

第四步：第二轮产品开发与分销——根据客户反馈，我们优化了设计和包装。我们还设计了一个鲜明的莲花状珠子作为标志，将它用在每件产品上。我们发布了兴起的代理项目以及在线商店。收集到更多的数据后，我们会对商业计划做进一步的调整。

第五步：在斯里兰卡本地进行销售——随着斯里兰卡内战的终止以及旅游业的持续发展，我们意识到本地首饰市场正在扩大，开始让斯里兰卡的商场代售产品。

第六步：制定一个扩张战略——如今，我们正在考虑批发销售的模式，并且在寻找通过销售来增强财务可持续性的方法。是的，这意味着我们需要再一次调整商业计划。要想获得可持续性，不断调整十分重要。

分享可行之道

与从别人分享的可行之道（以及不可行之道）中获益一样，我们致力于同别人分享我们的成果、见解、经验以及资源。我已经通过网站、博客、视频、会议以及公开演讲等渠道分享了我们的工作。最终的目标是使其他组织可以免费使用我们的课程资源。对于我个人而言，我吸取的最有意义的教训很难公开谈及——关于处理性骚扰的教训，关于建立反腐机制来解决腐败问题的教训，关于为比我年纪大得多的人培养自信心的教训，关于抑制社会部门之间不良竞争的教训，以及创造并平衡生活与工作之间界限的教训。这些是我希望一对一分享的，在这种情况下，我可以和别人讨论当他们启动或推进项目时，这些问题与他们的相关性。

如果没有很多人坐下来和我分享他们的成败、想法，吸取的教训以及遇到的挫折，就不会有全球兴起组织的存在。我也尝试着充当这个角色，提供一个我们可以相互展现真实而脆弱的一面的空间，能够坦率地直面问题根源并一起开发出真正有效的解决方案。这项工作太重要了，我们不得不去面对那些棘手、直接而又单调的问题，这可以让我们有效地行动并有意义地前进。而且，我们需要一起努力来解决这些问题。

如今，通过向同辈以及导师学习，并与别人分享，我比以往任何时候都更加坚信，我们这一代人有能量和能力为世界带来巨大的改变。全球兴起组织的女孩已经向我证实了这一点。如果我们能够分享自己的成功与失败，保持谦虚并不断学习，对自己真实并对协作持开放态度，我相信我们会有一个非常激动人心的未来。

【笔记】

分享不可行的东西可以帮助别人避免犯和我们同样的错误，并且能够让我们把失败作为学习的机会。加拿大的工程师无国界组织在这一方面就做得非常好——每年它们都会编制一份公开的“失败报告”。透明和真实有助于别人对你的工作给予支持和信任，真诚的反思有助于改进工作。

第三部分
工　具

第三部分包含详细的实用建议以及事实的真相，这些不仅对于你执行行动计划很有必要，而且能够让你以最有效、最高效的方式来执行。每一章都会着重阐述一项具体的任务或者技能，其中既包括你起步时所需要的（寻找导师、为你的组织选择名称、创建一个团队），也包括成长期进一步发展时所需要的（获得经费、建立伙伴关系、注册成立一家非营利机构或者营利企业），还包括打造可持续性所需要的（领导层过渡、使团队重焕生机、培养社区主人翁意识）。第三部分的每一章都包含来自已经成为各自领域专家的青年领导者的智慧结晶，所以你将能够从他们的经验、趣闻以及经检验可靠的建议中获益。

第一步

做可行的事：用经验证可行的战略来扩大影响

第 19 章

命名的可行之道

名字是有力量的。它们可能在你有所了解之前就给你留下或好或坏的印象。当然，在这里我们不会说哪些名字不好，但是有些名字你一听就知道不好。与之形成鲜明对比的是那些与众不同的名字。它们可能很好听，或者很新颖，或者给人以意外惊喜，抑或只是看上去很合适。名字可以很独特并让人难忘，也可以很普通并容易让人遗忘。试想一下，“50 美分”这个歌手如果直接用他的本名“柯蒂斯·詹姆斯·杰克逊三世”，还能如此受欢迎吗？“可口可乐”的创始人如果给它起名叫“费滋水”，它还能成为世界上最知名的品牌之一吗？

所以，为组织起名也同样重要。组成组织名称的词或者短语将出现在很多地方，比如团队的 T 恤或者未来的求职申请上。一定要花时间好好琢磨一下该给你的组织起什么名称。牢记这一点，让我们来更具体地看一下命名的过程。

进行分解：风格与功能

风格

你的组织的名称应该有一种风格——当人们看到或听到它时，能激起他们的一种心情或者感受。这种风格能够帮你塑造你想投射到这个世界中的形象。你希望你的组织是怎样一种形象？严肃的、幽默的、快乐的、含蓄的，还是让人为之一振的？名称的风格在很大程度上反映了组织的风格和文化。以谷歌为例，“谷歌”（Google）这个名称很有趣并且很有创造力——但是它看上去并不见得是你期望中的市值数千亿美元的科技公司应该起的名称。这在很大程度上反映了谷歌是如何运转的——有趣并且富有创造力——比如异想天开的指导原则（不作恶），以及为了庆祝节日和有些人物的生日而不断变化的网站标志。谷歌的名称反映了它的价值观和个性。

无论你希望你的组织能够凸显它正在解决的问题的严肃性，鼓励追随者加入你们，还是想吸引那些认为不一定要很严肃才能进行有效的社会创新的人们，这些观点都应该通过你选择的名称透露出来。

选择名称没有最好的方法

理解这两点很重要：(1) 你为什么为你的组织选择这个名称？(2) 它是如何与你的组织目标以及风格联系在一起的？

这里是一些例子：

- 解释型的：TED，即科技（Technology）、娱乐（Entertainment）、设计（Design）
- 严肃型的：人权运动
- 目的型的：全美教育行动
- 幽默型的：就天真
- 有科技感的：Change. org

功能

组织的名称有清晰的含义，你可以借助不同的东西以不同的方式将该含义传递出去。你的组织名称可能是：

- 劝告性的，发起一个行动号召：比如拯救鲸鱼。
- 描述性的，告诉大家你的组织的活动内容或者它是如何起作用的：比如通过电影来拯救鲸鱼。
- 排外的，定义你的组织成员资格：拯救鲸鱼的素食主义单身爸爸。
- 关联性的，包含另外一个名字或者组织的名称来增加可信度，提议一个方法或者表明联盟关系：善待动物组织的成员——拯救鲸鱼的素食主义单身爸爸。

选择一个名称

开始选择名称之前，你需要先问一下自己和团队以下几个问题。

你的组织结构是怎样的？

功能决定形式。你的组织是什么？一家研究机构、一个社区、一项运动、一个网络，还是一家公司？这个问题的答案定义了你的组织。比方说你希望预防对壁虎的虐待，那么你的组织是一个短期项目团队、多方一起合作的联盟，还是为这个目的而筹资的基金会？

比如：比尔与梅琳达·盖茨基金会、食物安全联盟、黑人学院联合基金、同性恋领导力研究院。

你所致力的事业是什么？

你正致力于解决的问题应该体现在你选择的名称中，这是毋庸置疑的，但要注意的是你有多少方式可以做到这一点。

首先，当确定了自己的事业时，你想做得多具体？假设你的团队和当地的农民一起用他们销售不出去的产品为需要的人提供食物救济，那么你们所从事的事业是解决饥饿问题。但是，如果你的团队计划未来某一天去解决另外一个像失业这样的相关问题，那么最好把你们的事业定义得更宽泛，比如解决贫困问题。

其次，你对以稍有创造性的方式来命名持开放态度吗？有很多方式可以含蓄地表明你的事业，所以你需要决定是采用直白的还是含蓄的命名方式。比如，假设你的组织要缓解饥饿问题，那么一个直白的名称可以是“缓解饥饿伙伴组织”，一个含蓄的名称可以是“无空盘行动”。后者用一个空盘子与饥饿问题关联在一起，虽然名称里没有明确地提到“饥饿”二字，但是任何听到“无空盘行动”这个名称的人都会清楚这个组织的事业是缓解饥饿问题。当然，如果你采用一个稍具创造性的名称，总会有人无法立即理解它的意思，但是对于那些能立刻理解它的含义的人而言，该名称就会显得很出色而且更令人难忘。

表 19－1 是一些例子。

表 19－1　　　　组织名称举例

直白的	含蓄的
环境保护基金	维护美丽美国组织：这个劝告性的名称暗示了这个组织的核心是环境保护
生育权利中心	为人父母计划：如果一个人打算为人父母，就意味着将行使生育权，保护生育权是这个组织存在的原因
全国预防失明协会	海伦·凯勒国际组织：这是一个由海伦·凯勒（她是一位著名的、令人敬佩的失明失聪人士，克服巨大的困难取得了许多伟大的成就）参与创办的组织，虽然组织名称没有提及预防失明，但是海伦·凯勒的名字已经揭示了这种关联

你做的是什么事情？

你进行的是哪种类型的活动？想一想哪些动词可以用来描述你们组织的日常活

动：建造、教授、组织、创造、召集、供养、缓解、治疗？活动的类型有可能会成为组织名称很重要的一部分。

比如：自我学习、供养美国、DonorsChoose.org（捐赠者的选择）。

你主要的成员或者服务对象是谁？

你们是一个基于信仰的组织吗？你们的成员来自一个特定的性别、专业领域，抑或一个民族？

比如：印度人联合会、变性者法律中心、女孩智库。

是什么使你的组织与众不同？

你真正在意的是什么？你希望人们把你的组织和哪些字眼联系在一起？你正在做的事情有没有什么方面使它很独特？或者有没有什么方面是你想着重强调的？

比如：循环基金药房、同龄人互助大学、一代公民组织。

不要选择一个糟糕的名称

头脑风暴的箴言是：没有所谓糟糕的想法。但是这种观点并不适合命名。尽管没有一个唯一正确的方式来选择好名称，但是有很多方式能选出糟糕的名称。如果你选择了一个糟糕的名称，将损害你的可信度，吓退潜在的资金提供者或者客户，并且不利于你的组织招募新成员。以下是取名时的一些大忌。

被滥用的词句

没有什么比听上去千篇一律的名称更让人厌恶了，尤其是对具有社会意识的企业和组织而言。有些字眼出现的频率尤其高（比如“国际”），当然，这是难以避免的。但是，越尽量少用这些老套词句，越能突出你组织的独特性。

请慎用以下词句

“______无国界组织”。“医生无国界组织”不仅是当代人道主义组织的开创者，而且是一个享有盛誉的人道主义组织的典范。这个名称很伟大，致使它的变体无处不在。

类似的是“一个群体争取/反对某件事情”形式的名称。比如，学生争取选择权组织、气象学家反对全球变暖组织、赛昂人争取平等组织。这样的名称直接且实用，但是过于格式化，所以要谨慎使用。

下面是一些你不必避免使用的词语：国际、全球、世界、援助、改变、赋能、信念、协助、运动、帮助。它们频繁出现，有时不得不使用，但是如有可能，最好还是想办法绕过它们。需要注意的是，如果使用诸如“全球”和“国际”这样的字眼，往往会错误地呈现一个组织的事务范围或焦点。

那些不是你本意的词句

纳撒尼尔（Nathaniel）：在有些情况下，那些包含在组织名称中用来表达组织使命的词语并不正确，或者在某种意义上是误导性的。比如，“创新网络”（The Innovation Network）听上去像是一个社会企业家机构——为创新性的改变提供资金或支持，实际上是一家销售影响力评估工具的组织。虽然影响力评估是创新非常重要的一部分，但这显然不是你看到这个组织的名称后首先会想到的，或者想从它那里得到的。

另一个例子是“种族灭绝干预网络”（Genocide Intervention Network），它起初叫“种族灭绝干预基金”，直接为在达尔富尔的非洲联盟维和部队筹集资金。随着其使命扩展到游说、教育等方面，领导者采用了“种族灭绝干预网络”来更好地反映组织的新目标。

生搬硬造（或无意义）的首字母缩写词

组织命名最常见（也最让人厌烦）的问题之一是：为了得到一个特定的首字母缩写词而刻意选择一个名称。快速翻阅学生组织的名册，你看到这些糟糕的首字母缩写词可能会忍不住想笑：LEAD（领导），HELP（帮助），CARE（关怀），GIVE（给予），YOUTH（青年）。这个问题并不仅仅存在于学生组织，一些享有盛誉的成功组织也犯了这一错误。比如戒烟与健康行动组织（Action on Smoking and Health），简称 ASH（灰烬）。如果说其首选名称的首字母缩写碰巧就是 ASH，那也太巧了。不过需要注意的是，ASH 是一家支持一项有意义的事业并且成绩斐然的组织，所以它的名称并没有成为其发展的绊脚石。但是，非常造作的首字母缩写词可能会给人留下你的组织缺乏成熟度或者创造力的印象（即便它两个方面都很强），所以一定要避免选择一个看上去相对容易的名称。这样来想，你的父母有没有为了你能在印字毛巾上印上易记的姓名首字母来给你取名字呢？很可能没有，当然，除非你的名字是 Ophelia Molly Gordon* 或者 Upton Gary Luther-York**。

同样需要注意的是，尽管你不应该为了得到一个特定的首字母缩写词而选择一

* Ophehia Molly Gordon 缩写为 OMG，意思为天哪。——译者

** Upton Gary Luther-York 缩写为 UGLY，意思为丑陋的。——译者

个名称，但是你至少应该考虑一下所选择的名称将会产生怎样的首字母缩写词，否则可能会产生非常糟糕的缩写，比如脏话、身体的某个部位或者某些行为。

为你的“孩子”命名

如果你觉得自己已经找到了正确的名称，那么在最终做出决定之前先进行以下几步（见图 19-1）：

1. 把它写下来。把这个潜在的名称写在纸上，然后在电脑上打出来。在命名过程中，有时需要退一步才能看出那些难以察觉的缺陷。一旦做完这些，先去做点别的事情再回来，当你再一次看到这个名称时，你的直觉是什么？会不会觉得它很古板或者愚蠢？还是感觉不错？

2. 搜索一下。确认是否已经存在一个相同的名称。

3. 看一下网络域名是否可用。去 whois. net 搜索一下潜在名称的域名是否已经被占用。要记住，像 geckoabusepreventionsocietyofsouthernflorida. org 肯定不是一个理想的域名。

4. 分享给大家。观察朋友和家人对这个名称的反应是怎样的。大声地说出这个名称，看看是否有人喜欢它。

5. 过段时间再做决定。在最终决定你的组织名称之前，再多给自己一些时间。如果它现在是一个好名称，那么几个星期之后它仍然是一个好名称。

图 19-1　在你选择了一个名称以后

在《打破锁链：英国废奴斗争》（*Bury the Chains*：*The British Struggle to Abolish Slavery*）一书中，亚当·霍克希尔德（Adam Hochschild）讲述了一个不当命名的故事。[1]在19世纪早期，来自伯明翰的一位妇女希望成立一家女性反对奴隶制的协会，于是她写信给英国一位重要的废奴主义者托马斯·克拉克森（Thomas Clarkson），希望他给协会的命名提一些建议。他建议的名称是"以最终解放奴隶的视角来改善英国殖民地女性奴隶处境的女性协会"。

即便是在世界上最早的伟大的国际社会运动中，人们也在深入地思考命名问题。幸运的是，如今命名的风格已经有所改变，简单的2～4个词语就刚好，但是要让这几个词语真正发挥作用。

纳撒尼尔·惠特莫尔是美国西北大学全球参与中心（Center for Global Engagement）的创始人之一。他花了很多时间思考营销和感知问题。他参与的项目的名称包括：就天真、开放快门项目、乘客杂志、难民网络以及班加罗尔之外等。

第 20 章

撰写任务宣言的可行之道

如果说名称是组织的心脏，那么任务就是组织的灵魂。任务宣言就是用一两句话来解释你的组织的追求是什么以及相应的原因。它是你的行动法则的主旨句。它不仅是对你的组织的描述，而且是别人了解你的组织或者把它和其他组织区分开来时可以参考的东西。当你为组织做非常重要的决定时（比如和谁进行合作，如何分配稀缺资源并确定优先项目），也需要参考组织的任务宣言。

以下是种族灭绝干预网络的任务宣言：

> 种族灭绝干预网络希望看到的是这样一个世界：国际社会有意愿并且有能力保护平民免遭种族灭绝以及大规模的暴行。我们的任务是用可以预防和阻止种族屠杀的工具来为个体和社区赋能。

假设种族灭绝干预网络正准备采取一项新的行动。目前有几项提议，团队必须选择其中一项来实施。在众多的影响因素（比如财务、人力和可行性等）中，最关键的是提议是否符合这个组织的任务宣言。在同样可行的几个提议中，哪个最能“用可以预防和阻止种族屠杀的工具来为个体和社区赋能”呢？

假设在一个有种族仇恨暴行历史的国家，种族灭绝干预网络正在考虑实施两个方案当中的哪一个来防止历史重演。其中一个提议是严格控制枪支销售，另一个提议是教育学生学会接纳和欣赏种族的多样性。你可能会认为，控制枪支销售有助于抑制所有类型的暴行，特别是在大暴动或内战的情况下。但是，这个组织很有可能会选择第二个提议，因为它能从根源上解决问题：向孩子们灌输与种族灭绝思想截然不同的积极的态度和价值观。这个项目更符合它的任务宣言。

如果把行动比作一篇文章，任务宣言就是这篇文章的主旨句。老师肯定已经把一个观点烙入你的脑海，那就是整篇文章都需要围绕这个主旨句来展开，每一个段落都源于它并且支持它。整篇文章的发展都取决于这个主旨句，就如同组织的发展取决于它的任务宣言。为什么呢？随着组织逐渐发展成熟并不断壮大，你需要时常回顾它的任务宣言来指导你的行动并做出正确的决定——支持你在任务宣言中阐述过的观点与原则。这就是为什么撰写一个简洁、明晰、考虑周全的任务宣言至关重要。

【小贴士】

任务宣言有点像美国宪法，你需要不时地回头参阅来获取指导。

为了帮你完成这项任务，我们将列出一个优秀的任务宣言的若干特点，研究一下能够体现这些特点的例子，并为你提供一些练习，以便你撰写组织的任务宣言时使用。

优秀任务宣言的特征

尽管不是每个优秀的任务宣言都拥有我们在这里描述的所有特点，但是当你开始撰写任务宣言时，了解这些特点并知道它们为何如此重要对你很有帮助。

简洁

任务宣言要简短并突出要点。任务宣言应该使用尽可能简短的语句描述清楚组织角色、在做什么以及为什么这么做。一个好的任务宣言一般会开门见山。当然，这并不意味着不能使用描述性语言，或者在最重要的内容前先用一两句话叙述一下背景，但是人们记住的往往是最重要的那部分内容。

明晰

有些任务宣言含糊不清，无法体现你是仅仅心存善意还是知道如何将善意变为行动。所以，使用清楚易懂的词语至关重要。要避免使用行话和专业术语，而应使用那些可以精确无歧义地传达你意思的词语。

考虑周全

任务宣言应该将组织的任务清晰地诠释出来。不要试图去囊括不需要的东西，你需要做的是发现组织任务的核心。

【笔记】

任务宣言的核心明确了组织希望完成的事情：希望解决的问题以及想带来的改变。组织任务宣言是对组织目标以及达成目标的信念的清晰表达。

关于任务宣言的例子

需要注意的是，我们举的例子都是真实的，因为我们设计不出来比它们更好的。例子中的每一个组织都有一群了不起的人在做了不起的事情。对这些组织的任务宣言的任何讨论并无批判之意，我们对这些组织只有钦佩之情。

为了体会一个好的任务宣言到底是怎样的，你需要尽量多看一些示例。下面是一些年轻组织的任务宣言，以及对它们的简短分析。

下面是知情民主美国人组织（Americans for Informed Democracy，AID）的任务宣言：

> 知情民主美国人组织（AID）是一个无党派的 501(c)(3) 型组织，它通过针对 1 000 多所美国大学以及数十个国家的项目来将世界带回家。AID 通过以下方式来执行它的任务：举办讨论美国全球角色的市政厅会议；举办领导力静思会；发表关于全球重要问题的评论文章和报告。通过以上努力，AID 希望培养出新一代具有全球意识、能够提出适合这个日益相互依存的世界的美国外交政策的领导者。

- 优点：最后一句把 AID 想要做的事情（培养出新一代具有全球意识的领导者）以及为什么（提出适合这个日益相互依存的世界的美国外交政策）联系起来。
- 改进的空间："将世界带回家"这一表述比较含糊。即便有其他内容提供语境，它仍然显得含混不清。

下面是合理基础设施发展组织（Appropriate Infrastructure Development Group，AIDG）的任务宣言：

> 全球大约有 20 亿人无法获得诸如电力、清洁饮用水以及适当的公共卫生条件等基本服务。这些基础设施的发展对于打破发展中国家贫穷的恶性循环至关重要。合理基础设施发展组织（AIDG）致力于用经济环保的技术来满足发展中国家农村地区的这些需求。通过商业孵化、教育、培训以及外展服务，AIDG 能够帮助个体和社区获取可以改善生活的技术。通过提供工具以及实用

知识来让人们自己解决社区里的基础设施问题，我们的模式为基础设施的可持续发展提供了一种新方法。

● 优点：使用的词语简单直接。很显然这个组织专注于提供“可以改善生活的技术”。

● 改进的空间：这个任务宣言过长，包含很多不必要的信息。

这是一个修订后的版本：

> 合理基础设施发展组织（AIDG）致力于通过经济环保的技术来满足发展中国家农村地区对电力、清洁饮用水以及公共卫生条件等的基本需求。AIDG 通过商业孵化、教育、培训以及外展服务来帮助社区和个人获取可以改善生活的技术。

愿景与任务

愿景宣言与任务宣言之间的区别容易理解，但容易混淆：愿景是你希望看到的世界的样子；任务是实现这一愿景的行动。和别人分享你的任务时，他们会问你：“那你该怎么去做这件事呢?”

撰写任务宣言的人往往会混淆方法与结果，从而把方法（该怎么做）写进任务宣言。你要记住的是，任务宣言的核心是你希望带来的改变，不一定要写明方法。

我们来看一下，种族灭绝干预网络的任务宣言是如何紧跟着愿景宣言的：

> 种族灭绝干预网络希望看到的是这样一个世界：国际社会有意愿并且有能力保护平民免遭种族灭绝以及大规模的暴行。我们的任务是用可以预防和阻止种族屠杀的工具来为个体和社区赋能。

● 优点：这是具有简洁、明晰、考虑周全等特征的任务宣言的典范。它清楚地表达了这个组织赋能的对象以及希望达成的结果。它使用了简单易懂的词语并提供了一个专注于该组织行动的框架。

● 改进的空间：这是一个很好的任务宣言。

多信仰青年核心组织（Interfaith Youth Core，IFYC）的任务宣言也很棒：

> 多信仰青年核心组织致力于发起一场运动，鼓励有信仰的年轻人增强宗教认同感，促进跨宗教的理解并携手为共同利益而服务。

● 优点：与种族灭绝干预网络的任务宣言一样，IFYC 的任务宣言也具有简洁、明晰、考虑周全等特征。它是一个很好的例子，展示了一个任务宣言如何把一系列目标表达清楚，并使之成为中心明确的有机整体。对于 IFYC 而言，“增强宗教认同感”、“促进跨宗教的理解”和“携手为共同利益而服务”都是任务的核心且是相互强化的组成部分，组织可以据此开展各种活动。

- 改进的空间：这也是一个很好的任务宣言。

撰写任务宣言

撰写任务宣言时，最重要的一个问题是：你的组织最关心的是什么？

大多数年轻组织的任务宣言描述的任务都比它们实际能完成的宏大得多，并且所暗示的能力比它们的实际能力大得多。

我们都想解决全球性贫困问题并实现世界和平，但是从现实的角度来讲，这些任务超出了任何一个组织的能力。那么你的组织最关心的是什么呢？你的组织具体想达成的目标是什么呢？为哪个群体来达成这些目标呢？把这些说清楚，组织的任务也就比较具体了。

如果你很难说清楚你的组织最关心的是什么，问问自己下面这些问题：

1. 我们发现的问题是什么？想要解决的问题是什么？要弥补的差距是什么？

> **纳撒尼尔：** 对于全球参与中心（CGE）而言，问题是有志于全球性变革的年轻人缺乏必需的教育资源和工具。

2. 如果这个问题解决了，世界将会变成什么样？换言之，你的愿景是什么？

> **纳撒尼尔：** 发现任务的一个很好的方法就是先描述你的愿景。如果你把确定的问题解决了，这个世界将会变成什么样？对于 CGE 而言，世界将会是这样：关心这个世界的学生能够获得他们需要的学习资源，从而能够充分地利用他们的热情和能量去创造改变。

3. 我们将与谁一同工作来实现愿景？

> **纳撒尼尔：** 哪些团体、社区，哪些类型的个体将会帮助你的组织实现愿景呢？对 CGE 而言，是那些关心全球问题的年轻人。

4. 我们将如何实现愿景？

纳撒尼尔：一旦确定了要一同工作的伙伴，你接下来打算怎么做呢？通过教育进行能力建设，还是直接提供服务？对于 CGE 而言，它的基础性活动是教育性的：发展学生带来改变的能力。

大多数任务宣言是以上问题的答案的组合（见图 20-1）。把你的组织的任务记在心里来回答这些问题，然后把这些答案组合成一个简洁、明晰、考虑周全的任务宣言。

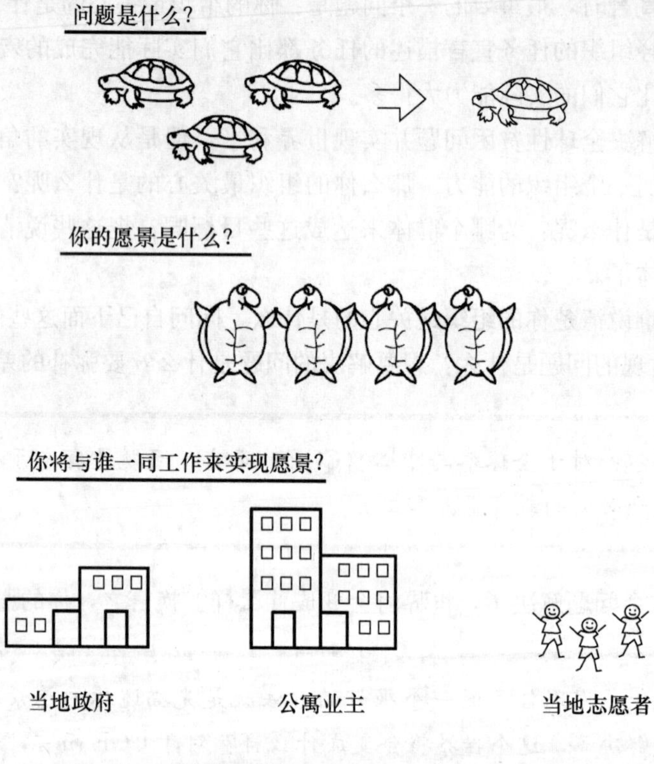

图 20-1　弄清你的组织最关心的是什么

练习 20.1 将指导你如何写出组织的任务宣言。

练习 20.1

任务开发教程

假设你留意到你所在校园里的人对松鼠非常不友好。松鼠受到了言语攻击。人们把垃圾扔在松鼠窝附近。你决定为此做点什么，于是你招募了一群和你同样关心这个问题的学生，并开始撰写你们的任务宣言。

首先你们需要弄清楚如下问题：

1. 问题是什么？

大学社区不善待松鼠，导致松鼠生存环境恶化。

2. 你的愿景是什么？

我们希望看到这样一个世界：人们感激松鼠为校园环境带来多样性。

3. 你将与谁一同工作来实现愿景？

我们的活动将会关注那些未能意识到松鼠之美的学生。

4. 你将如何实现愿景？

我们将会设计教育性和推广性项目来增进学生群体对松鼠的理解和欣赏。

以下是我们的任务宣言示例：

> 如今，松鼠受到来自多方面的威胁——伐木工人、建筑工人，以及我们学生。校园松鼠联盟（University Squirrel Union）致力于设计教育性和推广性项目来增进学生群体对松鼠的理解和欣赏。

下面轮到你了：

1. 问题是什么？

2. 你的愿景是什么？

3. 你将与谁一同工作来实现愿景？

4. 你将如何实现愿景？

你的任务宣言样本

文字是有力量的

任务宣言对组织意义重大，因为它定义了你是谁、你是做什么的以及你打算如何对世界产生影响。一个优秀的任务宣言能够充分体现组织的精神，从而指引组织将来的成长和发展。花些时间好好地打造一个恰当的任务宣言吧。在这一过程中，你或许会发现对于你是谁以及你真正想做什么有了新的认识。

纳撒尼尔·惠特莫尔是美国西北大学全球参与中心的创始人之一。全球参与中心的任务宣言是：“提升青年人的能力，使他们能够跨越国界、种族、信仰，为共同的全球问题提出更多负责任和可持续的解决方案。”

第 21 章

制定目标与规划的可行之道

没有计划的目标，只是空愿。

——安托万·德·圣·埃克苏佩里

☐ 愿景

☐ 问题

☐ 潜在解决方案

☐ 名称

☐ 任务宣言

既然你已经下决心履行社会责任并希望对世界产生影响，那么现在是时候把这些想法转变为行动计划了。本章将帮助你回答两个根本性的问题：

(1) 你要做什么？

(2) 你要怎么去做？

成功执行的关键是成功的规划。是时候来规划你的组织了。

第一步：设定目标

目标指导你采取行动。目标帮助你确定该做什么以及以什么顺序来做。而且，设定实实在在的目标（既包括长期的也包括短期的）并把它们写下来能够培养个人及团队的责任感。当每个人都知道应该做什么以及何时去做时，他们就会真正地实现协同一致。

我们总结了第二部分里呈现的原则，并由此设计了一个简单的口诀来帮助你确定目标应该有的特性。你应该选择的目标简称 MERITS。

Mission-driven：以任务为驱动；

Evidence-based：基于证据的；

Realistic，based on Resources：现实的、基于资源的；

Impactful and Innovative：富有影响力和创新性的；

Tangible and Trackable：可感知和可追溯的；

Specific：具体的。

下面让我们把这个口诀分解一下。

以任务为驱动

第 20 章为如何创建一个任务宣言提供了指导，这是你思考组织目标的良好开端：目标能够反映组织的任务宣言。比如，美国青少年抗癌协会（American Cancer Society Teens）的任务宣言是：通过“倡议、教育、筹资以及服务”来与癌症做斗争。所以，在讨论年度目标时，成员们会试着分别为这四个宽泛的分类开发至少一个项目。把任务或愿景作为设定目标的基石的意义在于：这不仅能确保你正在解决的是你最初打算解决的问题，而且能帮你发现遗漏的领域。

基于证据的

你要确保自己正在做的事情是有效和高效的。你要在前人的基础上开始行动，并确保选择的目标符合你们讨论的问题。假设你的任务是为遭受自然灾害的国家提供救援，给严重受灾的国家提供救援听上去可能是一件非常了不起的事情，但是如果你缺乏和救援工作有关的训练，或者受灾地区十分抗拒外来援助，那还不如直接把钱捐给红十字会，它有成熟的机制，能够更好地应对危机。有些想法听上去可能非常棒并且出发点是善意的，但是要有证据表明它是可行的。不要把时间和精力浪费在只是感觉很好的事情上。

现实的、基于资源的

要设定既有野心又能够实现的目标。梦想远大当然是好事，但是如果目标太不现实，结果可能就是你和你的团队为没有实现远大的目标而感到失望，并且可能忽略你们做出的积极贡献。当判定你的目标是否现实时，要把诸如时间、财力、人力等资源考虑进去。

富有影响力和创新性的

要优先去做那些能为你的事业和所在领域增加价值的工作。引起你兴趣的应该是那些有可能影响很多人或者从一个全新的角度来解决问题的项目。当然，如果你要尝试一种全新的做法，要确保有一个可以评估其有效性的方案，这样你就可以判定这种做法是否有效。

可感知和可追溯的

设定目标时，你要制定一个如何全程测量工作进展的计划。你要能测量、评估并改进你的工作。可感知的目标是可以测量的，也就意味着它们可以评估继而改进你的工作。比如“为低收入家庭的学生群体提供更多的机会”不可测量，但是“在两年内将三个县级公立学校的高中生毕业率提升 5 个百分点”是可以测量的。

此外，考虑募捐请求时，投资人和捐赠者希望看到可测量的成功证据。你要详细地记录你的目标以及进展，这样就可以定期评估你的工作。可以安排一个成员来专门负责收集、分析以及分享这些数据。要记住的是，后期的改进同原始的数据一样重要，甚至可能更加重要。

【笔记】

不要把团队评估看作期末考试，你要把它们当作突击测验：定期检查团队的状况以及取得的进展。这些小测验将帮你弄清你的团队是否仍在轨道上，或者是否需要调整方向。

具体的

目标应该是具体的，比如：“为旨在帮助家庭暴力受害者聘请律师来控诉施暴者的项目筹款 1 万美元。”而且，同时设定内部的目标（比如，截至今年 9 月，将团队成员人数增加至 50 人）以及外部的目标（比如，为难民教育项目申请两笔拨款）是一个好主意。

第二步：设定优先目标

既然你已经设定了一些目标，那么接下来需要确定优先级。当你有很多件事想要完成时，哪一件最重要呢？确定优先级时，要考虑时机问题：在尝试实现一个目标之前，需要先完成另一个目标吗？

要区分长期目标与短期目标。一个长期目标可能需要花几个月甚至一年以上来达成（比如，在未来三年内与一名州议员建立合作关系）。一旦确定了长期目标，你需要设定一系列短期目标来实现它。短期目标相对而言能够很快地达成（比如，在周末之前，通过研究所有州议员来确定哪些议员的利益和我们的最一致，在下周周末之前致电他们的办公室，询问是否有志愿者工作的机会）。

第三步：对执行方案进行头脑风暴

一旦你确定了目标及优先级，接下来就该弄清如何来实现它们：召集你的团队进行头脑风暴。对于实现目标应该采取哪些必要的行动，你们会有不同的想法，这没关系，因为一个问题往往有很多解决方法。你要列明这些方法，弄清你需要采取怎样的步骤来达成每个目标，以及基于现有资源，哪个路径对于你和你的团队最为有效和高效。

第四步：制定行动计划

有了想法之后，是时候为达成目标开发战略了，这个战略也就是你的行动计划。首先要关注最基本的几个问题：何事、如何、何人以及何时。

- 何事？

弄清完成每个目标所必需的具体步骤及任务，以及如何定义成功。

- 如何？

你需要什么资源？在你的计划里，你要概述如何获得以及管理每项资源。

- 何人？

谁来执行每项任务并为此负责？在考虑由谁来做的同时，也要考虑和谁合作。

- 何时？

从很多意义上讲，一个计划的核心在于决定何时行动，所以我们将详细解析行动方案这个方面。

【笔记】

要用数据来指导你的行动。为了制定一个解决方案，你需要知道数据是否支持你的计划。如果不支持，是为什么呢？如果尚未产生数据，那么先对你提议的计划进行试验性的研究。

截止日期与日程表

一旦规划好了任务，务必为每项任务设定一个截止日期。这有助于你把握好达成长期目标和短期目标的节奏，同时也有助于你提前规划并平衡你在这些目标与其他事务之间的领导角色。而且，如果需要外部团队协助，一定要预留时间。

【小贴士】

不论你的计划多么充分，总有可能发生意外，你也可能会犯错误，有时不得不重来一次。所以，一定要为不可预测的事情预留出时间，特别是有些目标有截止日期时，一定要考虑可能会遇到的障碍。

要最大化地利用团队成员的才能以及社区的资源。构建时间框架时，确保它不与学校或社区的活动时间冲突。你可以通过阅读下面“潜在的日程冲突”来了解在安排会议和项目时应该避开哪些日期或者时间。

将你的目标、截止日期以及会议日期和时间制成年度日程表，然后把它印制出来分发给所有的成员及赞助方。根据各自的日程和兴趣，他们或许只想参加一个特定的项目，或许只在一年当中的某个时段参加活动。就领导力而言规划至关重要：参与规划的人越多，你规划得越详尽，你越能得到更好的结果。

潜在的日程冲突

一个星期中

在安排日程时，要留意以下时间。

- 举行宗教仪式的日子，包括周三晚上、周五晚上、周六清晨以及周日。
- 大多数人会把周五和周六的晚上留给社交及家庭事务，所以不要试图和约会之夜或者游戏之夜竞争。
- 学生们通常会在周六早上参加 SATs（学术能力评估测试）以及 LSATs（法学院入学考试）等标准化测试。

一年中

除了常规的公共假期外，还要留意以下时间。

- 从感恩节到新年，社区领袖和大多数组织成员忙于休假和假期事务，所以要避免在 11 月中旬到 1 月中旬发起任何新的项目。
- 当和多样性的团队或者来自其他国家的人合作时，要留意他们的文化或宗教节日及假期。
- 大多数人，尤其是有学龄期子女的父母，都会选择在 8 月休假。所以，在众多员工不在的情况下，企业和非营利机构的运转显然会放缓。
- 如果你和来自不同州的学生一起工作，要记住各个州的寒假和暑假时间不尽相同：南方学校可能于8月初就开学，北方学校可能于6月中下旬才放暑假。关于学生，还要注意一点：在秋季学期，大部分学生都在忙着申请大学或者找工作。

规划日程

【小贴士】

一定要重视发现你的团队成员的特殊技能以及相关的联系人，并确保利用这些技能和联系人来促进你的事业。如果你的一个成员是主修过统计学的管理顾问，那么可以让他负责调查分析和图表制作。如果你室友的爸爸是一位中学教师，那么他可以帮你们把所关注的事项纳入学校委员会的议事日程。在制定你的组织的行动计划时，一定要牢记这些。

筹资时，要考虑你所在社区主要募捐者的日程。如果红十字会或者联合劝募会于某个星期在你所在的市镇举行募捐活动，那么你应该把你们组织的募捐活动提前或推后。这会减少潜在捐款人的数量，因为他们最近已经为另一个组织捐款。尽管你可能无法完全避开其他活动，但一定要确保避开社区或校园里举办的大型募捐活动。

要安排好拨款申请周期。如果你考虑申请拨款，在申请之前一定要确保拥有一些关于项目进展和成功情况的真实数据。经证实的记录对于拨款委员会而言意义重大。

若对政治感兴趣，那就做好选举期间的计划，特别是每两年或四年有更多的重要人物进行选举时。因为这时媒体会更加倾向于探讨政治问题，政治家也更可能对问题做出回应。如果你想吸引媒体的注意力（你肯定想），那么你需要了解新闻周期，以及什么事件在什么时候会报道。比如，如果你在选举日举办一场与选举无关的活动，大概不会被报道。但如果你在母亲节期间发起帮助单亲妈妈求职的活动，那么它对媒体而言就非常有吸引力了。

【提醒】

你要知道在什么时候需要说“不”。不要把你的目标定得太高，不要安排超出处理能力的任务。引用英国前首相托尼·布莱尔（Tony Blair）的一句话：“领导的艺术在于说‘不’，而非说‘好’。因为说‘好’是非常容易的。”

第五步：评估

每完成一个项目之后，你都要听取团队对项目执行情况的汇报。你要把结果和最初的目标进行对比，并撰写一份跟进报告。当目标显然无法实现时，不要调整目标，而是要调整行动计划和步骤（见图 21－1）。若没有完成目标，需要思考一下原因：这些目标是否太大了？你们是不是遇到了意料之外的问题？你们要进行头脑风暴提出实现目标的新想法。保存好这些报告，然后把它们和目标清单一起收进一个活页夹。当制定新清单时，评估项目进展时，寻求资金时，或者培训新组织的年轻领导者时，你可以再来参考这些资料。

图 21－1　如果你没有达成目标，那么调整行动计划而非目标

行动计划示例

任务宣言：芝加哥社区健康学生组织（Chicago Students for Community Health）致力于与伊利诺伊州的学校、企业以及政府部门一同努力，使芝加哥居民更容易获取高质低价的营养食品。

长期目标 1：4 月 1 日之前在高中学校的自助售货机里增加更多的营养食品（每包热量低于 200 卡路里）。

长期目标 2：6 月在公园里组织一场社区健康饮食活动，现场至少有 10 个当地农民和商户的摊位。

长期目标 3：在下一次选举之前，增加对生产有机蔬果的农民的种植补贴。

长期目标 1 的分解

短期目标 1：安排和学校委员会会谈的日期。（截止日期：10 月 1 日）

短期目标 2：调查其他学校是怎样对自助售货机货物的选择进行改革的，查找流行的儿童零食对儿童健康影响的数据，并对比一下健康零食与不健康零食的价格。(截止日期：1 月 1 日)

短期目标 3：在本地区的学校调查 500 名学生，询问他们可能会购买什么样的健康零食（可以让健康老师和体育老师来帮你们分发调查问卷)，然后将调查结果做成图表。(截止日期：2 月 1 日)

短期目标 4：发起一项请愿。让 10 名团队成员分别为这项请愿收集 100 个签名，并请一位公共健康领域的教授加入你们与学校委员会的对话。(截止日期：3 月 1 日)

短期目标 5：确定由谁来发表演讲。起草一份时长约五分钟的演讲稿，在朋友面前练习三遍，然后让他们提问，并对问题给出反馈。(截止日期：3 月 15 日)

短期目标 6（跟进)：向学校委员会发出感谢信。和团队成员讨论大家对整个活动过程的感受，评估进展并制定下一步计划。(截止日期：5 月 1 日)

既然你已经看过一个例子，现在是时候提高你自己的领导力了。请通过练习 21.1 为你的团队设定短期目标和长期目标，同时也为自己设定一些个人目标。

练习 21.1

设定目标

长期目标

为你的组织设定 5 个长期目标：

1.

2.

3.

4.

5.

短期目标

选择一个长期目标，然后将其分解，记住一定要设置截止日期。最后进行头脑风暴，提出达成这个长期目标所必需的 5 个短期目标：

1.

2.

3.

4.

5.

个人目标

除了为组织设定目标之外，你也可以为自己设定一些个人目标，比如列出你作为领导者希望达成的五件事，也可以列出你希望在你的组织之外达成的事情，比如学校里或家里的事情。

1.

2.

3.

4.

5.

现在是时候停止规划，开始行动了！

第22章 筹集资金的可行之道

当我们认识到一个更好的描述筹集资金的字眼是“筹集朋友”时，就打开了无数扇支持我们的事业通往创新之路的大门。

——苏·文雅德

为你的事业筹集资金或者实物听上去可能有点令人生畏——但实际上不是这样的！筹款是一件互利的事情。是的，你的确在请求他人给予一些东西，但是作为回报，你同样也为对方提供了一些东西。试着这样想一想：假设你想做一个馅饼，但是糖用完了，商店也都关门了。那么你可以选择把既有的材料都浪费掉，也可以选择向邻居借些糖。当你向邻居借糖时，他肯定是非常乐于帮忙的，甚至会告诉你一些做出完美的馅饼皮的小窍门。当馅饼做好后，你可以送一个给你的这个新朋友。

筹资在很多方面和这个例子很相似。尽管向陌生人寻求帮助会有些尴尬，但是他们有可能真的很愿意提供帮助。他们甚至有可能给出一些有用的建议，或者采取别的方式给予帮助。作为交换，他们得到了投资的回报：一种情感上的回报——分享和投资公益事业的成就感——甚至有可能是实物回报（在上面的例子里是一个馅饼）。这是一件双赢的事情。

当然，你不可能总是如愿以偿。但是即便在最坏的情况下，你得到的也不过是一个简单的“不”字。无论你通过哪种方式筹资——募捐、销售商品和提供服务、吸引投资者，都适用同一个原则：主动去问问总是没坏处，并且你经常会得到意外的惊喜。

本章将向你介绍很多可行的筹资战略，这些战略分为三个主要的部分。第一部分会帮你做好筹资准备，包括做好规划、收集文件以及建立团队合作关系，以保证一切就绪。第二部分将探讨如何直接（信函、个人请求等）或间接（典型的筹资活动）地从个体（朋友、家人、陌生人等）或企业那里筹资。第三部分将深入探讨如何获取拨款等财政支持。本章包含筹集组织所需资金及实物所必需的所有基本工具及见解。

准备筹集资金

清楚你的资金需求

即便你的组织是由志愿者来运营，在运营过程中你仍然需要支付一些无法通过捐赠获取的产品和服务的费用（比如物料费、房租和水电煤气费等开支）。你需要统计组织的开支并制作一份年度预算（参见本章稍后的“预算”部分）。如果你的团队存在的意义是为另一个组织筹集资金，那么你们的年度目标是多少？你心中不必有一个确切的数字，但是你至少应该做出预估。

确定潜在的资金来源

获取资金的来源有很多类型，所以一开始要熟悉所有的选择。你最终获得的很有可能是下面列出的资金来源的组合。

捐赠

捐赠本质上是捐赠方以最少的附加条件（如果有的话）赠予你组织的“礼物”（货币的或非货币的）。尽管你可以从企业或者其他机构获得捐赠，但对于你的社会事业而言，个体的捐赠仍然是最庞大、最稳定的资金来源。

伙伴关系

其他来源的资金直接支持的是你的组织，而伙伴关系更专注于支持作为企业或非营利机构领导者的你。除了提供资金，伙伴关系还提供更多形式的支持，包括导师指导、媒体关注、领导力培训以及强大的伙伴网络等。

以下是部分提供伙伴关系支持的组织：睿智基金（Acumen Fund）、爱创家、Echoing Green、斯科尔基金会（Skoll Fundation）、TED、Unreasonable Institute、德雷珀·理查兹基金会（Draper Richards Foundation）以及考夫曼基金会（Kauffman Foundation）。

拨款

拨款是一种竞争性的、经申请程序而拨付的资金。拨款主体（政府机构、基金会、企业等）会考虑组织的价值，以及其目标是否与自己的目标一致。如果你获得一笔拨款，那么这笔资金的使用需要遵守由拨款主体建立的一系列标准。

● 公共拨款：如果你刚开始研究拨款事项，Grants. gov 是你了解所有与政府拨款有关的内容的最佳途径。

● 私有拨款：在当地、州、全国以及国际层面存在众多富有慈善精神的基金会。你可以通过 Foundationcenter. org 了解相关内容。

众筹

众筹充分利用了小额捐赠或者微赞助的力量。你的组织向一个在线社区提出一个想法或项目，然后社区的个人用户可以浏览这些项目，并向最吸引他们的项目进行任意额度的捐赠。若要立即开始行动，你可以了解一下 donorschoose. org、百事刷新项目（Pepsi Refresh Project）、追梦社区捐赠项目（Chase Community Giving）或者全球捐赠项目（Global Giving）。

投资人

如果你的想法有盈利潜力，并且你正在考虑创建一家具有社会意识的创业企业，那么你可以考虑接触投资人来筹集资金。天使投资人、孵化器、加速器、风险投资等可以为具有前景的企业提供早期资金支持，并以此获取这些企业的少量股份（部分所有权）。若想了解更多关于说服风险资本家的内容，请参见本章稍后的“风险资本入门知识”。

基于学生或大学的筹资机会

你所在学校的就业服务中心或者公共服务办公室应该有同时向在校生和校友提供的筹资机会清单。不妨关注一下商业计划大赛（这种活动在有商学院的高校特别盛行），以及新的趋势——大学创新中心。

【笔记】

你能够在由 DoSomething. org 维护的在线实时数据库里找到更多的筹资来源。DoSomething. org 是一个致力于激发和支持青年创新的非常棒的组织。

完善你的提议

筹资提议是你做出的理由充分的论证，你要用它来说服特定的个体或组织：为什么他们应该为你的组织提供资金支持。无论这个提议是书面的还是口头的，是在线的还是现场的，你需要遵循以下准则来向潜在的捐赠者介绍你正在做的事情，以及为什么他们应该支持你。

● 解释清楚你正尝试解决的问题，以及为什么你的组织是解决这个问题的最佳选择。为什么你面对的问题如此关键和急迫，以至于现在就需要解决？社会上或者你的组织里最近有没有发生什么事情？你是否看到了这样一个趋势：如果不立即解决这个问题，随着时间流逝，它只会变得更加严重？为什么应该由你的组织来解决这个问题？

- 要凸显你的组织的能力、效能以及专业性。你需要给潜在的捐赠者留下深刻的印象。你要说服他们了解你正在谈论的问题，并且能够有效地解决它。
- 指出你的组织与众不同的地方。你的组织的特别之处是什么？或许你们正关注一个被忽视的领域，用一种新方法来解决一个旧问题，在合作中扮演了全新的角色。你的组织是不是所在领域的领导者，或者独一无二，或者在某一方面特别优秀？
- 呈现所提议的解决方案。你将采用哪些具体的服务、项目以及流程来解决问题？要说明细节，以及为什么这么做。
- 说明你的组织值得投资的缘由。资助者给你提供资金或资源后，作为回报，他们希望看到实实在在的社会效益。所以你要向他们解释如何充分利用他们的捐赠。

你不妨和团队一起回顾以上要点并鼓励大家进行讨论。要尽量站在捐赠者的角度考虑问题，并确保你至少能够回答类似于下面这样的问题：

- 你们组织的工作将会如何影响我的生活？
- 这些钱具体将怎样使用？有多少会用于这项事业，有多少会用于行政性的运营支出？
- 对于如何使用资金，我有多大话语权？
- 过去的投资产生过怎样的影响？
- 有哪些机构或个人已经资助了你们？
- 我什么时候能看到我资助的项目的成果？
- 我的捐赠将会以何种形式被认可？

【小贴士】

你最好能准备不同长度的提议，这样你就可以根据具体情况来灵活使用它们。建议你起草如下长度的提议：一句话的、一分钟的和五分钟的。

一旦你充分了解了捐赠者的观点以及你希望凸显的要点，就可以起草一份提议，而且你可以利用练习 22.1 来进行优化。如果你不知道该如何确定提议中相关内容的优先级，可以看一下第 24 章开头的“完善你的提议”部分。

练习 22.1

改进你的提议

把你的提议拿给那些你认为会给出中肯且有建设性反馈意见的朋友或顾问看，让他从一个潜在资助者的角度来评估你的提议。为你的评估者提供一份如下所示的反馈表。研究这些反馈意见后，试着改进你的提议，然后换个评估者来重复这一过程。

哪些地方很好?

什么地方有待改进?

看完这份提议后，你有什么感受?

其他的改进建议：

用例子说明

成功的募捐活动和提议一般包含这样的内容：能够展现募捐组织产生的影响的真实故事，以及这个组织的工作是如何改善人们生活的。你要向捐赠者展示，新增资金将会怎样用于公益事业。不要害怕在提议中加入图片、视频以及应邀发言者的发言。

备齐文件

你要把所有关键的文件保存在同一个地方，并且要及时更新。这些文件包括税务表格、收支记录、预算表、收据、董事会名单、签署的协议等。如果你符合国税局的某些要求［比如你的组织是享有税收豁免的 501(c)(3) 型组织］，应该把这些文件保存在手头。你可能需要为潜在的捐赠者提供这些记录，而且当你申请拨款时，肯定需要参考这些文件。

计划，计划，再计划

如果要举办一场筹资活动，你应该提前数周或数月就开始准备。充分的准备有助于你应对任何可能出现的困难。关于如何规划筹资活动，可以参考第 21 章。

请求

你想要什么，就得开口去请求，让别人知道你的需求。你需要明确你的工作目的，展示你的需求，然后提出具体的请求。如果得到的回应是否定的，那么感谢对方考虑过你的提议，然后继续去问其他潜在支持者。

表达感激

任何时候，不论你获得何种形式的捐赠，一定要向对方发出一封简短的感谢信，或者打一个跟进的电话，或者在你们的网站或下一期内部通讯中提及他们的贡献。如果可能，分享一个成功案例。表达感激对捐赠方和捐赠接收方都十分有意义。通过感谢捐赠方，表明你承认对方在你们的工作中起了很重要的作用，而且这能够增加他们对你的好感，从而增大下次你向他们寻求支持时成功的可能性。

寻求捐赠

捐赠、贡献或者礼物都意味着同一样东西：资源。在传统意义上，这些资源通常以货币、产品、服务或者设施的形式出现。除此之外，其他可以捐赠的资源包括时间、技能、人脉和建议等。捐赠方可以是个人、社区团体、企业或者其他任何形式的组织。大多数捐赠没有附加条件，但是有些可能会要求用于指定的目的。

个人捐赠者

你可以在任何地方向任何人寻求个人的捐赠——你的家人、朋友、朋友的朋友，甚至是和你没有任何关联的人。尽管如此，在向陌生人寻求捐赠之前，你可以看看你们有没有共同的兴趣，并据此来使你的提议个性化。虽然在很多情况下这不大可能实现，但是在有些情况下，你或许可以在会见一个潜在的捐赠者之前先搜索一下其相关信息。如果你能更多地了解他们关心的是什么，你就可以更好地展示你们的团队目标是如何与他们的价值观相匹配的。

企业捐赠方

向企业寻求支持时，尽管你一开始就想去接触大公司，但你的第一站应该是本地的小企业。如果你的团队和这家企业在同一个地区，特别是如果你的项目是在解决一个当地的问题，那么当地的企业通常会更可能提供支持。如果你的资金捐赠请求被拒绝，那就尝试一下别的办法。企业通常会乐于提供非现金形式的捐赠，也就是货物和服务，比如食品或者会议场所。有时你可以和一家愿意将收入的一部分捐赠给你们的企业建立伙伴关系（这通常叫作“公益营销”）。比如，一家当地的餐厅可能愿意把周四晚餐收入的 10%甚至是全部捐赠给你的组织。

和一家企业合作时，你要强调这家企业的目标是如何与你的组织关联在一起的。如果你能证明你们的合作关系是互利的，企业通常会愿意赞助整个项目或活动。你要向企业解释你将会怎样公开地赞扬它们的赞助，从而帮助它们获得额外的广告效应和大量积极正面的媒体报道。你提供的赞助收益应当与企业对你的组织的赞助力度成正比。比如，为了获得一家企业对单个项目的赞助，你可以将这家企业的标志印制在你们组织的推广材料上。如果一家企业可以赞助两个项目，那就将这家企业的联系信息发布在你们的网站上，或者在致辞时提及这家企业。总之要发挥创造性。

那么捐赠方在合作中能得到什么呢？要记住，捐赠是双向的，它可以同时使你的组织和捐赠方获益。除了通过公益事业使捐赠方获得成就感之外，如果你的组织是一家具有税收豁免资质的机构，那么捐赠方有可能会获得一定的抵税额（更多关于申请税收豁免资格的内容请参见第 39 章）。此外，捐赠方可能会从你的组织提供的积极正面的媒体报道中获得经济收益。公开支持一项公益事业（特别是当地的公益事业）能够引起社区成员的关注，从而有可能使这家企业的产品销量增长。比如，一些当地的运动联盟通常都是由当地企业赞助的，所以这些队伍通常会以赞助企业的名称命名，或者把企业的标志印制在它们的 T 恤上。父母和路人看到他们孩子穿的 T 恤上的标志，可能就会注意到这家企业，他们将来有可能经常光顾这家企业。

色加尔（Sejal）：在服务于市长青年委员会（Mayoral Youth Commission）时，我组织了一次由来自地方学区几百名学生参加的领导力会议。为了缩减开支，我联系了几家餐厅，问它们是否可以为与会者提供打折或者免费的食物。我同时问了当地的超市可否为会议提供抽奖活动的奖品。在联系这些本地企业之前，我提前准备了如何快速地描述这次会议以及会给这些赞助企业带来哪些收益，这样我就可以在通话中尽可能说服商家。有几位超市经理（这一点十分关键——我总是要求与经理通话）十分愿意支持面向学生的社区活动。在几个星期之内，我就为与会学生争取到了足够的食物，以及抽奖的礼品券、优惠券等。当然，并不是每一家企业都愿意提供帮助，有几家特许经营商将我们的请求转给专门负责该事项的全国总部办公室。尽管这样，我们也通过语音留言、电子邮件和普通信件获得了一些额外的捐赠。

撰写一封有效的募捐信件

说服潜在的捐赠者敞开他们的内心（以及钱包）其实可以像通过信件或电子邮件发送一封精心撰写的、礼貌的请求函一样简单。尽管如此，由于个体或者企业可能经常收到各种各样的募捐请求，因此确保你写的信件用尽可能简短的文字产生尽可能大的说服力和吸引力。在任何可能的情况下，针对潜在的捐赠者，你要力争使募捐请求个性化。你可以根据下面的指导原则以及示例来写一封有效的募捐信件。

● 清楚地定义你的组织以及你的角色。要给人一种很正式的感觉。

● 要用一两句话解释清楚你的项目或者行动的目的。简要地解释它与目标个体、公司或者社区的相关性。

● 内容要具体。你将如何利用这些捐赠来影响目标社区?

● 向信件的阅读者指出捐赠能够带来的有形及无形收益。如果一个个体或企业捐赠了，能获得什么?这些收益可以是会员身份、公众认可、定期出版的内部通讯，或者仅仅是带来改变所产生的满足感。

● 援引一两项令人信服的统计数据。最近你是否了解关于你们工作的或者发人深省、有说服力的更大领域的统计数据。如果这些数据易于理解（不需要了解过多背景），并且能突出你们的工作，那么在信件中使用它们。

● 用个体的经历来使你们希望解决的问题人性化。如果你想让信件的阅读者从情感层面对你们的事业感同身受，那就向他们讲述统计数据背后真实个体的故事。用有说服力的画面或故事来向他们说明这一问题是如何影响特定的个体或群体的。

● 列出现有的捐赠方。在请求他人捐赠时，要在信中提及已经为你的组织提供支持的个体、基金会或企业。以前及现有捐赠者的证明对于他人确信其捐赠将被有效利用十分重要。

● 使你的请求个性化。你应该以一种个人的、交谈性的语调来写募捐信。你至少要在信件的开头或者结尾加上一两句话来表明这并非一封格式化的信件——比如，“在一份个人记录中，我了解到贵公司最近与我们城镇当地的农民建立了伙伴关系，我对此备受鼓舞并决定更多地购买当地食物”，或者“我们共同的朋友亚当建议我来找您，因为您以前就对当地的管弦乐队做出过贡献。”

色加尔：在为女孩互助组织（Girls Helping Girls）发出募捐信时，我在信中具体说明了如何利用潜在捐赠。我发现，如果给出一个捐赠额的范围及其产生的影响，能够吸引更多的捐赠者，因为这样一来捐赠者就能了解到即便 25 美元也能为世界产生影响。比如我们为了给女孩建图书馆筹资，我在募捐信的最后加入了如下内容：

8 500 美元能够为图书馆大楼及相关的基础设施提供资金支持；

500 美元能够为女孩提供营养午餐；

450 美元能够为女孩购买 1 000 本书；

150 美元能够资助一名印度女孩一年的教育费用；

50 美元能够资助一名非洲女孩一年的教育费用；

25 美元能够帮助女孩购买一些文具。

举办一次难忘的募捐活动

募捐活动是一种在短时间内将你的团队和支持者聚集在一起，并获取相对大额捐赠的方式。此外，募捐活动能够提高你们团队在社区中的知名度，并增进大家对你们的事业的认知。募捐活动可以让你与潜在的捐赠方自由互动。以下是关于如何举办一场募捐活动的10个想法。

【笔记】

很多募捐活动有一定的开支，所以你要想办法使开支最小化并使潜在的捐赠收入最大化。

（1）在人流量大的地方举办一次自制糕饼义卖活动。

（2）邀请有意愿的当地艺术家和乐队举办一次公益音乐会。

（3）为你的组织的成立纪念日举办一场庆典，并请客人为你们的项目捐款。

（4）用和你的项目有关的影片举办一次电影之夜活动。

（5）用大转盘的形式举办一次在线拍卖会。让董事会成员以及朋友们提供拍卖物品。

（6）如果你的组织有可销售的产品，可以注册成为受欢迎的会议或活动的商家，或者尝试在邻居们经常聚集的地方销售。总之，要鼓励支持者光顾你们的生意。

（7）举办一次“幻影活动”：让人们设想一下如果这个活动真实存在，他们会捐赠多少钱，然后让他们现在就捐出这些钱，以便早日将期望变为现实。

（8）举办一次抽奖活动，获得的收入由赢家和你的组织均分。

（9）组织一次步行马拉松或跳舞马拉松。

（10）在组织内发起一场募捐信撰写活动，让团队成员给个体、社区组织或者公司写信寻求实物或资金捐赠。然后对通过信件募得资金最多的成员给予一定的奖励，并把他们的信件作为备用的模板。

风险资本入门知识

欧内斯廷·傅（Ernestine Fu）是一位社会企业家、作家以及风险投资人。在她19岁时，也就是在加入艾尔索普·路易合伙基金（Alsop Louie Partners）两个月之内，她就开发并完成第一个投资项目，成为硅谷最年轻的风险投资人。在本书出版时，她正在斯坦福大学主修工程学，并与法学院的前院长托马斯·埃利希（Thomas Ehrlich）合著《你能为你的国家做些什么》（What You Can Do for Your Country）一书。为了更好地了解投资人在评估创业者的提议时看重哪些方面，我们对欧内斯廷进行了一次访谈。

为什么社会企业家要寻求风险资本的投资?

欧内斯廷:如果你是一位需要大量资金(通常在 100 万～500 万美元)来创建一家具有社会意识的企业的创业者,但是这个项目被认定风险过高,你无法从像美国银行这样的商业银行或者保诚(Prudential)这样的保险公司获取资金支持,那么你可以考虑风险资本投资。和捐赠、拨款以及伙伴关系支持不同的是,风险资本提供的资金并非馈赠:它是一种投资。风险资本利用第三方(通常称为有限合伙人)的资金来给创业者投资。在和有限合伙人合作时,风险资本需要使投资回报最大化。因此风险资本通常会给那些风险相对较高的企业投资,以换取企业的部分股权。这也就意味着,如果所投资的企业获得成功,风险资本和有限合伙人同时获得成功。

为什么你需要出让企业的部分所有权?

欧内斯廷:创业者通过出让部分股权换取资金,从而快速发展自己的企业并成为所在行业的领导者。所以风险投资的资金并非普通意义上的"礼物",而是非常聪明的一种"礼物"。风险资本能够帮助企业从数十人的小型创业公司发展为拥有数千名员工的大型跨国公司。有些创业者担心向风险资本出让股权的同时就放弃了对企业的控制权。但是,风险资本通常并不想运营公司,仅希望公司运转良好。只要你能将公司经营好,那么你可以一直拥有控制权。

获得风险投资有哪些非财务方面的好处?

欧内斯廷:除了资金支持以外,风险资本还可以为你提供指导以及相关行业的重要人脉。尽管世界上没有建立一家成功企业的模板,但是每个行业中成功的创业企业都表现出了一些相似的基本原则和形态:以一个正确的团队起步,开发出正确的产品,并且不管市场如何变化都能形成发展的势头。正确的团队意味着团队成员能力互补,并能吸引优秀的人才。正确的产品意味着团队成员能够有效地完成工作,并且能够通过良好的用户体验使用户感到愉悦。市场可能会因为新技术、自然灾害、政府政策以及用户需求的不断改变而变化。

在创建组织的过程中,你会不可避免地遇到各种问题。这些问题可能包括:团队内部争斗、客户对产品的抱怨、被竞争对手超越。但这也正是风险资本导师的经验和见解能够发挥作用的地方。我喜欢这样对创业者讲:"聪明的创业者可以灵活地应对环境的改变,伟大的创业者可以预测环境中即将发生的改变,并在必要时主动采取应对措施。"作为一名导师,我试着在创业者处于困境时成为他们最好的朋友,帮助他们理解并解决问题。但是当局面好转时,我喜欢挑战创业者以让他们有超出期待的表现。

除了提供指导之外,风险资本提供的人脉也非常重要,因为一家企业成功与否往往取决于能否招到一流的人才。随着发展中的企业不断增加新的服务、对人才的需求更为复杂,风险资本能够通过它们的人际网络帮助企业招募人才。

当具有社会意识的公司申请风险投资时，有哪些需要特别注意的地方？

欧内斯廷：风险资本投资具有社会意识的企业，从可替代能源领域到具有社会责任的消费品开发领域，无所不包。但是，对具有社会意识的企业的目标评估和普通企业有所不同。社会企业是处于营利企业和传统的非营利机构之间的混合体。企业可以通过多种方式在盈利的同时为公益事业做贡献。加利福尼亚州的公司法创造了两种新型的商业实体：灵活目的企业以及公益企业，于 2012 年 1 月生效。[1] 这两种都可以看作传统商业组织的变形，它们允许创业者在努力获取经济效益的同时为达成社会公益目标而奋斗。

这两个指标可以通过投资的财务回报和社会回报来衡量。社会回报包括：碳排放量的减少、获得清洁用水居民数量的增加、欠发达国家营养不良儿童数量的减少等。融资时，具有社会意识的初创企业要在考虑为投资人带来具有吸引力的回报的同时，考虑如何为社会问题提供解决方案。

当评估一个团队时，风险资本家最看重的三种东西是什么？

欧内斯廷：所有的风险资本家都看重人才。这个人有没有成功的记录？这个人是否具备创办企业的基本知识？

我为艾尔索普·路易合伙基金开发的第一个项目是名为 Jetlore 的搜索和分析平台，它有一个叫 Qwhisper 的社交媒体搜索引擎产品。由两位斯坦福大学博士生领导的七人团队已经申请专利，撰写了论文并获奖，并在很多知名的会议上进行了分享。

除了拥有才能之外，Qwhisper 的创始人还富有激情、灵活性及乐观精神，这是我在评估计划投资的团队时看重的三种关键特质。激情能促使团队把愿景变为现实，即便遇到困难也会坚持下去。灵活性能够让团队随时准备好改变计划以应对不断变化的市场。乐观精神能够让团队从大处着眼，有能力应对创办企业可能遇到的困难，并在艰难时刻鼓舞员工、顾客和投资者。

什么能够让一家初创企业的提议脱颖而出？

欧内斯廷：谦逊。谦逊能够放大你所有的其他正面特质。虽然风险资本家乐于投资拥有大市场的大创意，但是夸大其词和过度自信不仅不会帮到创业者，反而会对创业者不利。真正谦逊的人往往会获得更多的尊重和较大的影响力。

年轻的社会企业家说服投资人时最容易犯的三种错误是什么？

欧内斯廷：犯错误和年龄无关。忽略年龄，我见到的企业家说服投资人时最常犯的错误是：糟糕的沟通、夸大其词以及缺乏自知之明。首先，如果无法顺畅地沟通，即便是最伟大的想法也可能变成最糟糕的说服；一定要磨炼你的沟通技巧，这样你就可以掌握“一分钟电梯说辞”并写出优秀而精练的方案。其次，不要夸大其词，因为这是无知和傲慢的表现；与其说要占领一个巨大的市场，还不如明确你的目标客户和伙伴。最后，要记住，没有团队是完美的，所以一定要如实地进行自我评估；要善于发现团队和产品的弱点，并向投资人寻求帮助来发展你的公司。

申请拨款

拨款是由基金会、企业或政府机构授予的、用于支持特定项目或组织的资金。通常，拨款支持的是在指定时期内进行的新行动或者新项目，一般不大可能支持正在进行的项目或者行政性的运营项目。

为了获得拨款，你必须以书面申请的方式描述清楚你的项目及组织，以及你对资金的使用计划。虽然撰写拨款申请的工作量很大，但是你可以把它看成一次反思组织的目前状况以及设想组织的未来的机会。以下是撰写拨款申请的实用指南。

第一步：明确合适的拨款项目

提供资金的个体或机构往往对于他们希望资助的组织的类型或者社会问题（比如，只资助由学生领导的项目，或者解决老年人受虐待问题的组织）有明确的想法。明确合适的拨款项目可以确保团队任务和所提议项目符合由拨款方设定的特定条件。比如，某个机构的拨款可能只资助 25 岁以下年轻人领导的项目，或者只支持关注农村地区的组织。

这也就意味着你需要做一些研究来发现适合你的拨款项目。下面这些网站可以供你参考：

- Grants. gov——通过这个网站，你可以搜索实时更新的美国联邦拨款数据库，并在此提交你的拨款申请。
- www. cfda. gov——美国联邦国内援助项目目录（Catalog of Federal Domestic Assistance，CFDA)，这个目录每年发布一次，并且会持续在线更新，它记录了 1 600 余项联邦拨款及非财务援助项目。
- USASpending. gov——你可以通过这个网站查询你所在领域的哪些组织已经获得了哪些拨款。这可以让你知道应该联系哪些组织来建立伙伴关系或者寻求有关拨款申请的建议。
- www. foundationcenter. org——在基金中心（Foundation Center）网站上，你能够找到一个关于私有拨款项目的数据库，以及关于拨款申请撰写和申请程序的免费教程。
- www. tgci. com/funding——在募资筹款技能中心（Grantsmanship Center）的网站上，你可以点击你所在州的地图来获得有关当地筹款渠道信息的链接。

拨款的类型

拨款资金主要有两种类型：公共或私有。

公共拨款：由联邦、州及地方层面的政府机构和部门授予。它们是美国国内非营利的社会、健康、教育以及文化项目的主要支持来源。

联邦拨款：每年美国联邦政府都有超过 1 000 个拨款项目，总支出额超过 4 000 亿美元。这些拨款的分配由立法决定，因此，具体情况可能会根据政治形势和经济走向而有所不同。政府机构会在它们的网站上公布拨款项目的具体信息，包括资格准则和申请程序等。

州及地方拨款：和联邦拨款一样，州及地方政府层面拨款的分配情况也根据政治及经济环境而有所不同。但是一些小额拨款的竞争可能不像联邦层面的大额拨款那样激烈。

私有拨款：通常由基金会、社区团体、营利企业的直接捐赠计划、商业机构以及（理所当然的）个体捐赠者给予申请者。

第二步：了解拨款方

一旦你确定了合适的拨款项目，接下来就要花时间了解对应的拨款机构。这样你就可以更好地解释为什么你提议的项目与它们的任务和目标相一致。想要了解拨款方，你需要：

- 阅读它们的出版物；
- 梳理它们网站的内容；
- 仔细研究它们的拨款准则；
- 研究它们之前支持过哪些项目；
- 致电或发送电子邮件咨询任何你可能不明白的问题。

达拉（Dalya）：作为社区成功写作组织（Writing for Community Success）的创始人，我深刻地意识到了解受众的重要性。第一个阅读你的拨款申请的很可能是负责相关领域拨款审批的专业人士。

- 他们很可能对你们想要解决的问题的背景信息有深入的了解，但是可能对你的组织的特定侧重点和专长不甚了解。
- 他们的工作时间很紧张，因此希望你们能简明扼要地回答他们的问题。
- 他们希望能被你们的愿景鼓舞。
- 他们经验丰富，并且经常相互沟通信息（所以一定要诚实和坦诚）。

第三步：了解申请程序

在开始申请之前，要先大致地了解一下拨款申请流程。虽然拨款的类型不尽相同，但是有一些你需要知道的标准程序。所以你要在线研究一下拨款申请撰写教程及说明，并特别留意每项拨款申请的截止日期。

第四步：确保你符合资格标准

你要仔细核对特定拨款的资格条件，以确保你的组织的确符合要求。比如，你的组织提议的项目需要涉及或帮助一个特定城市的居民，或者你们要有非营利机构资质。如果你们不符合这些要求，那就试试其他拨款项目。

第五步：撰写申请

撰写拨款申请时，你需要确定你希望解决的问题，制定一个详尽的项目计划，描述希望产生的影响，解释清楚如何对影响进行评估，并且要拟定维持项目长期可持续发展的计划。

第六步：检查，检查，再检查

完成拨款申请的撰写之后，要对其进行一次彻底的检查：你是否回答了所有的问题？是否提供了所有要求的表格以及补充材料？是否遵循了字数及页数限制？是否检查了拼写和语法？你应该找几个人，让他们先研究一下拨款项目准则，然后让他们据此帮你检查一下拨款申请。

第七步：保持乐观的心态

拉夫内特（Ravneet）：不要因为被拒绝而沮丧。当我申请拨款被拒时，我会看谁获得了拨款，然后试着去学习他们的经验。而且，不要犹豫，向拨款方寻求反馈。根据我的经验，有些拨款方会非常愿意和你一起研究拨款申请，并向你解释为什么你没有得到拨款。知道原因对于今后撰写成功的拨款申请非常有价值。

申请拨款事项清单

检查

- 一般申请说明；

- 格式指南（要求的内容、长度及行距等）；
- 提交申请的截止日期。

特别注意事项

- 需要强调的关键要点；
- 在将其纳入申请之前需要研究或复核的内容；
- 补充性文件（比如税务表、合规声明等）。

给自己的期限

- 完成拨款项目背景研究，并准备好申请拨款所需的所有资料；
- 起草申请第一稿；
- 对第一稿进行修订；
- 找到补充性文件。

收尾工作

- 检查申请中的所有内容并确保准确性；
- 核对拨款要求，确保申请已经包括所有必需的信息及表格；
- 由一名团队成员再次对拨款申请进行检查。

拨款申请解析

虽然每个拨款项目的情况各有不同，但是拨款申请通常包含以下部分。

咨询信

有些拨款申请程序中，会以咨询信（或者叫意向书）的形式对申请进行预筛选。这封信需要你概述组织的任务、申请拨款的项目的目的，以及这一项目与拨款方任务的相关性。拨款方可以通过阅读这些咨询信筛选出不符合拨款标准的项目。如果你的项目不符合拨款方的要求，这一程序将让你的组织不必为准备一份完整的拨款申请而花时间和精力。如果需要你提交咨询信，拨款方会在其网站或者申请材料中说明（参见“咨询信组成部分”及“咨询信示例”）。

咨询信组成部分

第一段

- 表明身份：组织名称、项目名称、项目任务。
- 说明请求：具体说明希望获得的拨款金额。

● 项目的内容、地点及时间：你们的项目是做什么的？项目的地理位置在哪里？项目的起止日期？希望获得支持的时间长度？

第二段

● 简要介绍你的组织：组织的任务宣言、目标、历史以及成就。

第三、四段

● 说明你们希望解决的问题以及需求。

● 如果获得拨款，你们将怎样利用这笔资金？请对此进行详尽明确的说明。

● 关于你们提议的项目，如果已经获得了外部支持，请向拨款方详细说明，并解释这笔拨款对现有资金的补充作用。

最后一段

● 为什么拨款方要考虑把款项给你？你要向拨款方说明你了解拨款机构、它的任务以及特定拨款项目的目的等。

● 要对你获得申请机会表示感激。

咨询信示例

拯救黑鲈组织
临水路××号
美国华盛顿州××小镇

××女士
环境保护组织
内陆街××号
美国纽约州××市

尊敬的××女士：

我写信给您是为了咨询拯救黑鲈组织（Save the Sea Bass）申请 1 万美元拨款的事宜。我们希望获得这笔拨款来拍摄一部关于濒危黑鲈所面临困境的纪录片。

拯救黑鲈组织是一家成立于 2010 年的 501(c)(3) 型非营利组织，在同一年，国际绿色和平组织（Greenpeace International）将黑鲈列入濒危物种名录。自成立以来，拯救黑鲈组织已举办了超过 300 场关于过度捕捞及其对西北太平洋海域黑鲈数量毁灭性影响的教育性研讨会。在 3 万余名与会者中，有将近 1/3 的人（也就是 8 613 人）备受震撼并致信当地或国际政府组织，要求它们立法来拯救黑鲈。拯救黑鲈组织的董事会成员已经在政府机构以及议会中多次就这一议题发声，并且因在联合国大会上呼吁在世界范围内实行更为严格的黑鲈捕捞配额制度而成为拯救黑鲈领域最重要的组织。

如今，拯救黑鲈组织作为这一领域的权威，希望通过制作一部主题纪录片来让更多的受众认识到这一问题的严重性。美国公共广播公司（PBS）和国家地理频道（National Geographic Channel）已经承诺在常规播出时段至少播放三次本纪录片。每次播放时的预估观众量为40余万人，这将使拯救黑鲈组织触达的受众数量呈指数级增长。

拯救黑鲈组织坚信，这一项目的目标与贵组织帮助创作高质量的教育性纪录片的使命非常一致。我们已经为这个项目争取到来自环保媒体基金（Environment Media Fund）、行动电影组织（Film for Action）以及海洋基金会（Ocean Foundation）的资金支持，我们希望你们能加入资助者行列来一起支持这部纪录片的创作。

感谢您百忙之中抽出时间来阅读此信。如果您对拯救黑鲈组织或者这个纪录片项目有任何问题，请随时通过 sally@savetheseabass. org 直接与我联系。期待您的回信，希望能获得您的认可进而可以提交一份完整的申请。

此致

敬礼

萨莉·舍洛克

拯救黑鲈组织首席执行官

标题页

一定要让你的拨款申请标题和标题页给拨款方留下一个好的印象。标题应该反映出你们希望获得拨款项目的核心想法。标题页应包括你们组织的联系方式，比如电子邮件地址以及电话号码。

行动纲要摘要

行动纲要摘要是指对拨款申请主要组成部分的概述，包括拨款申请所涉及项目的目的、需求、过程以及评估等。拨款审核人通过这份摘要来决定申请的剩余部分是否值得阅读。

摘要解释的是申请的基本内容：

• 问题：你需要解决的问题或者需要满足的需求是什么？这个问题为什么会存在（根源是什么）？要用上任何你能找到的可以说明这一特定问题的事实或数据。

• 价值：为什么拨款方要在意这个问题？利害关系是什么？

• 结果：你们打算如何解决这个问题？你们将会获得怎样的成功？

• 解决方案：你们具体的行动计划是什么？要说明必要的行动步骤或组成部分、

时间框架以及对结果的评估方法。

- 资质：你的组织有哪些独特的资质适合开展这项工作？
- 财务：为什么你的组织需要资金支持？具体需要多少？你们已经获得了哪些资金支持，或者计划获得哪些资金支持？

组织描述

介绍你的组织，包括组织名称、地点、目的、历史、受众（人口特征）、提供的服务、主要成就以及受益者数量和受益方式。

在最终提交拨款申请时，你需要更新这部分内容，以反映组织的成长或者你们承担的新项目。如果你们是和另外一个组织合作，那么在详述你们的合作情况之前，应分别列明你们各自的资金需求。

目的说明

目的说明是对你们致力于解决的宏观问题（比如贫困）及具体问题（比如社区儿童饥饿）的描述。

需求说明

在需求说明中，你需要就希望解决的问题的重要性以及提议的计划能够带来的影响对拨款方进行说服。你最好提供能够支持你观点的事实和数据，让拨款申请的审核人产生立即行动的动力，而且提供的证据越多越好。

要把自己看作一个向陪审团（在这里是拨款方）陈述案情的检察官。你要做出以事实性证据为支撑的论证，确保陪审团做出对你有利的裁决。我们假设你需要资金为高危社区的儿童开发放学后项目。你需要扩展这一项目，从而为更多的儿童提供一个保护性的放学后项目，你相信这将帮助他们避免陷入麻烦。那么你是否有数据来证明这类项目的作用呢？项目参与者加入帮派、吸毒或辍学的可能性是否更小呢？如果你有自己项目的数据来证明它的影响，比如，项目参与者升入两年或四年制大学的人数增加了 5%，效果是否会更好？与平均水平相比，参与你们项目的学生的辍学率是不是更低呢？总之，可量化的结果非常具有说服力。

描述一个群体需求的数据本身也就形成了一个需求说明。对于拨款申请审核人而言，这是最难忘的方面之一。虽然数据是非常有力的证据，但是那些非量化的内容，比如个人经历、观点、你们帮助过的真实人物的言辞通常才是最有力的证据。他们看到了哪些改变？为什么这些改变对他们如此重要？如果表述得当，个人经历可以和统计数据一样打动审核人。

你要向拨款方展示，为什么你致力于解决的问题比以往任何时候都更加紧急和重要。此外，你要向拨款方解释为什么选择向它们提出申请——为什么你的组织即将取得的成果对于拨款方特别重要？为什么你的组织充分具备解决这个问题的资质？

项目描述

项目描述通常包括四个部分：

- 总体目标与具体目标；
- 方法论或行动计划；
- 人员；
- 评估。

总体目标与具体目标

在总体目标与具体目标部分，你要讨论执行项目能够达到的预期目标。总体目标通常是指，你希望通过解决问题来使现状得到怎样的改观，比如："我们的目标是提升社区内小学生的阅读技能。"

具体目标关注的是在实现总体目标的过程中所采取的每一个行动或步骤，比如："第一项具体目标是在秋季学期启动一个课外同伴辅导项目，来为 50 个英语不及格的学生补习英语。"具体目标比总体目标更加专注于具体事务和进度。具体目标也应符合价值原则（MERITS）：以任务为驱动；基于证据的；现实的，基于资源的；富有影响力和创新性的；可感知和可追溯的；具体的（详见第 21 章）。一个合格的具体目标应该包括你的项目将要服务的预估人数，以及预期将会产生的具体的、可评估的短期结果。

总体目标和具体目标应该与需求说明紧密结合在一起。不然，这可能说明你和你的组织并不了解目标社区、目标问题或者拨款方的情况，尽管你们以为自己很了解。当撰写具体目标时，要考虑可供测量问题的指标和特征，这样你就能知道你是否获得了成功。

设定的具体目标要现实。具体目标要在拨款方指定的期限内（通常是一年）达成。你应该向拨款方展示你已经考虑诸多相关因素，比如：项目地点、社区特点、任何可能需要应对的官僚主义，以及你们组织自身的能力。

方法论或行动计划

在这里，你需要明确地说明达成目标的方法。方法论或行动计划要回答三个基本的问题：

- 如何：详尽地描述所有能把具体步骤和具体目标结合起来的行动。
- 何时：要用时间线的形式来呈现任务，每一个至关重要的项目都要设置截止日期，要设置时间节点来检查你们是否取得了预期的进展。

- 为何：通过援引最近的研究或经验来解释为何采用目前的方法。

最后，要列出并描述你们可能遇到的任何潜在的问题。这证明你们已经考虑到这些潜在的挑战，并且做好了应对它们的准备。要清楚描述发生这些问题时的应急方案。

人员

要明确由哪些人——无论是普通雇员还是志愿者来负责执行和管理你们的项目。要分别用两三句话解释为什么你们认为所选择的人能够胜任。

评估

评估方案应该包括你要评估的领域、评估方法以及评估目的。通过评估可以判定项目是否达成了总体目标及具体目标，并明确需要提升的地方。

一旦你获得一项拨款，有些拨款方会自行评估你们的进展，或者雇用第三方审计人来获取关于你们团队工作的无偏评估。但是拨款方也希望你们用自己在评估方案里设定的标准来进行自我评估。

评估主要有两种类型：定量评估（统计数据）和定性评估（评审经验）。通过定量方法（调查、问卷、行政记录等）收集的数据可以用统计法进行分析，然后以图表等方式呈现。假设你准备启动一个面向高危学生的辅导项目。你可能会说，老师的正面影响自然会提高学生的成绩。但是为了量化这一指标，你需要在项目开始时收集学生的成绩，然后在学期末和学年末再分别收集学生的成绩。任何改进都可以体现在数据上（比如："我们发现，参加了此项目的学生的平均成绩提高了 15%，与之相比，未参加项目的学生仅提高了 5%"）。

而定性的数据体现为主题、想法、事件、个性以及历史等形式。你可以通过观察、访谈以及文件分析等方式来收集这些数据。比如，你可能希望看到参加项目好几个月的学生的自信心有所提升。你可以通过访谈学生的老师来评估这一点，问这些教师是否注意到学生自参加项目以来有什么行为上的改变。

针对不同的测量对象，你需要标明何时以及以何种频率来进行测量。你也有可能需要根据拨款方的要求来评估进展。更多关于如何测量并评估你的工作的内容请参见第 8 章。

实际上，你不必在任何时候都百分之百地达成预期的目标。虽然我们想取得成功，但是我们从错误中学到的东西可能更加宝贵！有时，出人意料的结果教会我们的实际上要比我们起初追寻的结果教给我们的更多。拨款方明白这一点，并且会对那些不断学习的组织产生兴趣。他们希望我们不论能否精确地预测未来的进展，都能向他们汇报我们的发现。他们尤其喜欢资助那些主动弥补自己的缺点并寻找通向成功的新途径的组织。此外，任何时候都要重视和你的同事分享这些新途径。更多分享可行之道的内容请参见第 17 章。

预算

预算就是对你的组织计划如何使用资金的说明。一份周密的预算需要包含所有预计的开支。预算也需要显示你们的拨款及非拨款收入来源（包括已入账的和即将入账的），并包括单独列出的非货币形式的捐赠。这能够让拨款方直观地认识它们的拨款如何成为你们的整体财务计划的一部分。

预算的编制要很现实，并且应该和拨款申请的其他部分紧密结合。这份财务简介往往是拨款审核人首先看的部分，而且有可能是审阅得最仔细的部分。

预算实际上是整个拨款申请中相对容易的部分。方法论或行动计划需要解释清楚项目的执行者、执行时间以及执行地点。你的预算本质上是对这些信息的重述，只不过是以具体金额的形式。

你的预算需要将人员开支（工资和福利等）和非人员开支（租金或按揭贷款、水电煤气等费用、维护费、税费、筹资开支、差旅开支、邮资、设备开支、供给开支和保险费用等）区分开来。对于特定项目的预算，你需要将直接开支（用于项目的人力和物力）和间接开支（整个组织运营特定项目所发生的行政或运营开支）区分开来。间接开支通常应列为全部拨款申请的一部分，而且不应超过总额的 15%。有些拨款方不会资助间接开支，所以一定要仔细核对拨款准则来确认这一点。

一份预算需要包含预算说明（也就是你的申请理由），预算说明需要对预算中的每个条目做具体描述。预算说明可以是紧跟着预算表格里每一个条目的一两行注释，也可以是将预算表格里的每一项都引用过去并用一两段文字做详尽解释的列表。

结论

你的拨款申请应该以一个简要的结论来结尾，结论中应该总结一下申请的要点并再次恳请为你的项目拨款。你要记住，拨款申请是一种说服性的文章，而不是简单地对你希望做的项目加以描述。为了让拨款方同意拨款，你需要对以下两个方面进行论证：(1) 你们有很多和拨款方的任务特别相关的工作需要去做；(2) 你们的组织是做这些工作的最佳选择。你的结论应该明确地表明这些论点。

【小贴士】

在提交申请之前，记得要校对一下申请中是否有错误，检查一下预算概要里的计算是否正确，并且要把整份申请复制一份用于存档。

除非申请指南另有要求，不然，你在结论中应讨论你的项目的可持续性，或者当你申请的拨款花完之后，接下来应该怎么办。你应该告知拨款方在这之后的计划，包括继续实施项目的开支预算，或者是否要把项目带入下一阶段。

总之，目的就是让拨款审核人看完你的申请后对你的项目和组织的未来充满信心。

提交申请之后

提交了申请之后，仔细思考一下你的申请工作，并且要把这当作一次很有意义的经历。不管最后是否成功，申请的过程本身就是一次很有价值的学习经历，而且你应该感谢那些帮助你的人，包括拨款方。如果你的提议获得了拨款，那实在太棒了！如果没有，你也有机会向拨款方寻求反馈，以便更好地准备下一次拨款申请。

但是要记住，申请拨款只是寻求资金支持的方式之一。成功的筹资工作往往都是多管齐下的，包含很多不同的资源获取战略，比如直邮募捐、募捐活动、与企业合作的盈利伙伴关系以及风险资本。此外，成功的募捐不仅获得资源，而且为你的任务提供可持续的支持。募捐和拨款依靠你创建的关系，正是这些关系最终使你的工作合法并可持续。

拉夫内特·考尔毕业于斯坦福大学。她创建了南亚社区健康项目（South Asian Community Health Project），这个项目与纽约大学医学院合作，在纽约为医疗资源匮乏、没有医疗保险的移民提供免费的癌症及心血管疾病筛查服务。

色加尔·哈蒂在本书出版时是耶鲁大学大四学生。她创建了女孩互助组织，并联合创建了全球社会企业女孩智库。她同时就性别意识发展及社会企业家精神等议题担任如下组织的顾问或大使：爱创家青年企业项目、联合国儿童基金会（WVICEF）、世界银行、州立农业保险公司（State Farm Insurance）、美国青年服务组织（Youth Service America）等。

达拉·马萨奇是社区成功写作组织的创始人，她特别擅长通过优秀的文字材料帮助具有社区意识的专业人士来促进他们的工作。她既是写作培训师和教练，也是拨款申请撰写人和编辑。她的获奖著作为《写作引领改变：提升社区影响力的 25 种技巧》（*Writing to Make a Difference: Twenty-Five Powerful Techniques to Boost Your Community Impact*）。

第 23 章

传媒与营销的可行之道

即便你有全世界最伟大的想法，如果不能有效地推广并与外界交流，那还不如没有这个想法。

媒体无时无刻不在改变。我们正处在一个新旧媒体为满足人们沟通的需求而争相做出改变的时代，所以我们应该把媒体看作大众传播的一种渠道：无论是电视、广播、报纸、脸书还是推特，都回答了这样一个问题：怎样才能将信息传播出去？媒体是将你的声音或想法传播出去的途径。你的传媒战略就是要创造、包装并传递你的信息，从而让尽可能多的人接收到它。

本章将介绍如何规划并执行传媒与营销工作。

制定传媒策略

规划传媒推广：明确受众和目标

最大化利用资源

你有两种至关重要的资源：时间和资金。一种资源的充足可以弥补另一种资源的相对短缺。你要弄清哪种渠道可以为你的时间以及资金投入带来最多的回报。所有形式的媒体有一些关键的通用指标：

- 触达度：接收到信息的个体数量。
- 频度：每个个体接收到信息的次数。
- 信息：受众接收到的内容。
- 信息噪声：每个个体接收到的其他营销信息。[1]

设定传媒目标

你理想中的传媒推广是怎样的？新增 100 名会员，在脸书上获得 5 000 个赞，还是获得 10 000 美元的捐赠？在设定目标时，野心要大一些。你不妨看看其他类似的组织是怎么做的。研究一下它们的脸书页面、推特账号以及新闻报道。可以把你们的目标设定得比类似的组织高 20%，或者比自己组织去年的表现高 20%。

了解你的受众

设定的目标必须和你的目标受众一致。如果你想触达熟知互联网的年轻人，那么在线调查要比传统报纸调查更合理，后者更适合年龄较大的人群。要根据目标受众的媒体使用类型来定制传媒推广方案。同时要时刻牢记你的预算，如果没有足够的钱来做广告，那么你可以通过互联网来免费传播你的信息。

选择传媒渠道组合

传媒渠道组合是指你混合使用的媒体（比如在线、广播、电视等）。你是不是主要采用在线病毒视频传播从而造成轰动呢？你是不是想同时在线和在本地报纸上发布信息呢？你要记住，不同的受众使用不同的媒体。如果你想同时把具有不同人口特征的多个群体作为你的目标受众，混合使用多种媒体尤其重要。

明确你的受众

哪些词语能描述你的受众群体的特征？年轻、都市人、受过高等教育？他们通常使用哪种类型的媒体？你可以通过研究官方统计数据以及与目标受众交流来弄清他们使用的是哪些类型的媒体，以及是如何使用的。

有了明确的目标之后，你可以更好地评估成果。

评估成果

在确定目标受众和传媒目标之后，你需要对希望获得的成果设定一个标准。除了达成目标之外，还有一些对于评估成果至关重要但并不一定是凭直觉获知的细微之处。

成员

要衡量成员方面的成果，比统计成员数量更好的方式是看有多少成员积极参与组织活动并为组织招募到新的成员，也就是统计积极活跃的成员数量。

募捐及销售金额

成功营销的最佳体现就是消费者对品牌的忠诚，在这种情况下，他们与你的品牌的良好互动会让其很乐意再次光顾。你可以在顾客下次购买时打折或促销来鼓励这种行为。比如你在销售 T 恤，已经购买了一件 T 恤的顾客在购买下一件时会有一定的折扣。对于很多企业和非营利组织而言，顾客的支持就是它们的生命线。

认知度开发

测量认知度开发的成效的方式有很多。对于社交媒体而言，成效是可以量化的：比如脸书上点赞的数量、推特的粉丝数、YouTube 的浏览量。对于其他形式的媒体而言，要想很好地测量认知度开发的成效，主要看品牌认知度。你可以调查目标人群，看他们是否知道你们组织的名称以及所从事的事业。

让信息容易记忆

媒体中出现的信息需要清楚、简洁、简短。比如美国前总统奥巴马 2008 年竞选时的口号“我们相信变革”（Change We Can Believe in）和百事的广告语“为心态年轻的人而存在”（For Those Who Think Young）。面向消费者的营销用语应该简短、朗朗上口并令人渴望。精心打造广告语的目的是激发渴望，使它们能够紧紧跟随消费者。每当消费者看到这个广告语，就会把广告语带来的积极正面的感受与特定的品牌、个体或想法联系在一起。

广告语或者流行词应该能够传递组织的任务，为什么你们正在做的事情如此重要，以及为什么别人应该加入你们。比如，美国肺脏协会（American Lung Association）的口号是“为呼吸而斗争”[2]，展示了协会的任务（行动主义），事情（呼吸）的重要性，以及为什么别人应该加入他们（每个人都需要呼吸）。

你不妨看一下类似组织使用的是什么口号，然后看看能否将其变得更好并为你所用。把口号和图标或图像组合使用非常重要：很多人是视觉型学习者，他们会把图像和品牌关联起来。现在就开始进行头脑风暴，想出一些流行词或广告语吧，如果你有关于图像的很棒的想法，动手把它画出来。

传统媒体与社交媒体

媒体大致可以分为两类：传统媒体与新媒体。传统媒体就是报纸、广播、电视和杂志等，它们主要是向受众传递信息。新媒体大多是在线形式的，它们既向受众传递信息，又是受众本身。比如社交媒体有脸书、推特、网站、博客和传统媒体（如电视、报纸）的在线形式（因为几乎所有的在线界面都允许用户发表评论）。理解并利用两种类型媒体的细微差别可以为你的传媒推广投入带来更多的回报。

要想通过媒体将信息传递出去，关键在于弄清消费者的使用方式。在这么多的媒体竞争同一消费者的情况下，你的信息要引人注目。这需要你一方面精心打造你的信息——简单又朗朗上口的信息比较有效，另一方面组合使用传统媒体和新媒体来为你的信息宣传造势。理想状态下，如果你的传媒推广激动人心，人们会对你的文章、视频以及网站进行转发，从而让它实现自我持续（病毒式传播）。

为传媒推广制定预算

大多数社交和在线媒体可以免费使用，但是如果你确实想使用传统媒体，就需要了解其广告定价规则。

传统媒体

了解广告投放的关键在于了解其定价机制。广告的定价标准一般是千人成本（cost per mille，CPM）。不同类型媒体的定价不同，即便是在同一家媒体内部，定价也可能会有所不同。无论是电视、报纸、广播还是杂志，越流行，千人成本也就越高。因此，媒体广告尤其是传统媒体广告的花费很高。千人成本因媒体不同而不同。摩根士丹利（Morgan Stanley）的分析员玛丽·米克尔（Mary Meeker）曾发布 2010 年各种媒体的平均千人成本：无线电视 28 美元；杂志 17 美元；报纸 17 美元；有线电视 12 美元；广播 10 美元；户外广告 5 美元；在线广告 2 美元。[3]

如果资金充足，并且希望在传媒推广中组合使用新旧两种形式的媒体，那么在开展传统形式的广告宣传时，和那些有成功经验的广告代理人或个体合作会对你很有帮助。由于采用传统广告形式的通常是久负盛誉的品牌或公司，因此本章将着重介绍如何通过花费很少甚至免费的访谈和社交媒体互动来开展广告宣传。

互联网

对于企业和非营利机构而言，在线广告往往是最经济可行的形式。在线和社交媒体的独特之处在于，你可以简单地通过成为热点或与用户互动来免费推广你的品牌。此外，你可以花费少量资金在对你们有价值的网站或者谷歌广告（AdSense）这样的平台发布展示或条幅广告。社交媒体是与用户互动并推广你们想法的绝佳方式。

成为一个媒体人物

吸引媒体的注意力并提交新闻稿

为了获得媒体的注意力并产生热点，最好的方式之一是先从当地的媒体入手。运用本地媒体，你可能仅仅发送一封电子邮件就获得了媒体关注，而不一定要撰写一份新闻稿。假设你是一所大学的学生，你想让校报刊载一篇关于你的事业的文章。一种方式是：向报纸的编辑写一封信（写给编辑的信件示例请参见第 24 章），然后由报纸将其发布在社论观点板块；或者把你们的故事作为新闻来发布。如果你认识校报记者，可以直接向他们发送电子邮件，或者请他们为你介绍其他人。接触记者时，要记住以下原则：

● 记者需要新闻来撰写文章。你在写邮件时，要突出事业的新闻特征。它是不是校园里第一个这种类型的组织？是不是刚刚获得一个奖项？要着重强调这为什么是新闻，以及人们为什么想知道这件事。

● 有时，有些记者可能不会采用你的故事。这没什么，继续接触别的记者，看他们是否愿意采用你的故事。如果你在新闻机构里有认识的人，那样最好。如果没有，那就试着从外围突破，找到愿意为你发布新闻的媒体人。报纸、广播、杂志等媒体都可尝试一下。

● 没有不好的媒体。你的故事应该适合在任何媒体发布，你要寻求通过任何渠道来提高知名度的机会。

如果你无法接触到校报这样的当地媒体机构，不得不（或者想要）直接接触你所在区域更大型的报纸或者其他类型的媒体机构，那么你需要撰写一份新闻稿。发布新闻稿的目的是向各媒体机构发送一份你的新闻故事的概要，同时附上你们的联系方式，以便对方引用或者向你们获取跟进信息。从本质上讲，新闻稿是一篇事先写好的可供媒体机构尽快发布的文章，前提是它们觉得适合发布。新闻稿有四个核心组成部分[4]：

● 你的联系方式，以及时效标记，比如“即刻发布”。

● 一个行动性的标题和一个详尽的副标题。

● 新闻稿的正文：正文要控制在几段之内，要用生动的语言来讲述你们的故事。你们需要在正文中强调这个故事的激动人心之处以及它的新闻价值。

新闻稿写好之后，你要把它通过电子邮件发送给所有你认为合适的媒体机构的编辑或者记者，这些媒体机构包括但不限于报纸、杂志、电视、广播、在线媒体等。如果你没有得到任何回应，那么可能是因为它们可用的空间有限，或者它们对你的故事不感兴趣。你可以发送一封跟进邮件或者致电提醒他们看一下你的故事，但是不要让别人觉得你是在滥发邮件。和处理任何关系一样，在与媒体打交道时，要恭敬有礼，体现专业态度。

如果一家媒体决定采用你的故事，那么它很有可能会采访你。接下来，我们讨论如何与不同类型的媒体交流来将你的信息传递出去。

电视访谈

接受电视访谈，尤其是直播访谈，是一件非常激动人心的事情，但同时也可能会让人非常伤脑筋。

> **麦肯齐**（Mackenzie）：在大学时，我接受了一档全国性电视节目《今日秀》（Today Show）的直播访谈，当我走向直播间时，我感到自己马上就会晕过去。那是我接受过的最大型的一次电视访谈，也是我生命里最美好的经历之一。它让我认识到面带微笑不疾不徐地说出简练信息的重要性。

- 在与记者对话之前，先准备好你想传递的信息。你要问自己，我想传递的信息是什么？我最想让大家听到的是什么？
- 分解你的信息，提炼出最重要的部分，形成一个 10 秒钟的片段。电视访谈通常会被剪短，你很有可能被问到这样的问题："我们只剩下几十秒的时间了，请告诉大家，你们发起的运动最让人感兴趣的地方是什么呢？"这时你应该早就准备好了，把你的信息以清楚、简练的方式传递出去，让电视台可以直接采用，或者将它剪辑成一个 20 秒左右的片段。
- 发言时要不疾不徐。这适用于所有形式的媒体，尤其是电视。要从容不迫地发言，善于使用面部表情，发音要清楚。

> **麦肯齐**：在《今日秀》上，对我而言最重要的是，让人们知道持续为一个无烟的明天而努力的重要性。这不仅仅是因为我的父亲死于吸烟导致的肺癌，也是因为这是一个至关重要的公共健康问题。

- 保持微笑。电视会同时传递你的信息和你的形象，所以保持开心和友好会使你的任何言行都更加容易让人接受。
- 在开始回答之前，先仔细聆听问题。这能够让对话保持流畅，也有利于你在发言时组织你的想法。如果记者问你："你认为你所做的事情最有益的地方是什么？"你可以这么回答："我做的事情最有益的地方是帮助那些弱势的儿童和青年，保证他们有一个更好的未来。"这样一来，如果你的回答被剪辑成一个片段，编辑可以选出你答案的关键部分，而且相关内容听上去会很自然。如果你直接回答"帮助弱势儿童，这真的很棒"，记者和新闻编辑可能就无法剪辑了。

电视出镜的时尚

在接受电视访谈时，你应该穿得像去参加一次工作面试那样，因为这本质上是一回事：参加电视访谈时，你的角色是你的组织的发言人。着装大致上应该是商务便装的风格（女性着套装或裙子，男性着西装）。以下是一些建议。

女性

● 套装：套装是永不过时的、优雅且时尚的。去买一套可以让你看上去更自信的套装。至于下装选择裤子还是裙子，取决于你，只要适合你就好。

● 裙子：漂亮、有品位的裙子看起来会非常棒！要选择漂亮而简约的花色，让你很上镜并自我感觉良好。

● 鞋子：一双合适的商务便装鞋应该是非鱼嘴型的、矮跟且不过于显眼的。要避免穿人字拖或运动鞋。

● 珠宝首饰：适合出镜的珠宝可以在不让观众分心的同时为你增添一些风采。著名设计师香奈儿曾说过："出门之前，少着一件。"[5]这说明简约的优雅是更好的选择。通常来讲，你可以在耳环、项链和胸针中选择两种。

● 头发与妆容：这是你的形象最重要的部分，因为观众在听你发言时会看着你的脸。你的头发与妆容应该干净利落，比你平时的装扮更加精致一些，让你感到自信。头发稍微做下造型效果会非常好。化妆要达到的效果是美化肌肤和外形。至少要涂一些润唇膏，这是因为当我们的嘴唇干燥时，我们经常会下意识地舔嘴唇，从而不容易保持微笑。头发和妆容的任何一个地方都要避免浮夸和耀眼。修饰之后，你应该看上去只是比平时更精致一点。

男性

男士应该西装革履。如果有发须，要确保它们整洁，而且发型要简单。通常来讲，推荐男士穿黑色或蓝色系的西装，并搭配一条合适的领带。

● 西装、衬衫与领带：衬衫和领带的颜色搭配一般要么是反差色系（比如黑和白），要么是同一色系（比如亮蓝色和海军蓝）。要确保把领带打得很好，如果你不会，那就找别人帮忙。

● 合身：你的衬衫应该很合身，裤子应该接触鞋面，但不能触地。

● 袜子：当你坐下时，袜子会露出来，所以袜子应该和裤子的颜色一致或者接近。

● 腰带与鞋子：你的整套着装最好是同一个色系，比如黑裤子、黑腰带、黑皮鞋。

纸媒访谈

当你接受纸媒访谈时，除了你可以花时间来仔细选择措辞外，接受电视访谈时的大部分建议同样适用。如果需要拍摄一张你的照片来为文章配图，那么接受电视访谈时的着装礼仪在这里也同样适用。接受纸媒访谈时要注意以下方面：

● 要准备好用简练的语言传递出你想表达的具体信息。要提前准备好措辞，并想办法将之用在访谈中，特别是在访谈开始的时候。在访谈中，当被问及和你们的工作有关的重要统计数据时，最糟糕的回答就是"我不确定"或者"我不知道"。所以一定要掌握相关的例子和数据。如果你确实不知道，你可以这么说：“我不清楚那个特定的数字，但是我知道，每五个人中有四个……（在这里引入新的数据）。”纸媒访谈的关键在于给出清楚、简练、众人熟知的并且容易融入你的故事的说辞。

● 要谨慎地选择你的措辞。在访谈中，一般来讲你向记者说的任何话都有可能被写进文章，所以回答问题时一定要先考虑清楚。你不是在接受电视直播访谈，要打磨好你的答案，并用准确的语言表达出来。记者有可能会引用你的原话，甚至把每一个“嗯”或“呃”都写进去（特别是如果这位记者对你并无好感的话）。在纸媒访谈中要做到从容不迫和一丝不苟，因为你说出的每一个字都很重要。

● 永远不要说“私下讲”。有些记者会尊重这一点，但是有些记者不会。一般来说，如果你打算对记者讲一些私下说的东西，那你最好还是什么都别说。

有些记者允许你在文章发表之前先看一下，确认所有引语和信息，有些记者则不会这么做。所以你要假定你对文章没有最终的决定权，这也是在访谈中做到准备充分和从容不迫如此重要的原因。

广播访谈

广播访谈通常当面进行，或者通过电话与主持人对话。以下是关于广播访谈的一些建议：

● 提供清楚而简练的信息。这在广播访谈直播中尤其重要，因为你可能只能在主持人说笑的间隙发言。所以你应该把信息归纳为一句话，比如：“我创建了州内大学癌症组织，以增进大家对癌症早期检测的认知，让更多的人免于遭受那些及早发现就可以治疗的疾病。”在访谈中，你要试着将每一个回答都引向你想表达的主要信息。

● 发言时保持微笑。听众能从你的声音中感受到你的微笑，笑与不笑留给听众的印象是不一样的。

● 少说，慢慢说。好的广播访谈的关键在于清晰地表达简练的信息。不要长篇大论或讲圈内笑话，只要把信息传递出去就好。

● 在访谈中以不同的方式重复你的信息。这有助于听众完全理解你的信息，而且能吸引刚收听到你的访谈的听众的注意力。总之，只要将你的每一个回答都指向你想传递的信息就对了。

危机管理

下面是关于应对不好相处的访谈者、缓和负面报道带来的影响以及纠正传媒失误的一些建议。

应对不好相处的访谈者

不接受可能表现粗鲁或和你争论的人的访谈邀请是常识，但是有时也会发生这种情况：你接受了某人的访谈邀请，但是开始访谈的那一刻，你突然意识到这个人是你的反对者。偶尔你会发现自己处在这样一种情形中：你面对的是一个坏脾气的或者对抗性的记者，他提出贬低你的问题，试图惹恼你或者奚落你。这时一定要记住，最重要的是保持冷静。惹恼你的人通常想看到你愤怒的反应，因为负面的反应或者争议可以吸引更多的受众。

假设你正在广播访谈里为保护动物权益进行呼吁，主持人却说："你正在为保护动物权益进行呼吁是吧？嗯，那我就是喜欢吃肉！为了吃肉我可以亲自去杀死那些动物。你想不想来一个牛排三明治呢？我可以让我的助理马上就给你拿一个。"像这样令人激愤的话就是想有意引起你的防卫性反应，从而引发争论。这时候要忍住，千万不要和对方争论。对此最好的回应是礼貌地把话题引回你关注的内容——比如："很高兴我们能谈到这个话题。我知道素食主义并不适合所有人，但是我希望即便是肉食主义者也认同一点，那就是我们可以为那些献出自己的生命来成为我们盘中餐的动物做些什么，让它们避免遭受过度折磨。"在对话中，即便遇到最难堪的情况，也要保持积极和专业。如果你做出负面的反应，经剪辑后可能令你看上去狭隘、好斗和极端。所以不要给你的批评者留下任何把柄。

缓和负面报道带来的影响

有时你们的某项活动、某场表演或者某种类型的推广会可能招致一些负面的评价或者批评。这只是营销和媒体传播的一部分，不要太往心里去。相反，你应该把它作为经验来学习，如果你负责的组织被媒体批评，你应该看一下批评者批评的理由是什么，并弄清如何优化你的信息来使之替代批评者的信息成为新的焦点。

比如，你成立了一个解决美国饥饿问题的组织，一家报纸就使用美国的肥胖数据来攻击你们的事业。那么下一次当你们进行媒体推广时，要阐明你们关注的是低收入儿童群体的食物缺乏问题。不要无视对你们的批评，你应该据此来衡量你们是否将想要传递的信息清楚地传递出去了，以及信息是否涉及你们的事业面临的最急迫的问题。

你总会与那些反对你或你的解决方案的人打交道。但是你需要确保一点：他们之所以反对你，是因为真正反对你，而不是因为你没有适当地将信息传递出去。

纠正传媒失误

有可能会发生这种情况：你前一天接受了一个访谈，第二天你发现访谈者错误地引用了你说的话，或者你自己讲了一些错误的内容，引用了错误的数据，或者访谈者写了一些令人不快的内容。这时候不要慌，有一些方法可以纠正这些传媒失误。

- 如果文章是在线或者纸媒刊发的，立即致电或发送电子邮件要求更正。大多数媒体机构会修正错误的内容，因为这也会影响到它们自身。看在双方信誉的份上，要尽可能及时地提供正确的内容。

● 如果是电视、广播或者其他的直播访谈，那么你已经无法挽回，但是你可以使用其他形式的媒体来纠正错误，并通过之后的访谈来缓和这一问题。假设你在一次电视访谈里错误地引用了一项统计数据，那么你可以使用社交媒体来承认并改正这一错误，或者确保在下一次访谈中援引正确的数据。

没有人是完美的，关键是你要抓住机会立即纠正错误。

通过社交媒体创建在线品牌

在线和社交媒体既是向受众传递信息的途径，也是与他们进行互动的渠道。社交媒体关注的是持续产生的、频繁更新的、互动性的新内容。它为支持者和客户提供了以前无法实现的与品牌进行互动的途径。

创建一个网站

要想通过在线媒体发展品牌，最重要的方式之一是创建一个网站。如果你是一个新手并且不会编程，那么最好的办法就是找一个有这方面经验并愿意免费或低于市价为你们建立网站的朋友或同学。如果你认识的人不愿意免费做，那么你创建一个网站的花费至少需要 100 美元。

【小贴士】

为你们的品牌设计一个标志是一件重要的事情。如果你的朋友有设计标志的经验或技能，不妨请他们帮忙。不然的话，你也可以用现成的标志设计软件来设计。要避免使用俗套的图案或者剪切画，尽可能保持标志简洁。

就设计而言，网站的基本布局，特别是主页要有条理和专业化。图 23-1 是一个示例，它包含了每个网站应该有的几个关键要素。

● 标志：标志通常位于网站的左上方。

● 捐赠方式：对于任何非营利机构而言，捐赠方式都是至关重要的，所以关于捐赠方式的指南应简单醒目。创业企业通常会在此列出赞助者以及主要的投资人。

● 表达性的照片：发布一张可以传递你们组织任务的照片。

● 关于我们：这部分内容需要描述你们的任务和故事。

● 图片与媒体：你们可以在这里展示组织的照片、活动以及视频等内容。

● 联系我们：在这里列出联系你们的最便捷方式，以及你们的社交媒体链接。

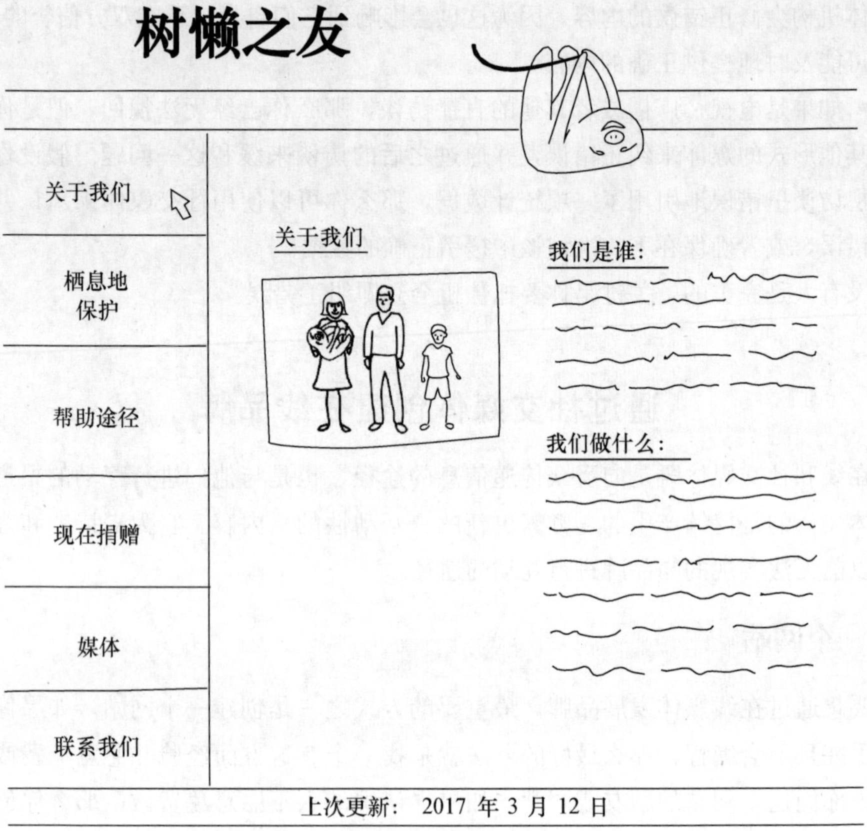

图 23－1　创建一个网站

这些是一个网站的基本组成部分，你也可以根据你的传媒目标自由地添加其他板块，比如："参与活动""购买""告诉你的朋友"等。你的网站应该干净、整洁和有序，长度和详细程度不超过必要的需求。

首先，你需要选择并注册一个域名。当考虑域名时，先通过 whois. net 确认一下你想注册的域名是不是已经被别人注册了。如果是的话，你可以联系一下域名所有者，看他们是否愿意将域名出售给你。不然，选择另外一个域名。注册域名有两个要点：(1) 选择一个在你可接受的价格区间内的域名类型（. com 和 . org 域名通常每年花费 10 美元左右）；(2) 创建一个适合你们品牌的域名。假设你注册了 humanrightsaction. com，那么你最好也把这个域名的 . org 和 . net 一并注册了。这样可以保证人们在输入"humanrightsaction"的相关域名时，只会进入你们的网站。

在选择并注册了域名之后，下一步就是找一个可以建立网站的托管平台。你可以在网站托管平台上建立并调整你们的网站。有时域名注册服务商也提供这种服务，有时你需要另外寻找网站托管平台。

下一步就是独立或同网站开发商一起设计并建立你的网站。网站的设计必须是用户友好型的，如果你的网站很难导航，需要很长时间才能加载完成（要尽量少使用 flash），或者文字太多，用户会很快感到厌烦而离开。

网站的设计同时应该是经典和永不过时的，这样你就不必像社交媒体站点那样频繁地更新（但是，当你每个月更新一次网站时，一定要通过社交媒体让大家知道你们进行了更新）。在设计中，如果可能，要多使用图片。照片（尤其是人的照片）比剪贴画图案等更吸引人。

如果你的组织在寻求捐赠，那么你们可以很容易地在网站上设置捐赠板块。最好能让人们通过 PayPal 或者其他在线或信用卡平台来直接进行捐赠。最后，要确保通过链接把你们的网站和社交媒体关联起来。应确保你的社交媒体网站能够把所有的资源连接在一起。

脸书

根据你们的传媒推广目的，脸书可能和你们的网站同等重要甚至更加重要（而且脸书是免费的）。脸书页面可以向用户传递信息并与他们互动，让他们实时了解你们的新闻、信息、照片等。要确保你们组织的每一个成员都为脸书页面点了“赞”，并把它发布在自己的脸书状态里。讨论你们的页面的人越多越好，因为这会在你们的脸书信息流里形成“趋势”。需要注意的是，如果你的社交圈里大多数人不使用脸书，而是使用其他社交媒体平台，该原则同样适用。无论在哪个社交媒体平台，你都希望人们在这个在线空间里讨论你的组织并与之互动。

这样一来，你就可以使用脸书来聚集其他你们正在运营的媒体形式，比如推特和 YouTube。创建一个推特账号并把它链接到你的脸书页面，是在社交媒体多线作业的好办法，你也可以把 YouTube 视频和活动的照片发到脸书相册里。一般而言，社交媒体的主要目标就是聚集一批支持你们并与你们互动的受众，这些受众对你们的事业感兴趣，并且愿意为你们组织的成功做出贡献。

以下是一些关于脸书的建议。

● 主页或主题照片：由于这是公开展示你们组织的图片，因此要选择高像素的、能够传递组织任务的照片。这张照片对组织而言要有很大的意义。另外可以选择一些简单的图片，比如你们的标志。

● 照片：在你们举办的活动、会议等场合，要拍摄大量照片。在脸书上发布这些照片时，要加上这样一句话：“如果你与我们的脸书页面进行互动，就可以在我们的照片上看到并‘标注’你自己。”这样一来，与你们的页面进行互动的人数会立即增加，而且大家一定会去查看你们的活动照片。

● 视频：你们可以在这里展示自己的 YouTube 视频、电视出镜片段等，也可以在这里上传活动视频，并鼓励大家在视频里“标注”他们以及他们的朋友。

• 点赞数、粉丝数、订阅数以及/或者会员数。这些是与你们的页面进行互动并关注更新的人数。这个数字应该会持续增加，因为它反映的是积极参与你们的事业并查看更新的人数。

• 状态更新：你是不是只在对受众有所求（比如捐赠或投票）的时候才更新状态？最好还是从关注受众的角度出发，经常发布一些与组织当下话题密切相关的内容。

• 用户评论管理：发布内容之后，你通常会收到来自读者的评论。你要对这些评论进行回复，并处理任何负面或垃圾评论。虽然鼓励对话和允许发表不同意见非常重要，但是如果有用户发表令人愤怒或者谩骂性言论，那么要确保有人对页面进行监控并快速删除相关评论，并禁止这样的用户再次发表评论。

推特

推特是一个微博客网站，它代表的含义是“Text Whatever I'm Thinking to Everyone Reading”（推我思，致众知）。推特的用户可以向所有读者发布单条140个字符以内的短消息。和脸书不同的是，推特用户通常每天可以发布多条消息。以下是关于成功使用推特的一些建议。

•“关注”以及“被关注”：关注别人的推特会增加你被关注的可能性。注册了推特账号之后，不妨去搜索和关注一下与你们类似的人和组织。

• 经常发布消息：推特的目的在于发布实时新闻。比如：“刚刚募集了我们的第一个1 000美元！每一分钱都将用于帮助无家可归者！超赞的一天！”或者“这是我们第一次参加非营利机构的比赛，点击网址来投票支持我们吧！”

• 转发更多的相关新闻。这不仅能够帮助你发展推特上的社交网络，而且能增加别人转发你的新闻的可能性。被别人转发非常有意义，因为与你自己发布消息相比，这能触达更多的受众。这还能显得你与你的联系人的互动更为密切。

• 直接发送消息，回复别人的消息，并在推特上与别人互动。你与别人互动得越密切，你们的推特账号的推广效果就会越好。

• 把推特和别的社交媒体链接在一起。你可以把在推特上的更新链接到脸书和领英（LinkedIn），这可以让你同时在多个社交媒体平台上发布内容。

YouTube

YouTube是在线分享视频的网站。你可以创建一个账号，把你创作的视频上传供大家观看。用户可以通过为你的视频点赞或给差评等来给予反馈。由于YouTube的评论通常是匿名的，因此很多评论可能是负面的，但是你不应把这些评论看成是对视频质量的客观评价。如果你不想时时审阅评论，可以关闭视频评论功能。

创作 YouTube 视频时，要保持简短（最好是 2～3 分钟），确保高质量的画质和音质（如果观众无法听清或看清，他们会立即对这个视频失去兴趣）。对于预览图，要采用你的视频里最多彩或者最吸引人的那一帧。

如果你计划上传很多视频，可以创建一个自己的 YouTube 频道。这样一来，用户就可以订阅你的频道，观看所有你上传的以时间顺序排列的视频。

博客

人们使用博客的原因有很多：有些人把博客当作记录他们生活的在线日记；有些人把它当作自由地书写他们认为有趣的东西的一种方式。如果你们有很多内容需要发布，篇幅过大而不适宜发布在脸书或其他社交媒体上，那么博客是一个不错的选择。除了创建程序更加简单、发布内容按时间排序之外，创建一个博客页面和创建一个网站页面没有太大区别。

和推特类似，你也可以关注或订阅别人（比如你们的潜在合作者或者竞争对手）的博客，他们也可以订阅你的。大多数博主会每天更新一次博客。如果你决定把很多内容放进你的博客，那么要确保你的其他社交媒体资源能将读者吸引到你的博客。要注意的是，你可以通过博客发布有趣的新闻文章或者类似组织的链接，也可以在此寻求募捐或者招募志愿者。

管理你的媒体资源，获得支持者并迅速传播

管理好媒体资源非常重要，因为比没有媒体宣传更糟糕的是负面的媒体宣传，所以你要维护好媒体资源。如果你们注册了一个脸书账号，就需要每天进行维护：更新状态、回复评论，并删除垃圾性或辱骂性的评论。对于推特而言，要每天发送两三条消息，转发几条消息，并且回复直接发送私信给你的人。对于 YouTube，你要监控所发布视频下方的评论，并及时回复评论区里的任何问题。这些做法同样适用于其他类型的媒体。比如，你们的网站要尽可能频繁地更新相关信息。对于社交媒体而言，付出才有回报。

你要创造一个能够向你的受众传递信息，与他们进行互动并吸引他们注意力的品牌。如果你要传递一条信息，需要保证你在营销和传媒推广中做的每一件事都能反映这条信息。你的事业是让明天更美好。你要通过每一条推特消息、每一个状态更新、每一个 YouTube 视频的营销来使你离理想的明天更近一步。

麦肯齐·劳里毕业于哈佛大学，以最优异的成绩获得了历史与科学学位，并辅修了全球健康

与健康政策。她是一个经验丰富的反烟草倡议者，并因她的成就被《魅力》(*Glamour*) 杂志评为 2010 年最杰出的十名大学女性之一。她想在此对阿哈那·查特帕德哈亚（Arhana Chattopadhyay）、哈尔·霍夫曼（Hal Hofman）以及埃琳·安杰洛提（Ellyn Angelotti）的支持与奉献表示感谢。

第 24 章

行动主义的可行之道

我得出一个结论：政治是如此重要的一件事，以至于不能交给政客这样的人来处理。

——夏尔·戴高乐

解决一个问题的方式有很多种。如果你想解决你所在社区的无家可归问题，可以选择为食物银行组织一次罐装食品募捐活动，在一家施粥处做志愿者，或者为避难所捐款。所有这些都是很好很有爱心的做法。但如果你想从根源上解决这一问题，那么你就需要追溯造成这一局面的社会层面的因素：高失业率、有限的心理健康服务资源、面向低收入群体的永久住房供给匮乏。如果你想在影响深远的社会层面带来改变，那么你就需要为自己的行动计划加入一项新的元素——影响公共政策。那么你如何施加这一影响呢？通过行动主义。

行动主义——公开发声，最好是一同发声，以解决问题根源的方式来改变我们所处的环境——旨在对和我们每个人都息息相关的法律施加影响。对此你可能会说："我没有时间（或者精力、金钱、经验——或者所有这些）来做这件事。"这反而会更好，因为通常你对政治越是涉足不深，你越可能拥有更大的影响力。因为这样的你在官员心中意味着"真实的美国"。他们会认为你没有暗藏的动机（比如和说客们相比），所以你的观点会被认为更加真实，并且可能代表了你的邻居（比如选民）的观点。

但是这样做值得吗？当然值得！政治行动主义之所以激动人心，是因为这是一个高风险的"游戏"。你带来的改变有可能影响数以千计甚至百万计的人的生活。这并不是说你应该停止在施粥处做志愿服务，转而实践行动主义。但是如果你想让更多人的生活变得更轻松，想让你带来的改变在你离开之后仍能长久持续，就应该尝试改变社会的"游戏规则"。

本章将教你如何实践行动主义，指导你如何有效地谈论你的事业，影响政府官员以及让更多的人了解你的主张。

完善你的提议

进行分解

充满激情的领导者往往会高估人们能够接收的信息量。研究显示，一个人的工作记忆或者短时记忆最多可以同时记住 5～9 条信息。随着信息变得越来越复杂——从字母到音节，到单词，再到句子——人们能记住的东西越来越少。[1] 如果信息的内容丰富，那么短时记忆记住一条以上信息可能都会很困难。长期记忆能够存留的信息会更少。

这项研究的用处是什么呢？它说明了记忆的重要性，因为人们只有记住信息才能根据信息来行动。因此，你的信息应该尽量简短，突出最基本的内容。特别是当你第一次向别人介绍你和你的事业时，他们只会接收最重要的信息点。

凯瑟琳（Katherine）：我通过参加由业内领先的高诚公关公司（Golin Harris）举办的培训，学会了如何提炼想法，它采用的是一种三管齐下的信息表达方法。

1. 确定一个问题：问题是什么？为什么大家应该关心这个问题？
2. 指向问题的源头：为什么这个问题会存在？谁应该对此负责？
3. 得出一个解决方案：你认为应该如何解决这个问题？你的解决方案应该说明问题的根源，以及你的组织及受众在解决方案中的角色。

针对每一项，把你的想法缩减成一句话，最后得出的就是关键信息。凯瑟琳在高中时创建了一家名为“Ignite”的致力于反烟草行业的非营利机构，以下是提炼这家机构信息的例子。

（1）确定一个问题：“烟草公司在世界范围内生产致命性的上瘾产品，并向年轻人推广，这造成了极大的公共健康危机，仅在美国，每年就有 44 万余人死于吸烟引发的健康问题。”

（2）指向问题的源头：“政府官员总是从政策上为烟草公司开绿灯。”

（3）得出一个解决方案：“这就是我们建立 Ignite 的原因。我们要求政治家通过保护民众的法律，而不是保护利润的法律。”

形成这些基本信息之后，接下来就要面对公众重复、重复再重复！记住这三个要点，你就有了一段时长 30 秒的可以向任何人宣传的完美提议。

学会讲故事

对于大多数人来讲，即便是令人震撼的大量数据也不如一个故事更让人动容。在你的提议中加入一个真实的故事可以帮助人们识别出那些被问题影响的人，而数据调动的是大脑中更具分析力的那部分。无论你是在与一个人对话，还是在向千余人发表演讲，你需要根据当时的环境准备好一个时长 30～90 秒的小故事。你可以用一些现实生活中的例子来展示你讨论的问题、问题的根源以及解决方案。

凯瑟琳：每当谈及尼古丁上瘾问题，我就会提起道格，他曾经看过 Ignite 的一次街头游行。吸烟数十年之后，道格患上了非常严重的肺癌，医生不得不将他的一部分肺叶切除。接受外科手术之后，即便有了强烈的戒烟意愿，他仍然无法戒除烟瘾。我告诉他，在过去的七年间烟草公司已经将香烟中尼古丁的含量增加了 10%，使得吸烟者更难摆脱尼古丁的控制。我跟他说："这些公司没有权力让戒烟变得更难，这非常不公平。"他回答说"没错，这不公平"，然后深吸了一口烟来平息自己的情绪。

小故事展示了大问题对人们的影响：烟草公司正有意识地制造致命的上瘾产品。你在讲述这样的故事时，听众想象的不是电子表格或者统计回归现象。相反，他们看到的是道格这个人，虽然罹患肺癌，但是在街角和人聊天时还是忍不住会吸上两口。这能够让大家意识到，政府官员对烟草公司的放纵已经给个体带来了真实的严重后果。

避免常见的错误

凯瑟琳：卡佳·安德森（Katya Andresen）的著作《罗宾逊式营销：偷师大公司的智慧来推广公益事业》（*Robin Hood Marketing*：*Stealing Corporate Savvy to Sell Just Causes*）让我意识到自己的一个思维陷阱：遗忘受众的价值。通常，我们试图说服人们来响应我们的号召。我们的邮件可能会这么写："来参加我们的下一次会议吧！全球变暖的趋势必须停止。"无论是让人们了解一个新的事实，还是请求他们投票、捐款或者参加集会，我们通常是先做决定再接触他们。我们先弄清需要什么，然后试图向受众证明为什么他们应该关心我们提出的问题，为什么我的信息是有价值的。安德森指出了我们漏掉的很重要的一步：根据目标受众的价值观和需求来调整我们的提议。[2]

换言之，要进行换位思考。受众在想些什么？我们需要的是什么？怎样能够激励他们加入我们？你应该根据这些信息来调整提议的措辞或内容。这样一来，双方的需求就可以很好地结合在一起，而不是你们单方面地向对方提出请求。

聚焦于积极面

我们会模仿与自己类似的人去做事。所以，凸显你已经从大家认识的人那里获得支持，能够帮你获得更多的支持。相反，如果只强调你们多么迫切地需要帮助，可能会让大家好奇为什么自己的同辈都无动于衷。行为学家艾伦·格伯（Alan Gerber）和托德·罗杰斯（Todd Rogers）的一项研究显示：如果打电话给潜在投票者时强调预计投票的人很少，那么潜在的投票者参与投票的可能性会变得更小。如果在电话中说明预计投票率很高，那么潜在的投票者参与投票的可能性也会增大。[3] 根据这一结论，你可以通过强调已经获得的支持来获取更多的支持。

发出一个行动号召

有效的行动主义应该包含一个具体的行动号召，这个号召需要告诉受众应该怎么做来支持你们的事业。它的内容可以是在请愿书上签字、写信给新闻编辑、投票或者其他完全不一样的东西。行动号召意义非凡，因为人们倾向于屏蔽有关坏结果的消息，除非有人告诉他们如何轻易地避免这些坏结果。社会心理学家霍华德·利文撒尔（Howard Leventhal）和其他研究者在 20 世纪 60 年代发现：只有以清楚的步骤告诉大家如何接种疫苗，关于破伤风严重后果的强硬措辞才会提高个体接种破伤风疫苗的可能性。[4] 没人愿意了解一个他们无计可施的问题，除非为他们提供一个潜在的解决方案。

好的行动号召往往是以“写”“告诉”“来”这样的动词开头的。行动号召不宜写得过于宽泛：“支持我们的军队”就不是很好，因为这一信息并未解释清楚应该如何支持军队。如果你无法想象别人响应行动号召的场景，那么说明它还不够具体。更好的行动号召应该是这样的：“前往 ThanksArmy. com 为我们的军队发出一条信息吧！”

【小贴士】

如同有效的行动主义运动一样，好的行动号召通常也是本地化的。通常而言，一个议员代表的选民越少，你越容易说服他来支持你。而且这样也更容易保持参与者的参与度，因为人们希望看到他们的努力获得回报。出于这两个原因，把焦点放在市议会或州议会上能使你们的影响最大化。

无论你向大家请求的是什么，最好能制造机会让大家公开承诺采取行动。做出承诺应该很简单，比如在一张签到表上签名，在线签署一封请愿书，或者口头向一个组织的领导者确认将会参加一项活动。社会心理学家安东尼·格林沃尔德（Anthony Greenwald）和同事的研究显示这个步骤十分重要：被问及是否会去投票的人前去投票的百分比要比没有被问及的人高出 25 个百分点。仅仅多问一句就能促进行为的改变。另一项研究讨论了参与者参加志愿服务的可能性。研究人员把参与者分成了两组。在一组中，参与者需要填写一份表格来报名；在另一组中，参与者仅需留下一份空白的非志愿表格就可以表达自己参加志愿活动的兴趣。虽然两个组中参与者同意参加志愿活动的比例类似，但是前者实际到场参加志愿活动的可能性比后者要大很多。[5]所以说，行动孕育行动！

影响权势人物

做证

做证听上去有点像你在法庭剧里看到的场景，但在现实中并非发生在法庭上，而且没有想象中那么难：你只需要在几名议员面前就他们考虑的议题花两三分钟发表你的看法，然后回答他们可能会提出的问题。以下是如何做证的建议。

1. 找到影响你关心的问题的立法，然后了解一下在任官员什么时候会讨论这项立法。

- 输入这一问题的关键词以及市议会或州议会的名称，在线搜索相关内容。
- 通过在线报纸搜索关于相关立法的报道。
- 致电相关政府部门，询问你感兴趣的法案是否已经安排公开的听证会。
- 联系当地致力于解决你关心的问题的游说联盟。这样的团体通常会协调发言者在在任官员面前做证。

2. 引用来自专注于研究的无党派组织的论据，或者政府机构的论据。这些信息来源往往会显得比有特定目的的游说组织更加公正。比如，如果你计划使用来自立即终止艾滋运动（Campaign to End AIDS Now）的资料（对于立法者而言这听上去可能存在偏见），那么一定要循着脚注找到信息的来源。这些信息很有可能来自像国家健康研究院（National Institutes of Health）或者世界卫生组织（World Health Organization）这样的无偏见组织。

3. 在撰写发言稿时，加入一些关键性事实。要提前练习发言，最好能把发言要点记在索引卡片上并随身携带。

4. 发言要真诚有礼，有说服力、个性化、简洁。内容应当包括：

- 你是谁。
- 你要传递的三项关键信息：问题是什么；问题的根源是什么；你认为在任官员应该如何解决这一问题。
- 有可能的话，要提及具体的法案或法规，以及现状的改变将会给选民带来怎样的影响。
- 你援引的任何事实的来源。
- 一个可以表明你的观点并源于真实生活的小故事。

5. 预测听众可能做出的批评。思考一下，为了反对你的事业，他们有可能做出的最令人信服的论证是什么，然后通过解释为什么他们的顾虑是无根据的来先发制人地击败他们。这可能是做证中最重要的组成部分。

做证示例

考特尼·奥托（Courtney Otto）在肯塔基州路易斯维尔市议会面前做证，做证的主题与一项禁止在室内工作场所吸烟以确保员工及顾客等群体所处环境安全的法案有关。

感谢你们让我有机会在此做证，首先请允许我介绍一下为什么我今天会站在这里。

这是我的妈妈邦妮·吉恩·奥托。照片里的她56岁，我17岁。从这张照片你们能看出，她很漂亮，有迷人的微笑。这个女人充满魅力、聪明温和并且善解人意。而且她是我最重要的粉丝。

然而，如果你们看一下眼前的听众，就会发现今晚她未能和我们一起出现在这里。这是她第一次错过我的演讲活动。虽然在此之前的三个月里，她已经错过了很多重大的事情：我的18岁生日、高中毕业典礼以及两周之前她57岁的生日。

我的母亲去世了——或者如同我认为的，她被杀死了——今年5月10日死于非小细胞肺癌，这本应是吸烟者才会患上的疾病，而我母亲从来都不吸烟。她厌恶烟味，但是她在一个父亲抽烟的家庭里长大，工作后的大部分时间又是在充满烟味的新闻编辑室和办公室度过。她与癌症搏斗了七个月，她很坚强，但是那个并非她自己导致的癌症却更强大。

保障这个社区民众的安全是你们的职责，但是你们失职了。从数据来看，在就这项提议进行辩论期间，在你们无法信守诺言时，304人已经死于因二手烟造成的疾病。我今晚在这里请求你们采取行动。这种行动不应该是通过一项已经在其他城市被证实完全无效的公共场所通风条款，也不应该是通过一项力度微弱的增税政策，而应该是通过一项全面的法规。作为一个公民，我相信任何人都有权利在健康不受致命损害的情况下在餐厅就餐或在酒吧工作。我今天站在这里，是因为我相信并且希望，我们的社区会对像我妈妈以及无数其他人死于无辜感到愤怒。今天在这里，我是一个因妈妈无法参加自己的婚礼而心碎的女儿，尽管妈妈已经采取了所有的预防措施确保自己的健康。所以，对于你们当中那些找借口而不行动的人，那些敢告诉我二手烟没有危害的人，我向你们高高举起来自卫生局局长、环境保护局以及全国癌症研究所的研究结论和警告，高高举起我母亲的这张照片。她爱我胜过爱她自己的生命，但是做梦也没有想到她和我一起生活的日子会戛然而止。

妈妈去世的前一晚，在忙乱一天之后我安顿她入睡时，她说了我永远无法忘记的话——我希望你们也永远不要忘记这些话。她说："明天就会宁静多了。"直到第二天早晨我才明白她的话。那时我发现，数月以来她第一次变得那么宁静。她的明天会更加宁静，但对于那些爱她的人而言，明天却如一场噩梦。你们有很好的机会来为路易斯维尔带来宁静，我们社区未来的健康，今晚掌握在你们的手里。

凯瑟琳：考特尼的证词非常有力，这不仅与它的内容有关，而且与它的形式和结构有关。她的证词的长度和结构合理，要点简练，并且用个人的故事展示了市议会不得不做出的决定的人性一面。她在传递真情实感的同时保持了专业的态度。在开始演讲第二段时，她举起了一幅她妈妈的照片。（几个小时之后，市议会通过了一项禁止在很多公共室内工作场所吸烟的命令。）

你不一定要像考特尼这样经历了命运的改变之后再去做证。很多政府官员对一些事项是如何影响一般选民的也非常感兴趣。向政策制定者展示最严重的后果十分重要，但是以更缓和的方式和他们沟通这些问题是如何影响民众的也同等重要，因为这代表了更多人的共同经历。所以，勇敢发出你的声音吧！你有话要说，而那些政府官员也需要听到你的声音。

请愿

向有权势的人请愿能够表明有多少人希望将这种权势用于特定目的。这一目的可以是取得候选人资格，或者争取投票的主动权（公民投票是向公民而非立法者提出的问题，公民对这一问题的回答具备法律效力）。或者，一项请愿也可以试图说服：

- 一位政府官员参与立法，或者以特定的方式给一项法案投票。
- 一位具有影响力的人参加你们的活动。
- 一所大学改变一项政策。
- 一家商场停止售卖一种产品。

可以通过在线或现场征集签名。如果你想在线为一项请愿征集签名，Change.org是一个非常棒的工具——无论请愿的发起人是谁。如果你想现场征集签名，那么需要考虑以下步骤：

(1) 在请愿书的正面，最多用两句话明确地告诉签名者请愿的内容是什么。内容应该提及你们在向谁发出请愿，如果情况合适，说明法案的编号。

(2) 在请愿内容下面列三栏，第一栏用于请愿者签名，第二栏用于填写请愿者的印刷体姓名，第三栏用于填写邮政编码。你通常不需要每个签名者的完整地址，大多数在任官员只想知道签名者是不是在其选区。

(3) 要征集足够多的签名。议员办公室几乎不会留意一项只有50个签名的请愿。更糟糕的是，这可能会让在任官员以为支持这件事情的人比其预期的还要少。此外，你要研究上一次选举时当选官员与其对手之间的票数差距。这个差距往往也是你应该征集到的请愿签名数量，因为这样你就可以向在任官员表明，你聚集的签名者（如果他们均超过18岁）多到有可能影响下一次选举的结果。

(4) 在把请愿书原件寄给对是否响应请愿内容有最终话语权的立法者之前，要确保将原件备份以存证。

(5) 在将请愿书寄出之前，你可以考虑利用它来吸引公众关注你关心的问题。比如，你可以把请愿书订在一起形成一个长卷，然后把长卷展开在市政厅的阶梯上并拍照，最后将照片发布在推特上。

请愿书示例

市议员琼斯，艾滋病病毒预防项目有助于降低你们选区许多重要群体的感染率。请反对在今年的预算中削减此预防项目。

居民签名　　　印刷体姓名　　　邮政编码

1. ______________________________

2. ______________________________

3. ______________________________

在街头实践行动主义

为了社会变革而做出的大多数努力，要么是鼓励公众改变，要么是鼓励他们向权势人物施加压力，从而让当权者采取行动。这种“街头行动主义”可能最有趣，因为它允许人们发挥创造力。而且这不一定需要很复杂或者很难的计划。比如，你可以把一项令人震惊的统计数据和你们组织的网址写在一张海报上，然后在地铁车厢里展示一个小时。

以下是一个例子：一次“数字宣传运动”。

凯瑟琳：我和几位朋友希望在 2004 年美国总统大选来临之前吸引弗吉尼亚大学社区的民众关注伊拉克战争。一天半夜里，通过宣传单、黑板报，甚至是在一座大桥上涂写的形式，我们用“1 100：0”这条信息覆盖了整个校园。第二天一早，这条神秘难解的信息引起了学生、教授以及员工的兴趣。这种氛围酝酿了几天之后，在另一个深夜，我们将所有的信息由“1 100：0”替换成“1 100 名美国士兵阵亡：0 件大规模杀伤性武器被发现”。如果只是平铺直叙地发出这条信息，社区成员对这个问题的关注度肯定没有这么高。我们在上课前几分钟走进教室，发现同学们在没有任何鼓动的情况下已经在讨论披露的数据。

凯瑟琳的宣传运动很容易复制。你可以通过宣传单、黑板报、T 恤、公共服务布告栏、社交媒体、在繁忙的路口手举海报等方式来发布任何数据或文字。你需要做的就是多一些想象力。

无论你的街头行动主义采用哪种形式，以下是适用于大多数情况的 12 个基本事项：

（1）训练团队成员如何传递关键信息并回应问题。在活动开始之前开一次短会，讨论一下你们的三项关键信息，以及反对者可能提出的问题。这能够让你们保持对外口径一致。

（2）指定一个负责人。随着活动的推进，这个人需要对活动的执行做出各种决定（比如派人去印制更多的宣传单），与任何可能会对你们的活动制造麻烦的人或者质疑你们活动合法性的人进行交涉。

（3）如果是在户外，选择一个繁忙地段；如果是在室内，选择一个适合你们团队规模的场地。如果活动在室内举办，你可以想象一下 20 个人在一个小教室里的场景：教室会显得很紧凑，而且活动会显得很有趣。但是如果同样的 20 个人站在一个大宴会厅，就会显得空荡荡的。太大的剩余空间很容易让人误以为有很多本应到场的人没来。

(4) 确保你们有使用场地所必需的合法许可。有些街头活动需要事先获得许可，你可以致电当地警察局来确认是否需要许可。

(5) 避免使用老套的图片。要在活动中使用新鲜的标志、图片和隐喻给大家带来惊喜。

凯瑟琳：在街头行动主义活动中，Ignite从来不使用裹尸袋，因为长期以来裹尸袋就与吸烟对健康带来的不利影响联系在一起，大家对此非常熟悉。取而代之的是，我们通常会点燃蜡烛来纪念那些因吸烟上瘾而失去生命的人。

(6) 只使用一项统计数据或事实。我们每天都会受到各种信息轰炸，所以要保持信息简洁，这样人们更有可能记住你想表达的要点。

(7) 给路人一些有形的东西。这指的是你们的宣传品。具有创造性的、少字多图的小型宣传单通常效果良好，这也被叫作“手掌卡片”，因为它们的大小和人的手掌差不多。发宣传单很简单，你只需要把宣传单递给路人并说一句“这是我们正在做的事情”。

凯瑟琳：手掌卡片不一定是一页纸。Ignite有一次活动的宣传品是一小包M&M巧克力豆，上面贴着一个标签，标签上写着：“食品药品监督管理局(FDA) 禁止砒霜出现在这些巧克力豆里，却允许它出现在香烟里。呼吁史密斯议员捍卫吸烟者的利益！”

(8) 只发布一项行动号召。让大家响应一项行动号召已经困难重重，所以就不要用多条信息来让他们不堪重负了。你们的宣传片应该包含这项行动号召，以及如何完成它（比如，获取退伍军人的收件地址以寄送旧手机）。

(9) 聆听大家的声音，要多走动多听取。你至少会遇到一个其经历能够证明你们工作的意义的人。问一下对方，你能否与其合影并将照片发布出去。如果对方允许，那么你可以将照片发布在推特上，或者将其连同一张感谢卡片寄给你们组织的捐赠者。当然，你也有可能会遇到和你们意见相左的人，这些和你辩论的人通常试图把你拉进一个冗长的辩论。你应该做的是，听一下对方的观点，礼貌地表明自己的观点，然后用得出的结论来终止对话。你需要发动的人还很多。

(10) 少计划，多行动。人们往往因为想把活动规划得尽善尽美而花费太多时间。但是在考虑了基本要素之后，精心规划带来的回报就会急剧下降。因此，不如把额外的时间花在街头的行动主义实践上。

> **凯瑟琳：** Ignite 的一些领导者一起相处了几天之后，一天早上，我们决定在当天晚些时候举办一次行动主义活动。于是我们进行头脑风暴并选择了一个想法，购买了活动物料，准备好了横幅和手掌卡片，然后来到我们的活动地点。这一切都是在六个小时之内完成的，但那是我们举办的最成功的活动之一。

（11）重复，重复，再重复！保存好你们的材料，然后在接下来的周末或下一个月把它们再展示一遍。这种持续性能够为你们在社区里建立知名度，增进大家对信息的了解，并能为你们准备下一次活动节省大量的精力。

（12）与大家分享你们的经验。把你们的材料发布在网上，这样其他社区的行动主义者就可以把这些材料用于他们的行动。你要告诉大家哪些可行、哪些不可行，这样别人就可以借鉴你们的成功经验并避免犯相同的错误。

比其他领域都更为明显的是，政治需要多个因素共同作用才能产生一个显著的结果，无论这个结果是某位议员的投票、某项法案的通过还是某位候选人的当选。所以，难以判定你是否对此产生了影响。但是，要去测量那些你可以控制的事情（并进行观察），比如多少人在请愿书上签名，多少人在收到手掌卡片后致电在任官员。

投票

在过去 40 年的美国总统大选中，平均约有一半的 18～24 岁公民参与了投票[6]，也就是每两个人中有一个参加了投票——还算不错。但是成年人的整体投票率一直都比这个最年轻群体的投票率高 30 个百分点。看来我们还可以做得更好。

如果你在下次总统大选时即将年满 18 岁，但还未注册的话，那就去 rockthevote. com 注册来做好准备吧。

要做好调查。你可以在 vote-smart. org 的主页输入邮政编码来查询哪些候选人在本地、州以及联邦政府的层面代表你所在的区域参选，根据相应的链接，你就可以得到一份候选人名单。

现在可以看一下你们州选举委员会网站上登记的公民投票情况，然后弄清这些候选人在你们关心的问题上的立场。对于候选人，你可以：

（1）致电、发送电子邮件或者写信。如果一场选举马上就要来临，他们很可能会回答你的问题，尽管不会回答得很具体，尤其是在没有被要求详细作答的情况下。

在最初提问时，要问他们会为某个项目投入多少，或者对于某法案他们会投赞成票还是反对票。

(2) 仔细阅读新闻报道，或致电相关报纸的都市版或政治版，要求与负责报道即将举行的本地、州、联邦选举的记者通话。

(3) 最好是在公共场合当面向候选人提问。比如去参加一场公开辩论会或者市政厅论坛，有礼貌地问候选人打算怎么解决你关心的问题，提问的时候最好有很多听众在场。这种方法不仅能够得到问题的答案，而且能够提升与会者对你关心的问题的认知。

最后，不要忘了请你的家人、邻居及脸书好友支持或反对特定的候选人或公民投票活动。你可以把这项工作做成一项运动！

如果你自己就可以成为政治家，何必费心去影响他们？

不要把自己置身事外。竞选成功的年轻人比你想象的还要多。如果你对竞选感兴趣，不妨问一下自己如下问题：

● 在任官员是否已经宣布不再参加下一次选举？或者，这位官员是否在苦苦维持民众对他的支持？

● 你能筹得竞选经费吗？现实来讲，你可能需要几千美元去参加本地的竞选，几万美元去参加州层面的竞选，几十万美元去参加联邦层面的竞选。

● 你所在的选区是否有足够比例的选民（或者至少是成年居民）赞同你的观点（需要改变什么以及如何改变）？

● 你是否能够对大多数批评处之泰然？

如果对以上问题的回答都是肯定的，那么接下来遵循这些步骤：

● 参与你所在政党的活动，政党通常会在县或镇的层面选拔领导者。联络政党的州总部，询问当地政党积极分子的下一次集会时间。你至少要花一年的时间在当地层面积极参加政党活动。

● 研究你所在地区竞选公职的规则，去你所在州选举委员会的网站了解更多内容。

● 研究那些已经成功当选的年轻人的竞选运动。比如 2008 年时年仅 19 岁正在俄克拉何马大学读大一的约翰·泰勒·哈蒙斯（John Tyler Hammons）成功当选俄克拉何马州马斯科吉市（人口约 38 000）市长。2011 年，22 岁的亚历克斯·莫尔斯（Alex Morse）参加了竞选并成为马萨诸塞州霍利奥克市（人口近 40 000）的市长。2006 年，25 岁的卢克·瑞文斯特（Luke Ravenstahl）成为宾夕法尼亚州匹兹堡市（人口超过 330 000）的议会主席，并在不久之后当选该市市长。

用你的“钱包”投票

作为政治行动主义的补充，或者用来替代政治行动主义的是经济行动主义。对企业施加压力可以有效地产生变革。你可以组织一场广泛的抵制购买行动，做出一项拒绝光顾某个企业生意的集体决定，或者抗议造成社会不公正的做法或产品。如果企业失去顾客的数量多到一定程度，就不得不做出改变来保持盈利。

有时你们也可以采取集体决定的方式支持一家特定的企业来支持对社会公正有益的做法和产品，从而引领社会变革。你们帮这家企业产生的利润越多，它继续认同你的行动的可能性就越大，它的竞争者也就越有可能效仿。

这两种策略的关键在于：让足够多的人参与进来，使企业的经营状况受到显著的影响；让企业明白，无论赢得顾客还是失去顾客，都源于眼下的具体问题。

让更多的人了解你的主张

成为新闻热点

影响政治力量最有效的方式之一就是吸引传统媒体的注意力：电视、广播以及纸媒。新闻一般不会关注年轻人与政府的较量，所以这个题材很新颖。如果你站在年轻人的立场，那么你比大多数年龄更大的人更有可能得到媒体的报道。

如果想让记者报道你开展的活动或运动，你需要发出具有以下特点的邀请函：

- 简练。
- 与时下和当地的某个问题有关。
- 清楚地说明时间、地点、事件、原因以及解决方案。
- 提供具有视觉冲击力的影像（比如一堆空鞋子代表的是很多失去生命的人）。
- 提供包含电子邮件地址和电话号码在内的联系信息。
- 多次通知。可以考虑在你们的活动的前几天以及当天分别通知电视台、电台、纸媒以及网络记者。

更多关于如何通过媒体来让更多人了解你的主张的内容，包括如何撰写新闻稿以及掌控访谈的讨论，请参见第 23 章。

给新闻编辑写信

另一种获取媒体注意力的方式是写信给报纸或杂志的编辑。这种信的篇幅通常很短，控制在几百字以内，内容涉及最近的一个新闻事件。信的开头应该提及这个事件或者相关的报道，这样可以向对方表明你的信件与时下热点有关。然后利用你的三项关键信息来表明你的核心观点。（参见“致编辑的信示例”。）

几乎所有出版物都接受在线提交的信件，无论是通过网站还是电子邮件。你可以浏览出版物的网站来获取信件提交方式。

致编辑的信示例

为了更高的烟草税……

为厄尼·弗莱彻（Ernie Fletcher）州长喝彩！作为一名在校大学生，我直接目睹了烟草行业针对年轻人的强势的营销活动。我们仍然被诱惑着去吸烟，而这是一种慢性自杀。这就是当州长考虑提高肯塔基州相对较低的烟草税时我如此兴奋的原因。

让烟草产品变得更贵，无疑会让我所知道的高中及大学吸烟者更难以负担。这是有数据支持的，烟草的价格每提升10%，青年人的吸烟率就降低7个百分点。

上一次会议，肯塔基州做出了一项早应做出的决定——将本州的烟草税提升至30美分。经济学家估计，这次增税可以避免肯塔基州10 000人因吸烟而过早死亡。增税是一个很好的想法，不过增税的力度仍然不够大。

我们的烟草税较低，在全美排第45位，但我们的吸烟率几乎是全美最高的。我们应该比现在做得更好。

我督促弗莱彻先生和州议员考虑将烟草税提高至全美的平均水平即91美分。如果在任官员真的是为公众而非烟草公司考虑，他们应该这么做。

凯瑟琳·克莱姆

路易斯维尔信使报[7]

社交媒体

以社交媒体相关内容结束本章是很合适的。如同政治行动主义，你可以使用智能手机或笔记本电脑上的工具来行动。难点在于你要经常并及时地使用它们。社交媒体可以让你基于时下热点的势头去扩散和推广，所以一定要在势头消失之前充分利用。如果你得到启发想借此推广一些东西，那么趁热打铁，不要拖延。

社交媒体的很多功能可以应用于社会创新，这并非什么秘密。你可以邀请脸书好友为你们组织的页面点赞，或者向团队内的行动主义者发起挑战，看其能否在一天之内让1 000人转发一条旨在让公众了解你们正在解决的问题的消息；你可以通过推特实时更新活动消息，或者用手机拍摄视频，在当晚将其上传到YouTube；你也可以通过领英甚至在喝咖啡时寻找和你们志趣相投并能推进你们的工作的人。不时通过在线聊天工具发布动态消息，当更新内容时，附上组织网站的链接。你可以参考第 23 章来了解更多如何将社交媒体应用于你的事业的内容。

以上这些建议可能很容易做到——然而一项研究指出了在线工具的不足之处：随着在线工具的广泛使用，其新奇性逐渐消失。你要勇于挑战自己，找到办法脱颖而出。随着时间的推移，社交媒体将会不断进化并超出你的经验认知，但是你需要保持创新以确保你的影响力是有意义且持久的。

行动主义要从“行动”开始

最卓有成效的行动主义者往往是那些行动多于计划的人。所以走出去开始行动吧！就像歌德曾经说过的：“不管你能做什么或者想做什么，现在就开始去做吧！胆识将赋予你天赋、能力和神奇的力量。现在就开始行动吧！”

> 时不时发生一点小反抗是一件好事。
>
> ——托马斯·杰斐逊

凯瑟琳·克莱姆以优异的成绩毕业于弗吉尼亚大学，在本书出版时，她以杜宾奖学金（Dubin Fellow）获得者的身份攻读哈佛肯尼迪学院公共政策硕士。她也是 Ignite 组织的创始人，Ignite 致力于集聚青年人来争取公正的烟草政策，她领导这家机构走过了六年的时光。

第 25 章

创建教育课程的可行之道

通识教育是公民社会之本，而教学行动是通识教育之本。

——A.巴特利特·迪亚曼蒂

“知识就是力量”是一个被用滥了的句子，但是它表达的信息从来都不假。如果你想提高别人的能力，特别是在处理根深蒂固的社会问题时，知识是你可以使用的最有力的武器之一。

如果你想以高效精确的方式传递知识，那么你需要使用教育课程：用于传授特定主题的精心策划的标准化课程。教育课程还有很多其他精妙的方面，但这个定义是它的本质。虽然通常你可以通过调整现有的课程来满足自己的需求，但是有时候也需要你从头开始开发一门课程。

本章将向你介绍建设一门课程的全过程，突出开发最佳课程的最佳做法，以及使其持续优化的流程。

弄清教育将如何促进你的事业

有两种方式来思考教育：（1）教育的缺乏是你需要解决的问题，比如你可以发起一项教老年人使用计算机的行动；（2）教育是解决问题的一种工具，比如解决针对妇女的暴力问题的方式之一就是教成年人学会如何恰当地以非暴力的方式处理愤怒情绪。关于如何通过教育来促进你的事业，请参见练习 25.1。

练习 25.1

如何通过教育来促进我的事业？

进行头脑风暴，思考一下你们试图解决的社会问题的各个方面，以及如何通过教育来解决这一问题。想一想不同的利益相关者——被问题影响的人以及能够带来改变的人——以及他们需要什么类型的教育。参考图 25－1 中的示例，然后将你的事业填入后续的表格。需要注意的是，下面这个例子包含通过教育解决社会问题的两种方式。

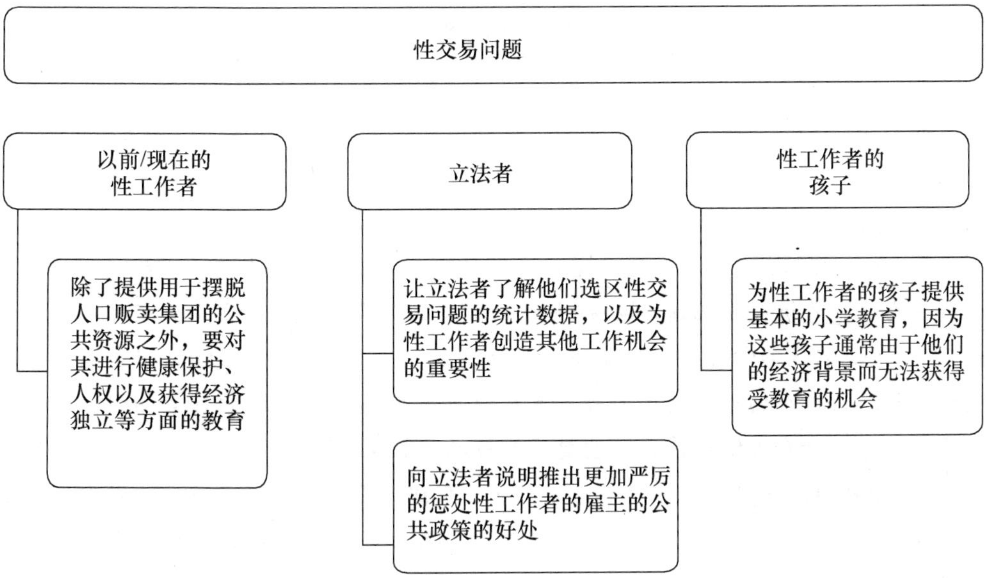

图 25－1　通过教育来促进我的事业

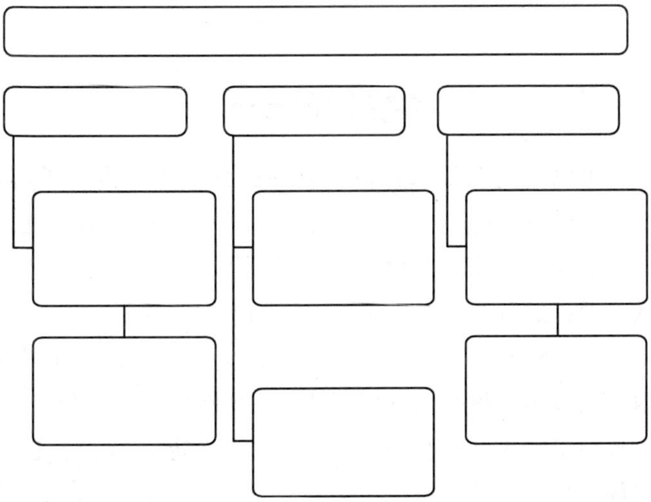

理解教育课程的目的

大多数教育系统都秉承这样一个理念：必须对学习行为进行规划和引导。教育课程就是为老师和学生组织教授和学习过程的路线图，它是传授经时间积累以及经验优化的知识的标准方式。

人们是如何学习的

开发课程时，时刻记住人们是如何学习的非常重要。关于这一点，有很多不同学派的思想，其中一种叫作建构主义。建构主义对学习的过程做了三个主要的假设：

1. 知识必须经学习者“同化”并融入其原有的知识体系。这也就意味着教师必须了解学习者原有的知识。

2. 知识无法被完整无缺地传递，更高等级的关系必须被重构。比如，老师可以指着一个球，告诉孩子们这个物体叫作“球”。因为大多数孩子之前见过球（背景知识)，所以他们能够学习并产生更高等级的关联（比如球可以滚动）。但是大多数形式的知识远比这个例子复杂，并且没有可以产生更高等级关联的背景知识。这也就意味着，学习者在大脑内建立这些更高等级的关联至关重要。

3. 学习的过程取决于学习者。教师可以促进学习，但是学习者需要花时间自己努力学习，否则不可能产生显著的学习效果。因此，要把学习过程设计得尽可能令人愉悦，让学习者更愿意参与进来。

了解你的受众

为了创建一门可以给受众带来积极影响的教育课程，事先了解他们非常重要。这是课程开发过程中最重要的一个方面，也可以为你随后创造性地进行课程设计奠定良好的基础。在对受众的需求和敏感性有了更深入的了解之后，教育工作者就可以有效地构建教育课程的首要目标。你可以从如下问题着手。

- 对于受众来说，哪些特定的问题是需要解决的？比如：如果你们计划教授与性健康有关的内容，是不是把受众按性别分开来比较好呢？解释一下你的答案。

- 对于我们致力于解决的社会问题，大家的态度是怎样的？比如：如果你们计划教授与全球气候变化有关的内容，那么受众是否已经知道这些环境变化趋势？如果这些内容对于他们来说是全新的，那么应该从哪里开始向他们讲述？

● 我们的目标受众有哪些共同的思想和信念？比如：如果你们计划向青少年教授关于性健康的内容，那么受众的社会或文化价值观是怎样的？在学习这个主题时，他们最关心的是什么？

了解受众可以使你设计出满足受众需求并有针对性的课程。你们可以使用这些问题作为了解受众的起点，并进行充分的背景调查来思考受众将会如何与你们的课程进行互动。

【小贴士】

要就课程开发过程进行广泛的交流，而且应该先从课程的受众开始进行这种交流。这能够让目标受众认同你们的事业，并确保你们的教育项目能够获得成功。

在试图了解你的受众时，考虑可以使用哪些独特的工具来教育他们。人们学习的方式不一样，因此使用在线方式、视觉教学方法、面授方法、策略性的材料以及其他创新性的教育工具，可以吸引不同学习类型的受众并提高你的课程计划的有效性。根据你的发现，哪些学习工具最有效？执行你的教育计划最有效的方式是什么？很多不同的方法，包括强大的视觉辅助、交互性的教学元素以及发人深思的反思都可以成为有效的教育工具。美国全国教育协会（National Education Association）也强调了最佳的教育做法，包括合作性学习、教学方法变化、基于项目的学习，这些方法突出以学生为中心的学习过程，而非以教师为中心的教学过程。[1]

结合你的目标受众，留意以下几点。

● 已有的知识结构：通过背景调查来建立知识的基准线，根据受众已有的知识结构为课程设定教育目标。

● 文化背景：要考虑受众的文化和社会背景，以及这将如何影响你们的传授方式和教育课程。

● 内容的传授方式：你们将怎样教授教育课程？是通过在线工具、互动性元素、书面的信息包，还是其他媒介？考虑一下怎样最易于将你们的受众和教育课程连接在一起。

● 课程内容：要深思熟虑地规划教育课程的学习目标和学习材料。这是指导课程设计最重要的一个步骤。

● 教育方案的设计者：当创建教育课程时，要找到合适的团队伙伴。谁是你们所关心的问题的专家？要考虑不同利益相关者的情况，以及他们的想法对课程设计的价值。多样化的意见对于教育内容的创建和传授非常有价值。

● 教师：谁将为你们的受众授课？教师可以是和这个社会问题密切相关的人，也可以是外部的培训者或组织者。此外，需要考虑一下授课的地点（比如放学后项目、现有的团体会议等涉及此类事宜）。

● 可利用的社区资源：考虑一下受众在接受课程教育后如何进步；如何基于现有的社区资源，利用他们新的教育背景为世界带来改变。

多元智能

做可行的事，是设计有效的教育方案最好的办法。最佳做法之一就是考虑多元智能（multiple intelligences）。霍华德·加德纳（Howard Gardner）是哈佛大学教育学院的认知与教育学教授，他开创了多元智能理论：人们以多种独立的方式进行学习。[2] 他将人类智能划分为八种（见图 25-2）：

- 视觉—空间的；
- 语言的；
- 数理逻辑的；
- 身体—动觉的；
- 音乐的；
- 人际的；
- 内省的；
- 自然探索的。

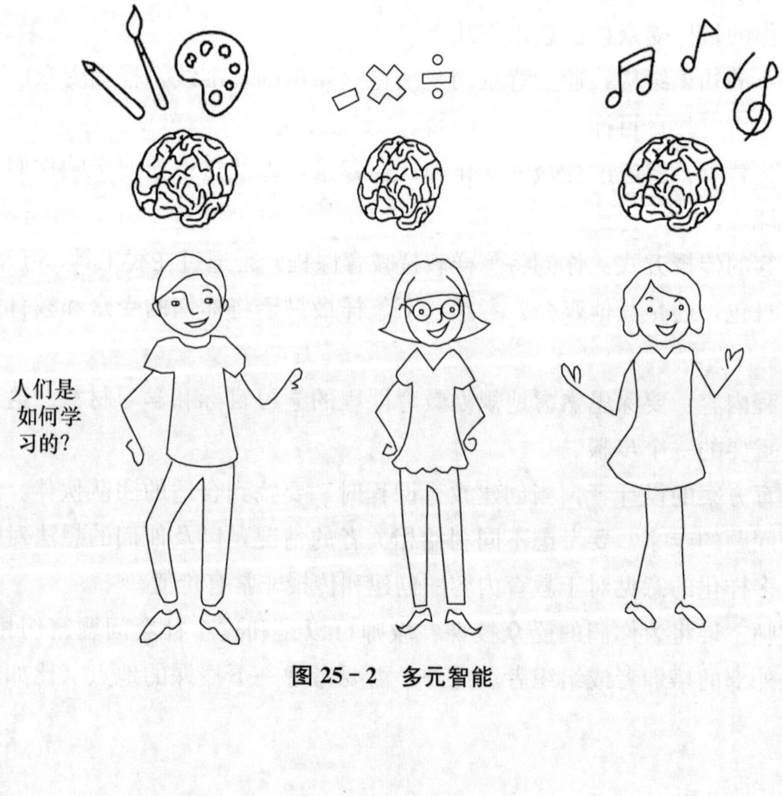

图 25-2 多元智能

反映这种智力类型多样性的教育方案能够吸引更广泛的受众，其新鲜和有趣的活动可以激发其他人参与进来。多元智能理论对于选择合适的评估方法同样有用，而这种评估对于测量和改进你的工作非常重要。比如，使用备忘记事本、播放背景音乐、撰写期刊文章分别是适用于不同智力类型的评估策略，而且这使你能够评估学习效果。全面考虑不同的智力类型可以使你在创建教育课程时更富于创造性。

开发一门课程

下面是一个指导课程开发的指南，它是模块化的、可测量的、可移植的以及跨学科的。图 25－3 展示的是课程开发的八步法。需要注意的是，你不仅需要开发出课程，而且需要通过测量它产生的影响来指导课程的改进。[3]

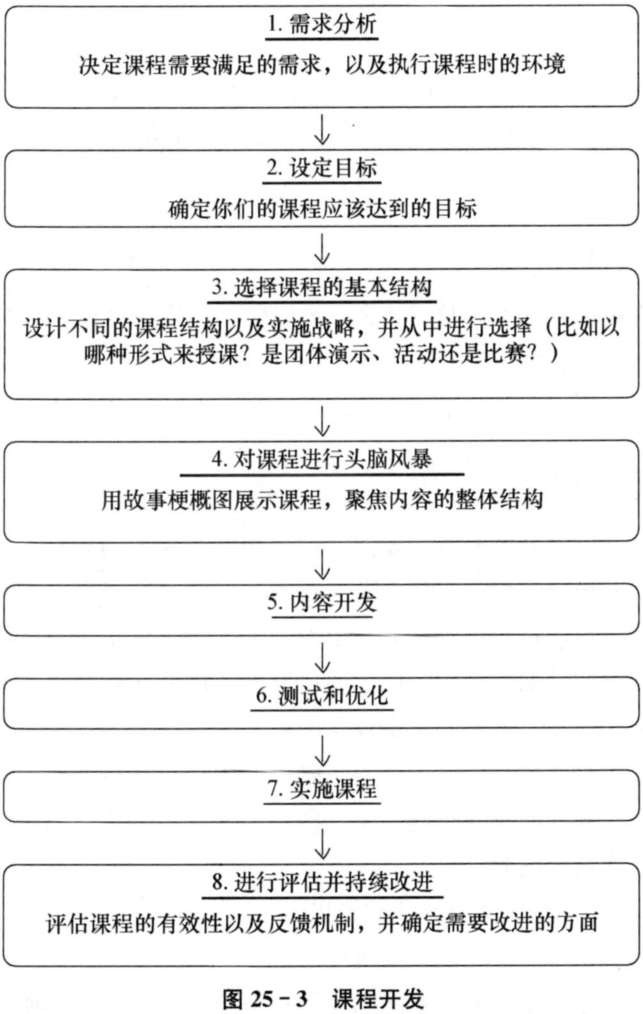

图 25－3　课程开发

课程项目的法律政策与指导方针

要确保你理解和遵循了和你的课程有关的国家和当地的法律政策。比如，如果你计划将课程的执行作为大学项目的一部分，并且希望将对学生进行调查作为获取项目反馈的机制，那么这些学生可能会被看作“非医疗研究受试者”。这意味着你们的项目很有可能需要接受大学机构审查委员会的管理，进而需要你们遵循它们的要求。尽早弄清楚这些事项非常重要，因为获得许可可能是一个非常漫长的过程。

第一步：需求分析

课程开发的第一步要解决的是“为什么”。明确课程背后的动机非常重要。要做到这一点，你需要和团队成员一起确定你们的课程试图满足什么需求。你们希望填补的教育空白是什么？你们想传授的是什么？要简练清楚地表达对教育课程的要求，因为接下来的所有步骤都是为了满足这些需求。

第二步：设定目标

这一步旨在解决“谁”以及“什么”的问题。要确定你们的目标受众，以及你们希望他们从教育课程中获得什么。你们的学生的背景是怎样的？他们已有的知识结构是怎样的？开发课程时要牢记这些问题，这样才能达成课程开发的主要目标。

第三步：选择课程的基本结构

这一步从基本层面开始回答“如何”这个至关重要的问题。首先，列出课程需要覆盖的主题，并根据学生的阅读水准和教师的授课水准来确定课程材料的广度和深度。其次，列出可能适合教授你们已经确定的课程材料的各种课程结构。最后，问问自己，如何将这一课程应用到你们的项目中。这个问题的答案有助于你们选择最佳的课程结构。但是，你们的决定也应该基于对你们的目标及局限性的理解。

你应该基于可以获得的信息，尽力明确你们的项目在日程、资源和设施等方面的局限性。在课程开发的早期阶段考虑这些局限性非常重要，因为这样才可能避免最终开发出无法实现的内容。

设计课程结构时，要尽力回答以下问题：

- 由谁来实施这一课程（授课或指导）？
- 如何授课？是把学生分成不同的小组，每个小组由一位导师来指导，还是所有人在一起由一位教师授课？

- 你们将为学习者提供怎样的学习材料？是否需要为学习者准备一套在线参考资料，或者更加深入详尽的练习册？是否需要为教师和学习者分别提供不同版本的材料？
- 由谁来负责课程的进一步开发？

> **威廉**（William）：我的课程设计经验来自在联合创新工场（United Inno Works Academy）时的工作经历。这家工场是我创建的，它致力于组织大学生志愿者为来自弱势背景的研究生教授科学和工程等内容。联合创新工场的目的是弥补接受主干学科（科学、技术、工程、数学）教育的个体的不足，并使科学和工程的持续创新成为可能。联合创新工场的每一个项目都由大学在校生负责。教学是模块化的，教师和学生使用不同版本的教材，这些课程由工场在世界各地分支机构的大学生协同开发。联合创新工场的课程开发者通常会提供 7～10 个课程模块，最终选出最佳的 4～5 个模块。每个模块都遵循一个模板：背景知识部分介绍这一模块，之后是学习活动和目标。你可以考虑为课程的不同组成部分开发自己的模板，这可以让课程开发者有章可循，而且如果提交的所有材料都是指定格式的，可以为课程的终审编辑节省大量时间。

第四步：对课程进行头脑风暴

一旦确定了主导课程设计的团队，就可以花些时间以个体和团队的形式来进行头脑风暴。创建课程的团队对课程主要目标的理解至关重要。对课程进行全局性的头脑风暴可以很好地将目标分解为可实际操作的模块，这些模块可以由更小的团队进行开发并最终组合成一个紧凑的课程。如果你们计划设计一个主题性的课程，那就以思考潜在的主题开始，并考虑如何使用它们来达成教育目标。

第五步：内容开发

一旦确定了课程的整体结构，接下来就需要进一步规划课程内容。你可以通过练习 25.2 来了解如何规划课程。

练习 25.2

规划你的课程

为了使课程的有效性最大化，你需要回答以下问题。

1. 你们安排课程的动机是什么？它满足的需求是什么？课程将在怎样的环境下实施？

2. 你们的目标受众是谁？他们的具体需求是什么？

3. 课程的主要目标是什么？

4. 你们的项目和普通教育的区别是什么？你们有哪些优势可以为学习者带来最佳体验？

5. 你们的项目是不是基于现有教育课程开发中不常见的教育理念？如果是，你们可能需要从头开始课程开发工作。

6. 你们的课程将采用怎样的结构？你们计划如何实施？

7. 你们计划如何确保课程的准确性？

8. 你们计划如何测试和评估课程的有效性？如何将分析结果转化为具体的改进？

威廉： 在联合创新工场，我发现设立一个课程主席的领导职位非常有用——课程主席全面负责课程开发，并担任员工手册和学生练习册的主编。对课程开发团队而言，通力合作至关重要。团队成员坚守使命和目标并精诚合作是成功的关键。为保证质量，至少需要两个外部群体来审阅你们的课程：目标受众（比如小学生、感染艾滋病病毒的孤儿等）以及专家（比如公共卫生专家等）。

你几乎可以从任何地方获取关于课程、演示、活动和任务的灵感。大多数时候，你的灵感源于自身的经历，比如课堂经历、旅行经历、研究经历、观看电视的经历等。即便是模糊的想法也可以通过查阅资料或在线搜索来找到依据。不要害怕发挥创造性，不要害怕因采用新教学方法而冒风险。在下一阶段，学生很快就会让你知道哪些内容不起作用，哪些需要进一步测试和优化。

采用多种教学策略的经验性学习被认为是一种很有效的教学方法：在真实世界的环境中和合作性的项目中使用基于现实的元素，在教学方案中使用积极的学习经验。比如，用给人留下深刻印象的视觉资料进行教学，带给学生的将不仅仅是一堂课。[4]

夏利尼（Shalini）：当我给小学生上课时，他们对基于艺术的手工艺教学更感兴趣。通过这种形式的课程能激发他们的学习兴趣，让他们对学习感到兴奋，并让我能够与他们互动。这也更利于他们吸收学到的知识。

第六步：测试和优化

很多想法听起来不错，但在现实中行不通。因此，课程开发团队应该在开发过程中不断测试开发课程的想法。要试着让你的测试策略与课程的实际实施方案保持一致。比如，你计划在小学生中实施你的课程，可以在你年幼的兄弟姐妹中或者开发团队亲戚的小孩中测试一下课程材料的原型，他们往往会发现你们从未注意的缺陷。

反复观察学生能投入到课程中吗？他们是否很容易感到厌倦或挫败？你可能会发现某项活动对于目标受众而言可能过于简单或过于复杂。有些内容根本不起作用，有些内容可能太冗长，需要精简。可能存在的问题有很多，所以测试课程至关重要。

【小贴士】

要及早对课程进行测试：这能让你知道哪些可行以及哪些不可行，以便更好地开发课程的剩余部分。

同样需要特别注意的是你的预算，你需要把与测试课程有关的费用考虑进去。比如，一项活动涉及让学生制造高能效的玩具汽车，那么相关的活动团队需要估计购买材料以及测试的费用，测试的目的是保证活动安全并且效果符合预期。

第七步：实施课程

现在可以实施课程了。如果你已经投入精力来开发一门可靠的课程，那么进展可能会很顺利。但是，即便再完美也有可以提升的空间。

第八步：进行评估并持续改进

测试课程有效性的方法有很多。比如，你可以通过对学生和教师做调查来获取他们的反馈。可移植和可扩展的课程可以应用到很多环境中。你也可以测量学生在理解力及技能方面的改变等。

制定分析项目影响力的长期策略可以使你们的项目受益，比如追踪并对比学生在参加项目前后的学业表现。

想评估教育方案是否产生了预期的结果？想探索改进现有课程的最佳方式？课程评估极其重要。开发在线工具可以加快项目完成之后交流想法、获取反馈及进行评估，为项目的进一步实施提供指导。在众多成功的评估策略中，在项目刚开始时设定目标和评估指标可以突出最初的目标，并为评估提供一个清晰的轮廓。[5]虽然在项目实施前后对学习者进行测试可以了解学习者对课程的理解以及长时记忆状况，但是也有一些非测试类的评估方法，比如对学习者行为改变的观察和讨论，这样的非测试类方法可能比传统的基于测试和调查的测评更加有效。[6]

夏利尼：为了评估放学后辅导项目的成效，我们使用了一种综合考察家庭作业（孩子是通过寻求帮助完成一项任务，还是独立并创新性地完成任务）、学习投入度（专注、思维敏捷，或者加入讨论）以及与同龄人关系（可以很好地与人合作，建立友谊，或者表现出对别人的体谅）的评估方案。我们将每一项划分为从“从不”到“一直”几个级别，然后花了一个学期的时间来观察学生，并评估他们在每一个方面的进步。

评估方案示例

使用这个大纲，你可以为教育课程在未来的持续发展创建一个清楚的评估和改进方法。

评估框架：模型和时间框架

（1）你要评估的是什么？

这一部分要说明教育模型、课程的实施目标和结果目标，以及进行评估的环境。

（2）在评估中你想解决的问题是什么？

在这一部分，问自己是否达成了课程的实施目标和结果目标。

（3）进行评估的时间表是怎样的？

你将在何时收集数据？为什么？你有可能在什么时候进行课程实施前后的调查？

实施目标

（1）信息类型。

根据在课程中开展的活动的类型来收集信息。

（2）信息来源。

从哪里得到信息？

（3）收集信息的方法。

问卷调查、访谈法、观察法？

（4）分析信息的方法。

你如何使用这些信息来改进课程？这一分析可能是描述性的，并按有意义的分类来整理信息。

结果目标以及表现测量

这一部分将对比学习者在接受教育课程前后知识量的变化，根据基准信息来观察学习者发生的变化。在这里，你要描述你将怎样评估课程受众的知识和态度，从而判定其是否发生了改变。

夏利尼：在评估阶段，我们调查了学生和家长在一个学期中关于学生家庭作业、学习投入度以及与同龄人关系的具体问题，成立了一个志愿者讨论小组来规划未来的课程实施策略。为了保证课程持续有效，我们应该根据评估结果来改变和调整实施方法。我们的评估结果显示同龄人之间的关系需要改善，于是我们增加了更多交互性的课程来增进同龄人之间的互动，并增加了更多非正式的社交时间。

教育是持续一生的事情

教育的全部目的在于把人们眼前的镜子变成窗户。

——悉尼·哈里斯

读到这里，你可能会觉得从头开始创建一门课程并不值得。对于很多类型的项目，采用现有的材料创建一门课程可能就足够了。但是，开发自己的课程使你能够以最佳的方式来构建它，并确保课程符合项目目标和受众需求。

协同团队完成这一工作能够让团队成员认识到自己与项目及项目目标之间的关系，使他们对最终结果感到骄傲。虽然从头开发课程需要大量的研究以及精心的设计，但是这对于进一步发展你们的整体目标以及培养新的受众非常有价值。

威廉·黄创建了联合创新工场，并在过去的九年里担任执行委员一职。他编辑了四本关于联合创新工场教育理念、方法论和课程的书籍。他毕业于杜克大学，获得了生物工程学位、电子与计算机工程学位以及物理学学位，他以罗得斯奖学金获得者的身份在牛津大学获得了化学科学硕士学位。在本书出版时，他正在哈佛大学和麻省理工学院攻读医学博士。

夏利尼·帕尔马在本书出版时是哈佛大学的本科生。她是南波士顿放学后项目（South Boston After School Program）的创始人之一，从这个项目开始接触教育领域。在菲利普斯·布鲁克斯协会（Phillips Brooks House Association）工作时，夏利尼继续为青年项目和青年教育带来直接的影响。她通过在80余个项目创造可持续的改变以及建立和社区更紧密的联系来支持协会委员的工作。这些项目帮助了近10 000名分布在波士顿、剑桥地区的低收入青年。

第 26 章
竞选职位的可行之道

若想成为政治家，首先需要当选。

——J. 威廉 • 富布赖特

选举并不只是和政治家或者学生会领导者有关。任何地方都需要领导力，大多数领导职位都需要通过选举产生。这也就意味着你可能会遇到很多这样的情况：你需要参加选举来赢得一个职位，而这个职位可以为你做出有意义的改变提供所需的领导力和资源。

在本章中，我们将向你介绍可以帮助你当选的建议和战略。虽然本章聚焦于竞选学生会或校园组织职位的原则，但是这些原则同样适用于其他组织（专业协会、社区组织、文化俱乐部等）的职位选举。竞选公职超出了本章的讨论范围，但是本章介绍的小规模竞选活动对于你参与大规模竞选活动肯定是很好的训练。

【笔记】

竞选职位是引领改变的有效方式，这能让你代表你的同辈，发展你的领导能力，同时让你以个体及团队的形式对外界产生影响。

了解职位

使命吻合

首先，要考虑一下你参选组织的使命和项目是否适合你。比如，学生会的使命大多是给同学们提供更多的社交和受教育机会，以及提高校园事务的透明度。如果你的热情在于解决南亚地区的人口贩卖问题，那么肯定有比学生会更适合你的组织。你要问自己，通过这个职位能否实现你的社会创新目标。

选举资格

你准备参选的组织的领导结构是怎样的？有哪些职位可供竞选，选举在何时举行？这些职位有特定的成文或不成文的资质要求吗？比如，在校园组织里一般不会由新生或新成员担任执行领导职位，因为他们还没有足够的时间向现任领导者证明自己值得信任。尽管如此，有些组织（特别是学生委员会）会组建一个单独的新生领导团队，给他们机会证明自己，让他们尽早发挥自己的作用。

职位描述

虽然让你激情澎湃的可能是你计划参选的组织的宏大使命，但是了解清楚担任组织领导者意味着什么也非常重要。比如，如果你以编辑的身份加入了学校的《社会企业日报》(*Journal on Social Enterprise*)，和自己写文章相比，你需要花更多的时间修改提交上来的稿件并寻找广告主。此外，了解强制性工作与创造和改变的自由之间的边界也至关重要。作为一个当选代表，你要在完成大的组织项目与个人热衷的小项目之间进行权衡。所有的组织都有正在进行的项目，这需要它们的成员积极参与。其中有些项目对你比对别人更有吸引力，通过你的参与可以帮助推进组织的使命。

比照学习

了解某个职位最好的方式之一就是效仿现任领导者并参加会议。如果你当选，很可能也会把大部分时间花在你现在尚未参加的会议上。比如，大多数组织会召开仅由领导层或者委员会委员参加的小型会议。确认一下他们是否会举行公开会议。如果有的话，那就去参加并研究一下会议的运转方式以及现任领导者是怎么做的。如果你计划参选的职位不仅需要参加会议，还需要主持你通常不会参加的会议（比如筹资委员会会议），那就去参加这些会议，了解一下现任领导者是如何主持会议的，哪些地方运作良好，哪些地方需要改进。这能够让你知道哪些问题需要解决以及哪些潜在的解决方案是合理的。

你可以通过以下方式判定某个职位是否适合你：

- 研究这个组织的具体工作，以及当选者的职责。
- 确保这个职位符合你的目标，即以你希望的方式解决你希望解决的问题。
- 参加会议并观察现任领导者的行为，然后与他们分享你的想法、问题以及顾虑。

了解投票者

了解问题以及优先事项

你计划参选的组织的最优先事项是什么？对于现任领导者而言，最迫切的问题是什么？这些问题也是大多数组织成员关心的吗？

参加会议有助于你明确组织的优先事项，而且你应该多与现任、往届领导者以及资深成员进行一对一或小组形式的交流，以获取他们所认为的优先事项的内部消息，以及过去投票者关心的事情。当然，最为重要的是与尽可能多的组织成员（投票者）进行交流来听取他们的想法。这除了能让你了解哪些事情需要解决之外，也显示出你对这些问题的关心以及改进组织的意愿。

进行头脑风暴，提出想法

你最希望在你的学校或组织看到的改变是什么？

你有可能在当选之前就知道这个问题的答案了，也有可能需要参与处理具体事务几个月之后才能得出答案。有可能是很大的事务，比如改变校园俱乐部的政策，或者至少保留一座 24 小时开放的图书馆；有可能是较小的事务，比如增进大家对健康资源的了解，或者把经费从一个项目重新分配到另一个项目。不论你的想法大还是小，耗资多还是少，都是有价值的。在进行头脑风暴提出这些想法之后，问一下其他成员的看法，听一下他们的评论。你可以通过与投票者的讨论来优化你的想法，并发现你在将想法变为现实时可能遇到的潜在问题。

设计一个平台

找到潜在的解决方案

首先要弄清组织已经做过哪些工作。了解历史有时会很困难，因为有些组织尤其是学生组织的人员交替比较频繁，从而导致缺乏机构知识。成员的非持续性很容易导致历史记录以及实践经验丢失。在这种情况下就需要看一下这个组织是否有归档系统，或者在任时间长一些的成员是否还记得相关的工作。你也可以通过阅读以往的会议记录来了解讨论过哪些话题。有没有年复一年被提出又被搁置的想法？通常，人们会提出一个想法，却不知道为什么这个想法无法推进。如果是这种情况，那么去调查一下原因。你可以清除之前的障碍吗？有没有可以解决问题的新办法呢？

是否可以与其他组织或委员会合作来推进这些想法呢？

如果没有内部存档，另一个查看组织历史的地方就是校园或当地报纸的存档或者博客文章。你也可以向校方或市政府确认一下它们是否知道你的组织的具体历史。不论何时，要学会在已有成果的基础上开展工作，而不是一切从头开始。

打造你的信息

大多数的选举需要一份书面的候选人宣言或者演说。这一信息应该包括：

（1）你的背景及资质。

（2）你过去的贡献及成功。

（3）你发现的问题，以及你对如何解决这些问题的具体想法。

（4）你投身于这个组织和事业的热情。

竞　选

每个组织的选举程序不尽相同，尽早了解得越多越好。不妨和曾经参加竞选的人聊一聊，向计划参选的组织的秘书发送电子邮件，询问竞选程序通常包含哪些内容。

一旦你知道了选举的规则以及别人过去是怎么做的，就可以在其基础上发挥一些创意。如果有让你特别感兴趣的事情，要确保将其纳入你的竞选。

【笔记】

就很多方面而言，校园或社区选举与全国性的政治选举很相似：想一下你在总统大选期间喜欢和不喜欢的分别是什么，这通常也是在校园或社区选举时你的同学或同伴的好恶。

分享你的信息

保存一份你的支持者的电子邮件地址列表。在竞选期间，发送四封简短的电子邮件给他们：

● 宣布参选。宣布你的候选人身份，简要地解释你为什么参选，以及你希望带来哪些改变，然后列举一些你的关键想法，最后以希望他们为你投票结尾。

● 建立竞选团队。亲近的朋友通常会非常乐意花些时间来帮助你，那就接受他们的帮助吧！告诉他们一两个支持你的具体行动，比如让每个人请另外三个人为你投票，或者下周一下午帮你把竞选海报贴到校园里。

- 提醒投票。在投票前一天或者当日清晨提醒你的支持者，是时候投出关键的一票了！如果你的投票是在线进行的，那就在邮件中加入投票链接，并清楚地告诉对方应该如何登录为你投票；如果需要现场投票，那就告诉对方投票的具体时间和地点。需要注意的是，有些组织允许不在场投票，所以要尽一切努力来确保投给你的票都被统计。
- 致谢。选举结束之后，不论结果如何，都要向支持者发出一封致谢邮件，感谢他们的支持。如果你赢得了选举，在邮件中说明你上任后要做的第一件事（当然是在庆祝胜利之后）；如果未当选，你可以在邮件中说明你将如何继续支持该组织的事业。

【提醒】

虽然类似的电子邮件是有用的，但是千万不要发送太多。人们会收到很多人发来的类似邮件，所以滥发邮件有可能失去你最忠实的支持者。

广告推广

不论你关心的问题是什么，不论你的竞选风格是怎样的，都要让你的竞选充满乐趣。你可以在脸书上成立一个群组，或者举办一个派对来会见潜在的支持者。即便你没有当选，这也是一个了解大家的想法和关注点以及结识朋友的好机会，而且你会为下一次竞选获取更多的想法。

克里斯蒂娜（Christina）：当我竞选大学本科生学生会的一个职位时，我想在竞选海报上发挥一些创意。我将形状有趣的糖果粘在宣传单上，然后把宣传单挂在大家的门上，糖果挡住了下文中加粗的文字，宣传单读起来是这样的：

有**堆积如山**的作业和事情要做？不如**休息一下**，远离**书山题海**，来给竞选本科生学生会职位的克里斯蒂娜·亚当斯投票

她向**支持者承诺**

以努力和热情来为昆西楼服务

请在 uc. fas. harvard. edu 投票

制作一张竞选海报

在制作海报时，应该优先考虑什么呢？理查德·朗斯杜夫（Richard Lonsdurf）提供了四个

建议来确保你的海报可以为你赢得选票。理查德毕业于哈佛大学，在校时他担任了几个校园组织的常驻设计师，他的作品包括用于旅行指南的“让我们一起出发”（Let's go）系列。

理查德：从有效性来看，竞选海报（特别是校园里的）的作用一般介于白噪声和连锁电子邮件（chain e-mails）之间。坐等你的信息被看到，相当于在不知道一个人走丢的情况下希望有人能找到他。但是好的海报能为你的竞选提供一种合法性。当你稍后和大家当面交流时，人们会记得曾经见过你的信息。要想做到这一点，你的海报必须分布广泛、易见易读并能激发大家的情感反应（把人逗笑是一个很好的开始）。

要想让大家记住你的海报，你需要牢记以下指导原则。

不要让视觉图案淹没你的信息

理查德：先确定要把文字放在海报的什么位置，然后围绕着文字进行设计。当然，这并不是说文字不能成为海报最吸引人的部分。要采用能够反映你的竞选以及你本人个性的看上去简洁和专业的字体。像 Arial 或者 Times New Roman 这样的默认字体可能无法激发大家的情感反应，特别是在海报上的文字特别多的情况下。所以不如尝试一下像 Franklin Gothic，Palatino 以及 Gotham 这样的字体。千万不要用像 Curlz，Papyrus，Stencil 或者 Old English Text 这样花哨的字体，并且要避免使用令人不悦的到处可见的漫画字体。

保持简洁

理查德：海报不是论文。马丁·路德（Martin Luther）可能有 95 个论点，但是你没有足够的空间来把那么多内容表达清楚。海报的主体内容应该是你的名字、你竞选的职位以及职位所属的组织。根据大家对选举的熟悉程度，你也可能需要在海报上添加选举的日期和时间、你的照片（要有品位），以及你的联系信息或者竞选网站。如果有必要，加上一个关于你的竞选目的或背景的副标题也很有用。

要易于辨识

理查德：海报不是含蓄的声明。要使用 30 步法则：如果你在 30 步之外看不清海报上最大的文字，说明字太小，难以吸引人的注意力。强烈的色彩对比也有助于吸引注意力。要记住，你的海报可能会被其他五彩缤纷的海报围绕，所以要想办法突出自己。

使用高质量图像

理查德：有些图片的格式在电脑上看起来不错，但是放大之后打印在海报上看起来很糟糕。不要草率行事，粗糙的图片会毁了你的海报。专业的海报意味着专业的竞选。如果你需要特别高清的图片，那么在使用来自搜索引擎的图片之前先搜索一下像 istockphoto.com 这样的免费或价格低廉的素材图片网站。

你可以考虑买一套像 Adobe（Photoshop，Illustrator，InDesign）这样的高品质

设计软件，它们可以彻底改变你的工作方式。如果你是学生，你们学校的公共电脑上很可能已经安装了这样的软件。Adobe 的课堂系列丛书对于学习如何使用这些软件非常有用。如果你想寻求关于图像设计的培训，网上有很多高质量的在线课程和播客可以教你如何设计美丽的图案。

图 26－1 是竞选海报的示例。

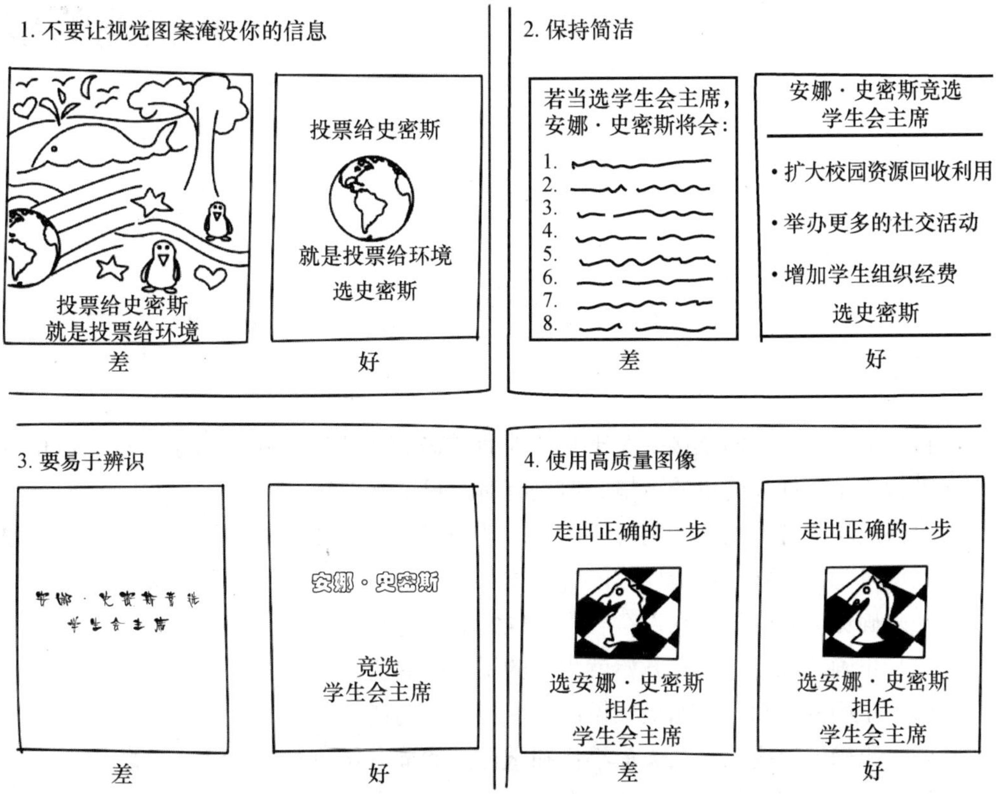

图 26－1　有效的竞选海报

克里斯蒂娜·L. 亚当斯曾担任位于俄克拉何马州巴特尔斯维尔高中的学生会主席。她毕业于哈佛大学并获得了政府管理学位，在哈佛大学时她曾担任本科生学生会校园生活委员会主席，并且是他们班的八名班级联络员之一（班级联络员是一个终身的班级职务）。

第 27 章 做正确的事

管理是把事做好，领导力是做正确的事。

——彼得·德鲁克

自孩提时起，我们就接受关于是非曲直的教育，所以到目前为止，遵循道德准则行事似乎是一件很简单的事情。但是有时候很难辨别是非。

取得成功和遵循道德准则既可以也应该兼顾。你可以同时做既可行又正确的事情，这可以为你确立一个指导你前行的框架。记住这一点之后，你需要遵循三项重要原则来确保你和你的团队以符合道德准则的行为来产生社会影响。

（1）正确的态度：从一开始就为你的团队确立道德准则。

（2）正确的行动：遵循最佳做法来保持较高的道德水准。

（3）正确的反应：以损失最小化和学习潜能最大化的方式来应对道德困境。

讨论一下近期新闻中关于领导者不道德行为的例子。分析一下他们是如何、为何以及何时走向歧途的。他们本应该怎么做？

正确的态度

如同在远足之前要先调查路线，你在开展工作之前也应该做一些规划。确立一个道德方向并明白其背后的原因非常有用。这一部分将讨论项目实施之前的一些话题，以避免之后失去方向。

首先，你需要一张“导航图”来指引你穿越未来的道德“迷宫”。在组织管理中心，这种“导航图”叫作“道德准则”。道德准则如同组织的良心：它将指引团队做出符合道德要求的决定，尽管不同的个体可能会有不同的道德准则。

为你的团队创建道德准则可以给你们的合作伙伴以及你们自己一个真正相互了解的机会。

第一步：了解你团队的驱动力是什么

要和你的团队进行一系列的讨论来明确是哪些价值观在驱动团队的工作，可以考虑开展一次结构化的团队头脑风暴，或者和社区成员组成焦点小组来进行讨论。

可以通过以下问题来开始你们的讨论，当人们开始讨论时，你自然会想到更多问题。

- 你们的任务和愿景是什么？
- 你们希望以怎样的方式和其他利益相关者进行交流和协作？
- 你欣赏哪些指导组织工作的原则？
- 你们的项目有可能遇到的最坏情况是什么？你们将会如何应对？

第二步：巩固并阐明这一驱动力

通过以上讨论来创建一份驱动你们工作的原则清单，在清单中简单介绍为什么以及如何践行每一项原则。你们要为任何可能发生的道德困境制定应急方案。

要持续地讨论和优化你们的道德准则，直到形成一份你们认为完美的道德准则为止（见图 27－1）。只要道德准则的内容清晰简练，最终文本的形式并不重要。

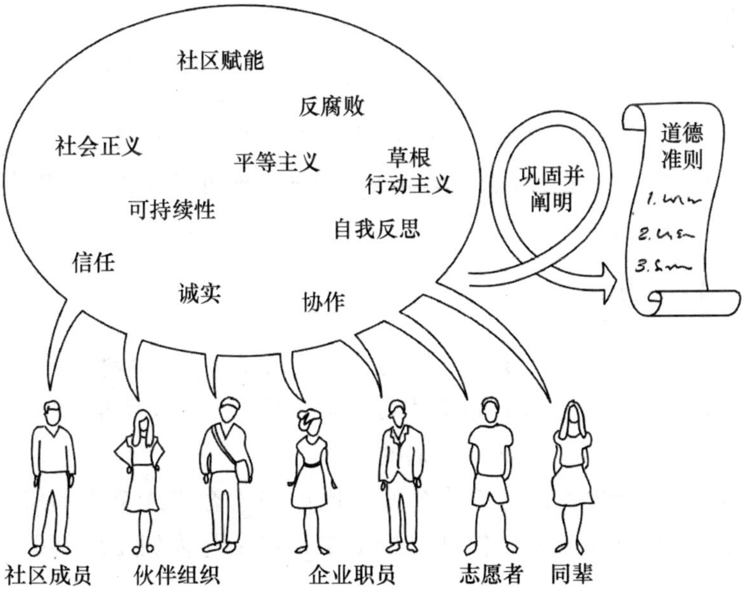

图 27－1　形成道德准则

第三步：取得共识

要让所有的团队成员都有机会一起阅读、讨论并认可你们一同起草的道德准则。一旦你们达成一致，就把它分享给其他利益相关者（通过在线或纸质的形式），并在与合作伙伴签署协议时参考这一准则。

正确的行动

要记住，行动应该为目的服务。仅仅知道什么是正确的还不够，你必须做这些正确的事。既然“地图”已经画好了，接下来应该开始你的“旅程”了，但是要留意一路上的坑坑洼洼。以下是可能会突然出现伦理问题的一些领域和例子。

- 人际：歧视、性骚扰、虐待下属等。
- 项目设计：误导性的承诺、排斥利益相关者、不充分的员工培训等。
- 财务：欺诈、贿赂、偷盗等。
- 法律：违反保密协议、破坏安全法规、缺少必要资质等。

在任何行动中都要遵循以下步骤来推进道德建设，无论这项行动是建立一家非政府组织，还是争取废除一部不公正的法律。

第一步：沟通

【小贴士】

良好的沟通需要积极的聆听。要用心聆听你的伙伴说了些什么以及没说什么。

要营造一种人们能够自如表达感受的氛围。如果人们有渠道说出他们的忧虑，潜在的棘手的道德问题就有可能及早解决。比如，你可以设置一个匿名的意见箱，或者定期召开沟通会议。

第二步：保持透明

直抒胸臆以及直率行动可以为你赢得“值得信任的合作伙伴”的声誉。这意味着你没有什么好隐瞒的，每一件事都值得骄傲。要公开财务报表，并且在任何可能的情况下以电子和纸质的形式记录你们的工作。

当然，不是所有的东西都应该公开，比如关于客户或个人的敏感信息、早期的谈判情况等就不能公开。你可以根据常识以及与你们工作有关的保密法规来判定具体情况。

【提醒】

就像童话故事里进入森林冒险的主人公，你要一直在你身后留下痕迹——只不过现在是 21 世纪了，你留下的是电子痕迹。所以要注意你在线上的各种表现，因为你一旦点击发送，说出去的话也就无法收回。不要让疏忽大意的评论在今后给你造成麻烦。

第三步：有自知之明

在对别人坦诚之前要对自己坦诚。你有没有在个体和组织的层面尽最大努力遵守道德准则？如果没有，该如何改进？要进行自我反思，比如坚持写关于自己的动机和活动的日记。要对别人具有建设性的批评心怀感激，而不是心存芥蒂。

艾米（Amy）：自我反思可能会让人深感惭愧，但是也极具教育意义。比如，有一次我发现，我在抱怨沟通不顺畅之前并没有意识到，自己不仅没有帮助营造积极的环境，而且是造成问题的原因之一。努力增进对自我的认知可以使我忠于自己的价值观，这样我就可以以身作则来领导大家。

更多关于自我反思的内容请参见第 40 章。

正确的反应

不论你准备得多么充分，意外还是有可能发生。你或者你的队友可能会偶尔走错方向，但是别慌张！错误总会发生，重要的是如何应对并重回正轨。

第一步：评估当前状况

一旦你意识到存在一个道德困境，要尽最大的努力来评估当前的状况。

首先，导致这种状况的原因是什么？通过寻找导致误入歧途的因素和决定，你可以更好地解决当下的问题，并避免将来重蹈覆辙。

假设在一次研讨会上，你的团队无意中讲述了一些错误的事实，而这有可能会损害参与者的健康。经过调查你们发现，错误事实源自一条不可靠的网络信息。这样一来你就会知道，将来一定要仔细审核信息来源。

其次，目前状况的规模和严重程度是怎样的？通过调查目前状况在当下和未来可能产生的影响，你能够决定优先处理哪些问题。假设捐赠者的联系信息被意外发送出去，那么你要查明这些信息的类型，有多少人受到了影响，以及哪些人获得了这些信息。你要根据具体情况采取不同的处理措施，比如应对泄露不完整电话号码的措施和应对泄露完整信用卡号的措施肯定是不一样的。要记住，行为是有连锁反应的，所以在评估道德困境时要广泛地思考哪些人和事可能会受到影响。

最后，处理类似的状况有先例或者规程可供参考吗？假设你的一名员工指控另外一名员工用组织的小额备用金进行个人消费，那么你们组织处理这种状况的准则可能是在做出基于证据的决定之前先给双方一次解释的机会。

第二步：解决问题

【小贴士】

要创造一个检举者挺身而出被感谢而非被惩罚的环境。

在对状况进行评估之后，是时候解决这些问题了。无视问题只会让问题变得更糟。

- 沟通：要和你的团队成员进行坦诚的沟通并一起寻找解决方案。不要害怕寻求外界的建议。
- 保持透明：承认错误可以将错误转变为潜在的学习机会，避免将来重蹈覆辙，并为你赢得诚实的信誉。
- 守住你的良心：如果你对某个项目的方向不大认同，那就远离它。

无论进行怎样的论证，一定要遵循你在准备和实践阶段的原则，并时常参考你们的道德准则。

第三步：吸取教训

在成功地化解危机之后，要从错误中吸取教训，以防历史重演。你要记下在评估状况时学到的关键要点，在将来的团队培训中和大家一起讨论之前的道德困境及其是如何化解的。

关于处理道德困境的练习，请参见练习 27.1。

练习 27.1

团队道德准则

进行头脑风暴，设想一些你可能会遇到的道德困境，可以使用你的真实经历，也可以使用以下假设的状况：

- 你发现队友抢别人的功劳。
- 你的确错过了完成任务的最终期限，却为此编造借口（比如“我的作业被狗吃了”或“我的电脑宕机了”）。

- 上司要求你在报告中编造一项事实，以便让你们的团队状况看起来更好。

你可以按本章中讨论的步骤来解决这个道德困境。如果你使用的是一个真实案例，那么比较一下你在此时的分析和你当时的实际反应。

正确的态度

1. 撰写一份可能适用于这个状况的道德准则。

2. 你需要和哪些利益相关者讨论你撰写的道德准则？你应该如何和他们进行讨论？

正确的行动

1. 沟通、保持透明和有自知之明可以怎样帮助避免这一道德困境的发生？

2. 假设你也被牵扯进这一道德困境，你对自己的行为有什么合理的解释？

正确的反应

1. 评估并解决这一困境带来的影响。确定需要优先处理的事项以尽量弥补损失。

2. 你如何确保将来不会重蹈覆辙？要考虑在个体、组织以及合规等方面做出一些潜在的改变。

道德准则：理论上，黑白分明；现实中，存在阴影地带

当听说有人行为不轨时，你有没有大呼过："他们怎么可以这样做呢?!"

很多社会心理学实验显示，道德决策会极大地受到当时具体情况的影响。心理学家丹尼尔·巴特森（Daniel Batson）和约翰·达利（John Darley）发现，要迟到的人更不可能去帮助处于困境中的陌生人——尽管他们有可能是赶时间去参加一个关于好心人的讲座。[1]

曾经有一项声名狼藉的研究监狱人际动态的实验。这项实验招募志愿者在斯坦福大学模拟为期两周的监狱环境。研究对象被随机指定为关押在临时性监狱里的犯人，或者是轮岗监管犯人的看守。两组成员很快内化了他们的角色："犯人"变得很痛苦，"看守"变得恶毒残暴。随后发生的事情让研究者菲利普·津巴多（Philip Zimbardo）感到很不适，于是他在六天之后停止了实验。[2]

思考一下哪些因素可能会令做出符合道德准则的决定更加艰难，比如来自权威的影响，或者来自同辈的压力等。这些因素会影响你如何预防和解决道德困境吗？

这是一个持续的对话

本章所述内容并非为做出符合道德准则的决定提供明确的指引，而是希望引导这项讨论开展下去。只有你和你的团队成员能够理解你们面临的挑战，并一同努力解决问题。

> **艾米：**在做社区活动时，我也有过一些失误——虽然都非有意所为，但是造成了很多误会，也出现了很多我难以应对的情况。尽管如此，通过强迫自己应对这些新困难，我积累了很多经验，这些经验教我学会处理道德困境和如何更好地提供服务。有了正确的态度，你面临的最大挑战会让你实现最大程度的个人成长。

艾米·丁在美国及海外参与并设计了很多大学服务性学习项目。她利用自己的经验为学生、教授以及社区组织就合乎道德准则和有效的服务提供建议。她在本书出版时就职于加州大学伯克利分校哈斯商学院的责任商业中心。

第二步

一同努力：
建立并巩固有意义的关系

第 28 章
寻找导师

忒勒马科斯的导师：要坚强，这样即便是后来人也会赞誉你……依靠你自己，把我的话当作你的向导。

——荷马，《奥德赛》

奥德修斯（Odysseus）是一位睿智的希腊勇士、国王。当奥德修斯远赴沙场参加特洛伊战争时，他将刚出生的儿子忒勒马科斯（Telemachus）托付给他的老友门特（Mentor）* 照看。一晃 20 年很快过去了，奥德修斯音信全无，这时门特就给了忒勒马科斯上面这条睿智的建议。他鼓励忒勒马科斯要勇于在父亲不在时担起领导国家的责任，这条建议使他走上了成长和自我发现的旅程，并最终使他与父亲重聚。门特好似女神雅典娜，拥有智慧、技能与战略。所以当代的导师是指那些给予别人智慧、技能和战略的人也就不奇怪了。

导师对于年轻的领导者而言非常重要，因为他们可以向你和你的团队分享建议和最佳做法，这可以为你们节省大量的时间和精力。即便你们的组织已经发展得很成熟，也总需要考虑新的想法并做出新的决定，而导师能为此提供宝贵的见解。就个人层面而言，导师能够在你追寻理想职业生涯的道路上为你提供指导。

寻找一位理想的导师

如果想找到能够帮助你和你的团队发挥潜能的导师，你需要找到这样的人（见图 28－1）：

---

* mentor 有导师之意。——译者

- 激励你。你的导师应该是鼓舞你的灯塔，他的成就和人格应该激励你做得更好。埃伦·恩舍（Ellen Ensher）和苏珊·墨菲（Susan Murphy）在他们的《导师的力量》（*Power Mentoring*）一书中写道：受指导者之所以被导师吸引，是因为他们发现导师的人格与自己的人格类似，这也使他们立志成为像导师一样的人。[3] *
- 传授智慧。你希望有人能够就任何情况给你中肯的建议，从他们过往的经历中汲取智慧的结晶并传授给你。即便他们的职业发展路径和你的不一致，他们也可以为你提供建议。
- 成为你的支持者。你的导师应该成为你的战略家和支持者，指导你设定目标，并把你介绍给他的同事或者在别人面前赞扬你来积极地帮你达成目标。
- 指导你做出艰难的决定。你需要有人在你面临艰难抉择时提供指引，你需要有人帮你收集并分析做出自信的选择所必需的信息。

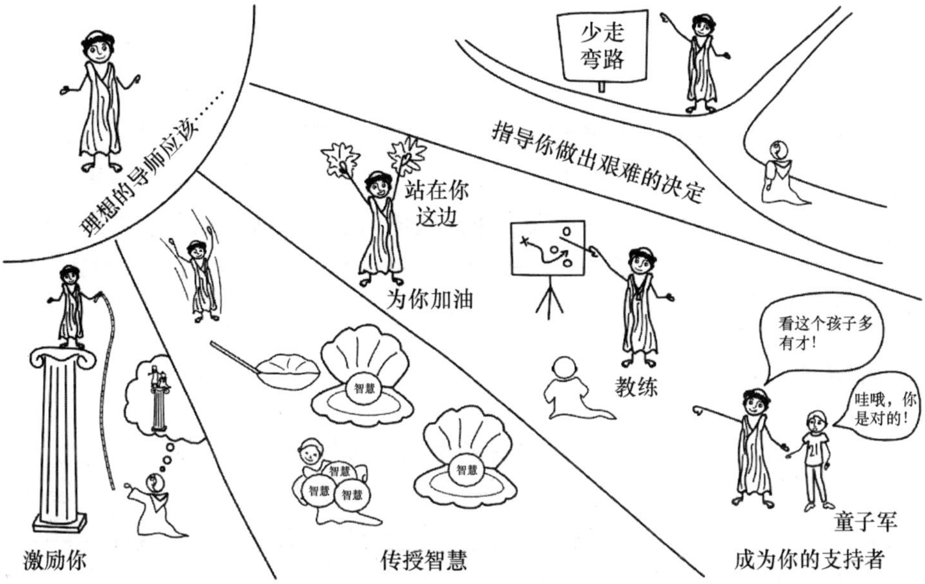

图 28－1 理想导师的特点

这些特质适用于所有类型的导师，但这些只是一个起点。在本章的稍后部分，你将进一步明确在导师以及导师关系中希望寻找的特质。

苏代（Sujay）：取得较高水准的专业成就并不意味着一定能成为一位很好的导师。重要的是找到愿意花时间指导你并维系指导关系的人。评估一个导

* 原书缺注释［1］，［2］。——译者

师的潜力的很好方式就是考察他的过去。他过去当过别人的导师吗？如果当过，那些被指导者是怎么评价他的？他们是否仍然与这位导师保持联系或者合作（这一般是一个好的迹象）？有人和导师闹翻吗（这可不大好）？

创建一个导师团队

将导师定义为终身教授与学生之间、企业高管与新员工之间那种单一且自上而下的关系的观点太陈旧了。就像企业的首席执行官依靠董事会或者美国总统凭靠他的内阁那样，你应该利用一个多样性的导师团队来助力你的职业及个人发展。

多位导师

单一的类型从来没有也永远不能满足所有需求。比如，如果你是一名有志向的人权律师，你或许可以求助一位正在执业的人权律师来指导你的职业发展。与此同时，法学院的教授可能已经指导过很多像你这样的学生，所以如果你考虑探索人权工作的多个领域，你的教授或许可以成为一个很好的智慧源泉。这样一来，两位导师一起就能做到任何一位导师单独做不到的事情。

你身边的导师

当你开始着手建立导师团队时，要谨慎地考虑导师人选。尽管让苏士·奥曼（Suze Orman）成为你的财务导师，让史蒂文·斯皮尔伯格（Steven Spielberg）成为你的创意顾问听上去棒极了，但是这既不可能也没有必要。如果想建立一个导师团队，你需要打破导师与被指导者之间关系的传统观念，考虑把你身边的人（不仅仅是地位比你高的人）也当作你的导师。虽然史蒂夫·乔布斯（Steve Jobs）一生中有很多位导师，但是他最重要的导师之一是他的父亲保罗·乔布斯（Paul Jobs），是他向史蒂夫·乔布斯灌输了精湛技艺的价值，从而帮助史蒂夫实现了一场技术变革。你身边的人，特别是你的同龄人可能已经在很多方面激发了你，挑战了你，启迪了你。

希巴（Sheba）：我的同辈对支持我的个人发展及工作发展起到了至关重要的作用。在海外学习时，我总是希望能从人类学的角度来更好地解释我的个人经历，花更多时间来思考社会企业怎样才能改变每个国家的医疗健康状况。于是我去请教了一些我认为在这方面能力优秀的同学，向他们提及我的困境，并希望他们能给出一些建议。这种合作性的指导关系极大地转变了我在旅行中的一些想法，并使我能够从中获取更大的价值。

确定你的目标与需求

虽然直接开始寻找导师听上去很有诱惑力，但是不如先考虑一下你为什么需要一位导师，以及你生命里的哪些人最适合给你提供建议。练习 28.1 能够帮你做出这一决定。

练习 28.1

寻找你的导师

建立导师团队意味着寻找涉及你人生各个方面的人。下面这张图中，每一个圆圈代表对你而言十分重要的领域（比如学业、工作、宗教、家人、社区以及艺术表现等）。列出在每个领域可以帮助你实现目标的潜在导师，重点关注那些重复出现的人的名字。

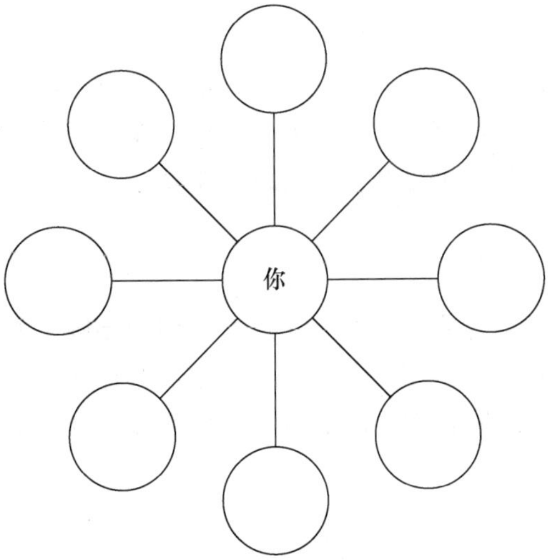

用项目连接人

找到导师最有效的方法就是拥有一个可以让导师提供建议或指导的目标或项目。在你寻找导师并准备和他们接触的时候，要记住把你的目标或项目和他们联系在一起。这既可以是很简单的事情，比如请教导师如何在生活中获得更大的平衡；也可以是很复杂的事情，比如请教导师如何创建自己的组织。这能使“为什么希望您来指导我？”更具体从而更有说服力，而且能为导师提供指导你的依据，进而可以促进你们之间的关系。即便之后你的项目结束了，或者你的目标达成了，你们之间的融洽度也许足以维持你们之间的指导关系。

评估你的“资产”

就像其他聪明的消费者一样，在你仓促地“购买”导师之前，要先观察和评估一下在你生命里有影响力的人。建立强大的导师关系需要花费时间、付出努力。如果你已经找到了能够帮你达成目标的人，何必再花时间呢？

思考一下你生命里的每一个领域，然后写下哪些人已经是你的导师，无论这些导师是正式的还是非正式的。哪些人能够不惜占用自己的时间和精力和你分享他们的经验呢？你怎样才能增进与这些人的关系呢？

填补差距

一旦你完成以上评估，接下来就要专注于那些你需要指导的领域。你能否从你敬仰的人那里获益从而达成自己的目标？如果能，先看一眼你列出的导师名单，然后考虑一下其中是否有人能够提供你需要的东西。如果你认为需要新的导师来给你的生活增加活力，那么你就可以开始寻找新的导师了。

创建核心导师团队

在你的核心团队中，你要优先关注并致力于维护导师之间的关系。尽管这些导师可能并不在一起工作，甚至相互之间并不认识，但是你要把他们看作你的“梦之队”和私人董事会，你要和他们一起努力来寻找可以帮助你成长和实现梦想的最佳方式。

寻找新的导师

导师不太可能主动找到你并希望帮助你。这也就意味着你需要主动寻找潜在的导师。练习 28.2 能够帮你开始寻找新的导师。

练习 28.2

寻找榜样

列出你在过去一年中遇到的人，比如你远观过的一个演讲者，或者曾与你密切合作的一个客户。从中选择一些你钦佩的人，然后思考一下他们可以怎样帮助你来实现你的短期或长期目标。根据下面的指导原则列出你的名单。

如果想获得更多灵感，你可以考虑制作另一个名单，在里面列出你计划或者希望在接下来的几个月里遇到的人。你要计划好如何接触他们并开始建立一段关系。要把这个名单放在身边并定期更新。如果你有时间，不妨搜索一下领英或者相关的新闻报道来寻找潜在的导师，并把他们的信息加入你的名单。

姓名：

头衔：

我为什么钦佩这个人：

这个人如何帮助我来实现我的目标：

我怎么遇到了这个人，或者可以怎样遇见他：

我应该如何维持与这个人的关系：

利用你的人际网络

一旦确定了你认为能够为自己提供建议的人，你就要想办法与他们取得联系。你可以看看自己的人际网络里有没有人可以帮你结识他们。如果这条路行不通，那就多做一些研究，看看你潜在的导师是否会在附近发表演讲或者参加会议。

别忘了最显而易见的一点：问一下你的朋友和家人，看他们是否能介绍你认识那些可能为你提供指导或建议的人。

希巴：当我设计我们学校的第一个本科生社会创新孵化器——协力组织（Synergy）时，我与一些很优秀的导师一同工作。但是我也想应用那些有相关成功经验的人的技能。通过和我的朋友以及现任导师分享这一愿望，我很快就找到了能够合作的曾成功创建孵化器的人。

接触新的导师

寻找导师看上去是一件令人生畏的事情，但是你仅需要遵循耐克的建议："放手去做!"你可以借鉴稍后提供的向潜在导师做自我介绍的电子邮件示例。

你的请求

回顾一下你的生活经历，明确你希望和导师一起实现哪些目标。拥有一个项目之所以会非常有用，是因为这能够让导师有机会直接见证你是如何工作的，并能据此了解你是怎样一个人。如果你没有相关的项目，那也为时未晚。你可以简单地表述你正在努力达成的一个目标，或者你正试图提升的你个人的某个方面，然后提及你潜在导师的经验或个性特点来接触他们。

> **希巴：** 在为我们学校的《全球健康评论》(*Global Health Review*) 撰写文章时，我联系到我们组织的一位顾问，告诉他"我想更多地了解你的经验"。我犯了一个错误——没有把我的激情以及我的文章与导师的兴趣联系在一起——我没有提出一个明确的问题。所以我们的对话非常简短，交谈漫无目的。尽管他很忙，仍非常友善地答应再次与我会面。我们再次会面时，我确保至少能就我文章中的特定方面征求他的意见，并且针对他在克林顿基金会（Clinton Foundation）的工作准备了问题，希望这些问题的答案能够引起我关于战略性慈善的兴趣。
>
> 不要浪费你自己的时间，也不要浪费你潜在导师的宝贵时间。在与别人会面之前，先想清楚你到底想从会面中得到什么。

你的贡献

当你接触潜在导师时，要记住你们之间的关系可以使双方受益。如果你的导师比你年长，你可能无法像他那样有智慧，但是你至少可以在某些方面启发他。第一次与潜在导师互动时，你要突出自己与导师所在领域相关的经历及长处，这样他们就可以在这些领域开始信任你。

你要通过为导师提供可以推进他们工作的新方向来展示你的参与。最后也是最重要的是，你要表现出与导师一同工作应有的尊重、热情以及投入。单单这一点就可以令一个人感到激动，让他感觉他正在为你的生活带来积极的改变。要记住为你们之间的关系做出贡献能够让这段关系长盛不衰。每次会面之后，最好都能有所收获和回报。

向潜在导师做自我介绍的电子邮件示例

向你的潜在导师发送电子邮件时，要说清楚你是谁，你是怎么认识他的，你为什么对他的研究、工作或者经验感兴趣，以及你希望和他探讨什么。说清楚这些之后，请求会面。你也可以在邮件后面附上自己的简历。下面是一封写给潜在导师的邮件。

尊敬的格雷斯女士：

您上周在非洲研究院分享的关于在南非提供移动医疗健康服务的想法，使我对全球医疗健康服务方式的转变有了新的认识。我叫希巴·马修，目前在一家小型机构实习，这家机构正准备在西北地区的一个省启动一个移动健康项目，所以我对您的见解很感兴趣。

我非常希望能够进一步和您分享我的项目，并非常重视您关于如何通过呼叫热线服务来更好地发送信息的建议。在未来的两到三周，不知您是否有时间面谈或者通话？我非常乐意到一个您方便的地方与您会面。

期待您的回复！

希巴·马修

打造强有力的关系

了解你的导师

要确保在见到你的潜在导师之前尽可能多地了解他，可以通过出版物、在线谈话以及博客等获取信息。问一下你认识的人对你的潜在导师的认知，如果他们见过面，可以问一下人们对导师的印象。当然，不论你认为这位潜在的导师多么出色，注意不要做得过分，不要从“研究”对方变成“跟踪”。比如，要在真正见到他们之后再请求添加他们为脸书好友。

找到共同点

要把你的导师看作一个真实的人，而不仅仅是一个你想从他那里获得信息、建议或推荐的人。要了解一下什么能鼓舞他们，并想办法把你自己的兴趣和他们的联系起来。

苏代：要留意你们可以分享的共同经历。你们也许是校友、老乡，或者都是超级棒球迷。找到一些共同之处有利于你们开始对话。

有备而来并一展身手

【小贴士】

除了分享导师的智慧之外，还可以让他们为你推荐其他的特定资源，比如一些可以交谈的人，或者一些值得阅读的书。所以要随时准备好一个记事本或者智能手机，以便随时记下导师提及的名字或者想法。如果你忘了记下来，发邮件给他们，确保在表示感谢的同时跟进他们向你推荐的具体内容。

当然，与导师会面只是成功的一半，另一半却更为严苛。如果导师要你为会面准备一些东西，你的表现要超出他的预期，尤其是第一次会面。即使他没有提前对你提出任何要求，你也要表现得超出他的预期，并确保你对他之前给出的建议进行了充分的思考。

寻求反馈

另一种表现你对你们之间关系的投入的方式是向导师寻求关于你的工作或个人成长的反馈。你可以和导师一起讨论你的领导技能，并明确地寻求反馈和建议。主动发起这样的对话说明你希望从导师那里学到一些东西，并且你信任他们给出的看法。

进行对话

在《真正的北方》（*True North*）一书中，哈佛大学商学院教授比尔·乔治（Bill George）强调了与导师建立双向关系来使之持久的重要性。想要做到这一点，一种简单的方式就是与导师进行批判性的对话。你要将导师给你的建议放在具体的背景中进行分析，并在适当的时候对这些建议提出不同的看法，而不是仅仅成为导师建议的“储藏室”。这能够将你们之间的关系推进到基于相互尊重和学习的新阶段。

保持联系

与导师会面之后，你要向其发送一封表达谢意的信件。如果你认为还需要与其进行下一次会面，就尽早约定一个具体日期。除此之外，当你需要导师当面提供睿智的帮助和建议时，不妨安排定期会面。在其他的时间，要不时与导师沟通你的近况。

即便你没有具体的问题需要请教导师，也要持续地向导师反馈你的近况，并想办法让他走进你的私人生活，可以与他分享你正在读的一本有趣的书，也可以向他介绍他想结识的一些人。

希巴：当我在越南学习时，我给我的导师邮寄了明信片，与他们分享了旅途中有趣的经历以及一些让我想起他们的事情。他们都很惊喜：我惦念着他们，并把他们带入我的生命里。这虽然是一件小事，但是把我们之间的关系拉近了许多。

进行评估

如同洛伊丝·扎卡里（Lois Zachary）和洛丽·菲施勒（Lori Fischler）在《门徒指南》（*The Mentee's Guide*）一书中讨论的，对导师关系的评估非常重要。在和导师接触几次之后，你要思考一下这段关系对你起到了多大的作用。你信任你的导师吗？他信任你吗？这是你想维持下去的那种导师关系吗？或者你的导师在尽心尽力地帮助你吗？持续地评估导师关系能够帮助你将其向前推进，并判断是否有必要寻找新的导师。

将影响传递下去

了解如何找到导师并维持一段良好的导师关系的最好方法之一是让自己成为一名导师。

当你指导别人时，要记住你想在一名导师身上看到的品质，然后在指导别人时尽量体现出这些品质。在指导关系中，要尽量让被指导者的兴趣来引领你，但是也要偶尔主动提出要求或者主动去接触被指导者，这样才不会让对方感到总是他们主动。这不仅有益于被指导者，而且也能使你的生活向前推进一步。

希巴·马修在本书出版时是哈佛大学大四学生，也是协力组织的联合创始人，协力组织是哈佛大学本科生社会创新孵化器。她师从多位导师来发展她在人类学、全球健康以及社会企业方面的兴趣，这有利于实现她通过技术和商业创新来提升弱势群体健康水准的愿景。

谢尔·泰尔在本书出版时正在领导一家位于洛杉矶的名为“Scopely”的初创企业的商业开发。他从哈佛大学毕业时获得了“20 Under 20”资助。他曾担任位于波士顿的医疗服务机构 Kyruus 的市场战略总监。由于联合创建了 ReSight 公司，他获得了由白宫和美国环境保护局颁发的总统环保青年奖（Presidential Environmental Youth）。

第29章

建立团队

一个人可以是一个团队的关键要素，但一个人不能成为一个团队。

——卡里姆·阿卜杜勒·贾巴尔

没有被领导的人，你就无法成为领导者。如果想要带来真正持久的影响，你需要的不仅仅是人，而且是能够协同努力的人，也就是一个团队。虽然团队建设的有些因素是本能的（“相信你的直觉”），有些是偶然的（“正确的地点、正确的时间”），但是有一些方法可以促进这一过程。本章将指导你建设并维持一个既能努力工作又能良好协作的强大而有效的团队。

确定你的需求

当寻找、审核和选择团队成员时，需要考虑很多需求。识别人的才能在任何时候都至关重要。

> **莫娜**（Mona）：我听到的关于团队建设的最棒的建议是：你不应该害怕招募并任用比你更聪明的人。

专业技能

拥有专业技能的人对一个特定领域了如指掌。根据你们试图解决的问题，这项技能可能是儿童教育或者促进受伤海牛的康复。你选择的很有可能是你本来就很了解的领域，但是招募到额外的专家并不是一件坏事。

流程技能

拥有流程技能的人掌握一套特定的技能组合（比如筹资、编码或者营销）。他们可能对你们的具体问题并不了解，但是他们非常擅长自己所做的事情，了解你们的任务，并充分了解对解决问题而言有价值的背景。

工作风格

建立一个工作风格类似的团队似乎是一个不错的选择，但是由此带来的明显劣势往往超过通过多样性的方法建立一个和谐团队带来的挑战。尽管最开始时不同的工作风格可能会让人很头疼，但是多样性对于团队而言非常有价值。马尔科姆·格拉德韦尔（Malcolm Gladwell）在《引爆流行》（*The Tipping Point*）一书中定义了三种典型的工作风格，这三种风格不同却又互补，通过它们可以建立一个技能全面的团队[1]：

- “专家”收集并提供信息来实现愿景。
- “推销员”通过强大的说服力来建立一个共同的激动人心的愿景。
- “联系人”聚集所有合适的人。

一个全面发展的团队需要以不同的方法工作的人。比如，你肯定不想要一个全是梦想家却无人考虑如何执行的团队。此外，一个强大的团队既需要不同的工作风格，也需要人们能够相互理解并欣赏彼此的不同。

你可以通过练习29.1来评估潜在团队成员的工作风格。

练习29.1

如何评估工作风格

每个人都有自己的并且能够影响团队发展的工作风格。当你建立团队时，要努力实现工作风格的多样性，要支持大家相互理解并欣赏彼此不同的工作特点。你可以通过以下问题来评估潜在团队成员的工作风格。

这个人在一个团队中是如何工作的？

- 倾向于进行头脑风暴，整理信息，还是推动团队做出最终决定？
- 专注于改进团队合作或取得结果的流程？
- 致力于维持现状还是推动团队发展？

这个人如何思考并执行一项任务？

- 考虑执行的细节还是全局性的背景环境？

- 通过哪种方式进行头脑风暴：罗列出所有的可能性还是所有的参数？
- 更喜欢提前计划好所有事项还是让事情自然而然地发生？

这个人如何定义成功？从哪里获得满足感？

- 一丝不苟？
- 促进团队合作？
- 确定并完成一项或一系列工作？
- 实施新的行动或尝试新的方法？

这个人是如何面对失败的？

- 认为这是对个人技能或努力的反映？
- 归咎于别人还是替整个团队承担责任？
- 更努力地尝试还是放弃并开始做别的事？

要记住，这些问题没有标准答案（尽管你的工作风格会让其他拥有类似工作风格的人产生亲切感）。

人际网络

你可能想招募一些拥有强大人脉的团队成员。比如，一个关注健康的团队可能想与医疗专业人士建立联系，一个想解决城市问题的团队可能希望与城市规划者以及当地官员建立合作关系。要寻找可以帮助你与这些人建立关系的团队成员。

从你已经拥有的人员着手

无论你的组织是营利性的还是非营利性的，很可能是从一个领导团队和一群相对松散的团队成员起步。你要从已经拥有的人员着手，就你的想法向他们征求建议，如果他们能给出坦率的反馈，并且拥有你没有掌握的技能，那么邀请他们加入你的领导团队。即便这个团队最初是非正式的，你也可以使用本章中的很多原则来建立一个强大的团队。随着组织日渐成熟，这一核心圈就会变成更为正式的董事会、管理层或者创始合伙人。你至少要做到与领导团队沟通，明确他们的角色、职责以及你对他们的期待。

选择团队结构

选择团队结构是至关重要的一步，因为这将影响你们如何一同工作并分担职责。团队结构有很多类型，最适合你们的类型取决于组织目标以及团队文化。你可能会选择一个更加传统的层级组织结构，或者创建一个自己的领导结构，或者发现分权更适合你们的团队。大多数新团队并不需要设立总裁、首席执行官、首席运营官等职位。相反，选择职能型的结构可能更实用，由不同的人来负责诸如营销、销售、运营以及项目管理等职能。

【笔记】

开始起步时，要花时间考虑一下组织结构，但是不要沉迷于设立层级和授予头衔，因为组织结构很可能随着团队的需求发生变化。

一旦你的团队迅速成长并更加成熟，你或许就需要考虑采用一个更为正式的组织结构。大多数成熟的组织都有几个团队，包括一个领导或执行团队、一个董事会或顾问团队、一个或多个成员团队，还可能有志愿者团队或者利益相关者团队。其中领导团队以及董事会是组织的骨干（见图 29-1）。

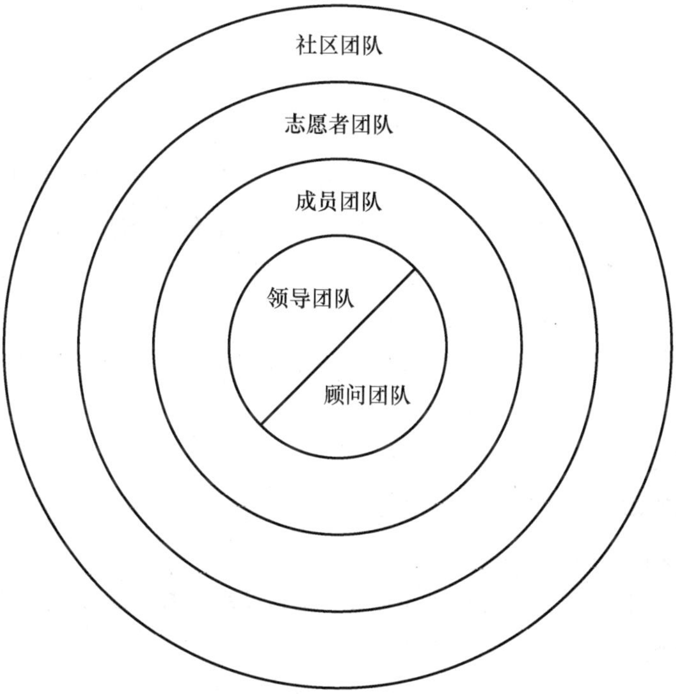

图 29-1 团队结构

当你正式确定这些角色时，要花时间评估一下这个核心圈，确保他们适合你的团队以及自己的角色。无论是领导团队还是董事会，都应当由认同你的价值观并致力于实现组织的任务和愿景的人组成，尽管他们的角色并不一样。领导团队要做的是将愿景落地。董事会成员是当组织需要调整它的愿景、获得社区支持以及进行扩张时，领导团队可以寻求建议的值得信任的顾问。在决定董事会结构时，你可能会选择建立一个由各利益相关者代表组成的倾向于提供咨询的董事会，或者一个拥有不同事务委员会的执行董事会。

【小贴士】

伟大的领导者能够让别人也成为领导者。

不论你们如何分担职责，最重要的是你要给予这些领导者充分的信任、尊重以及自由，让他们去执掌委员会或项目。你要帮助他们开发并培养领导能力。

总而言之：

- 任用比你更聪明的人。
- 清楚你什么时候需要一个技能专家或者流程专家。
- 建立一个工作风格多样化的团队。
- 设计一个适合团队目标的团队结构，而不是默认使用标准的层级结构。

招　募

当你招募团队成员时，能够进行选择当然是最好的。理想的情况是，你能够从很多符合条件的候选人中进行选择。那么你们应该如何发布招募广告呢？以下是一些可以减少花费或免费进行推广的方法：

- 在 meetup. com 的群组、社会组织或者大学协会里寻找志同道合的人。
- 利用 Idealist 和 Craigslist 这样的低成本招聘平台，或者校友网站，以及专业协会的招聘布告栏。
- 最佳的免费资源是你的人际网络。你不妨把职位描述发给相关联系人，请他们转发给潜在候选人。

莫娜：我团队里最棒的一些成员最初是通过我的三度或四度人脉招募到的。

接触到合适的人选只是成功的一半，你还需要激发他们的兴趣。不要想当然地认为所有人都知道你的团队有多棒，所以要想清楚如何表达在你的团队里工作是一种很棒的体验。无论你们招募的是志愿者、董事还是带薪人员，一定要准备好一份详细的职位描述。如果你们是一家无法提供最有竞争力的薪酬（或者无法提供任何薪酬）的非营利机构或者创业企业，那么可以考虑为候选人提供其他福利，比如弹性工作时间、个人成长和职业发展的机会、医疗服务以及退休金。

赢得招聘会

如果你想招募一个团队，通常可以从大学或者招聘会起步。你将和其他团队一同竞争来吸引顶尖人才。

若想引起潜在候选人的兴趣，你要考虑一下哪些因素能让你们的团队脱颖而出。你要发挥优势并将其可视化。如果你的团队致力于为避难所的动物寻找领养者，那么你们可以带一只小狗来吸引潜在候选人的注意力。如果你们发起的是一家免费诊所，可以摆一张折叠床，在上面摆放一些医疗用品。

除了电子邮件报名表以及描述你们团队使命和成就的信息表，可以考虑在推广的小物件上花点钱。大家都喜欢免费的东西，你们可以向大家发放印有你们团队名称或标志的T恤。当然，发放潜在候选人可能需要的东西，比如带夹书写板、笔或者鼠标垫更好。总之，越个性化越好。你可以在网上以很便宜的价格买到这些东西。

职位描述要素

一份包含以下要素的职位描述可以帮助你们吸引合适的候选人。这可能令候选人对你们的组织留下第一印象，所以要花时间好好打磨一下你们的信息。

1. 很棒的开场陈述。开场陈述要特别说明你们组织以及这个职位的有趣之处，以及组织的价值观、使命以及愿景。要使开场陈述简洁而有吸引力。

2. 对于这个角色的描述。包括职位头衔、工作时间、与其他团队成员的关系(也就是谁向谁汇报工作)。

3. 对于日常工作主要职责的描述。以重要程度来罗列这些职责，并说明偶尔可能需要担负的职责。

4. 所要求的具体技能。比如“至少有两年以上管理超过50人的志愿者团队的经验”，而不是“有管理大型志愿者团队的经验”。

5. 要求或希望候选人具备的教育背景，或者可以替代教育背景的在职经验。

6. 能够阐明你们将如何评估候选人的关键成功因素。

7. 任何其他要求，比如拥有一辆车或者愿意出差。

8. 联系人信息以及提交申请的方式。

要确保你们的职位描述和面试问题没有违反美国联邦、州及当地的法律。千万不要设置任何基于种族、性别、年龄、宗教、残疾、健康状况、婚姻状况或性取向的问题或标准。如果有疑问，可以先参阅一下当地法律。

面　试

吸引到出色的候选人之后，你们该怎么做出选择呢？人们通常会在申请和面试中表现出自己最好的一面，所以你们需要获取有关候选人的更精准的信息。以下是一些建议：

• 阅读候选人的简历，留意他们的工作经历中你想询问的特定事项。

• 问一个开放性的问题，然后仔细聆听候选人的回答。让候选人用自己的话来描述。

• 要问具体的例子。不要让候选人用“我是一个有道德的人”这样的话来敷衍。让他们描述一个自身经历过的道德困境，并说明他们是如何处理的。

• 要避免问诱导性的问题或者显而易见的问题，比如：“你能在压力之下更好地工作吗?”你应该为候选人设定一个情境，看他如何回答，比如：“有人觉得动态的环境更能激励自己，有人觉得稳定的环境更能激励自己。你更喜欢哪一种呢?”

要记住，候选人同样也在考察你。他们希望了解诸如你的领导力以及潜在的工作环境等内容。以下是候选人可能会问的 10 个常见的问题：

(1) 你们组织核心的价值观、任务和愿景是什么?

(2) 我日常要参加的主要活动是什么?

(3) 你们寻求的核心能力是什么?

(4) 若被录用，我将和哪些客户或合作伙伴打交道?

(5) 我日常要一起共事的同事都有谁?

(6) 我们关键的竞争者和合作者都有谁?

(7) 有哪些成长和专业发展的机会?

(8) 你们会怎么描述组织文化?

(9) 在这个团队工作时，你最喜欢和最不喜欢的地方分别是什么?

(10) 你认为你们的组织在未来的一年、五年、十年内将会发展成什么样?

雇　用

找到合适的人选后，要准备一份书面协议来确定你们之间的关系。即便你们是一个非正式的组织（比如一个学生组织），最好也以文件的形式记录你们共同的期待并签署协议。协议中要明确对方的角色，对方应如何与同事进行合作，以及评估对方的方式。

如果你们的组织相对成熟，就要为拟录用的人选提供一份详细的聘用信。开始准备聘用信时，你们要研究一下所在州的法律，以确保聘用信完全合规。如果你们无意使用聘用信来作为聘用合同，那么要在聘用信中加入一项“任意雇用”声明（也就是说任何一方都可以免责终止劳务关系），并且要避免提及年薪或者暗示未来的工作保障。

【提醒】

不要冷落你们没有选择的候选人，要及时（以礼貌的态度）与他们沟通。这是基本的礼貌和体贴的表现。你永远都不知道将来什么时候会与这些人再次相遇。

聘用信的构成

1. 候选人姓名。
2. 职位名称。
3. 职位细节概要，包括主要工作内容、上级以及完整的职位描述。
4. 薪资。
5. 开始工作时间。
6. 关于试用期或评估的事项。
7. 福利待遇，或者引用员工手册中关于此项的信息（包括节假日、病假及休假等内容）。
8. 候选人需要对聘用信做出正式回复的截止日期。
9. 从事此工作需要具备的任何资质（比如，可以合法在美国工作的证据）。
10. 一项“任意雇用”声明。

维持一个团队

一旦建立了一个团队，你们就需要协同努力来建立并巩固内部关系，并且要引导团队成员的态度，提升他们解决问题的技能，从而确保团队长久的成功。这需要你们付出很多努力，却是值得的。你不妨把你的团队看作一辆豪华轿车：它需要时常维护和保养，但是如果你善待并照顾好它，它的表现会超出你的想象。以下指导原则有助于你的团队时刻处于竞技状态。

> 团队能否齐心协力决定了它能否取得成功。你或许可以聚集世界上最优秀的一群人，但是如果他们无法相互协作，那么你的俱乐部也就一文不值。
>
> ——贝比·鲁斯

建立团队协同力

为了培养良好的团队精神，首先要在团队中营造融洽的氛围。要让团队成员花一些时间相互了解，彼此信任与尊重。以下是相关的一些建议：

● 聚餐。以美食分享会或餐厅聚餐的形式举办一次聚会。

● 尝试一下破冰活动。如果想发现团队成员身上的趣事并促进团队成员间的关系，破冰活动是一种很好的方式。在网上搜索一下就能找到很多破冰活动、信任练习以及团队建设活动。你们可以在团队静修活动或者每次团队会议的开始尝试一下这些活动。

● 引入一位专家。如果你们有相应的预算，可以聘请一位团队建设专家来主持一次研讨会或者静修活动。

哪些活动帮助你们促进了团队成员之间的关系？活动的哪些具体方面使其行之有效？

创造安全的环境

团队合作需要开放的对话，以及大家敢于直抒胸臆的环境。以下是一些鼓励对话并建立信任的建议：

● 问问题，而不总是提供答案。

● 对每个人的想法表示感谢和尊重。

● 如果一个想法并不适合现在的情况，要委婉地拒绝。

● 要经常询问团队成员的观点并用心聆听。

● 要对改变想法持开放态度。

● 要把错误当作学习的机会，而不是隐藏错误或者惩罚犯错误的人。

提供机会和奖励

人们需要特殊的技能才能识别并发挥别人的才能。一位伟大的领导者能够发掘出同事和合作者最好的一面。在《团队建设：提高团队绩效的可行战略》（*Team Building：Proven Strategies for Improving Team Performance*）一书中，威廉·戴尔（Willian Dyer）、戴尔（W. G. Dyer）和杰弗里·戴尔（Jeffrey Dyer）强调：成功的团队既有适当的技能，也有实现愿景的动机，以及在团队中培育以上两种品质的优秀领导者。他们注意到，如果动机来自挑战，那么“根据团队任务和表现委以有技能的团队成员更大的责任，是提高团队成员对团队及其目标投入度的有效方式”[2]。

如果团队成员有充足的动机却缺乏适当的技能，领导者必须充当教师和教练来帮助他们发展相关技能。在这种情况下，你需要为每位团队成员列出一个工作和学习方案来帮助他们发展必要的技能，并提供相应的支持。要经常为团队成员提供具有建设性的反馈和指导，帮助他们认识并发挥自己的强项。

最后，要对表现优秀者给予奖励。这些奖励可以是会议上的点名称赞，可以是一份贴心的小礼物，也可以是一次庆功派对。奖励的形式和内容越具体越好。对于团队中的每一个成员，要知道能够激励他们的东西分别是什么。有人喜欢得到公开的表扬，有人更容易因私下的表扬而感动。

你更接受哪种形式的奖赏？奖励对你的行为会产生怎样的改变？

设定基本原则，并为成长的阵痛做好准备

就本质而言，团队就是要维系人与人之间的关系，关系需要投入时间和精力才能变得成熟。不要想当然地以为所有人一开始就知道如何很好地与团队成员协作。有时候会有成长的阵痛。要花时间讨论以下事项：对于团队而言，成功是什么样的（以产品和流程的形式说明）？团队成员互动的底线是什么？团队如何进行决策？如何解决可能发生的冲突？练习 29.2 能够为处理棘手的团队问题提供一些帮助。

练习 29.2

团队“毒素”

独自或者与你的团队一起花时间思考两个问题：哪些情况可能会产生团队“毒素”？如何预防和管理这些可能发生的情况？

列举一些潜在的可能产生团队“毒素”的情况，要让这些情况对于你们团队而言显得真实具体——比如：“我们花了三个月的时间筹划一场活动来获取公众关注和新的捐赠者，但是在最后时刻主旨发言人竟然临阵退缩。”“在一次紧急团队会议上，外展服务委员会的一位成员指责娱乐活动组织者没有很好地履行职责，结果毁了整个活动。”

1. 思考并列出解决以上情况的三种方法，比如：

- 暂时休会让大家各自冷静一下。
- 让娱乐活动组织者说明这一指控对他产生了怎样的影响。
- 让这位外展服务委员会的成员重新阐述一下这一问题，使问题围绕这位组织者的行为而非他个人。

2. 思考并列出预防以上情况发生的三种方法，比如：

- 向团队成员介绍团队“毒素”的概念，以及它们是如何影响个人以及团队工作的。
- 与全体团队成员达成一项协议，明确在面临挑战时团队成员应如何协作。

• 对可能出现的情况进行角色扮演，这样团队成员就可能利用角色扮演中的做法来识别团队“毒素”，并学会如何采取其他方式。

你可能很难想象你的团队会有需要基本原则或规范来处理冲突的时候。但是当你做的是富有挑战性的事情时，你就需要不断地推动大家努力。在你还没意识到时，你的团队就已经把弦绷得太紧，不堪重负了。对此不要绝望，而应做好充分准备。你要设定一些基本原则来避免一些问题的发生。这些步骤既适用于短期一同工作的临时性团队，也适用于成熟的团队。

与远程团队进行协作

一旦你的团队发展壮大，就可能会迎来一个临界点——组织超越最初的核心团队扩展到一定程度。随着组织不断扩张，你和你的团队将面临新的职责，比如弄清如何进行一次新的融资，如何协调不同地点的团队进行协作，如何确保多地协作的工作质量。你既要认识到让团队走到今天的优势和成功举措，也要为新的不同的情况做好规划。在不同地点的团队之间构建良好的合作关系需要关注细节。你可以参考以下建议建立起支持位于不同地点的团队的组织文化：

• 确保远程工作的团队成员参与到和谐建设活动中来。

• 要尽可能地进行面对面的沟通。建议使用可以实现虚拟面对面连接的网络平台，比如 Skype、谷歌 Hangout、GoToMeeting 等。

• 避免产生壁垒。鼓励分散于各地的团队使用诸如 Dropbox 这样的团队服务器或文件分享软件来进行协作。

• 如果可能，每个季度或年度将所有的团队成员聚到一起开展静修活动来促进团队之间的关系。

• 经常与团队成员或管理人员接触，以便及早发现和解决可能存在的挑战。

以卓有成效的方式给予反馈

你可能偶尔需要向团队或团队成员提供负面反馈。这可能是团队工作中最艰难的一件事，但也是对你的领导能力最好的考验。在《有效反馈：如何构建并表达你的信息》(*Feedback That Works：How to Build and Deliver Your Message*) 一书中，斯隆·韦策尔 (Sloan Weitzel) 指出，有些人之所以不能有效地提供帮助，是因为他们提供的是妄下判断的反馈或对行为的解读，比如“你需要更具战略性”[3]。虽然提供反馈者清楚其含义，但是这一反馈并没有说明需要调整的行为或者这些行为产生的影响。你可以根据以下信息来给出或接受有效的反馈。

你如何知道何时应该给予你的团队负面的反馈？《成功婚姻的七项原则》（*The Seven Principles for Making Marriage Work*）一书的作者约翰·戈特曼（John Gottman）和娜恩·西尔弗（Nan Silver）指出了以下四种需要留意的团队“毒素”[4]：

- 指责：进行人身攻击而非仅仅不同意对方的想法。
- 防卫：拒绝承认错误或不当行为。
- 藐视：以讥讽或侮辱性的敌对方式对待对方。
- 拖延：停止交流来延迟沟通。

如果你发现了这些行为，就需要快速解决这些问题：停下来，说清问题并花时间向团队成员说明这些行为可能产生的影响，并与团队成员达成如何处理这些状况的协议。

给予反馈

以下建议能够帮助你向团队成员给出有效的反馈：

（1）寻找合适的时机并得到给予反馈的许可。没人想突然或者在公开场合收到负面的反馈。

（2）以描述你观察到的情景开始你的反馈。给出一个具体的例子，能够帮助人们记起他们的行为。

（3）告诉对方你观察到的他的行为带来的影响。要使用第一人称，并只讲你观察到的事实，而非你对事实的评论或解读。

（4）通过询问对方的反应和想法来帮助对方理解哪些做法不可行，以及应该采取哪些不同的做法。

（5）与对方一同确立一些更合适的做法或行为，并通过承认对方的改进来肯定其为此付出的努力。

接受反馈

作为一名领导者，接受反馈和给予反馈同等重要。通过接受反馈，可以提升你以开放的态度进行学习和改进的能力。接受反馈时，要记住以下建议：

（1）作为领导者，你需要率先垂范来获取反馈。你要定期询问团队成员的看法，并通过领导力评估或者意见箱来建立获取反馈的机制。

（2）要留意你的自然反应，对自己的偏见保持警醒。因为我们所有人都有一个开关，一旦这个开关被打开，就会降低我们获取反馈的能力。

（3）提出澄清性的问题，这些问题有助于你理解别人是如何认知你的行为的，以及你的行为对别人的影响。

(4) 要感谢对你提出反馈意见的人。反馈是一份礼物，也是一个机会，它可以让你将所做的事情做得更好，但是给别人反馈有时会很困难，特别是当这个人是你的领导时。要善待向你提出反馈意见的人，并感谢对方为此付出的努力。

(5) 不论如何，千万不要进行自我防卫。即便你认为收到的反馈不着边际或者让你生气，也不要当即做出反应。先做一下深呼吸，并给自己一些独处的时间来处理这一反馈。

与朋友一同工作

维诺德·南布迪里（Vinod Nambudiri）毕业于哈佛大学，曾就读于哈佛医学院以及商学院。本书出版时他正在接受内科医学和皮肤病学的住院医师培训。他和朋友一起为印度的一家创业连锁医院提供咨询服务，管理一个1 200人参加的会议的财务事项。

建立一个团队时，我们首先想到的就是自己的朋友圈。与亲密的朋友一起工作——组队完成一个班级项目，一起组织一个社区活动，或者创建一家公司——是很好的机会。无论是在学业方面、课外还是专业领域，朋友都极具价值，他们能够支持你的梦想并帮你实现目标。尽管如此，和朋友一同工作也有可能变得尴尬而艰难。这样的工作关系会呈现出一系列独特的挑战，包括划清娱乐与工作以及私人关系与工作关系之间的界限。但是，如果沟通良好并持成熟的态度，那么无论是朋友还是团队都能从友谊中获益。

根据团队内部的领导职位，可能会存在以下三种情况：

1. 你处于领导职位。
2. 你的朋友处于领导职位。
3. 你和你的朋友同时处于领导职位。

接下来我们更深入地研究每一种情况，说明如何使与朋友一同工作的优势最大化。

当你掌舵时，要为你们的友谊导航

重视你的角色

维诺德：领导一个你朋友所属的团队意味着你占据了一个在同辈中拥有权威和尊重的职位。你在朋友中扮演领导者的角色不是一种理所当然的特权。你要严肃地对待你的职责，但是在履行职责时要享受这一经历。你扮演领导者的角色可能只是暂时的，然而亲密的朋友可能是一辈子的。

保持公平

维诺德：你要对你的朋友和团队中的其他成员一视同仁，从而维持无偏见的领导风格。团队成员如果感到你偏袒其中的某些成员，就不会给予你作为领导者的尊重。

认清界限

维诺德：千万不要利用你团队中的朋友。尽管你应该自如地向他们征求关于你的领导力的反馈，但是千万不要要求他们向你透露关于团队中其他成员的内幕消息。你和他们之间的友谊可能会使他们处在一个非常难堪的境地。要求你的朋友监控团队中的其他成员只会令人心生恶意和怨恨。

激发出别人最好的一面

维诺德：在领导者和朋友的角色之间开发出一种协同力是有可能的。你不妨想一下在过去是哪些因素增进了你们的友谊，然后将这些因素应用于团队的环境中。有一次我们负责组织一个有 500 人参与的盛会，我的一位朋友也在活动的组织委员会里。尽管很多人都认为她是一个安静而矜持的专业人士，但我知道她是一个谨慎、有毅力并且彬彬有礼的谈判者。所以我委托她为活动寻找合适的供应商，结果她以极低的价格为活动争取到让整个组织委员会和所有盛会参与者印象深刻的高质量服务。

追随担任领导者的朋友

给出诚实的反馈

维诺德：作为你朋友所领导的团队中的一员，你有机会为他们提供宝贵的意见。如果你朋友的领导技能需要改进——或许她缺乏沟通技能或者容易做出仓促的决定——你应该提醒她注意这些问题。如果她意识不到问题的存在，就无法提高自己的领导力。尽管为朋友提供建设性的批评意见可能会令人不舒服，但这正是友谊的象征。你要为她提供能弥补她的缺点的实在而具体的建议。

类似地，如果你的朋友能睿智地领导团队，做出很好的决策并实施良好的政策，那么你应该服从她的领导并承认她的成就以支持她的工作。正面的反馈和建设性的批评具有同等的价值。通过指出她的强项，你可以增强她作为领导者的自信心和积极性。

尊重权威

维诺德：听从你视作同辈或朋友的人的命令或者由他们向你分配任务有时会略显尴尬。这看上去可能背离了你们的朋友关系。如果你感觉你们的关系变得紧张起来，应该引起你朋友的注意，开放的沟通总是受欢迎的。同时你要记住，如果责任的分担有失公允，造成这一现象的是层级制的组织结构，而非你的朋友。

分享友谊，共担责任

基于强项来共担责任

维诺德：和别人一同领导是一种技能，你一旦学会了，它就会变成一项强大的工具。协作几乎是所有成功的基础，并且它能从每个人的强项中汲取力量。与朋友共担职责的一个优势就是，在你们开始一同工作之前你就已经知道对方的强项和弱点。你们是否都喜欢严格按照截止日期进行工作？是不是一个人比另外一个人更井井有条？在一同工作后不久，你们需要讨论一下你们之间领导力的不同之处，并运用相应的策略来应对这些不同。

保持良好且持续的沟通

维诺德：良好且持续的沟通对于维持你们的友谊以及协作的有效性至关重要。要确保你既清楚组织目标以及手头的工作，也清楚你们的协作将会对友谊产生怎样的影响。

即便保持良好的沟通，你们中的一个人（或两个人同时）还是可能失职。如果是你朋友的过失，要确保以策略性的方式得体地解决问题，并且弄清原因。你们要一起讨论到底发生了什么——或许是沟通问题——然后找出根本原因，以避免将来重蹈覆辙。

你要以你希望在类似的情况下得到尊重的方式来与朋友互动。如果你是犯错误的那个人，要坦率地承认错误。尽管这样做可能有些为难，但是应该由你来发起对话，而不是由你的朋友不得不提起这件事。

向别人学习

维诺德：最重要的是，当你和朋友一起工作时，要把这一经历作为学习的机会。在协作过程中，你们或许能够在对方身上发现令人尊重的领导品质。在协作领导的最后阶段，要花时间一起来反思这段经历。

更好地在一起

维诺德：通过采用平衡且开放的方法与朋友一同工作——尊重你们过去的友谊，愿意从共同工作的经历中学习——能够将与朋友一同工作变成一件更加愉快的事情。无论是作为领导者、团队成员还是联合领导者，与朋友一同工作为你提供了一个发现朋友更好一面的独特机会。

关于如何成为一个好的领导者和朋友，请参见练习 29.3。

练习 29.3

成为一个好的领导者和朋友

假设你负责领导一个组织，你的几位朋友也是这个组织的成员。列举在这种背景下你可能会面临的三个挑战，然后告诉大家你将如何解决每个问题。

1.

2.

3.

与朋友一同工作时，你的领导力肯定会遇到挑战。[5]认真思考以下情景，找到解决这些潜在障碍的方法。这有助于你为未来可能出现的这类情况做准备，从而增强你的领导技能。

1. 你正领导一个五人团队来创建一家新的公司。其中三位成员是你之前工作过的一家公司的朋友，有一位成员对于其他四位成员而言是新人。这位新成员表示，他感到在工作中被孤立。当你创办一家创业企业时，你将采取哪些措施来培育成功的团队？

2. 团队中一位很亲近的朋友告诉你，你在上一次会议中展现的领导力让人感到过于强势，而且你忽略了她的一些关键想法。而你认为她在上次会议中对于项目的见解不是最好的，因此你采纳了另一位同事的想法。考虑到你们之前的友谊，你应该如何与她就此进行讨论？

图 29－2 展示了你作为领导者与朋友的关系的处理。

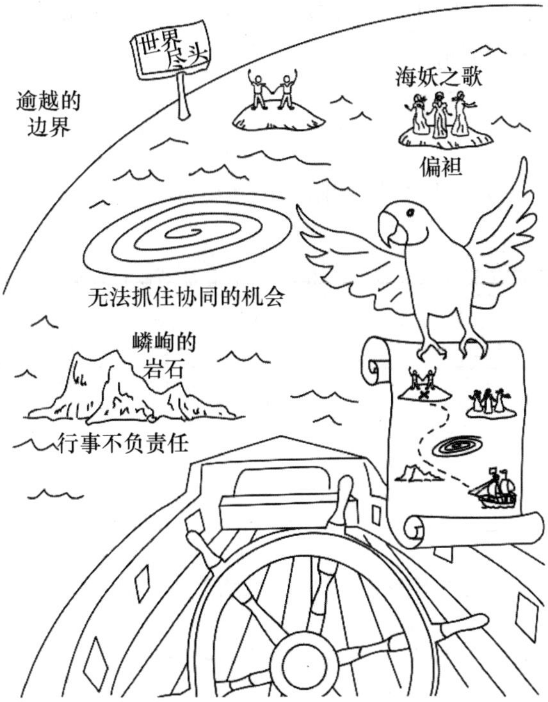

图 29－2　当你掌舵时，要为你们的友谊导航

若有必要，调整你的团队

> 老板驱使员工，而领导指导员工。老板依赖权势，而领导依靠员工的信赖。老板让员工心怀恐惧，而领导激励员工热情地投入工作。老板总是说“我”，而领导总是说“我们”。老板把失败归咎于别人，领导则会未雨绸缪。老板说“去做”，而领导说“让我们共同完成”。
>
> ——H. 戈登·塞尔弗里奇

有时候，即便是最充分的准备、最及时的反馈和最恰当的冲突调停也可能无法解决问题，那么对于你的团队和组织而言，最好的选择就是让一些人离开。如果需要处理的是一位雇员，那么最重要的是首先充分了解解雇员工的联邦及州法律。你必须采取一系列措施使自己免于遭受由于非法解雇而导致的诉讼。一旦确定你的做法合规，或者处理对象不是你们团队正式的一员，那么你可以通过以下建议来尽快解决这一问题：

- 在用尽所有的纠正措施之前，不要发起对话。在此之前要让对方清楚地知道他需要做出哪些改变，以及如果改变达不到预期将面临怎样的结果。
- 到了不得不与对方进行对话时，要与对方安排一次单独的会谈，同时要保证这次会谈的私密性。
- 会谈开始时要开门见山地简要解释你的决定。你发布信息之后，要给对方一些时间消化，并让其做出回应。
- 如果有必要，要准备好用数据来支持你的决定。你肯定不想让人说服你改变决定。
- 要有同情心，但是不要粉饰你做出决定的原因。

莫娜·琼斯·罗曼斯克十多年来服务于各种企业来帮助改进组织的管理、运作和文化。作为奥利夫·格罗夫学习与人民实践组织（Olive Grove's Learning and People Practice）的委员，莫娜支持领导者通过统一组织的文化、系统和战略来增大组织任务的影响力。

第 30 章
优化沟通

沟通的艺术是领导力的语言。

——詹姆斯·休姆斯

有效的沟通能把团队凝聚在一起。良好的沟通并不限于说明本周的目标或者勾勒出项目的轮廓。沟通无处不在，既包括合作、设定团队目标，也包括促进团队融洽和最大化知识留存等。良好的沟通能够让你的团队成员见多识广、积极参与团队活动并专注于团队目标。本章将帮助你在团队内部建立并维持有效的沟通。

为什么良好的沟通很重要

良好的沟通能够让你清晰地表达团队的目标，确保大家达成共识。其重要性体现在：

（1）良好的沟通能够预防错误和误解，为你节省时间、金钱以及其他宝贵资源。

（2）良好的沟通能够保持团队的秩序和专注，提高效率。

（3）良好的沟通是有效解决冲突的关键。

（4）良好的沟通是优秀领导者应具备的技能。

团队沟通的要点

维护统一战线

这一点做起来比听上去要难得多，比看上去要重要得多。它可以提升团队的效率。无论是领导者与团队成员之间的沟通，还是组织内一个委员会与另一个委员会的沟通，抑或是你的团队与一个外部组织之间的沟通，团结都是最重要的。不团结会妨碍目标的达成以及你的领导力的有效性。

特伦特（Trent）：领导者传递含糊不清的信息可能会给团队造成损失。有一次，我所在的一个团队的领导者没能就改变团队成员资格要求的事项与团队达成一致。团队的主席没有选择暂时搁置争议，而是直接向全体成员公布了这一改变，结果导致不同意这一改变的其他领导者公开挑战这一提议。这在团队成员中引发了很大的不安，并导致领导者之间的不合，由此带来的混乱花费数周才得以解决。

这并不意味着永远都不应该存在不同意见。不同意见有助于发现很多事情的优缺点，这通常可以使你做出更好的最终决定。尽管如此，人们应该以专业的态度在合适的时机提出不同意见。在会议结束达成一致意见时，团队里的所有人都要准备好为实现团队目标而努力。这能确保团队的一致性，同时在内部和外部为团队树立起更为专业的形象。

沟通的关键要点

在执行委员会或者其他委员会会议期间，要明确沟通的关键要点是什么。

- 要与全体成员就沟通的事宜达成共识："我们计划组织一次募资活动来促进癌症研究。"
- 决定沟通信息的方式："我们将在团队会议上宣布这件事，向外界发送电子邮件，并将其刊登在我们的内部通讯上。"
- 就在沟通中包括或忽略哪些细节达成一致："活动日期定于10月12日晚上八点至午夜，地点位于KJ农场，人均花费为125美元。"
- 计划好如何处理团队成员的反馈："由简来负责回答问题并担任活动信息负责人。约翰将会跟大家讨论成员分工并回答任何关于需求的问题。"
- 讨论项目的必要性以及它将如何使团队获益："这项活动能够达成我们的两个目标：增进大家对癌症的认知以及为癌症研究筹集资金。这也是为组织招募新成员的好机会。"
- 鼓励大家对这一活动持积极正面的态度："我们需要做大量的工作，但这将给我们的社区带来极好的影响。这将是一个我们大家都能尽情享受的精彩夜晚！"

成为领导者，而非独裁者

> 没有平等就没有真正的沟通。
>
> ——肯·伯恩斯

每个团队都会经历这样的时刻：分歧过于严重，无法达成一致。在这种情况下，领导者往往选择用权力来快速解决问题。但这只会进一步增加困惑、懊丧和憎恨。如果问题存在，不要用“因为我是主席，所以你们要听我的”这样的话来处理问题，相反，你应该花时间彻底地解决你们面临的状况。要记住，成为领导者，而非独裁者（见图 30－1）。这样或许能让你意识到你忽略的一些东西，或者帮助别人更好地了解目前的情况，从而促进团队所处环境的健康，并保证大家专注于团队目标，而不是相互伤害感情。你不妨参考以下建议对这种情况进行分析[1]：

- 分歧是和特定的事情有关，还是个性差异造成的？
- 分歧的原因是缺乏理解还是缺乏信息？
- 位于争议中心的关键问题是什么？大家目前已经达成一致的是什么？
- 大家是不是情绪过于激动，以至于目前无法有效地解决所面临的状况？是不是应该暂时将问题搁置，稍后再解决？

图 30－1　成为领导者，而非独裁者

鼓励双向沟通

尽管组织成员聆听并理解领导者试图沟通的内容十分重要，但是领导者聆听成员的声音也同等重要。在会议内外，鼓励开放、双向沟通不仅能够增进大家对问题的理解，而且能够提高团队成员的主人翁意识。不要坐等你的团队成员来找你，要主动向他们寻求反馈。你要做出有意义的努力来打消他们的顾虑、解决他们的问题。

保持开明

对新的想法和可能发生的改变保持开放的心态至关重要。研究证实，坚持这一沟通准则，个人和团队的目标都能实现，而且团队的态度也会比较积极。[2]要对改进的建议以及另类的想法保持开明。

保持积极

消极情绪会使人压力更大，脾气更暴躁，容易产生挫败感，同时降低效率。不必要的消极批评会使人们心存戒备并自我封闭，这非常不利于实现目标。因此，沟通时要采用积极的语调，以确保沟通的内容被有效地接收。

给予适当的通知

要提前一段时间将信息传递给各有关方，以便他们有足够的时间去准备，尤其是面临需要规划的事情时。

简约而透彻

要在避免过于啰嗦的前提下确保将所有必要的信息传达到位。简要地向大家说明何人、何事、何处、何时、为何、如何以及向谁索取更多信息等事项。比如，如果你的团队正在规划新项目，你可能会发布如下公告："项目将导致……（描述），需要我们大家去……（细节），并能通过以下方式使我们的组织和公众受益：……（例证）。大家有什么问题吗？谢谢！记住在……（时间）在……（地点）集合。大家可以通过查看邮件来获取更多信息。"

不要过分强调每一点。如果团队成员不再留心你的讲话，就可能会错过你传递的关键信息。如果你没有提供足够的细节，团队成员可能经常找你明确相关问题。所以你要做的就是呈现信息，与大家进行讨论，最后得出结论。这具有挑战性，但是你做得越好，沟通就越有效。

准确性非常关键

即使时间紧迫，也要在沟通之前仔细确认沟通细节。若沟通之后再进行更正，容易让团队成员产生困惑并可能造成关键信息没有被有效接收的风险。

有效的团队会议

团队成员聚在一起是有效沟通的关键。一同工作的时间关键而有限。良好的沟通方式能够确保团队会议的效率和有效性。

议程

在会议议程中列明会议目标以及需要讨论的事项，以便与会者提前了解会议内容。与会者可以就每个事项做笔记，为今后的执行设定提醒，并保存一份会议记录。议程可以为你的会议提供一个框架。

要提前数日通过邮件发送会议议程，或者在会议开始之前将议程分发给与会者，以便他们有足够的时间来阅读并提出问题。要以对你的团队而言最有效的方式来设计会议议程。你可以标出每个事项以及主持该事项的发言人。可以考虑为会议的每个部分预估时间。要表达清楚你希望在会议期间达成的事项。

议程示例

4 月 25 日　青年专家抗癌组织季度理事会议

Ⅰ. 致欢迎辞——扬（2 分钟）
Ⅱ. 新任务与推广主席介绍——努尔（2 分钟）
Ⅲ. 成员资格变动——萨沙（10 分钟）
a. 成员身份/要求
b. 委员会会议——会议目的以及委员会选举
c. 成员聚会：6 月 23 日（周四），地点：Noch 比萨店
d. 儿童足球锦标赛：8 月 6 日（周六），地点：第五大街都市公园
Ⅳ. 特殊项目——特里（5 分钟）
a. 市区马拉松赛：4 月 30 日（周六），地点：米勒璐 11 号切尔站
b. 第二届年度紫丝带盛会：10 月 12 日
- 组织委员会
- 地点和主题更新

Ⅴ. 任务支持项目——切尔西和保罗（5 分钟）
a. 探访癌症患者：5 月 23 日（周一）
- 志愿者需在下午 6:00 点到场，具体参见志愿者签到表
- 比萨之夜——捐赠的比萨和甜点

Ⅵ. 宣布公告及闭会——扬（2 分钟）
a. 将于 7 月对执行委员会进行提名
b. 下一次季度理事会议：7 月 25 日（周一）

就重要事项进行讨论或投票时，要使用书面文件。比如，如果需要全体成员就组织的新章程进行讨论，那么把章程连同章程的概要打印出来分发给每位成员。概要应清楚描述章程的目的、重要性以及它将对组织产生的影响。书面文件也应该在会议之前或者与会者到达会场之时分发，以便与会者有时间预览。

记录

详尽的会议记录以及其他的组织性记录极其重要。会议记录描述了会议期间发

生的事项，包括讨论的议题、将要采取的行动以及任何仍很突出的问题。会议记录应该能让缺席者明确地知道会议内容。一份清晰的会议记录能够消除困惑并防止记忆差错。

会议记录示例

6 月 28 日（周一）下午 6:00：青年专家抗癌组织执行委员会会议

与会者：扬、萨沙、胡安、保罗、努尔、莱西、马克

下一次会议：7 月 19 日（周一），地点：大会办公室

- 下午 5：30：成员聚会。
- 下午 6：00：会议开始。
- 由于家庭事务原因，莱西和马克无法参加会议。

下一次执行委员会会议：日期待定，时间：下午 6：00

会议议程及讨论的事项

1. 一般信息（扬）

a. 继续于每个季度召开一次全体大会，日期定于每季度的第三个周一

2. 即将到来的活动（胡安）

a. 紫丝带盛会

i. 10 月 16 日，地点待定（有人知道可用的免费或打折的活动场所吗？如果知道，请尽快发送电子邮件给组织委员会）

ii. 活动主席：伊丽莎白

iii. 筹资目标：30 000 美元

iv. 参会人数目标：450 人

3. 成员资格及社交委员会（萨沙）

a. 下一次聚会

i. 7 月 27 日在 Noch 比萨店：请记得携带 5 美元用于支付食物费用

b. 会员名册更新：上个月我们迎来了 12 位新成员，非常感谢丽莎的辛勤工作！

4. 财务主管（梅丽莎）

a. 无更新事项

5. 秘书（努尔）

a. 如果各位有事项需要加入下次会议议程，请发邮件给詹森

记录保存非常重要。对于所有的重要项目，要建一个文件夹保存好所有的合同、发票、收据明细、任务清单、日程表、委员会会议议程以及所有与项目相关

的电子邮件副本等。在团队承接下一个类似的项目时，这些记录可以作为项目蓝图。

保存好组织记录并将其集中放置。要设计一个方案让领导者把这些记录——机构知识——传递给他们的继任者。更多关于领导层过渡以及机构知识的内容，请参见第 37 章。

吸引与会者

在会议期间，你要精力充沛并保持乐观，要对团队成员的反应予以反馈，鼓励互动并允许偶尔的幽默打趣。要在会议开始之前或结束之后留出 20 分钟左右的社交时间并为大家提供茶点。

可以尝试以下建议来使你们的会议和沟通变得更愉快有趣：

- 庆祝团队成员的生日或个人的重要事件（比如结婚），以及团队在外部取得的重要成就。
- 在会议议程上添加幽默或鼓舞人心的引言，或者在月度内部通讯中加入一篇很酷的新闻。
- 在会议上，让大家为那些取得成就的队友鼓掌喝彩。
- 在会议开始之前或者结束之后与大家分享鼓舞人心的视频或图片。

营造合作性的环境

【小贴士】

两次会议之间往往会有数周的间隔，在此期间要发送电子邮件提醒大家关注所要达成的目标和截止日期，同时要告知大家最新的进展以及其他重要的新闻事件。

会后跟进并再次强调会上讨论的内容非常重要，因为这能够增进与会者对会议内容的理解并强化大家的记忆。会议结束之后，要立即向与会者发送一封电子邮件，就会议的成功举办向大家表示感谢，并简要地提醒会议讨论的内容。之后，要花时间和成员个人或者委员会委员确认分配的任务是否已经完成，并解决任何可能出现的问题。

你可以考虑使用下面这些沟通工具来让团队成员充分了解并履行自己的职责。你要定期检查团队内部沟通的有效性并发现可以改进的地方，从而帮助团队实现潜能最大化。

联系人列表

制作一个包含所有团队成员的列表，列出每个人的职位、手机号码、电子邮件地址以及生日。然后将列表发送给每个成员，同时把列表保存在团队成员触手可及的地方（比如你们网站上只有团队成员可以访问的专区）。这能够促进大家的沟通和交往。

邮件列表

如果能有效使用电子邮件，它可以成为团队成员保持联系的最强大的工具，而且能为各种沟通留下一份永久性的记录。

你要确保团队成员电子邮件地址的准确性，同时把它放在比如联系人列表等容易查找之处。当领导者通过电子邮件与成员沟通时，比较好的做法是让所有的信息经由一个主要的源头发给大家。比如选择领导团队中的一个固定成员负责向团队成员发出任何需要沟通的信息。

如果团队成员人数众多，或者团队成员定期改变，那么可以考虑使用邮件列表。邮件列表也叫作分发列表，也就是一个中心邮件地址，通过它能向邮件列表中的每个成员分发信息。这不仅能使你获益，而且能让你的团队成员轻松地与整个团队保持联系。只需向一个邮件地址发送邮件，你就可以轻松地与所有成员沟通。

如果团队成员经常将邮件列表用于社交，那么可以考虑为他们提供一个在线论坛，或者分别提供一个社交邮件列表和一个工作邮件列表。你可以从网上找到免费的邮件列表工具，而且一些网络域名服务包含该工具。

【提醒】

要以负责的态度进行邮件沟通！

- 要记住邮件沟通是基于文字的，所以一些语气变化或非语言的沟通可能无法有效进行，导致别人误解你的意思。
- 一定要仔细检查你的邮件是发给谁的，在点击“回复全部”时要特别慎重。
- 在感到懊丧或生气时千万不要发邮件，调节一下情绪，等冷静下来再发送邮件。
- 注意不要过度使用邮件，不堪重负的成员可能会因此开始忽视你的信息。

协作工具

众所周知，在线团队协作工具已经取得了很大进步，比如谷歌文档、Basecamp

和 Asana。当一个分散在各地的团队开展项目时，这些工具能发挥无限的价值。

协作工具有简单的，也有复杂的。如果想把文件存储在方便成员访问的地方，你可以使用云存储服务。如果你们的项目包括很多要素、目标和追踪要求，那么可以考虑使用一个包含时间线、资源分配、文件存储以及任务分配的项目管理网站。

如果你发现团队成员、顾问、合作伙伴和资源经常处于不同的地理位置，那么可以考虑用协作工具将其连接在一起，这样你的团队就可以随时在组织内分享信息和资源，而不是只在日程安排好的时候才能达到这样的效果。这也使管理层能够监督团队的工作，并及时为团队成员提供反馈、进展以及资源。

在线论坛

在线论坛（或者信息公告栏）是鼓励在会议之外讨论的另一种有效方式。如果你们的组织有网站，很多域名和主机服务公司可以免费提供此项服务。

论坛是寻求反馈的极佳途径。你要鼓励大家访问论坛，并在那里就大家关心的事项进行讨论，而不是用“回复全部”的邮件塞满大家的收件箱。通过论坛，你能以更方便轻松的方式来了解大家的观点，跟进当前的辩论，并回顾以前的讨论。你可以简单地将这个论坛或者信息公告栏和组织网站的成员专区链接在一起。

日程表

通过使用谷歌日历或者时间桥（TimeBridge）这样的工具，你可以让团队成员及时了解组织内最新的重要活动、会议和截止日期等事项，团队成员就可以轻松地将团队日程表整合进最流行的邮件程序、协作软件或者手机日程表应用。

日程表里需要包含以下信息：

- 团队会议、执行委员会会议以及委员会会议的日期。
- 重要事件的日期。
- 项目的关键截止日期。
- 团队对其他组织负有重要责任的日期。
- 将有关信息加入内部或外部沟通出版物的截止日期。
- 重要的节假日或其他事件。

要确保日程表条理清楚、简洁易读。

【小贴士】

切记，要保证日程表的准确性，并及时对其进行更新。

确定有效的沟通方法

每个团队都是独特的，并处在动态之中。你要和你的团队成员一起找到有效的沟通方法。

建立你的沟通战略

当确定沟通战略时，需要考虑很多因素。根据每个团队的形成和运转方式，不同的团队有不同的沟通需求。当思考团队沟通需求时，不妨先考虑以下问题：

- 你的团队规模有多大？多样化的战略和资源对于规模较大的团队更有效。比如，如果你的团队只有 8 个人，就没有必要使用邮件列表来沟通。相反，如果是一个拥有 300 人甚至规模更大的团队，就不应该让所有人只使用一个单独的协作网站账户。
- 你们组织的结构是怎样的？这将如何影响你们的沟通需求？
- 团队成员之间相互沟通的频率是怎样的？
- 你们多长时间向团队成员通知一次重要事项？
- 与团队领导者、团队成员、顾问委员会、合作伙伴以及客户沟通信息的最佳方式是什么？
- 团队中哪些成员拥有杰出的沟通技巧，可以帮助实施良好的沟通方法和战略？

重视沟通

不论是哪种类型的关系，沟通是影响其成功的核心因素。所以一定要花时间规划、评估并改进你的口头及书面沟通。如果一个团队及其领导者将诚实和频繁的沟通作为优先事项，和组织有关的各方都会感到更知情、更投入、更有力量。

特伦特·B. 韦弗是田纳西教育部门（Tennessee Department of Education）课程与教学事务的运营与后勤主任。他在贝勒大学学习了表现艺术，在孟菲斯大学学习了沟通与公共管理。此外，他在组织、沟通与筹资等领域与非政府组织合作。

第 31 章
建立伙伴关系

如果大家协同努力，成功自会到来。

——亨利·福特

伙伴关系是人类社会所固有的一种关系。无论是个体、学校、企业、非营利机构还是政府部门，都时常期待来自外界的影响。无论是创新、创造还是为世界上最古老的问题寻找新的答案，都需要我们协同努力。了不起的力量源于持久的合作关系，这种关系能够让人类建造摩天大楼，生产苹果手机，进行基因测序，以及推倒柏林墙。

任何良好伙伴关系的根基都是协作：多方为一个共同的目标而协同努力，每一方都能为这一合作关系贡献其他方所没有的东西。如果本质上是互补的，组织间的良好合作关系比任何单独的一方都能带来更大更持久的影响。这就是协同努力能起作用的原因。

为什么要建立伙伴关系

和世界上的任何事物一样，伙伴关系既有优点也有缺点。

优点

- 通道：拓展组织接触目标人群、员工、志愿者和信息的通道。
- 机会：增加组织筹资及获取其他资源的机会。
- 知识：使你们团队的知识基础多样化，促进组织对于协作性学习和发展的投入。

● 影响：汇合的资源和拓宽的通道可以同时扩大两家组织的影响力，这既有利于实现这段合作关系的共同目标，也有利于实现两家组织各自的目标。

● 地位：提高组织地位，这可能包括你们在希望产生影响的社区里的地位（社区对你们的接受方式）以及登记或税收豁免地位（比如，通过与另一家组织建立伙伴关系来利用对方的 501(c)(3) 机构资质）。

缺点

● 消耗资源：虽然建立伙伴关系可以扩展你们的资源，但是维持一段伙伴关系同样需要消耗你们有限的时间、精力、想法、资金等资源。

● 个性管理：建立伙伴关系的个体往往具有多样化的个性，有些人可能善于提供帮助、适应性强并且做事有条理，有些人则不然。

● 妥协：设立共同的目标有时可能意味着要对你们组织的目标做出妥协。

伙伴关系的很多优点可以归结为一点：共享资源以扩大你们的影响。为什么是建立伙伴关系——两家组织在合作的同时保持各自的独立性——而不是整合两家组织所有的资源从而变成一个超级组织呢？

首先，保持组织的独立性能够鼓励创新。通过将单个组织的目标与伙伴关系的目标区分开来（尽管两者之间可能有重合的地方），你们的目标会具有多样性，而不是合二为一。多样性的想法和战略能够培育创新。

其次，大规模组织的影响不一定总是比小规模组织的影响意义深远。虽然影响力和组织触达的受众数量有关，但是它同时也和自身的重要性有关。如果两家小型组织致力于帮助南非的一个村庄消除贫困，决定合并成一家更大的组织，并将合并后的组织目标设定为消除整个南非的贫困，会给那个村庄带来怎样的影响呢？这个大型组织很可能需要推广其方法，使之前根据那个村庄的特定需求量身定制的服务和项目标准化。或许该村庄贫困问题恶化的原因是无法获取清洁用水，并且在这个大型组织的目标区域中，唯有该村庄存在这一问题。那么两家小型组织合并后，该村庄不仅无法获得合并后大型组织的项目或服务，而且将失去根据其需求制定的最佳解决方案。

有潜力形成强大的伙伴关系的组织往往不愿意这么做。它们可能会提防与“竞争者”分享资源，担心对自己的工作失去所有权，或者只是单纯地不信任对方。但是，多项研究表明，合作可以增强批判性思考，这种思考反过来可以帮助合作各方为共同的问题找到共同的解决方案。[1]

建立伙伴关系总是一件好事吗？在哪些情形中，伙伴关系可能是无益的？

良好伙伴关系所必需的要素

伙伴关系的类型有很多种，我们稍后会详细论述其中的一些类型。任何良好的伙伴关系都包含以下要素。

要素清单：

- 类似或重合的组织目标。
- 合作的双方或多方拥有可以支持伙伴关系共同目标的独特技能或资源。
- 共同的地理位置和语言，或者跨越地理和语言障碍的策略。
- 开放、定期和有组织的沟通。
- 相互尊重。
- 清晰明确、共同认可的权力格局。

找到正确的合作伙伴

问自己这个问题："我的组织是否拥有达成目标所必需的所有的智慧、精力、资源和技能?"如果答案是否定的，那么你或许可以考虑一下与别的组织建立伙伴关系。组织间的伙伴关系是指两个组织达成协议，利用各自的一些能力进行合作，一同朝着只有建立伙伴关系才能达成的目标努力。

当寻找良好的合作伙伴时，请遵循以下指导原则：

- 明确你们需要从合作伙伴那里获得什么。你们想要得到财务支持吗？想找到接触特定社区的途径吗？想获得创造传媒和营销内容所需要的帮助吗？想获得特定的一组技能或者专业知识吗？想获得与官僚机构打交道所需要的协助吗？假设你正在运营一个国际扫盲组织，你们想和一家本地的扫盲组织合作，以便在偏远、欠发达的地区建立一个分支机构。如果当地并不存在这样的组织，而你们真正需要的是接触本地受众的途径，那么你们最终可能会判定潜在合作伙伴的地理位置要比它具体的组织目标更为重要。

- 做足研究。对相关领域进行调查。有哪些工作内容与你们类似的组织？互联网是开展调查的良好途径：你可以通过识字、非营利机构或者同性恋、双性恋、变性者、支持等关键词进行搜索，也可以参考像 idealist. org 这样的非营利机构的数据库。你还拥有大量的其他可用资源：朋友、家人、教授和同事的建议，以及相关的书籍和文章。

- 参考要素清单。你研究的这些组织中，是否有组织可能成为良好的合作伙伴呢？在与对方接触之前，你或许无法获得关于所有要素的全部答案，但是在进行初始研究时，你要时刻牢记这个清单。你可能会发现，有些要素比其他一些要素更重要。

- 进行接触。约定时间与潜在合作伙伴进行接触，可以当面或者通过电话、Skype 交谈。如果你们找到了一个具备大多数或全部要素的组织，就约定一个时间进行会谈吧。可以通过电子邮件商定会谈时间，但非常重要的一点是，第一次自我介绍时要尽可能有特色。

【笔记】

合作伙伴应该从对合作关系的贡献中获得回报。进行合作需要付出很多努力，但是收益往往大于付出。

理想的合作伙伴

理想的合作伙伴具有一定的特点。不要忘了，你是你的合作伙伴的合作伙伴。你和你的合作伙伴都应该做到：

- 由伙伴关系最基本的理想——分享、协作、扩张、改变以及发展驱动。
- 能够就各自的组织目标进行沟通，并愿意一同努力来确立共同的目标。
- 在规模、业务范围、预算以及影响力等方面相互匹配。根据每个组织需求的不同，这一点的具体含义也可能有很大差别。但是根据经验，相互匹配是指各方的规模、业务范围、预算以及影响力等能够增强伙伴关系。
- 愿意进行开放和定期的沟通，理解良好的沟通对于维护关系的重要性。

梅格（Meg）：莱克西（Lexie）和我一同创建了和谐以色列项目（Project Harmony Israel），这是一个为期四周的英语夏令营项目，旨在为阿拉伯青年和犹太青年创建一个可以进行私人社交互动的和平、非政治氛围的安全空间。我们和手拉手学校（Hand in Hand）进行合作，它囊括了以色列双语教学的阿拉伯人-犹太人混合学校。尽管我们考虑将手拉手学校作为母组织，但前提是我们双方都能从这段伙伴关系中有所收获。和谐以色列项目作为一个小型项目要想取得成功，需要依靠一家以色列本地组织（一家能够同时提供设施和触达本地受众的组织机构）。对自身局限性的认识让我们意识到，组织的未来不可或缺的是：找到一个合作伙伴，并明确我们想从对方那里获得什么。

当理想的合作伙伴加入你们一同去解决问题、推进事业或创造产品时，它们有潜力使其对所服务社区的影响最大化。一旦你确定你们需要一个合作伙伴，可以利用练习 31.1 进行头脑风暴，确定哪些组织有可能成为合适的合作伙伴。

练习 31.1

进行头脑风暴，试图建立战略性伙伴关系

你可以通过头脑风暴列出潜在的合作伙伴。下面的例子显示的是一家具有社会

意识的科技创新企业潜在的合作伙伴。请仔细阅读并讨论每个选择的优点。你们可以把这个框架应用于自己的组织，列出代表社会各个部门的潜在合作伙伴的清单并进行讨论。

1. 本地学区：在非正式教育的环境下通过运营放学后俱乐部使学生有机会接触科技知识。

2. 本地社区中心（比如男孩和女孩俱乐部等）：和本地学区类似，但是这些中心已经具备开展放学后项目的框架。

3. 在当地拥有分支机构的全国性企业（比如可口可乐、丰田汽车等）：这些企业可以为我们提供资金，作为交换，我们可以为它们提供关于进行具有社会意识的投资的建议。

4. 本地媒体机构（比如美国全国广播公司、美国国家公共电台、当地报纸等）：它们可以对我们进行访谈、撰写文章，作为交换，我们可以为它们提供技术服务，并在我们的网站上为其做广告。

5. 倡导绿色技术的非政府组织（比如Hara、亮源能源）：我们可以一起开展一项关于环保意识的社会媒体运动。

6. 大学的环保研究系部：这些系部的师生可能希望研究我们的组织对环境带来的纵向影响，为我们以及我们的社区提供有用的数据。

7. 州议会的本地议员：与议员一同为具有社会意识的企业争取税收优惠，呼吁选民支持提案，使我们也有可能获得税收优惠。

8. 本地的艺术家：他们可以为我们设计组织标志和其他图案，作为交换，我们可以为他们提供技术服务，并在我们的网站上为他们做广告。

9. 本地的食物银行（比如供养美国组织、大芝加哥地区食物仓库等）：客户可以在向我们付款时额外付一些钱来为食物银行做贡献，我们负责用这些钱购买食物并送到食物银行。

10. 当地的宗教机构（基督教堂、犹太教堂、清真寺等）：我们可以在那里为成年人提供技术教育课程，他们可以在宗教机构内举办筹资活动，并将筹资收入的一部分捐赠给我们的组织。

谁是我们潜在的合作伙伴？为什么它们可以成为很好的合作伙伴？

1.

2.

3.

4.

5.

6.

7.

8.

9.

10.

建立良好伙伴关系的已知可行战略

管理学学者珍妮弗·亚历山大（Jennifer Alexander）和勒妮·南科（Renee Nank）对跨部门的伙伴关系（比如公共部门和非营利部门之间）进行了研究，研究显示，成功的伙伴关系依靠的是相互信任，这种信任可以通过“分享信息，整合职责和权利，共同决策”来发展。[2]

- 分享信息：将所有的信息与合作伙伴进行沟通。这里指的是任何可能与对方组织的工作或你们的伙伴关系有关的信息，无论是正面的还是负面的。

- 整合职责和权利：任何一方都不应该担负所有的职责或者拥有全部的权利。合作的目的是分担职责，每个组织对自己担负的职责拥有话语权。

- 共同决策：当做出会对伙伴关系产生影响的决定时，你们的合作伙伴也应该参与到决策过程中。在组织内部挑选从事伙伴关系相关工作的成员时，要根据他们的人际交往能力和在相关领域的经验谨慎选择。一项案例研究显示，这些因素往往比经济利益更能决定一段合作关系最终的成败。[3]

- 留意个人经历和技能：在决定是否要寻求合作伙伴以及为你们的组织招募工作人员时，也要考虑到你自己的经验以及人际交往能力。

合作伙伴的数量应该有上限吗？思考一下你们在建立伙伴关系方面的经验，哪些战略已经被证实有效？你们如何将这些战略应用于社会变革领域？

进行联系并建立关系

你们与潜在合作伙伴进行第一次正式会谈的主要目标应该是将潜在的伙伴关系人性化。要做到这一点，最有效的方式是面对面会谈，但是在全球化时代，日程安排、距离、预算等可能使之无法实现。那么视频聊天就成了最有效的替代方案，当然，通过电话沟通也是一个不错的选择。要尽量避免总是通过电子邮件进行沟通。

莱克西： 手拉手学校的一位校长在夏令营开营一个月前向和谐以色列项目发送电子邮件称："教育部门决定学校整个夏季都施工，所以将无法开展夏令营活动。"在接下来的几天，我们备受煎熬，发送了很多电子邮件，最终我们决定致电手拉手学校的一位高管。通话后，我们立即明白了那位校长真正想表达的是：夏令营活动无法在学校里开展，而不是夏令营活动不能开展！后来我们设法在附近的一家社区中心按计划开展了夏令营活动。如果我们当时收到邮件后立即打电话沟通，可能就不会产生误解、感到紧张。

当然，你肯定想尽快、尽可能多地了解你的合作伙伴。这能为开放坦诚的沟通奠定基础。当合作伙伴对伙伴关系的投入不仅是组织行为也是个人行为时，他们更有可能信守承诺。无论你在组织内部的职位是什么，你与潜在合作伙伴第一次对话的目的应该是了解他们及他们的工作内容，并向对方介绍一下你自己以及你的志向。

如果潜在的合作伙伴同意与你们建立正式的伙伴关系，那么下一步就是以正式协议的形式宣布伙伴关系的条款。如果你们有相关资源，可以咨询律师，请其监督这一过程。如果你们期待获得更多利润，或者合作涉及知识产权，那么强烈建议你们请律师帮助完成协议的签署。否则，没有必要请律师，因为律师的服务费可能会很高。若不请律师，那就和你们的合作伙伴约定一次正式会谈（可以在 Skype 上进行），遵循下面的步骤来创建你们之间的伙伴关系协议。首先你们要一起研究下面这个清单，然后把你们各自希望从伙伴关系中获取的，以及能够为伙伴关系贡献的写进协议。伙伴关系协议应该说明：

- 伙伴关系的共同目标。
- 合作各方的角色、职责，以及这段伙伴关系对各方的期待。
- 合作各方进行沟通的方式和频率。
- 你们和合作伙伴计划如何分担开支（或者分享利润，如果有收益的话）。
- 具体由哪些员工管理项目操作，调解合作伙伴间的冲突。

- 测量并评估伙伴关系成效的体系。
- 解除伙伴关系的应急方案。

你们也可以在协议中为希望共同达成的短期目标（比如组织一场活动，发布一个新项目，或者筹集 10 000 美元）设立时间线。短期目标能够促使你们启动合作项目。

伙伴关系会随着时间的推移而发展并改变。为了使伙伴关系在长期内不断增强，你们应该做到以下几点：

- 做好调整的准备。假设你是一个梦想远大并充满野心的人，那么依据现有的预算、时间或者资源可能无法满足你为伙伴关系设定的目标。在这种情况下，准备好调整你的目标或者期望，以实现组织目标。
- 做好产生分歧的准备。合作各方可以从分歧中获益良多。只要各方有礼貌地沟通，与合作伙伴的分歧（比如，关于理念、方法或者后勤等）能够让你们考虑多种可能性和观点。这也是批判性思维的核心要义。
- 做好犯错的准备。维护组织的伙伴关系需要耐心、勤奋和投入。在此期间你可能会偶尔犯错误：做出一个无法兑现的承诺，遇到一个无法预见的障碍，或者过度投入。这很正常，只要你对这些可能性有心理准备，就能应对。

维持伙伴关系

维持伙伴关系是一个持续的过程。以下是帮助维持健康、富有成效的伙伴关系的方式。

- 沟通：与合作伙伴进行定期、开放、坦诚的沟通。
- 评估：定期对伙伴关系进行评估，了解哪些起作用，哪些不起作用。
- 留意外部变化：相关的领域或社会部门可能会急剧变化，影响到伙伴关系的发展或者目标的实现。所以要时刻了解组织外部发生的变化。
- 必要时调整目标：内部或外部的变化可能会使你们不得不对目标进行调整。若不能及时调整目标，可能会有损你们的伙伴关系。
- 积极协作：如果以积极的方式合作，你们的合作关系会得到加强。你们可以一起举办一次活动，主办一次研讨会，或者发起一场筹资活动。重点是一同去做一些事情，而不仅仅是一起思考。

伙伴关系的类型

组织的伙伴关系有很多种，其中一些可以归为几类。以下是几种常见的伙伴关系类型。

母子项目伙伴关系

在这种伙伴关系中，一个组织充当另一个组织的母组织。母组织通常比借用其架构执行具体项目的子组织规模更大——有更多的预算和设施、更强的影响力或者更高的社区认知度。子组织有可能从母组织完善的体制中获益，母组织则希望通过子组织进行创新和扩张。

产品伙伴关系

当两家组织为了联合创造一个特定的产品而建立伙伴关系时，它们建立的就是产品伙伴关系。比如一家本地企业联合一家艺术机构来创作一幅美化城市的壁画。这可以是一种短期的伙伴关系，这种关系能够极大地提升合作双方的能力。

代际伙伴关系

代际伙伴关系指的是成员平均年龄小的组织与成员平均年龄大的组织之间的协作关系。一个组织里的成员往往在年龄、性别、种族、宗教信仰、性取向以及政治观点等方面各不相同。特定的组织往往会吸引同一类成员或者支持群体。这一点在年龄方面体现得尤为突出。比如大学里的学生组织通常由18～22岁的学生组成，律师事务所则集中了更多的中年人。

与特定部门合作的建议

图31-1展示了你可能会合作的伙伴，下面就与特定部门的合作做简要介绍。

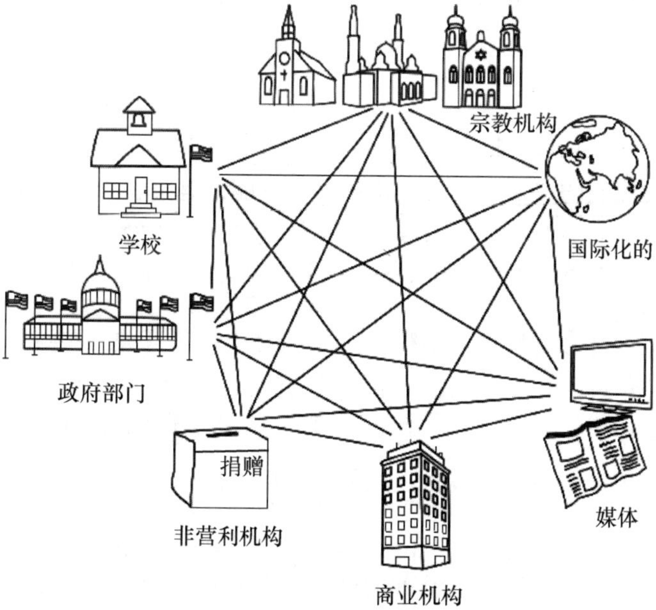

图31-1 合作伙伴

公共/政府部门

如果和公共部门打交道，你很可能发现自己需要和很多层级的官僚机构打交道。修葺一处公园需要获得许可；推进一项循环利用项目可能需要收集请愿签名；收集一些基本的信息可能需要往全国各地打十几个电话。与公共以及政府部门打交道需要耐心十足。当你在网上发现有价值的信息时，最好把这个网页收藏起来；当你发现某个通话对象很可能会提供帮助时，要问清对方的名字和电话号码，这样下次你就可以很快联系到这个人。

私营/商业机构

商业机构的主要目标是盈利，所以，为了与商业机构保持良好的伙伴关系，要确保你们的伙伴关系能够为其提供适当的经济动机。为了获取广告服务，合作的商业机构或许愿意为你们提供实物捐赠，比如为你们的成员提供印有其商标的T恤。

非营利机构及非政府组织

非营利机构的预算往往非常有限，与它们合作时要特别留意这一点，并且在向它们寻求财务支持时要特别谨慎。它们可能更倾向于提供非财务形式的支持。

学校

与学校合作时，要熟悉学校的权力格局。哪一方能帮你实现目标呢？是学区管理者、学校管理者、教师，还是学校的捐赠方？比如，如果组织希望在学区范围内发起一项健康饮食运动，那么你们在接触教师之前很可能会专注于与学区以及当地政府合作。

媒体

通过接触媒体来宣传你们的组织时，要研究传播形式和受众，以便根据媒体的需求来量身定制你们的提议。比如，市镇报纸可能设有报道当地年轻人成就的专栏，那么你可以把自己的简介和你们组织的一些信息发送给它们。

基金会

你们与大型基金会的伙伴关系很有可能和财务支持有关。要弄清基金会对于拨款对象的政策和要求。在申请一家基金会的拨款之前，你可能需要先获得501(c)(3)机构身份，或者挂靠一家拥有501(c)(3)身份的机构。你们需要根据基金会的任务来提出拨款申请：着重强调你们的组织目标与基金会目标相一致的方面。

国际化合作

进行国际化合作时，后勤问题可能会让人很头疼，但是这不是无法避免的。为Skype充值后，你就可以通过电脑拨打合作伙伴的办公室电话或者手机。直接交谈比电子邮件更高效。同时要确保熟悉合作伙伴所在国家的商业习俗。

宗教机构

与宗教机构合作时，需要对相应宗教的传统保持开明的态度以及一定的敏感度。要留意被对方视为禁忌的特定话题或装束，以免冒犯对方。即便你无意冒犯对方，也要做好可能犯错并向对方道歉的准备。保持尊重对于维护伙伴关系大有帮助。

你需要考虑不同类型的组织，并与团队成员讨论每个类型的组织可以提供的独特的有利条件。目前哪种类型的合作能给你们提供最多的帮助？

应对权力格局

虽然建立伙伴关系的组织应该拥有共同的目标，但是合作各方在成立时间、规模、业务范围、财务和影响力方面可能存在较大差异。

要做到既能理解这些差异，也能看到这些差异产生的潜在利弊。这对于长期维持良好的伙伴关系至关重要。

梅格：从表面上看，手拉手学校与和谐以色列项目的合作体现了完美的母子项目伙伴关系。但是，手拉手学校有一个极其复杂的官僚主义架构。它在美国也有一家分支机构，叫作手拉手美国之友（American Friends of Hand in Hand）。这家分支机构由教育工作者、管理人员和行动主义者组成，他们为超过 800 名年轻人创建并实施全日制的学年教育项目。那么和谐以色列项目在哪里找到自己的位置呢？

下面是应对母子项目伙伴关系中复杂的权力格局时需要注意的方面。

保持独立

如果你的组织规模很小或者业务范围过窄，那么你们可能面临迷失在母组织中的风险。为了避免这一点，要确保不偏离最初建立伙伴关系时签订的条款：伙伴关系代表的是两家不同的组织间的长期合作，两家组织既拥有各自的优势，也拥有共同的目标。

梅格：和谐以色列项目独自融资，独自创建课程和项目，并独自招募志愿者。手拉手学校为我们提供设施以及接触目标人群的途径。通过遵守协议，我们增进了伙伴关系。

保持组织独立的意义是什么？

莱克西： 对于我们而言，保持组织独立意味着保留对创造性的控制（关于理念与方法、项目内容以及与其他组织建立伙伴关系的自由）、鼓励创新（通过提供与手拉手学校显著不同的组织框架），以及使通过母子项目伙伴关系吸引来的资源多样化（作为一家小型组织，我们拥有手拉手学校所没有的筹资途径，反之亦然）。

建立正统性

建立正统性的关键是尽可能多地认识母组织内部以及与母组织有关的人士。花些时间和他们分享你们组织的愿景和任务。

梅格： 在与手拉手学校发展伙伴关系时，我们仅与对方的几位高级管理者明确了双方的伙伴关系条款，错失了与其许多成员沟通的机会。我们认识到，如果对方只有少数人真正理解双方伙伴关系的原则，那我们就不能自诩是在和一家大型组织合作。我们必须接触对方组织中每个层级的成员。

你应该让双方组织的每一个成员都全面深入地了解伙伴关系协议。

你可以使用何种策略来成功地应对伙伴关系之间的权力格局呢？

评估你的伙伴关系

我的伙伴关系起作用吗

你要定期并有条理地评估你们与其他组织建立的伙伴关系。你可以回顾一下伙伴关系的要素清单，考虑一下伙伴关系的原则是否仍然有效。如果伙伴关系无法满足你们组织的大多数需求，就需要做出改变了。这和恋爱关系类似。关系是动态的，有时候关系中的各方必须决定是分道扬镳还是转变关系（比如调整对关系的预期）。

伙伴关系中有些原始条款是静态的，比如关于你们是否处在同一地理位置，是否使用同一种语言的条款；其他的条款（关于你们组织自身的目标，或者你们对伙伴关系权力格局的接受度）则很可能随着时间的推移不断变化。现有的伙伴关系框架可能适应新的目标，也有可能无法适应。假设你成立了一个原本致力于降低成人文盲率的组织，但实际上提高儿童识字率可能更有价值。如果你之前是和一家养老院合作来获取目标人群，那么现在是时候去寻找新的合作伙伴了。

练习 31.2 将帮你判断潜在的伙伴关系对你们的组织是否有用。

练习 31.2

这段伙伴关系对我有益吗

使用如下表格来判断潜在的伙伴关系是否适合你。如果“合计”中“是”和“可能”比“否”要多，就去争取建立这段伙伴关系吧！

要素	是	否	可能
我们的目标是否有重合的地方？			
对方是否拥有我们需要的资源？			
我们是否位于同一个城市或者同一个国家？如果不是，我是否有相应的沟通策略？			
我们是否使用同一种语言？如果不是，我是否有相应的沟通策略？			
他们的规模是否适合与我们进行合作？			
合计			

解决伙伴关系中遇到的难题

有时候伙伴关系没有起作用，有很多潜在原因。你可以通过以下步骤来寻找问题并进行修复：

● 深呼吸，睡一觉再解决。当伙伴关系的发展不尽如人意时，很容易让人变得慌张或恼怒。这时候你需要让自己远离这种情绪，以便更好地评估当前的真实状况。

● 找到问题的根源。找到伙伴关系中问题的根源可能并非易事。这种情况通常会迫使你去进行严肃的反思和分析。比如，完成自己那部分任务可能已经让你不堪重负，你由此假定这意味着你们的合作伙伴没有承担分内的职责。但实际情况真的是这样吗？或者你只是因不堪重负而想找地方出气？如果你与合作伙伴进行沟通，向对方说明情况，对方很可能会愿意为你分担更多的职责。

为什么找到伙伴关系中问题的根源可能会很困难？你能做些什么来防止问题发生？

● 与合作伙伴进行沟通。为了解决问题，必须使用最佳的沟通技能。其中一个原则就是：只谈及客观的个人经历，避免任何主观的指责。比如，你可以说：“我在 X 项目上已经做了大量的工作，但是剩下的任务真的让我无法承受。你们对自己工作量的感觉如何呢？要不要重新评估一下职责的分配呢？”但是你不能说：“在 X 项目上，我比你们做的要多得多，这就是我们一直未达成目标的原因。”接下来你要做的就是倾听合作伙伴的声音，他们可能希望与你沟通一个你不知道的问题。如果你想让别人聆听你的声音，你必须做到善于倾听。

- 使用要素清单。如果与合作伙伴对话无法解决问题，那么参考一下伙伴关系的要素清单。你们伙伴关系的任何一个主要原则是否发生了变化？合作各方是否仍然拥有重合的目标？你们是否仍然拥有一个双方都能接受的权力格局？

当伙伴关系不再起作用时，该怎么办

通常，当事情难以推进时，你会不知所措。比如，随着组织发展壮大，你们曾经视为母组织的一个合作伙伴可能无法再充当这一角色。但是这个母组织曾为你们的成功做出过贡献，所以你不想过河拆桥，或者对曾经接受的帮助毫无感激之情。你或许能为你们未来的合作找到其他方式。但是不论怎样，当你知道需要做出改变时，以下建议可以指导你如何从容应对。

结束伙伴关系

就像两个人在一段长期恋爱关系结束时那样，如果可能，要当面提出分手；如果无法面谈，就打电话或者用 Skype 进行视频交谈。用短信或者电子邮件结束伙伴关系，从来都没有好结果。首先，你要感谢合作伙伴对你们组织的发展产生的影响。其次，解释一下结束伙伴关系的原因。对于你的提议，合作伙伴有可能会感到吃惊，也有可能不会，所以你要做好准备面对各种不同的反应。要记住，如果你们的伙伴关系不再起作用，即便很尴尬或者难以抉择，也要分道扬镳。失败的伙伴关系弊远大于利。

转型

对一段伙伴关系进行转型意味着很多东西，但核心在于回归伙伴关系最基本的东西。就转型进行的对话和你第一次与合作伙伴接触时的对话类似。在对话中，你们需要确定新的目标和需求。在重新商讨伙伴关系的条款时，你可以使用要素清单作为指南。

尽管与合作伙伴讨论什么起作用、什么不起作用很重要，但是千万不要推卸责任。转型意味着你们仍然需要维护这段关系，因此你们必须遵循维持良好伙伴关系的最重要的原则之一：相互尊重。转型在于找到问题的源头，并一同解决问题，而非在特定的人、项目、决定或情形上寻找过失。

> 走到一起只是开始，相互磨合是个过程，协同奋进才能成功。
>
> ——亨利·福特

合作伙伴或许无意转变你们之间的伙伴关系，也或许会提出其他替代性的方案。

你们要对这些建议持开放态度，提出自己的观点，并就这些建议提出大量的问题。当你的组织和另一个组织进行合作时，很容易忘记在官僚结构的掩盖下还存在真实的、活生生的个体。与你们正在合作的组织里的个体进行礼貌、有效、开放和诚实的沟通是维持合作关系的黏合剂。

梅格·沙利文和莱克西·塔巴彻尼克作为芝加哥大学的学生联合创建了和谐以色列项目，这是一个面向耶路撒冷的阿拉伯青年和犹太青年的混合夏令营。梅格于 2011 年毕业，获得了人文学科的跨学科研究学位；莱克西于 2012 年毕业，获得了心理学学位。在三年的时间里，和谐以色列项目服务了超过 175 名营员，并筹集了超过 30 000 美元。在此期间，他们与以色列的手拉手学校、手拉手美国之友、人民的艺术（ARTS! By the People）、埃米尔项目（Amir Project）等进行合作，希望为营员带来更好的经历。

第 32 章
组织会议

听到“会议”一词时，你可能会联想到和“无聊”相关的事情，紧接着产生强烈的困意。大多数时候，会议意味着桌上摆放的不太新鲜的百吉饼和被高估的发言者。但是，如果一场会议组织良好——会议任务和目标清晰，受众明确，清楚如何使受众受益——那么它可以成为聚集人们以激发个人和集体行动的最强大的工具之一。接下来我们将为你呈现举办一场成功的会议所必需的一些基本要素。你可以在此基础上发挥你的创造力，组织独特而有影响力的会议。

规划会议

与会者

首先，你需要明确会议的受众，这将影响会议的执行。谁是会议的受众？他们需要什么？他们的哪些特点可能影响会议的举办？

会议目标

好的会议有一系列让潜在受益人感兴趣的目标。和你的团队从设定会议目标开始。会议可以为与会者提供什么？是新的信息、技能、人脉，还是其他？

然后对这个目标清单进行头脑风暴。有没有遗漏什么？目标是不是过于宏大？最后应该把目标缩小到可以实际达成的范围。

会议类型

大多数会议可以归为几种常见的可反映会议首要目标的类型，这些会议通常采用特定的形式（专家小组讨论、图片式讨论会等）来实现会议目标。回顾一下会议目标清单，你应该能够找到一个或更多匹配你们目标的会议类型。当然，这些会议类型也并非无所不包，有些会议不能被归入某一类，而有些会议可以归入多类。

增进意识型

增进意识型的会议旨在向与会者讲述一个新话题，或者介绍一个他们可能有所了解的问题或挑战。这种类型的会议倾向于请专家以讲座或专家小组讨论的形式向与会者传授相关知识。

能力建设型

能力建设型的会议旨在向与会者传授各种技能。这种会议的组织方式和培训类似，通常采用像研讨会以及小组讨论这种互动型、实际操作的形式。

网络扩展型

无论是在社区（比如一个全国性的学生组织网络）内部，还是在社区（比如一系列非营利机构）之间，任何会议最基本的要素是把人聚集在一起，网络扩展型会议将其作为首要目的。这种会议强调与会者之间的互动（比如举办鸡尾酒派对，或者安排社交环节）。

信息分享型

在专业和学术领域，分享一个特定领域里的最佳做法和新信息的会议十分常见。这种会议通常包含专家演示和展示等环节。比如，在一场教育研讨会议上，科学家使用图片、讲座或者专家小组讨论的形式展示他们的成果。

会议内容结构

一场会议由不同类型的活动组成（见图 32－1）。你要思考一下采用哪些活动来更好地实现会议目标。

主旨演讲

描述：主旨演讲通常用于开始或结束一场会议。它能够让人们向一个领域中的领军人物学习并受到启发。

常见于：几乎所有类型的会议。

专家小组讨论

描述：专家小组讨论将一些专家聚集在一起讨论特定的主题并回答问题。

图 32-1 不同类型的会议活动

常见于：增进意识型或信息分享型会议。

研讨会

描述：在研讨会上，专家就一项技能或技术对与会者进行指导。

常见于：很多类型的会议，尤其是能力建设型会议。

小组讨论

描述：小组讨论允许与会者就会议上呈现的材料进行思考，并分享他们的经验和观点。

常见于：能力建设型会议。

图片式讨论会

描述：图片式讨论会是分享大量特定信息的有效方式。几百张图片可以只占用相对较小的空间。列出图片名称及地点，可以让与会者轻松地找到他们感兴趣的图片。

常见于：信息分享型会议。

社交环节

描述：社交环节经常安排在用餐时间，便于与会者相互认识。

常见于：大多数类型的会议，但是任何网络扩展型会议都会有这一环节。

时间

你要考虑一下会议的时长。是一天、一个周末，还是一周？达成会议的目标需要多长时间？在考虑会议时长时，不要忘记一些实际的限制，比如预算限制以及与会者注意力的持续时间。如果无法满足要求，你需要调整会议目标。

地点

预算以及预估的与会人数将影响会议举办的地点。会议的内容结构同样影响会议地点的选择。比如，如果计划举办图片式讨论会，那么你们将需要一个或更多的大房间。如果在会议里安排讲座，那么你们需要一个能够提供讲台、麦克风和扬声器的场所。

提供会务支持

理清头绪后，为了让会议得以召开，你需要提供至关重要的会务支持。

组建一个会务团队

会务团队应该包括你们组织的成员，以及你能为这个项目招募到的任何朋友或同事。为了建立并维护一个成功的会务团队，你需要牢记三个原则。

了解会务团队成员的动机

加入会务团队的成员也会花时间投入到其他人或项目上，所以你需要了解他们加入会务团队的动机。这将有助于你激励他们加入会务团队，努力工作并为之感到兴奋。

分配具体工作

这听上去似乎有些奇怪，但是你需要一个架构来培育创造力。人们需要知道自己的岗位职责，以及直观的短期目标和总体目标。了解自己的角色以后，他们就会承担分配的任务并实施自己的想法。

增进团队成员关系

你需要关注与你们一起规划会议的人们。比如邀请会务团队一起参加一些社交活动，定期了解工作进展以及团队成员状况。这样，会务团队会更加努力地工作，并且会更加享受这一过程。

提供行政性支持

列出潜在的支持者

列出可能的支持来源，并留意它们提供帮助的方式，比如提供财务支持、智力支持或者人脉支持。如果你们计划在一所大学举办会议，通常能在校园里找到这些支持者。

• 教务长办公室：作为大学里的首席学术官员，教务长有权设定优先学术事项，监督并促进新的项目，并制定学校政策。

• 社区服务办公室：这里是基于服务的学生组织以及在校园内外从事志愿服务的学生大本营。

• 国际或海外留学办公室：这些办公室负责协调国际交流和海外学习机会。

• 学术部门：包括对会议主题感兴趣的教授、员工及学生。

专注于你的提议

不论你拥有多少很棒的潜在支持者，由于大家已经分身乏术，因此你需要说服他们为你挤出额外的时间和资源。要做到这一点，请遵循以下指导原则。

• 使你的请求和潜在支持者的任务保持一致。你们的会议是如何与对方的目标以及对方提供的帮助相一致的？你们是否让对方的领导者也参加了会议？会议是如何满足对方的战略计划中声明的目标的？

• 送达一份书面提议。通过向对方送达一份书面提议或者关于你们工作的概要，可以保证完整地向对方传达你们的信息、想法、计划的活动以及提议。

• 明确你的需求。在与相关方会面前，首先要明确你们需要的支持类型以及数量。清楚表达你们真正的需求能够增大获得支持的可能性。你们可能会寻求：

• 资金支持。

• 场地支持。

• 在机构出版物上帮助推广会议。

• 帮助邀请著名的主旨演讲嘉宾。

制定预算

不论你们在财务方面是如何考虑的，以下是一些可供参考的建议。

做出预算

你们需要制定一个详尽的预算方案。在接触任何潜在的资金来源之前，必须对这些事项有大致的概念——你们需要什么？需要多少？计划从哪里采购或获取？需要花多少钱？

- 要让预算优先事项和你们的目标保持一致。在分配资源时，要牢记那些需要优先达成的目标。这并不意味着你要把大部分钱花在首要目标上，但是在难以抉择时应该考虑相对优先的事项。
- 既要仰望星空，也要脚踏实地。不要害怕把花费较高的项目列入预算，但要知道你可能无法得到相应的资金支持。
- 要使预算请求和潜在支持者的优先事项保持一致。你要根据潜在支持者的优先事项来构建你们的项目。比如，大学会资助课程项目、支持学生的项目、学术交流项目以及研究项目。那么你需要根据潜在支持者惯常支持的事情来组织你们的活动。

> **纳撒尼尔**（Nathaniel）：筹备第一届全球参与峰会（Global Engagement Summit）时，我们知道，即便没有邀请发展中国家代表乘飞机前来赴会所需的 20 000 美元资金支持，我们仍然能举办这次活动。但我们还是把这一项列入了预算。支持者很欣赏我们这种既理想又现实的作风，我们也因此筹到了这部分资金。

保持多样化

任何审核资助请求的人都想知道你们是否也在利用其他渠道寻求财务支持。和直觉相反的是，通常你们列举的资助来源越多（特别是已经承诺给予支持的来源），你们越有可能获取更多的资金支持。

执　行

规划任务

这个清单旨在帮你把会议规划的要素分类，形成一个更具操作性的框架，以便于你分配任务。你要牢记在“通常的经验”中讨论的话题。

通常的经验

你有三个需要学习的主要经验：

• 经验 1：为会议的每个部分安排时间。确定会议中每项活动（比如讲座、研讨会等）需要的时间。要考虑让活动达到预期效果所需的最短时长，以及发言嘉宾可能会迟到、热门话题或者知名发言嘉宾可能会超时等状况。

• 经验 2：制定活动规划的时间线。这个时间线能够帮助你保持事务推进的节奏，并在你落后于日程时提醒你。

• 经验 3：定期与会务团队会面。当你想了解所有事情是否按计划进行时，没有什么能够取代面对面会谈。

与会者

会议的核心是与会者。你们需要招募、遴选（如果采用竞争性的申请流程的话）并把他们聚集在一起。

• 设置申请环节：这并不适用于所有会议，但是如果会场空间有限，你就需要通过申请环节来减少与会人数。

• 推广会议：你们可以通过电子邮件、宣传单、脸书以及广告等形式招募与会者。

会务后勤

会务后勤工作包括：

• 为所有的与会者安排交通和住宿。

• 安排用餐。

• 为会议期间不同的活动寻找、预订并准备会场。

会议推广

哪些人需要了解你们的活动？你们应该如何触达会议的受众？你们应该如何把会议申请送到潜在的会务团队、与会代表、主旨演讲嘉宾以及赞助方手中？你可以考虑以下方法：

• 为项目设计一个独特的标志或者视觉图案。

• 设计宣传册、宣传单、网站，以及任何你们认为有用的材料。

• 分发这些推广材料。

• 制作一份本地媒体的联系方式清单（或者根据你们的活动范围制作全国或全球媒体的联系方式清单）。

• 撰写新闻稿并发送给这些媒体。

寻求经费支持

你需要寻求经费支持来支付食物、住宿、交通、酬金、推广材料、会议场地等方面的开销。要做到这一点，你可以采用各种策略，比如向与会者收费或者进行众筹。如果你想了解更多关于筹资策略的内容，请参见第 22 章。

制作网站

网站能做的不止简单地罗列静态信息。

> **纳撒尼尔：** 在举办全球参与峰会时，我们拥有两个网站。第一个网站用于招募与会者时快速便捷地分享大量信息。当峰会临近时，我们切换到一个基于用户驱动的网站，这个网站采用了维基技术以及博客软件。这能让我们在会前、会议进行中以及会后同与会者互动。这个网站的功能包括但不限于发布来自会议研讨会的笔记，以及为与会者提供创建个人档案的空间。

时刻准备好

准备好转换角色

在会议规划和实施的最后阶段，你的团队可能会出现一些变故。你期待会务团队顺利完成任务，但有人可能会出错，需要补充一些新人。你同时需要把会议规划团队转变为会务实施团队，以确保所有的会务活动都能顺利完成，比如引导发言嘉宾进入会场，或者为刚刚抵达的与会代表进行注册等。

制作一流的活动规划指南

一份良好的规划指南应该包括：

- 根据时间安排的活动任务清单。
- 显示每项任务执行地点的指南。
- 每个小时的员工人数以及任务分配。

跟　进

最好的会议能在会议结束之后仍然让与会者保持参与度，比如与会者回家后，将从会议中获得的新认知、技能或者关系加以应用。可以通过以下方式使你们的会议成为这类会议。

- 分发信息性材料。发给与会者能够帮助他们积累经验的材料，在材料中重复希望他们从会议中获取的东西。这能够帮助与会者在大脑中总结并重温该经验，降低对其他会议进行记忆重构的可能性。
- 建立联系网络。要确保建立一个让与会者与你们及其他与会者保持沟通的联系网络，可以是博客、在线的每周内部通讯、脸书页面，或者其他类型的社交网络。

● 提供新的机会。你们可以通过为曾经的与会者提供新的机会来保持他们的参与度。新机会可以是筹资机会、实习机会、志愿服务机会，或者其他对他们具有潜在价值的机会。

专题研讨会

安娜·欧菲特（Anna Offit）本科毕业于美国乔治城大学法学院，在那里她曾担任《乔治城法律伦理期刊》（Georgetown Journal of Legal Ethics）的总编辑。她获得了剑桥大学社会人类学哲学硕士学位，在本书出版时，她正在普林斯顿大学攻读博士学位。接下来她根据自己的经验与大家分享一些关于专题研讨会的最佳做法。

安娜：2012 年 3 月，乔治城大学法学院的学生希望获得一个问题的答案：为什么即便有证据——甚至 DNA 证据表明一位被告是无辜的，检察官还是想认定对方有罪？为此，我们邀请了一位电影制作人、一位辩护律师、一位教授和一位检察官进行了一场对话，对话的主题是一个不太常见的话题：关于诉讼的文化——探索司法系统里的律师如何应对他们所知道的事实和他们的专业责任之间的紧张关系。

在古希腊，研讨会上大家一起喝酒并庆祝伟大的想法。如今，让研讨会变得有意义的不是它的规模、预算或者美酒，而是一个好的问题。

根据定义，专题研讨会是一种特殊类型的会议，它提出的是一个焦点问题。在一系列讲座和专家小组讨论中，发言者基于其独特的背景和经验来回答这一问题。

具体来讲，两个指导原则让我们举办的这次专题研讨会取得了成功。

1. 组织研讨会来创造知识——而不只是传播知识。研讨会的真正力量在于它能在一个学术领域创造一个新的研究方向。跨学科的与会者和参与其中的受众可以让你解决复杂的问题，并让大家听到关于问题的新的声音。研讨会关注法律学界通常不会讨论的问题：检察官是怎么理解他们的角色的？哪些社会实践强化了这些认知？与会者被迫用不同行业律师的真实情况来验证他们自己做出的假设，然后使用辩证法来阐明律师这么做的原因。

2. 邀请与会者提交书面意见供发表。在法学院的研讨会结束之后，通常会在期刊上发布相关内容。也可以通过博客文章、心得报告以及网帖等方式来扩大讨论范围。我们发行了一期法律期刊，专门用来发布从研讨会内外的师生征集来的文章。这为我们的会议创造了一项有形的成果，如果后来者对我们提出的问题感兴趣，可以参考这份资料。同时，研讨会的讲座和专家小组讨论部分也通过网络进行了直播，并且被制成视频上传到网上，供全球用户实时访问。

纳撒尼尔·惠特莫尔是全球参与峰会的创始人，这一峰会为来自全世界的数百名青年领导者提供了关于全球变革领导力和项目发展的培训。这一峰会的成功为他领导并发展美国西北大学的全球参与中心铺平了道路。这个中心致力于提升青年人跨界并创造改变的能力。

第33章 加入一个委员会

团队合作是朝着一个共同的愿景协同努力的能力，是将个人成就引领至组织目标的能力，是让普通人获得非凡成就的动力。

——安德鲁·卡内基

委员会就证明了卡内基所言。大多数委员会都力图创建一个由拥有不同才能和经验的个体组成的均衡团队，这些人可以基于集体的智慧为委员会提供建议。比如，美国教育行动（Teach for America's，TFA）的董事会就由多位执行董事组成，其中包括美国索尼公司、天气频道、J. Crew以及蔻驰公司的首席执行官，斯佩尔曼学院的院长，经济学和公共服务领域的教授，多位风险投资家以及一位唱片艺术家。他们中的每一位都拥有特定的技能。[1]这群领导者能够帮助制定组织发展的战略和路线图，利用他们独特的技能组合为组织增加价值，并推动组织愿景的实现。

为什么要加入一个委员会

加入一个委员会的核心原因有以下三点：

（1）你的想法将能够指导你关注组织的行动，这能够帮助你对所重视的事情产生影响。

（2）你将会结识来自不同领域的专家，与他们建立长期的关系，而这种关系有利于你未来的职业发展或者社会变革工作。

（3）你可以了解一个成功组织的内部运作。如果你将来决定成立自己的组织，这能帮助你更好地做准备。

如果你想参与一场规模更大的运动并产生影响，与你所关心领域的一个委员会里的专家一同工作是一个明智的选择。在你获取极具价值的学习机会的同时，委员会也能够获取你的观点和见解。如果你比大多数委员年轻，这对于那些想更好地理解年轻一代人观点的委员会而言尤其有用。此外，加入委员会可以使你获得一个专业人士网络，这有助于你未来事业的发展。与著名的领导者建立密切的关系并学习他们的技能，可以让你成功地开展项目。

尤妮斯（Eunice）：作为一个青少年，我应雀巢美国公司邀请帮助它们的基金会创建一个顾问委员会，感到十分激动。我决定加入这个委员会，是因为我看到这是一个把拨款给予其他开展社区服务的年轻人的独特机会。我最难忘的经历之一就是帮助起草这家基金会的章程，因为这让我感到自己写下的文字将会给未来的委员会带来持久而有意义的影响。

了解你的选择

委员会通常可以分为三种主要类型：董事会、顾问委员会和理事会。表 33 - 1 列出了每种类型的特点。

表 33 - 1　　委员会类型的比较

	董事会	顾问委员会	理事会
组成	● 专业人士 ● 相应领域的专家 ● 政府官员	● 供组织寻求咨询的来自一个特定群体的成员 ● 从组织外部招募 ● 有些组织拥有青年顾问委员会，这能够让青年人通过成熟的行动框架来参与非营利工作	● 一个特定群体的成员，或者对组织的一个特定方面感兴趣的人 ● 从组织内部招募 ● 在有些社区里，会设立青年理事会来为同龄人服务
性质	● 组织的“指南针” ● 也称受托管理委员会或者治理委员会；作为整体决定组织的方向	● 职能决定形式 ● 具有从可视管理到财务发展和监督等各种职能 ● 主要作为一种资源来使用 ● 有的组织可能拥有一个学生顾问委员会，以便就特定主题向该组织提供学生的观点	● 职能决定形式 ● 和顾问委员会一样具有多重目的属性，但不同的是，理事会有自己的可供执行的项目

续前表

	董事会	顾问委员会	理事会
角色和职责	财政监管：制定并分析预算 资源获取：确保组织获取适当的资源 战略规划：规划组织的未来 进行决策：投票决定政策和行动 进行招募：招募其他可能增加价值的董事会成员或个人 公共关系：在公众面前代表组织 法律事务：撰写并修订组织的章程	项目管理：负责在组织内部实施各种项目 探索性研究：评估并报告应该如何实施提议的项目 评估公众观点：当组织需要评估一个特定人群的感知或态度时，咨询该委员会 宣传推广：将组织的任务传递给公众，以激发公众的兴趣	项目管理和开发：主导并实施特定的项目 发言人：作为组织面向社区的大使 与非营利机构协作：与其他具有类似目的的非营利机构进行协作 宣传推广：将组织的任务传递给公众，以激发公众的兴趣

找到适合你的类型

既然你已经熟悉了委员会的类型，现在是时候决定你是否有兴趣以一名委员会成员的身份来服务于一家组织了。练习 33.1 将会帮你弄清你和委员会之间的相互期望是否有足够的交集。

练习 33.1

这是你想要加入的委员会吗

关于承诺：做出决定之前

事项	你	委员会
1. 时间投入。在“你”那一栏回答：你能够付出多少时间？在“委员会”那一栏回答：委员会需要你付出多少时间？		
2. 出差/电话会议。在“你”那一栏回答：你愿意加入一个频繁出差或者召开电话会议的团队吗？在“委员会”那一栏回答：预计多久安排你出差一次或者参加一次电话会议？		
3. 财务开支。在“你”那一栏回答：你能够为额外的开销投入多少（比如，可能无法报销的出差开支）？在“委员会”那一栏回答：委员会的开支是多少？		
4. 会议时间。在“你”那一栏回答：你什么时间有空（每天、每周、每个季度）？在“委员会”那一栏回答：委员会在什么时间定期召开会议？		
5. 价值。在“你”那一栏回答：这个委员会的工作对你而言有多重要？在“委员会”那一栏回答：这个委员会的工作对组织的事业和这个世界而言有多重要？		

关于使命：相信你的使命

事项	你	委员会
1. 任务。在“你”那一栏回答：你的个人任务是什么（如果你还没有一份书面的个人任务，请参考第 20 章的内容）？在“委员会”那一栏回答：这个委员会的任务宣言是什么？		
2. 你们各自的任务相互匹配吗？回答“是”或“否”。如果回答“是”，请继续完成本表；如果回答“否”，请擦掉答案，换一个委员会从头再来一遍。		
3. 我为什么想加入这个委员会？现在就让你的面试有一个好的开端，你要表达清楚你的理由。		
4. 我能为之贡献什么？不要想委员会能为你做些什么，想一下你能为委员会做些什么，然后把想到的写下来。		

“见微知著”：重要的附属细则

事项	你	委员会
1. 财务贡献。在“委员会”那一栏回答：委员会是否要求做出一定的财务贡献才能加入？如果是，需要多少钱？在“你”那一栏回答：你能负担这笔钱吗？		
2. 对候选人的群体特征要求。在“委员会”那一栏回答：委员会对候选人有什么要求（比如年龄、地理位置、公民资格等）？在“你”那一栏回答：你符合这些要求吗？		
3. 团队合作。在“委员会”那一栏回答：若加入的话，你将和哪些人一同工作？在“你”那一栏回答：你能和其他各方（委员会委员、伙伴组织、企业等）良好合作吗？		
4. 职责。在“委员会”那一栏回答：委员会期待你履行哪些职责？在“你”那一栏回答：你能很好地履行这些职责吗？要特别说明你可能擅长或犯错的地方。在你的申请、面试以及首次会面中，这些是你需要和委员会分享的重要内容。		
5. 影响。在“你”那一栏回答：如果加入，你想担任多长时间的委员？你具体想达成哪些目标或做出哪些改变？在“委员会”那一栏回答：这个委员会是否有能力做出你希望看到的特定改变？他们是否会给你这个机会去做出改变？		

对比两栏的内容，然后思考一下你是否适合加入这个委员会。

让对方了解你

既然你已经选定一个委员会，接下来就可以申请加入。你知道你是一个理想人选，对方也了解这一点，那么接下来谈一下第一印象。

第一印象：书面申请

申请加入一个委员会时，对方可能会要求你完成一份书面申请。与其他关系建立时一样，审阅者（通常是现任委员会委员）感兴趣的是你本身，而不是你的头衔。以下是一些有用的建议。

说明个人影响

应该详尽地说明你对曾经加入的俱乐部、组织以及公司做出的贡献。

量化影响

如果可能，任何时候都要量化你产生的影响。数字会引人注目，并帮助审阅者评估你的工作能力。

明确影响范围

如果你在申请里描述的是一个校园组织或者小型的社区组织，要简要地介绍这个组织。比如，审阅者可能并不了解东南俄亥俄学院的社会企业研究所是这个学校里最大的学生组织，或者你是第一个负责其农村地区外展服务项目的学生。

保持诚实

要把你做过的所有令人印象深刻的事情写到申请书中，但是不要让申请书看上去像是你从幼儿园到现在获得的所有奖项的堆砌。确保你坦诚并准确地呈现了所有事情的一个好办法是：就你的简历向曾经共事的人征求意见，看看他们是否认为你准确地描述了你的贡献。

大多数申请包含简答题或问答题。回答这些问题时，要时刻记住这些答案的读者是谁。你不妨打印一份简历草稿，然后标记出审阅者可能感兴趣的活动或成就（或者参考你在练习 33.1 中得出的结论）。如果你知道这个委员会正寻找在一个特定领域拥有强大技能的人，那就在你的申请中着重强调你参与过的与这些技能有关的活动。比如，如果你在申请一个专注于扫盲项目的委员会的职位，那就强调你曾经参与过的和扫盲有关的项目。比如在申请里提及你曾经帮助建造的图书馆，或者你曾经辅导过的孩子们。

写申请时，要仔细地阅读问题，并确保你回答了所有的题目。同时要保持答案的简洁。

- 要描述你在组织内部做的事情，而不仅仅是组织做了哪些工作。
- 要让你的成就容易理解。
- 有意遗漏关键信息和伪造信息同样糟糕。

【笔记】

当你向对方介绍你有多么出色时，永远不要夸大其词或者歪曲事实。提及领导力，其实只有一个选择，那就是完全透明。诚实一直都是最好的选择。

第一次会面：面试

尽管你可能真的很优秀，但自信和自大之间还是有区别的，自信很吸引人，自大则不然。如果想“俘获”目标委员会的“芳心”，就参考下面的建议吧。

第一步：了解委员喜欢的类型

用谷歌搜索一下现任的委员会委员，了解一下他们的背景和专业技能。这能够让你了解他们喜欢和哪种类型的人一起工作，并帮你决定在面试时需要向对方强调你的哪些品质。如果你注意到现任的委员均缺乏你在某个领域拥有的专业技能，你可以向面试官解释一下你将如何填补这一空白并做出显著的贡献。虽然你很可能在现任委员会委员的身上看到自己的影子，但是你的魅力在于你可能会为委员会带来新的观点。

第二步：表达你的兴趣

委员会倾向于选择对它感兴趣的候选人。你要向委员会表现出你很欣赏它们已经完成的工作，并且理解这些工作带来的潜在影响。你可以通过之前做的研究来展示你对委员会的兴趣。如果你不知道委员会所在组织的历史或者它曾经开展的项目，你就无法以委员的身份有效地开展工作。你要了解委员会所在组织过去的活动，更为重要的是，你要了解这家组织未来的计划。你越了解这家组织、它的成员、任务和未来方向，在面试的时候你就越能够有效地表达。

在面试时，你要利用这些信息来解释为什么你适合加入这个委员会。比如，如果这个委员会所在的组织正在努力向农村地区扩展，你就要向面试官解释你认为这个想法将如何有利于组织的成长，你过去在农村外展服务方面的经验，以及你希望和这个组织一起做哪些工作来支持它。或者，如果你认为这可能是不太好的主意，也不要害怕表达不同的看法。只要你礼貌地表达不同的意见并提供潜在的解决方案，你就会赢得尊重。

第三步：与你的申请内容保持一致

在面试之前，要再次阅读你提交的申请，以巩固你对所提交内容的记忆。面试时要多带几份简历（用白色或亮白色的较厚的打印纸打印），简历里应该更新从你提交申请到参加面试期间发生的任何事情。

第四步：保持友好

没有什么比一个简单的微笑或者眼神接触更有用。判断一个人只需要 3~7 秒的时间，而这个判断基于你的亲和力。

第五步：提问

当面试官问你是否有任何问题时，你可以提出一些经过深思熟虑的问题来展示你对这个委员会的兴趣以及你对其所在组织的了解。

迪维亚（Divya）：下面是我通常会问的问题：

- 服务于这个委员会时，你最喜欢做哪方面的工作？
- 除了会议，委员会怎样联络并增强委员之间的联系？
- 如果在委员会的帮助下你能够解决一个组织性的问题，这个问题是什么？为什么？
- 你认为在未来的一年、三年和五年内，这个委员会最重要的职能将是什么？

第六步：争取支持

【小贴士】

积极的联络可以帮助你获得成功。有时候，能否取得一个职位取决于你认识谁。不要羞于请求别人以你的名义向相关人士发邮件或打电话。

有些委员会拥有类似于录取委员会的遴选委员会，由它负责在面试结束后的某个时间点通知你是否被选中。在另外一些情况下会进行投票，投票者是委员会委员或者招募这些委员的更大群体。如果你申请的委员会需要通过选举来决定哪些人入选，那么去接触一下所有即将投票的人。你要与他们交谈，了解他们希望在领导者身上看到哪些品质，以及他们希望看到组织发生哪些改变。你要亲自回复他们，并补充任何你可能有的想法。如果竞选是这个组织的文化的一部分，那么要争取他们的支持。如果他们很热情，你可以试试看他们是否愿意通过与其他成员交谈来帮你获取更多的支持。在选举开始之前，你要确保和每一位即将投票的人都进行了有意义的对话。如果这个组织的规模过于庞大，很难单独接触每一个人，那你至少要尝试向每个人发送电子邮件。

第七步：保持联络

面试结束之后，要及时发送一封篇幅适当的致谢邮件（比一条短信长，但要比一篇文章短）。之后要定期通过电话或者电子邮件让面试官了解你最近的活动。如果他们需要花较长时间才能做出决定，这能够让他们一直对你有印象。此外，如果面试期间面试官给了你一些建议（比如读一本书，或者会见某个人），一定要采纳。

面对邀请：愿意，不愿意，还是不确定

假设同预期的一样，你通过了面试，委员会的委员非常乐意你加入，这时你应该做何反应呢？

如果你的答案是“我愿意”，那就跳过下面的A部分，直接去看B部分的内容。

如果你的答案是“呃……”（尴尬的安静），那就看一下A部分的内容。

A. 偶尔你会发现你不得不让一些人伤心。或许你没有足够的时间，或许你意识到你没有那么喜欢那个委员会和它的任务，或许你无法做出他们要求的承诺，或许你发现接受这个职位会产生潜在的利益冲突，或许你感觉这不适合你。如果是这样，你可以向对方说：“不，谢谢你们！”你应该优雅地回绝对方，感谢委员会提供机会，并委婉地解释你无法加入的原因。要记住，千万不要过河拆桥，因为你永远都不知道什么时候你们会再次打交道。

B. 恭喜你！那就向对方表示感谢并及时接受邀请吧！不要忘了和别人一同庆祝来分享这一喜悦。然后你“从此就过上了幸福的生活”。

尤妮斯·比勒在本书出版时是斯坦福大学的研究生。她是雀巢公司最佳青年基金会顾问委员会（Nestle's Very Best in Youth Foundation Advisory Board）的创始成员和前副主席。她也曾担任全美青年服务组织（Youth Service America）的董事会成员和青年顾问委员会委员、州立农业青年顾问委员会（State Farm Youth Advisory Board）委员以及Always Ready Kids的董事会成员。

迪维亚·里尼瓦桑在本书出版时是麻省理工学院大四学生。她帮助建立了布拉罕国际组织（Pratham International）的华盛顿特区分支机构，并且成为波士顿分支机构的核心成员。除此之外，她曾担任麻省理工学院院长顾问委员会委员，以及全球医药组织（GlobeMed）和Active Minds的执行委员会委员。

第 34 章

发扬社区主人翁意识

我们真正的命运……是由生活在可靠社区里的称职公民自下而上建立起来的一个世界，他们被自己生活的地方吸引并参与其中。

——大卫·W. 奥尔

社区主人翁意识有助于解决问题，它能够让人们了解自己的社区所面临的主要挑战，提出和尝试可行的解决方案，并持续改进。当地的领导者和外部的专家或许可以和社区里的公民一起提出有用的想法，但是社区本身作为一个整体需要承担解决问题的职责。这样的问题解决过程可以让社区更投入（也就是树立“社区主人翁意识”），由此产生的结果往往更有效、更相关、更持续。

社区主人翁意识＝参与＋赋能

英国人类学家罗伯特·钱伯斯（Robert Chambers）曾写道：社区参与是这样一个过程，它“能够让当地居民自我分析问题，领导行动并取得成效，能够让他们做出自己的决定”[1]。要提升社区参与度，可能需要举办培训活动、市民大会、访谈以及筹资活动等。这需要花费时间和资源。社区成员的观点可能不总是与外部专家或者当地领导者保持一致，但是社区参与的过程可以明确问题并帮助大家达成共识。

下面让我们来看一个例子。

情景

比如一个社区里团伙暴力事件频发。附近一所大学的一群学生了解到这一情况，想做点什么。假设他们决定雇用一名保安在夜间巡查街道。为了向保安支付薪水，他们组建了一个校园组织来定期举办筹资活动。但是这个方案并不起作用，因为这个保安一次只能出现在一个地方，而且由于他来自另一个城镇，社区居民既不认识他，也不信任他。最终这个校园组织的成员失去了热情，用来支付保安薪水的资金也用完了。暴力事件还在增加，而学生们的努力也没有带来持续有效的影响。

在这个情景中，你认为什么地方出现了问题？这项行动原本可以怎样更好地实施？

分析

学生们的努力既无效也无法持续的原因是：他们没有让当地社区成员参与进来一起去寻找问题潜在的原因，整合既有资源，从而开发出可能的解决方案。此外，他们的努力也没有增强当地领导者的技能以更好地应对此类问题。

具有社区主人翁意识的解决方案

如果学生们原本想尝试设计一个社区专属的解决方案，他们或许应该与当地领导者会面后再开始行动，当地领导者可以是警察局长、男孩/女孩俱乐部（Boy and Girls Club）的主任以及高中校长。通过这些人，学生们或许可以了解到：暴力事件的源头是团伙斗争，而团伙成员大多是高中辍学的学生；很多团伙成员的父母需要工作到深夜，而社区里没有可供青少年放学后活动的安全场所；再加上预算削减，为青少年服务的男孩/女孩俱乐部以及放学后港湾项目正缩短运营时长。

对问题的原因有了更深入的了解以后，这个校园组织或许会设计出一个组合方案：延长男孩/女孩俱乐部在夜间的开放时间，并由社区志愿者负责运营；定期举办篮球比赛；利用社区会议室为需要帮助的学生提供课外辅导。

在完成调研之后，这个团队或许可以制定一个能够让全城镇成功的商业机构赞助男孩/女孩俱乐部活动的计划。他们也可以与大学的管理方合作来开发一个辅导项目，参与这个项目的大学生志愿者可以获得学分。随着时间的推移，这个行动或许可以吸引另一拨学生、教授、辅导者和社区成员。

答案在谁那里

一个社区最有价值的是它的居民以及居民对自己家人和朋友的关切。虽然社区参与非常强调当地成员的介入，但是这并不意味着要彻底避开上述例子里的学生的外部影响。事实上，当地的社区领导者时常会咨询外部的专家。

预防犯罪行动的这个例子同时调动了内部和外部的力量，并且是由一个牢固可持续的伙伴关系来驱动的。如果学生们利用筹到的钱开展这个项目，他们的努力或许就能够在更长的时间内获得更大的成功。

参与性的方法才是关键

在过去，几乎所有类型的项目都没有让社区来主导，它们没有利用既有的社会资本，从而无法强化社区的结构并提高社区成员的能力。然而，通过参与性的方法，社区领导者、社区成员和外部专家可以一同努力来设计出由当地居民实施并维持的解决方案。这种公民参与是运转良好的健康社区的生命线，以及任何成功项目的关键元素。

接下来让我们来分解一下发扬社区主人翁意识所需的基本元素。

练习 34.1 将促使你就参与性的方法进行更多的思考。

练习 34.1

对社区主人翁意识进行批判性思考

1. 想出一种社区主人翁意识将会起到关键作用的情况，或者从下面三种情况中选择一种：

- 增加本地学校午餐的营养。
- 在贫穷的农村社区实施一项大规模的疫苗接种项目。
- 在城市的贫民窟引进一种清洁家庭用水的简单技术。

2. 列出你将要接触的利益相关者，以及你吸引各方参与项目的策略。

3. 设计一个行动计划，说明你如何吸引社区成员参与项目的设计、实施和评估。

4. 你们退出项目的策略是什么？

5. 你们的行动有可能会带来哪些潜在的无意的后果？你们如何保证不会给目标社区带来任何伤害？

做好准备工作，进入社区，听取社区意见

如果可以，想办法在目标社区居住一段时间，至少要频繁地拜访社区成员。就像伍迪·艾伦（Woody Allen）曾经说的："80%的成功是到场!"你要与社区居民交谈，并尝试理解他们是怎么看待这个世界的，哪些主流的见解、假设和道德力量在指导社区的决策？

了解社区的方法有很多。进入社区之前，你可以做一些背景研究：

- 阅读关于目标社区的小说、报纸文章、学术期刊文章等。
- 向当地领导者咨询以下问题：他们推荐通过哪些途径了解社区，哪些餐厅供应本地特色食物，哪些基本的语句非常有用（如果是在讲另一种语言的社区工作的话），以及哪些风俗对于他们的社区而言是非常独特的。
- 对这个区域的社会经济学背景、一般的地理环境以及历史做基本的了解。
- 了解一下当前有争议的问题，或者值得注意的情形。如果你即将开展工作的区域并不欢迎外来者，那么你们在工作中要更加谦逊。
- 熟悉当地主流的宗教和文化。

【小贴士】

了解社区时，可以考虑追踪受到你正尝试解决的问题影响的人。

诸如调研、焦点小组、社区会议和访谈等方法在了解社区时也极为有用。你们项目的性质、规模和范围将决定你们需要采用什么样的方法。比如，如果你们的目标城市有十万人口，那么你们可以考虑从市政府获得现有的数据，或者去调研这个城市具有代表性的人口样本。如果你们项目的目标是高中的一个班级，就从个体层面去了解目标群体。

在开始研究之前，要先找一下现有信息。这会为你节省大量的时间和金钱。你或许会发现，联系致力于解决同一领域类似问题的其他组织也很有用，因为它们可以帮助发掘信息。它们也可以基于过去的成败向你展示如何与社区互动。要从尽可能多的源头获取信息，这样你就可以比较它们之间的异同。

你将如何建议一个陌生人来了解你的社区呢？

寻求基于社区驱动的解决方案

当你通过进入社区和倾听来进一步加深对社区的了解时，你就能够发现哪些方

法最起作用。你的想法要既大胆又现实。你要找到并驾驭在一个社区起作用的强大力量，并尝试将其运用到你最终的任务中。你要问自己：需要什么样的必要条件和激励才能让人们去完成我需要他们完成的事情呢？

丹尼尔（Daniel）：如果不是我的祖母在巴勒斯坦因糖尿病去世，我可能也不太会留意中东地区一些人的遭遇。这让我对发展中国家糖尿病蔓延的严重情况有了深刻的了解。通过与当地人交谈，我了解到糖尿病是这一地区导致人们死亡和残疾的主要原因。在中东，当我和不同的家庭一起吃饭时，一位年长的妇女可能会提到，她正渐渐丧失视力；我也会听到，一位丈夫由于糖尿病并发症差点失去一只脚。

通过交谈，我对这个问题以及潜在的解决方案有了更深入的理解。在局势动荡和经济恶化的背景下，社会网络对于巴勒斯坦人而言是日常生活必不可少的一部分，同时也是非常宝贵的资源。朋友和家人会定期相互看望，并在喝咖啡聊天时讨论病情。当有人生病时，家庭成员会相互照料并分享资源。我很快就意识到，我们可以利用现有的社会结构来鼓励人们去增进彼此的健康和福祉。简言之，我们可以利用现有的社会网络来传播健康。

在与很多患糖尿病的巴勒斯坦人交谈，并咨询了当地的医生和护士之后，我决定开发一个后来称为国际微型诊所（Microclinic International，MCI）的项目。我的目标不是从头开始创建一个全新的医疗组织（“重新发明轮子”是对时间和金钱的浪费，而且会对其他有效的社区行动造成伤害）。相反，我确定了一些适中的目标（比如为人们提供信息）。我招募了一些已经在这些社区开展工作并非常渴望参与我们项目的当地领导者。我们一同建立了一个糖尿病“微型诊所”网络——很多个由朋友、家人和邻居组成的小组。人们通过这个网络分享获取健康教育、健康技术（比如血糖监测仪的使用）以及群体支持的途径。最初的微型诊所是和当地领导者合作设立的，但是它们并不归属于任何政府部门、非政府组织乃至医院。从根本上讲，微型诊所是因为相同的感受、挑战和目标而聚集在一起的一个又一个群体。

在设计解决方案时，丹尼尔是如何把社区的具体情况纳入考虑范围的？如何才能把社区主人翁意识融入你们当前的努力？

建立并管理一个团队

招募一个专门团队比较耗时，而且有时会比较困难。但是一个良好的管理体系能够保证社区对项目的投入度。让社区参与到项目中也意味着，在项目启动后，当地的领导团队必须对项目的日常活动进行指导。

丹尼尔：当我们把项目扩展到约旦时，发现仅靠志愿者团队不足以维持项目的运转，于是我们招募了管理者来监督项目的日常执行。当意外的管理问题出现时，当地的领导团队能够利用相应的资源想办法去应对。

一起计划，一起实施

【小贴士】

作为社区的外来者，良好的管理至关重要：你必须花时间去发展与当地领导者的关系，并获取他们的信任。

无论在哪个层面，项目管理的根本在于理解别人。一个出色的管理者应该能够发现员工以及社区成员的需求与项目目标的交集，从而以最佳的方式将当前的任务和个体匹配起来。管理者应该知道，个人动机并不仅仅是财务性的，还包括智力启发、被信任的感觉、出色完成任务后获得的认可，或者从帮助别人中获得的喜悦。

利拉（Leila）：在世界范围内的各个社区实施国际微型诊所项目的社区成员管理团队需要在清晰的方向和足够的灵活性之间保持平衡，从而满足每个社区的需求。

打造自我可持续性

如果社区主人翁意识是项目长期可持续发展的关键，那么如何确保你们离开之后项目仍然能够持续呢？任何在社区实施的项目一开始就应该规划好团队退出的策略。回想一下本章开头提到的学生们筹资雇用保安的例子。即便这个想法本身起作用，那么几年之后，这些学生毕业了，这个项目将面临怎样的情形呢？如果起初向项目捐款的人决定把钱捐给另一个不同的项目，这些学生又该怎么办呢？因此，你必须确保项目的职责被充分理解，项目的责任机制要到位，并为捐款者提供适当的补偿。

一起评估

你或许需要制定一个涉及可持续性的全面的评估方案。要让你们在当地的合作伙伴加入评估方案的开发和实施，这样他们就可以充分了解项目的结果，哪些地方起作用，以及哪些地方需要改进。

思考可持续性问题不仅意味着要考虑文化敏感性，以确保你们在保持兴趣的同时不会冒犯当地社区，同时也意味着要考虑项目在政治和经济上的可持续性。如果你们即将在一个充满政治色彩的环境中开展工作，那么如何确保不被当地政府或者其他从事类似项目的组织视作挑战者呢?

丹尼尔：为了解决可持续性问题，国际微型诊所项目在选择合作伙伴时非常谨慎。在项目的启动阶段，我们直接和个体——那些已经在他们的社区里建立起人道主义声誉的医疗保健工作者和当地的志愿者——合作。随着我们的组织不断扩张，我们选择了像政府部门和其他非政府组织这样的合作伙伴，它们有以更多的途径扩展我们的模式所需要的能力和基础设施。

此外，为了确保经济上的稳定性，我们从当地采购项目所需的供给用品，这样就可以确保微型诊所的参与者在将来有渠道获得这些供给用品的替代品。这既能够让我们争取到价格更低的供给用品，也能够支持本地的经济。

【笔记】

和当地的合作伙伴一起把这一点思考透彻对于增强社区主人翁意识非常重要。你要把创建一个在没有你们团队帮助的情况下仍然可以正常运转，并且由社区成员维持和拥有的项目作为你的目标。

如何培养社区主人翁意识

以上步骤是可以不断重复的。当你们在一个社区开展工作并把建立社区主人翁意识作为目标时，可能需要多次重复前几个步骤。之前我们更多地呈现描述性的关于社区主人翁意识的理念，接下来我们将把理念转换为具体的步骤。通过练习34.2，你将有机会了解别人是如何遵循这些步骤的。

练习 34.2

社区主人翁意识在现实世界中是如何起作用的

使用学术或媒体资源，寻找一个你感兴趣的由非营利机构、非政府组织或者社会企业实施的项目。联系尽可能多的实施这个项目的社区的成员（至少三个），然后就前述社区主人翁意识的每个元素向他们提问。请在下面描述这个项目以及它落地的社区：

项目：

访谈问题：

1. 你认为领导这个项目的人对社区足够了解吗？你认为他们在发起这个项目之前做过相应的研究吗？他们所做的准备（或者缺乏准备）是怎样影响这个项目的成败的？

2. 这个项目的领导者在社区花了多少时间？本地社区成员对此是怎么看的？

3. 在实施项目之前，项目管理者有没有拜会过本地领导者？他们在实施项目的过程中有没有拜会过？你认为当地对这个项目的接受度强吗？

4. 这个项目有没有重复已经存在的一些服务？本地有竞争者吗？

5. 本地社区成员是如何参与到项目的规划过程中的？

6. 是否存在可供社区成员讨论并提供反馈或建议的当地顾问委员会或者其他的类似机制？

7. 是否有指导社区成员如何实施项目的培训？如果有，社区成员是怎么看待这项培训的？

8. 曾经或即将对项目做出怎样的评估？有没有社区成员参与评估方案的设计或实施？

9. 你们的社区是怎么看待这个项目的？你的个人观点是怎样的？

10. 你认为这个项目是归当地社区所有，还是归拥有最初想法的非营利机构、非政府组织或社会企业所有？

做好准备工作

- 在抵达目标社区之前，使用学术和媒体资源查找和社区相关的内容。
- 了解社区的基本地理、历史及社会经济情况。

• 学会用社区本地语言说一些关键短语。

进入社区

• 花尽可能多的时间居住在目标社区。

• 花时间像即将与你一同工作的人一样去做一些日常的事情：购买日常生活用品，使用当地的交通系统，在本地餐厅用餐。

聆听

• 请求与尽可能多的本地领导者会面。当然，这不是为了向他们兜售你的想法，而是为了了解他们的观点和需求、他们面临的挑战，以及他们能够提供的资源。

• 要做好被拒绝的准备。你们的想法可能会由于各种原因而不受欢迎。如果你觉得对方对你们希望实施的项目不感兴趣，那就接受现实：实施你们想法的时间或者地点不合适。不被本地社区接受的项目注定是要失败的。

• 要确保你们没有重复已经存在的服务，或者与之竞争。如果你们发现已经有人在做类似的事情，看看有没有可能与他们合作。

• 要保持高度的文化敏感性，显示出对当地传统、宗教信仰、语言以及风俗的尊重。

一同规划并寻求基于社区驱动的解决方案

• 要花大量的时间认真地规划你们的项目，并让本地重要的社区成员参与到规划过程中。

• 如果做出改变能让本地社区更容易认可你们的项目，那就需要对这种改变保持开放的态度。

• 开发一个能够从相关的社区成员那里获得反馈的行动方案。

建立团队并一起实施

• 设立一个由多样化的社区成员组成的当地顾问委员会，定期召开委员会会议来讨论项目并提供建议和反馈。

• 要记住，有效的管理关键在人，而不是管理工具。如果你在管理一个当地团队，首先要搞清楚什么样的管理模式对他们起作用。必要时调整你的管理方法。

• 要花时间培训当地的社区成员并传授和项目有关的知识。比如，如果你需要教某个社区成员如何使用电子表格，以便你们离开后对方可以管理预算，那你就要安排时间来培训对方。

打造自我可持续性，并一起评估

• 随着项目不断推进，你们要有意识地将越来越多的职责移交给当地的员工。

• 对任何项目都需要评估。在设计和执行评估方案时，你们要让当地的社区成员参与到这一过程中，这能够确保他们对评估的结果更加关注。

种下改变的种子

在进行以上步骤时，保持谦逊至关重要。你可能有最大的诚意，能够贡献出最好的技能和经验，但是你终究无法拥有所有的答案。解决方案存在于社区本身，你的工作是促使社区成员成功，而非你自己成功。最有价值的经历是你在当地的合作伙伴将你们的项目或想法——或者这些项目和想法的另外一些版本——改造成属于他们自己的东西。这时候你就知道，社区主人翁意识真的落地生根了。

> 对于我们而言，没有什么比以下目标更重要：我们必须尝试让人们重新感受到社区的温暖，尊重个人的努力和责任的价值……所有个体应作为一个社区一同努力，从而使他们的生活以及他们孩子的未来变得更好。
>
> ——罗伯特·F. 肯尼迪

丹尼尔·邹赫必在本书出版时是国际微型诊所的创始人、首席执行官兼总裁。他的研究和社区服务活动涉及国际健康、国际关系以及高等教育等领域。他在加州大学伯克利分校获得了文学学士学位，以马歇尔奖学金（Marshall Scholarship）获得者的身份获得了牛津大学科学硕士学位，并以韦登菲尔德奖学金（Weidenfeld Scholarship）获得者的身份获得了牛津大学哲学博士学位。

利拉·玛卡热齐在本书出版时是国际微型诊所的首席运营官兼副总裁。她也曾为联合国发展项目（United Nations Development Program）工作过，这一项目包含位于 21 个国家的 92 个子项目。她在加州大学伯克利分校获得了文学学士学位，在哥伦比亚大学获得了公共管理硕士学位，同时在巴黎政治学院获得了公共管理硕士学位。

第三步

使之持久：增加价值并保持成功

第35章
践行社会企业家精神

社会企业家不会满足于授人以鱼或授人以渔。他们不变革整个捕鱼业就绝不会善罢甘休。

——比尔·德雷顿

社会企业家精神发端于这样一个全新的理念：我们可以利用商业工具——市场、投资者、增长计划，甚至是营利动机——来解决世界上最紧迫的社会问题。

本章探讨的是，商业如何被看作社会变革的驱动力。本章将带你熟悉关于社会企业家精神的基本原则，并鼓励你在考虑为社区带来改变时坚持这些原则。

将商业作为解决方案的一部分

很多行动主义者都觉得，商业能够帮助解决社会问题简直难以置信。毕竟，行动主义者面对的很多问题都和大公司的恶行有关。想一想污染、政治腐败以及血汗工厂等问题，对于关心这些问题的行动主义者而言，商业不是解决方案——而是问题本身。也有人辩称，商业不应该用于解决社会问题，因为那不是它的职责，商业的职责仅仅是赚取尽可能多的钱。

在本章中，我们将向你解释，为什么这种想法是不对的。如果后退一步总揽全局，你就会发现，商业可以而且也应该成为社会问题解决方案的一部分。

利润可以驱动社会进步

只有帮助人们解决真正的问题，商业才能取得成功。想一想我们需要花钱的地方：食物、教育、住房以及医疗保健服务。能够成功地满足人们的主要需求，商业才能繁荣兴旺。就像亚当·斯密在他的著作中写的：我们的晚餐不是来自“屠夫的仁慈”，而是他们对“自我利益”的关注。社区的民众之所以能够从屠夫那里受益，是因为屠夫想赚钱。同样的道理适用于互联网公司，它们发明了搜索引擎和电子邮件服务，使我们更容易找到问题的答案和我们需要的东西，以及与重要的人取得联系。正是它们的社会效益使得它们的商业模式取得成功。

纵观历史，我们就会发现，如今的社会更加健康、文明和安全。这是因为我们的经济体系允许人们自由地为他们遇到的问题开发解决方案，并在市场上与他人交换这些解决方案。商业是有史以来社会公益最大的驱动力之一。

社会企业家

社会企业家的头脑中不断涌现关于金钱和商业的假设。与其认为商业是为了开发产品以获得利润，不如把利润看作帮助开发更好的产品的驱动力。商业仅仅是一个工具——有史以来被创造出来的最强大的工具之一——开发可以为世界带来积极影响的产品或流程。

与此同时，社会企业家跳出对公共服务的传统理解去思考问题。对于社会企业家而言，公共服务并不仅仅意味着参与公共事务，游说政府或企业里的权势人物以改变他们的决定，或者直接为有需要的人们提供服务。虽然这些都是很有价值的行动，但是对于社会企业家而言，公共服务从根本上讲应该是一项创造性的行动。公共服务的目标是通过创造新的事物来推行人道主义。然而，我们熟悉的那些模式，无论是致力于利润最大化的商业模式，还是以参与、行动主义或社区服务为主要内容的公共服务模式，都不符合社会企业家精神。

为了便于理解，你可以通过练习 35.1 中的四种方法来解决一个给定的公共问题。

练习 35.1

解决同一问题的四种方法

想象一下，在一个城镇里，每天晚上都有百余名无家可归者在挣扎着寻找食物。现在就开始头脑风暴，提出可以解决这一问题的方法吧（见图 35－1）。对每一种方法，都要列出你可能遇到的障碍。表 35－1 可以供你参考。

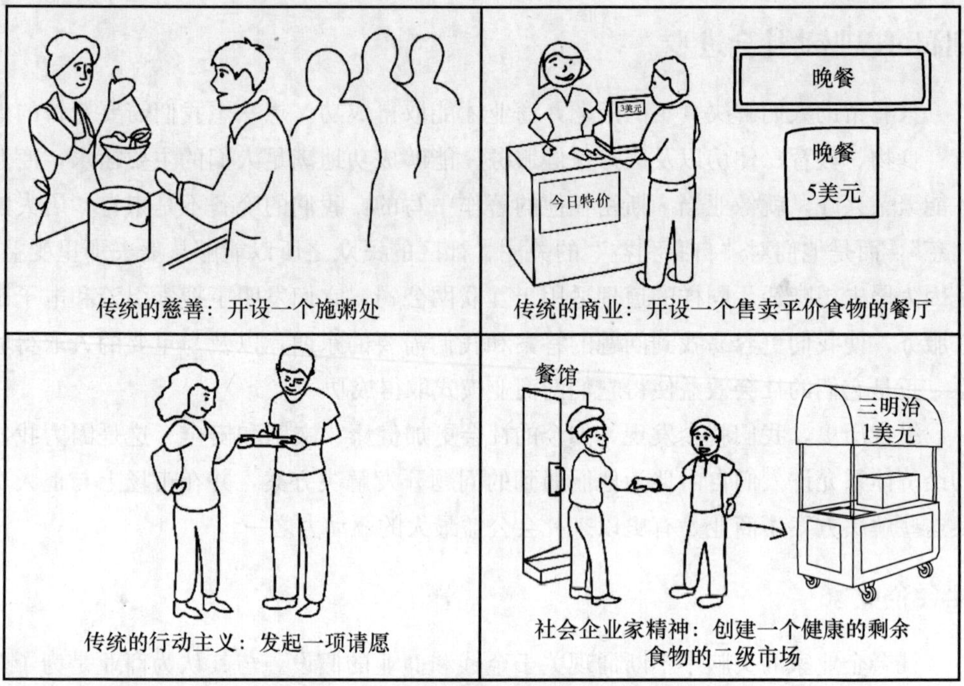

图 35-1　解决同一问题的四种方法

表 35-1　　解决方法及可能遇到的障碍

	传统的慈善	传统的商业	传统的政治行动主义
方法	开设一个施粥处。请求人们捐赠食物，然后寻找志愿者来运营施粥处。	开设一个售卖平价食物的餐厅，将餐厅的目标顾客定位为低收入群体。	收集签名来支持一项要求为本地食物银行增加财政投入的倡议；举行集会来支持无家可归群体，并增进人们对这一问题的认识。
障碍	如何说服人们捐赠食物并提供志愿服务呢？如果项目成功，如何增加捐赠食物和提供志愿服务的人的数量呢？	通过向社区里最贫穷的群体出售食物，你能否赚到钱呢？如果能，想一想，为什么以前没有人这么做呢？	在当地政治家和社区成员面对众多需要解决的问题的情况下，你们能否让这一问题引起他们的注意呢？

社会企业家精神

我们假设，在看完以上三种模式之后，你决定采用一种遵循社会企业家精神的方法：你为健康的剩余食物的二级市场设计了一个方案。以下是它的运行原理：

● 你们将和当地的餐厅建立伙伴关系。它们将捐赠出每天晚上停止营业时剩余的食物（通常这些食物都会被扔掉），然后你们以低价出售这些食物。为了回报餐厅的支持，你们会在项目网站上赞扬这些餐厅的善行，并授予它们“支持本地最需要帮助的人群”的牌匾。

- 你们将把食物推车放置在无家可归群体聚集的区域，以一折的价格将这些食物出售给在当地的无家可归避难所登记过的顾客——一个松饼 25 美分，一个三明治 1 美元。
- 出售食物赚取的利润可以用来支付运输食物所需的费用，以及食物推车的维护费用。
- 在一个社区试营业成功之后，你可以把这种模式推广到其他社区。

根据以下提示，讨论一下这个解决方案与传统的慈善方法、商业方法以及政治行动主义方法的不同之处。

- 为什么是售卖食物，而不是免费赠予食物?
- 接受方对于免费赠予的食物和花钱购买的食物的珍视程度会有何不同?
- 这个方案是如何比传统的商业方法更高效地利用既有资源的?
- 不基于政府的直接支持来开展工作的好处是什么?
- 采用这一模式时，你可能遇到的障碍是什么?

社会企业家精神的核心要素

在本章一开始，我们就断言，社会企业家可以利用商业工具解决世界上最重要的社会问题。但这些工具是什么呢？社会企业家从传统的企业家精神的精华之中提取了三个最主要的理念：

（1）不破不立：专注于开发全新的解决方案。

（2）可计量的评估：执着于测量结果并提升影响。

（3）不断扩张：倾向于不断成长，并高效地利用既有资源以使影响最大化。

不破不立

成为一名企业家并不仅仅意味着开办一家企业。尽管很多企业希望通过优化产品或者建立一个更廉价的模式来赢得市场竞争，但是企业家的目标应该更高远——寻找解决同一问题的全新方法。用管理学家彼得·德鲁克（Peter Drucker）的话来说：成为企业家也就是把经济资源以更高的效率转换为更多产出的过程。[1]他的意思就是，企业家把现有的相对低效的做事方式进行彻底转变，从而以更少的投入产生更多的产出。你可以在练习 35.2 里探索一下“不破不立”。与其在既有的市场中进行竞争，不如通过彻底地改变既有的规则开发出全新的市场。

练习 35.2

颠覆我们的世界

我们的世界充满了颠覆性的发明。的确，正如经济学家约瑟夫·熊彼特（Joseph Schumpeter）所言，资本主义的本质是“创造性破坏”，或者说做事情的新方法优于旧方法。

- 进行头脑风暴，列出一系列颠覆性发明。思考一下诸如交通、技术、食品以及医疗保健服务等领域，哪些重大突破从根本上改变了市场的运作方式？

- 你的生活中有没有可以通过颠覆性的解决方案解决的问题呢？思考一下诸如教育、食品和就业等领域，想象一下在这些领域的颠覆有可能是怎样的？

和传统企业家一样，社会企业家也以颠覆性的方式进行思考。他们同意马丁·路德·金（Martin Luther King Jr.）的一句话：“真正的同情心比扔给乞丐一枚硬币更有意义”，真正的同情心是“认识到产生乞讨者的体制需要重构”。换言之，与其想办法提供更多的食物，不如一开始就去研究导致食物稀缺的体制性原因。社会企业家试图去做的是“颠覆”导致人们无家可归和饥饿的体制。

案例研究

运用社会企业家精神来缓解贫困

20 世纪 70 年代，一位名叫穆罕默德·尤努斯的孟加拉国经济学家产生了一个颠覆性的想法：如果农村地区的穷人可以获取做自己的生意所需的资金，就可以摆脱贫困。在尤努斯看来，贫困是一个陷阱。穷人需要高质量的资源，但是在唯利是图的人看来，与穷人打交道风险高回报低，所以穷人几乎不可能获得这些资源。由于缺乏获取资源的途径，穷人越来越穷，获取资源的途径进一步减少，继而使他们变得更穷。这是一个恶性循环。

于是尤努斯开始通过为贫穷的家庭提供财务建议和小额贷款来帮助它们跳出这一陷阱。穷人可以利用小额贷款做生意从而获得收入。这个小微金融模式取得了成功。传统商业没有看到这个机会是因为它们认为穷人没有能力偿还贷款（然而事实是，人们从尤努斯的项目中发现，穷人在偿还贷款方面做得很好）。传统的非营利机构也没有看到这个机会，因为它们聚焦于解决贫困带来的结果（比如饥饿和缺乏医疗保健服务等)，而不是它的根源。

当然，小微金融并不是解决一切问题的万灵药。其效果喜忧参半，特别是一些没有社会意识的公司照搬这一模式，却收取更高的利息，甚至导致有的家庭破产。但是孟加拉乡村银行持续发展，2006 年尤努斯获得了诺贝尔和平奖。

案例研究

共同家园

社会公益

马克斯(Max)：罗伯特·帕特南(Robert Putnam)在他的著作《独自打保龄：美国社区的衰落与复兴》(*Bowling Alone：The Collapse and Revival of American Community*)一书中提出了两个引人注目的论点。首先，他使用数据证明了一点：当大家在本地层面相互信任并分享信息时，所生活的社区的几乎每一个方面都开始变得更安全、更高效、更健康以及更令人愉快。他把这种信任和信息流叫作“社会资本”，我们大多数人简单地称之为“社区”。

帕特南向大家解释了在社区建立社会资本时，诸如共济会(Masons)、童子军(Boy Scouts)、旋转俱乐部(Rotary Club)以及少年联盟(Little Leagues)等组织是如何发挥重要作用的。正是这些组织使我们的民众发挥了作用。

问题

马克斯：帕特南的第二个论点更加使人忧虑：几乎所有的传统公民组织都处于衰落中。人们不愿加入俱乐部，见的人也越来越少，不如以前那么信任邻居，也不再参与社区中发生在他们身边的事情。在一个国家，我们已经和我们的社区失去了联系。

对此，帕特南指出了一些原因。一个原因是人们工作的时间更长了，从而使发展新爱好或者从事志愿服务变得更困难。同时，我们有了诸如电视和电脑游戏等新的娱乐形式，这些东西让我们待在室内，远离户外。而且我们的文化也发生了改变，婴儿潮一代不再像他们的父母那样珍视公民参与和社区意识。[2]

对改变的渴求

马克斯：在看到奥巴马在数码世界的年轻一代的帮助下赢得大选之后，看到金融危机暴露出我们的社区多么缺乏精神支持后，我和我的室友拒绝相信人们不再希望与他们的社区进行互动。

颠覆

马克斯：关于地方社区的衰落，我们有不同的认识。或许并不是人们不想去参与，或者没有时间去参与；问题可能在于公民参与的工具已经变得老旧，不再适应当今的生活。也就是说，地方社区的“技术”已经过时了，需要更新。为了激发公民重新参与，我们不能仅仅建立更多的社区中心或者旋转俱乐部。我们需要为我们的时代开发新的模式。

解决方案

马克斯：这也就是我们创办一家名叫“共同家园”（CommonPlace）的公民技术企业时要解决的问题。我们的目标是让邻里和当地领导者能够把他们的社区组织起来。我们的解决方案是“颠覆性的”，这主要是因为它处在两个世界中间：高科技的互联网沟通世界和老派的社区组织世界。我们促使这些人群去思考不同的方法：让技术派去思考他们创造的工具给公民带来的影响，让社区参与的支持者考虑用技术来发掘本地公民参与的潜力。

通常，产生颠覆性想法的有效方式是把两个群体的知识结合在一起。你感兴趣的两个领域分别是什么呢？你会以怎样的方式把两者结合起来，从而创造出别人没有尝试过的东西呢？

可计量的评估

社会企业家执着于从他们的投入中获得回报。对于传统商业而言，回报是以金钱来衡量的。但对社会企业家而言，情况更复杂：除了赚取利润之外，他们还必须为评估自己的解决方案对世界产生的影响设计一个衡量标准。这通常被叫作“双重底线”（double bottom line）：金钱和社会效益。也有人称之为“三重底线”：人、地球和利润，或者指帮助别人、保持环境友好以及赚取利润。

让我们来了解一下埃丝特·迪弗洛（Esther Duflo），她是麻省理工学院的一名经济学家，以使用严格的方法来测试缓解贫困项目的有效性而著称。她的贫困研究行动实验室（Poverty Action Lab）的研究团队在随机控制试验方面居于领先地位。这一试验的内容包括：在给定的人群中随机选择不同的群体，然后进行略有不同的若干次测试，从而测量出不同变量的影响。

比如，在援助界时常发生的辩论是：应该以什么样的价格把抗疟疾蚊帐卖给需要它们的人？这些蚊帐已经被证实对于挽救疟疾肆虐地区居民的生命极其有效。但是我们应该如何把蚊帐送到这些居民手中呢？是应该免费赠予，以折扣价格出售，还是以市场价出售？

很多人认为援助组织应该免费发放蚊帐，因为免费发放可以让蚊帐分发到尽可能广的范围。然而，有人却担忧，如果免费发放，接受者可能不会像了解蚊帐的重要性后自掏腰包的购买者那样重视这些蚊帐。他们认为，即便是以很低的价格出售蚊帐，这些蚊帐被使用的可能性也会更大。

还有一些人认为应该以市场价出售蚊帐，因为任何其他的做法都会把其他的蚊帐供应商逐出市场。换言之，如果富有的外国组织以折扣价格出售抗疟疾蚊帐，本地区售卖蚊帐的商家将无法在市场上与之竞争，它们很有可能就索性不卖了。这样一来，当地社区就完全依赖于这家援助组织。那么当援助结束之时，当地社区面临的将会是什么呢？

关于抗疟疾蚊帐出售价格的辩论的有趣之处在于它高度的试验性。你可以通过证据来获得答案。

- 描述一下，你如何运用迪弗洛的随机控制试验基于三个独立的变量来测试抗疟疾蚊帐价格带来的影响。(1) 人们获取抗疟疾蚊帐的途径；(2) 人们使用这些蚊帐的意愿；(3) 当地商家销售抗疟疾蚊帐的情况。你如何通过调整交付抗疟疾蚊帐的方式来测试这些不同的变量？
- 你如何测量结果？你希望从每种情况中发现什么？
- 就个人而言，你期待的结果是什么？你认为应该以哪种价格出售抗疟疾蚊帐？

不断扩张

社会企业家精神的第三个核心要素是不断扩张，无论是在给定的社区内部，还是在不同的社区之间。首先改进模式，然后在世界范围内进行分享的过程叫作“扩张”。对于社会企业家而言，这是起决定性作用的阶段。

但是扩张也有可能会带来问题。一是基本的操作性问题，比如难以同时把相同质量的服务提供给多个社区。二是潜在的文化问题。由于社会企业家通常来自他们所服务社区的外部，因此他们的解决方案有时可能会有强加于人之感，即可能与社区的文化和传统存在差异。

为了避免出现这些情况，社会企业家通常会考虑把他们的目标设定为赋予别人创造性的能力，而不是提供一个预先制定好的解决方案。与其直接向社区提供服务，不如提供平台来放大那些参与者的努力。以小额贷款为例，它并不直接解决贫困问题（毕竟这些贷款是需要偿还的）。相反，小额贷款充当了促成别人的行动并提高他们技能的角色，它能促进穷人做各种生意或者提供各种服务。很多具有社会企业家精神的企业采用的也是这种形式。

马克斯： 由于最成功的当地公民组织往往都是由服务于本社区的社区成员来运营的，因此我们相信，促进本地社区参与的最好方式就是设立一个平台，让本地居民能够更有效地开展自己的服务项目。我们希望降低参与的成本，从而帮助新的领导者从社区的不同地方涌现出来。

以下是共同家园的运行原理。每天它都会向社区的每个人发送由邻里或者当地领导者撰写的内部通讯电子邮件。由于内部通讯的作者同时也是读者，因此人们可以在提供帮助的同时寻求帮助。比如，在一个帖子上，你可以帮助别人解决这样的问题："我能从谁那里借一个梯子？"或者"谁有兴趣一起来创建一个邻里守卫队？"久而久之，社区的居民就能意识到自己在社区的力量正在变大。他们认识了更多的人，并且拥有一个可以在市镇内部实时发布信息的渠道，这能够让他们组织任何感兴趣的活动。我们希望，通过共同家园，对于自身力量的认知能够激发人们在自己的社区进行社会变革。

我们不向任何一个社区强加服务。我们会向当地的领导者提供指导，让他们更有效地向社区发布信息。随着共同家园的不断成长，我们非常满意地看到，拥有不同需求的不同社区是如何以不同方式使用这一工具的。这项工具已经被用于从租用山羊到组织全新的具有可持续性的行动等不同目的。

为什么是现在

为什么现在要提社会企业家精神？过了这么久，我们为什么要以新的方式来理解商业，为什么要以新的方式来理解公共服务？答案可能源于世界范围内的两个主流趋势：首先，和以往任何时候相比，技术把创建一家企业或者一个组织的方法送到了更多人的手中；其次，传统的解决社会问题的方法似乎不再起作用了。

至少以历史的标准来看，今天的我们令人难以置信地强大。在 20 世纪，人的寿命延长，基本教育覆盖数以亿计的人口，民事权利的发展赋予更多的人开展行动的力量。与此同时，信息技术使技能培养、资源调度、生产和服务的协调、员工招募等事情的难度骤降。我们比以往任何时候都更加富有，受教育程度更高，更加自由，相互联系得更紧密。

同时，在美国乃至世界范围内有这样一种现象，那就是老的解决方案可能不再起作用了。信息技术已经将整个世界连接在一起，把在遥远地区的人们面临的问题呈现在我们面前，激发我们去行动。但是如何行动呢？很多人研究了几个世纪以来在美国乃至世界范围内开展的社会行动以后，看到的是一个无法应对当今世界所面临挑战的系统。

社会企业家精神是广泛兴起的新的全球公民力量的一部分。我们生活在一个个体可以被赋能从而解决他们遇到的问题的世界。我们要采取行动，如果我们不行动，可能没有人会去行动。

马克斯·诺文德斯特在本书出版时是共同家园公司的首席执行官和联合创始人，这是一家位于马萨诸塞州剑桥地区的邻里网络创业企业。马克斯在哈佛大学攻读的是美国历史专业，在校期间曾担任《哈佛政治评论》（*Harvard Political Review*）的总编辑。在上大学之前，他曾在秘鲁的高原地区工作，在那里他组建了一家当地手工艺者合作社。

第36章

使既有努力重焕生机

最伟大的成就并非永远立于不败之地，而是跌倒后再爬起来。

——文斯·隆巴迪

你的团队是否正面临缺乏活力的问题？或许你刚刚发现团队的一个领导职位没有正常发挥作用，或许你已经带领这个团队一段时间了，现在发现团队的活力正逐渐衰减。你尝试实施的一些小的改变可能不会起作用，这让人感到挫败。这时候你需要一次快速的重新启动，一次更新和调整。你即将面临的挑战不容小觑。

你不妨把本章看作你们团队的医生：它不仅能够帮助你诊断和治疗，而且可以开出预防性的“处方”，使问题在将来复发的可能性降到最低。

找到原因

组织活力衰减有五个常见的原因：

(1) 团队文化问题：很多原因可能导致团队文化脱离正轨，比如团队成员缺乏主人翁意识，团队信息缺乏透明度，奖罚不分明，或者存在人际冲突。

(2) 外部变化：外部环境的变化可能会使一个组织或者它的任务与时代脱节或者过时。

(3) 领导层变动：高层或中层管理团队的变化可能会让组织变得不稳定，特别是在与组织相关的信息和最佳做法没有平稳交接的情况下。

(4) 缺少成长机会：如果组织成员缺少足够的成长和领导机会，可能会导致成员参与度较低。

（5）能力错配：不断加入团队的成员可能无法很好地匹配团队的既有文化和目标。

下面让我们进一步对这些原因进行分解。

团队文化问题

团队文化和领导风格密切相关，并且通常是自上而下产生的。虽然团队文化很难定义，但是它有四个关键要素，如果失去平衡，每一个要素都会导致问题的出现。

主人翁意识

强调主人翁意识的文化意味着，每个团队成员都愿意投身于团队的工作，追求成功。感受到主人翁意识的团队成员责任感强，并愿意持续努力来改进整个团队。只有鼓励每个成员畅所欲言并分担职责的团队才能做到这一点。

透明度

强调透明度的文化意味着，领导者要持续地与团队成员进行沟通，让每个团队成员都能了解团队的目前行动和未来方向。

认可度

当团队认可成员的贡献时，无论这种认可是正式的还是非正式的，团队成员都会感到被重视，继而可能愿意承担更大的责任，并增强主人翁意识。对团队成员的贡献缺乏认可会导致他们质疑自己的重要性。同时，当出现问题时，应该有一个流程供大家以建设性的方式提出重要的反馈。

互动

团队成员之间的互动方式是极其重要的一个方面。团队成员之间的情谊能够促进沟通以及稳定的思想交流，并让所有事情都变得更加有趣。

外部变化

世界变化很快，有时会令团队很难适应。或许在出现新的风尚和喜好时，你们团队所提供的东西不再令人感到兴奋。或许一项新技术使你们提供的部分东西变得过时。那么，你们有没有努力做到与时俱进呢？有没有赶上社交媒体的节拍呢？

当团队与时代脱节时，团队所有成员都有和世界失去联系以及失望的感觉。当团队成员意识到他们的工作并未产生想象中的影响，他们的潜能正在被浪费时，团队的动机也就荡然无存了。

领导层变动

回顾一下去年你们团队经历过的所有领导层变动。某些人的离开是否给你们的团队文化和日常运营留下裂痕呢？高层领导者的变动可能会给团队文化带来极大的影响，特别是当离开的领导者曾经在团队拥有强大的影响力时。中层领导者的变动更多地影响团队工作的持续性，因为他们离开时可能带走了关键的信息或技能。

缺少成长机会

你需要为团队成员提供充足的成长机会，无论这种机会是正式的还是非正式的。非正式的机会包括让团队成员负责其本职工作之外的任务，比如负责招聘工作或社交活动。正式的机会包括根据个人表现晋升或者加薪。你要评估在组织内为每一个成员提供的机会，允许成员承担那些可以激发出更大热情和更多投入的新挑战。

能力错配

要确保你们招到的人与团队文化和目标相匹配。如果新成员缺乏热情或者不适应团队文化，可能会令人不快。明确对于你们团队的成功至关重要的品质和价值观，在招聘时据此筛选候选人。

诊断问题

你已经了解导致组织活力衰减的常见原因，说明你准备好诊断团队存在的问题了。这个过程需要你对团队过去和现在的弱点进行真实的评估。有效的评估需要从多重视角展开，为此，你需要采取以下行动：

（1）和其他领导者一起进行头脑风暴。

（2）回顾团队的近况。

（3）组织一次领导层的静修活动。

（4）开发并实施一项针对团队成员或员工的民意调查。

（5）整理并总结你们的发现。

你要列明团队的强项和弱点，并对此做出解释。你们应该认真思考练习 36.1 中的提示来快速重新启动你的团队。在这一过程中，要让其他志同道合的领导者加入进来。你们可以先分别进行头脑风暴，再一同分享各自的想法。你们需要对比各自的评估结果并做出相应的修改。在这一阶段，你们也需要寻求外部的建议和想法以获取新的观点。

练习 36.1

重启你的团队

通过以下练习来认真思考如何快速重新启动你的团队。

1. 列出你的团队最大的五个弱点。

2. 对于每个弱点，写下你希望达成的长期目标。

3. 对于每个长期目标，写下你将做出的作为开端的三个短期改变。

然后，回顾一下团队历史，尝试找出团队开始失去活力和重心的时间点。在该时间点，有什么其他的因素正在发生改变？当时团队外部正在发生什么？内部又在发生哪些转变？弄清这些问题有助于修复机构知识，判定哪些因素是导致组织活力衰减的最主要原因。

阿曼（Om）：当试图重振学校里的跨宗教理事会（Interfaith Council）时，我发现举办由董事会和管理层参加的静修活动非常有用。因为这能够让他们有机会说出顾虑，提出新的想法，并承诺以他们希望的方式对团队做出贡献。一次正式的静修活动能够让团队暂时远离日常工作，后退一步，评估一下组织正在朝什么方向发展，以及针对组织的首要目标已经取得了多大的进展。非常重要的一点是要确保静修活动能够促进坦诚的对话，并且不必为此承担负面后果。相对于大范围的交流，互动性的活动和小规模的分组会议往往能更有效地推动创新和激发热情。如果你们的团队存在预算或时间限制，那就简化一下静修活动——留出几个小时在图书馆的会议室里进行一场家常聚会式的聚餐*。静修活动在领导者中间产生的热情能够转化为更强的投入感，并最终增大我们的影响。

---

* 参加者自带食物并一同分享。——译者

【小贴士】

确保委任一名记录员记录下所有来自静修活动的想法。

接下来，从团队成员那里收集反馈。参考迄今为止头脑风暴中提出的所有想法，设计一份关于最重要事项的详尽调查问卷。调查问卷要为填写额外建议留出空间，因为最重要的变化往往是自下而上产生的。

最后，总结一下你们已经做过的所有工作。重温一下你们进行头脑风暴时的笔记、从静修活动中获得的发现以及调查问卷的结果。从以上资料中找出团队共同的强项和缺点，并整理一下关于做出改变的想法。

遵照“治疗方案”

尽管每个团队都是独特的，但是你可以使用一些常规的战略来领导一次成功的重振行动。你的成功依赖于有效的战略、沟通以及执行。

重焕生机十步法

1. 确立一个新的愿景：这个愿景要着眼于团队的未来。

2. 对组织进行功能性的调整：基于你们的评估，采用能够让团队更高效地发挥作用的新规程、沟通工具，设立相应的职位和委员会。

3. 就新的战略进行内部沟通：确保整个团队都投入到改变中。

4. 就新的战略与外部进行沟通：与合作伙伴、赞助方以及其他外部的利益相关者讨论新的战略。

5. 转变你们的形象：可以考虑改变你们的标志、宣传册、网站以及其他形象，以展现你希望团队具备的品质，并吸引媒体来关注这些改变。

6. 举办一场发布仪式：举办一场庆祝仪式来展示你们的新形象，发起新的行动，发布长期规划。这能够吸引现在及潜在的成员和支持者。

7. 开始行动：趁热打铁，立即按计划实施所有的新行动。

8. 跟踪进展：以透明的方式持续追踪行动进展，以确保所有成员都知道团队在每一个目标上的进度。

9. 调整你作为领导者的角色：微观管理对于在更广泛的层面重振组织可能是必需的，但是现在你需要远离微观管理，让新成员更多地投入到具体事务中。

10. 持续改进：要定期进行检查，以确保你们的团队不断进步，不断改进。

形成一个战略

现在，你处在形成新的愿景并设定具体目标的理想位置。开始行动之前，你需要问自己："我的团队将来应该是什么样的?"答案应该涉及你在评估中探索的最重要的维度。你不妨用一张表格来对比团队的现状以及你卸任时它重焕生机的状态。然后开始思考达成愿景所必需的短期和长期行动。可以参考表 36－1 提供的示例。

表 36－1　　使组织重焕生机的愿景示例

组织名称：学生医疗健康政策协会

目的：为成员提供探索并讨论他们在医疗健康政策领域的兴趣的途径

现状	使组织重焕生机的愿景
弱点	**强项**
● 缺乏热情 ● 日益减少的成员（20 人） ● 经费匮乏 ● 以低效而著称 ● 规模小、高度集权的管理层 ● 过时的网站 ● 不够团结	● 充足的活力和热情 ● 庞大而多样性的团队（100 人以上） ● 将预算翻三番 ● 以活力、改进和高效而著称 ● 为成员参与项目和领导团队提供充足的机会 ● 为成员提供全新的网站，网站有额外的管理工具 ● 强大的社区归属感，每个人的努力都能得到认可
活动	**活动**
● 就不同的主题进行内部讨论 ● 偶尔由嘉宾发表演讲 ● 内部学术通讯的发行量日渐减少，该通讯很少能够按时发布	● 传统的餐间讨论 ● 和其他组织合作举办关于医疗健康问题的校园辩论赛 ● 在区域范围内发行关于医疗健康政策的学术期刊 ● 举办某个重要医疗健康问题的年度全国性会议 ● 在州或全国层面发起修改特定医疗健康政策的请愿 ● 由政策专家、学者和官员参与的讨论会 ● 提供暑假实习资源以及和医疗健康政策有关的工作机会的招聘会 ● 为团队成员举办的社交活动
管理人员	**管理人员**
● 主席、副主席、财务主管、秘书	● 主席、副主席、财务主管、秘书、公共关系主管、新学术期刊的总编辑、辩论/讨论主管、社交主管、政治游说主管、记事员
行政职能	**行政职能**
● 每月召开一到两次委员会会议，临时确定每次会议的日期和时间 ● 会议组织混乱且时长长短不一 ● 会议期间的交流极其有限	● 每周召开一次委员会会议，提前确定好每个学期或年度的会议日期和时间 ● 每次会议时长一个小时，打印会议议程并分发给每位委员会委员，议程标明需要讨论的每个事项的时限。如果要增加必要的讨论事项，委员会委员需要提前 48 小时向主席发送电子邮件 ● 通过执行委员会的电邮列表每日发送项目进展状况

在开始实施你的愿景之前，要确保团队有基本的机制来执行。你可以对团队进行功能性的调整来开始这一过程：采用能够改进沟通的新规程、沟通工具，设立相应的职位和委员会，明确职责，增强责任感，让管理层运作良好，避免不必要的官僚结构。

对战略进行沟通

既然你们团队的工具已经到位，现在你就必须向大家呈现新的战略，并争取关键的内部和外部人士的支持。

内部沟通

在团队内部就新战略和愿景进行沟通对于最后的成败至关重要。你肯定想让所有的成员都感到他们参与其中，并且为即将面对的改变和挑战兴奋不已。你们可以举办一场发布活动来庆祝项目的启动，激发热情，聚集气势，比如在市政厅举办一次全体员工会议。要向大家解释清楚你是如何开发出新战略的，预期的结果是怎样的，你自己对此的热情，以及在接下来的几周将会发生什么。

你要让其他理解这一新愿景的团队领导者也谈一下他们的看法，并借机向大家展示一下领导团队的团结。接下来就向大家展示即将发生的活动以及组织在未来几年内的行动计划吧。

外部沟通

要认真思考一下哪些其他的关键利益相关者需要了解你们的新战略以及对团队的新愿景。对于特定的利益相关者，你们要在内部发布会后尽快与对方会面来解释你们的战略。从更广泛的层面来看，组织标志、网站和宣传册等都可以看作做出改变的强烈信号。你们可以考虑用新的设计或颜色来更新组织标志。要确保网站的实时性，并把所有和重振组织有关的信息放上去。你们也可以考虑接触当地的媒体，让它们就你们新的团队战略进行报道，从而达到向公众宣传的目的。

执行你的战略

现在是时候开始行动了！你们的发布活动已经提升了士气，接下来就趁热打铁开始行动吧！要把行动方案分发给团队里的每个人，这样大家就都知道接下来该怎么做。你们要明确每个小组的职责。为每个小组安排一个领导者可能会非常有用，因为这样就有人来为行动计划的进展负责了。

要使所有目标的进展保持透明，不要害怕透露细节。要每周对每项行动进行追踪。用颜色标注每个项目的进展或许奏效：达到预期标注绿色，进度落后标注红色，不确定标注黄色。这种“信号灯追踪”方法可以让每个人快速地了解项目的进展，并明确哪些区域更难以推进。当持续取得进展时，要庆祝你们取得了胜利。

随着各个行动不断取得成功，适时调整你作为领导者的角色就变得极为重要。要记住，执行是一个动态的过程。你的领导方法必须随着团队的变化而变化。起初，集权式领导可能是启动团队所必需的。但是当团队恢复活力，团队成员表现出更大的兴趣和热情时，你需要退到一旁把具体事务交给他们来处理。领导的灵活性和自由度会让团队成员产生投入感。要逐渐把你关注的焦点转移到更宏观的层面，比如指导团队长期成长、增加资源、管理团队以及领导组织扩展到新的领域。

防止问题再次发生

亚丝明（Yasmin）：从我的经历来看，最好的重振计划是那些在实施时有意确保团队未来活力的计划。一旦你的团队重获活力，创建一个能够让领导层和员工等一起评估项目进展、团队挑战和潜在改进的系统将会非常有用。

要进行评估并做出相应的调整，可采用由丰田公司提出的持续改进（Kaizen）系统。持续改进是一个四步流程：计划，实施，检查，调整。[1]

这个循环不断重复。你要培育这样一种文化：所有层级的成员和员工都会坚持寻找他们工作领域中可以改进的地方，并被赋予能力和权限来实现这些改进。

最后，要采取措施确保这种文化在保持完好的同时充满活力。要确保持续地对所有成员就团队的价值观和战略性的愿景进行培训。要鼓励所有层级的领导者参与进来，这样愿景的实现就不会完全依靠你一个人。

在完成这些艰辛的工作之后，你将看到一个自下而上、自上而下充满持久活力的新团队。

重焕生机项目时间线示例

第 1～3 周：进行评估

- 评估团队的强项和弱点。
- 与执行领导团队一起举办一次静修活动以产生新的想法。
- 开展一次问卷调查以收集所有团队成员的想法。
- 整理所有的发现以得出关于团队现状的全面见解。

第4~6周：形成战略

● 为团队的未来确立一个包含具体目标和行动计划的详尽的新愿景。

● 通过采用新的规程、沟通工具及设立相应的委员会等，让组织更高效地运转，从而让团队为改变做好准备。

第7~9周：进行沟通

● 就即将发生的改变与整个团队沟通，并举办一个庆祝性的发布活动。

● 就即将发生的改变与所有外部的利益相关者进行沟通。

● 改变你们的组织标志、网站以及其他图案，以展示新的形象。

第10~12周：开始行动

● 开始实施新的行动。

● 跟踪达成目标的进展，定期检查进度，以确保所有成员都知道哪些地方进展良好，以及哪些地方需要更多的关注。

● 调整你作为领导者的角色，让团队成员更加努力地处理具体事务，把你关注的焦点转移到更宏观的层面。

从第12周开始：持续改进

● 持续进行定期检查，以确保团队在正轨上。

● 努力进行持续的改进：评估弱点，规划策略，实施策略，评估结果，并如此不断重复。

● 定期回顾你们的使命宣言以及目标，以保证团队时刻把它们记在心中并遵照执行。

亚丝明·曼德维瓦拉毕业于美国达特茅斯学院经济学和西班牙语专业，她在校期间曾担任特殊项目委员会（Special Programs Committee）的主席。她曾在纽约的麦肯锡公司担任研究员，也曾在印度担任睿智基金的能源投资顾问。在本书出版时，她正在哈佛商学院攻读工商管理硕士学位。

阿曼·拉拉毕业于哈佛大学政府管理专业，在校期间他创建了哈佛大学跨宗教理事会。他曾为参议员爱德华·肯尼迪（Edward Kennedy）工作，并曾担任 Assistant Surgeon General 的特别助理。他在剑桥大学获得公共卫生硕士学位，在哈佛大学获得工商管理硕士和医学博士学位。在本书出版时，他是纽约的麦肯锡公司的一名合伙人。

第 37 章

领导层过渡

走到这一步时，想必你已经确定了想要解决的问题，设计了解决方案，建立了团队，并实施了你的目标。你们的组织就如你设想的那般在发挥作用。这值得庆祝，恭喜你！但是如果现在你的团队要经历一次重要的领导层过渡，你应该怎么做？

领导层过渡可能会包含多种类型的组织性变化：主要领导者要离开团队；整个团队要全部更新；你将从组织的一个职位调整到另一个职位。为了让你们的影响具有可持续性，你必须保证将组织移交到有能力、称职并充满激情的新领导者或者团队手中。很多组织或者项目由于没有选择好或者培训好后备领导者而饱受困扰，甚至失败。对于参与项目的每个人而言，严肃对待领导层的过渡至关重要。你需要认真考虑继任者的人选，如何提供有效领导团队所必需的工具，以及领导层过渡之后你的角色。

根据你在一个项目或组织中的参与情况，领导层过渡可能包含多种类型的变化。最明显也是最重要的领导层过渡是：原来的领导者离开组织，将控制权移交给继任者。如果你是这位原来的领导者，必须认清你对团队的贡献，并想出一个系统全面的方法将你对组织的影响制度化，同时在领导层过渡后不要在组织里滞留过久，以免不再受欢迎。虽然本章聚焦于主要领导者过渡，但是其中的经验适用于任何层级领导者的过渡。

不论你离开的原因是什么，你有责任将组织平稳完整地移交给继任者，给你自己、你的团队以及你们的受益者一个交代。特别是在你一手创建了一个团队或者组织，有强烈的主人翁意识的情况下，领导层过渡可能会比你想象的更加艰难。为了确保你的项目在你离开之后能够持续下去，要格外重视以下三步：

第一步：选择继任者。

第二步：转移知识及各种关系。

第三步：离开并开始新的征程。

选择继任者

一旦你决定离开，并且及时而谨慎地将离开的计划告知了团队，那么领导层过渡的第一步就是选择继任者（潜在的继任者可能不止一人）。

确定理想继任者的核心品质

你要考虑一下，理想的继任者应该是什么样的。你要抽象地从战略的角度思考一下你试图寻找的角色，以及哪些特点能够让潜在的继任者适合这一角色。你可能不大希望继任者和你极其相似。你可以考虑把领导层过渡作为改进领导者角色，从而选出更理想的候选人的机会。如果你心里还没有理想的候选人，那就撰写一份职位描述（请参见第 29 章）吧，然后用它来指导你对候选人的评估。

清楚在哪里能找到继任者

开始寻找理想候选人来填补你留下的空缺职位时，你可以先从认识的人开始，再向外寻求突破。首先，从你自己的组织内部寻找理想的候选人。你有没有一位总经理，一位得力助手，或者一位自组织创立一直跟随你至今的人？如果有，不要忽视这个人。特别是在年轻的社会企业中，理解组织的理念并了解组织的历史比拥有一系列技能或经验更加重要。如果你试图从组织外部寻找继任者，那就从咨询你的导师和合作伙伴开始吧。你可以寻求他们的指引并利用他们的关系网络来寻找充满激情并富有能力的潜在继任者。

使选择流程正式化

不论在组织内部还是外部选择继任者，你都要使选择流程正式化。你要制定审阅申请表以及进行面试的时间表，并考虑让董事会成员或者选举委员会参与进来。通过在团队内分散决策权，你可以更好地了解其他利益相关者的观点，并能够更容易地做出选择（在小型企业或者俱乐部里，有些候选人彼此可能是朋友或者合作伙伴，所以如果有可能，你肯定希望尽量避免影响大家的关系）。

保持灵活性

你需要综合考虑自己在多久之后真正离开以及继任者到底有多适合接替你。这就是需要你保持灵活性的地方，你要知道，即便世界上有完美的候选人，那也是极其罕见的。尽量选择具备领导团队所需要的技能和品质的继任者。但是要记住，继任者履行职责所需的大部分东西都是可以通过学习获得的。

转移知识及各种关系

领导层过渡最重要的一个方面就是把组织管理的方方面面从现任领导者或领导团队转移到下一任。机构知识包括组织工作的实质内容，或者由团队成员所承载的关于组织的各种关系、事实、活动、流程，以及和团队工作有关的经验等信息。将机构知识有效地从现任领导者转移给下一任领导者，从一年转移到下一年，是组织获得成功的关键。为了确保继任者在你离开之后有一个可以有效开展工作的坚实基础，你需要关注以下三个方面。

整合内部管理

领导层的成功过渡需要你花精力将新成员和原来的团队整合在一起。把继任者介绍给整个团队并确保大家在和新领导者共事时感到自在和有信心是你的责任。如果团队成员不信任、不尊重和认可新领导者，新领导者将面临非常艰难的局面。

莎拉（Sarah）：当我把组织转交给下一位执行董事时，她花了三周的时间跟着我学习如何开展工作，这让她有机会了解团队成员的个人特点和工作风格，同时也让大家有机会来适应她参与到关键的组织决策和流程中。

维护外部关系

一路走来，你很可能和很多外部利益相关者进行过互动，其中包括导师、捐赠方、机构主管、伙伴组织的成员以及受益者等。如果你不能有效地让继任者融入其中，那么你建立这些关系时付出的精力将付诸东流。没人拥有和你同样的关系网络，并且每个人的个性都是不同的，你必须努力让新的领导者融入更广的人际网络，这有利于组织的成长和发展。

莎拉：在我离开团队之前，我组织了一系列由我和继任者一同出席的和外部利益相关者的非正式会面。

建立机构知识

管理机构知识或许是领导层过渡最具挑战性的一个方面。即将离开的领导者一定要高度重视向继任者交接关于组织的愿景以及如何达成愿景的信息。

根据莫滕·汉森（Morten Hansen）、尼丁·诺利亚（Nitin Nohria）和托马斯·蒂尔尼（Thomas Tierney）联合发布的关于机构知识的研究，很多大型公司使用计算机资源来编纂机构知识。但是对于很多小型社会企业而言，机构知识可能“和开发这些知识的人紧密相关，而且主要通过面对面的方式进行共享”[1]。如果你们的团队依赖于这种个性化的知识管理策略，那么培训继任者并向其解释组织运转的全部细节就显得极为重要。

当你准备离开时，你可以选择以下任何一种策略来有效地转移机构知识，至少选择一种策略（如果不是一些组合策略的话）以使继任者掌握较好地领导团队所必需的工具（见图 37－1）。

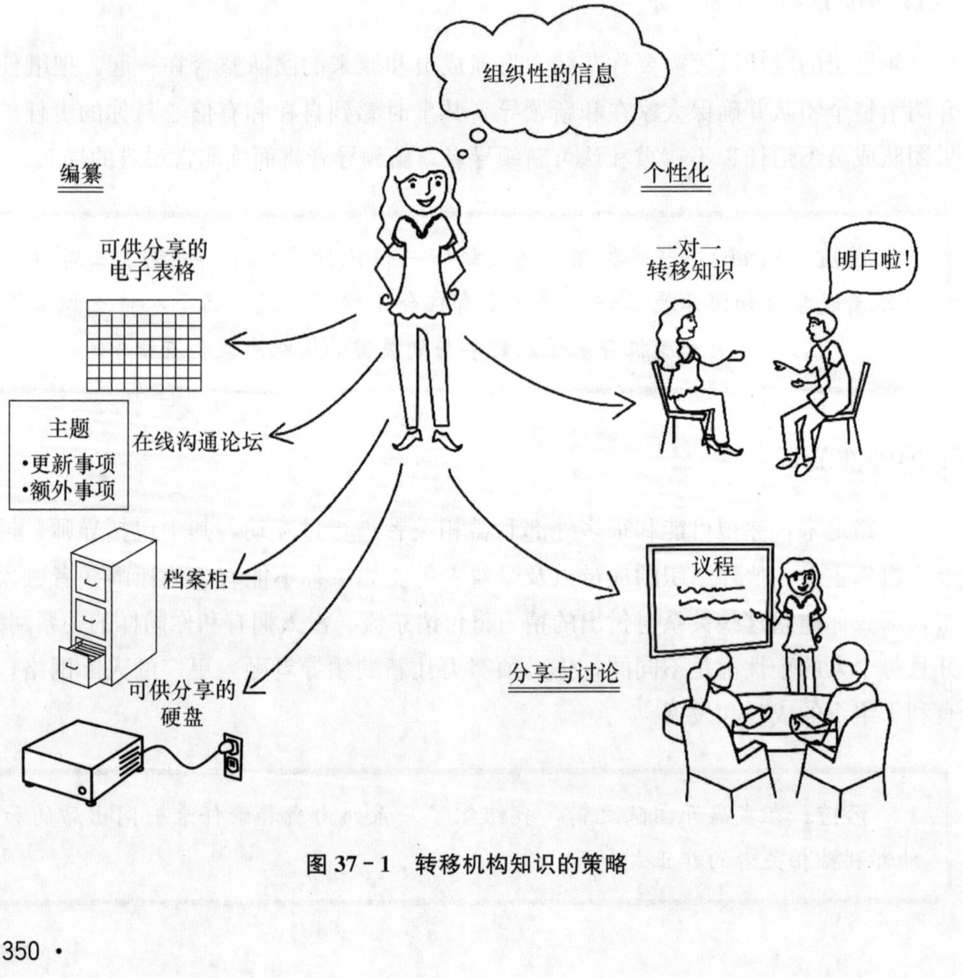

图 37－1　转移机构知识的策略

编纂

要详细记录组织的操作和学习到的经验，并使用高质可靠的技术来传播它们。无论是使用高端的软件资源还是使用简单的诸如谷歌文档和 Dropbox 来记录将来可能再次用到的信息，编纂方法成功的关键在于所有团队成员的参与程度。如果团队选择使用某种方法，你要将其流程完整地传授给继任者，以便他既能向大家分享自己的心得，同时也能学习团队的经验。

个性化

个性化策略即使用个人的专业技能来解决问题，频繁地相互咨询来分享经验、想法和教训。使用这种个性化的知识转移方式对于组织，特别是运转高效的小型组织而言是完全可行的。

但是，当需要进行领导层过渡时，你必须高度重视知识转移，以确保你学到的所有东西转移给了继任者。如果你还没有对专业技能加以整理，那么当你离开组织时，组织会失去这些知识。所以你要想出一个同时适合你和继任者的知识转移方法，并坚持完成这一过程。

> **莎拉：**在我从一家非营利机构卸任执行董事一职时，我和我的继任者在一个屋子里一起待了几个小时，我带她熟悉了不同的方面——从外部关系到内部管理实践，到团队成员个性的类型，到项目战略，再到反复出现的挑战，以及所有这些方面之间的关系。这个过程对于我离开之后继任者拥有顺利开展工作的能力至关重要。

分享与讨论

要定期通过团队分享和讨论将知识转移给新成员和老成员。很多团队会选择频繁会面的方式让所有成员及时了解彼此的经验、成就和挑战。一个典型的策略就是让每个领导者与大家分享他之前一段时间（比如过去一周）的进展，就其面临的挑战向大家寻求建议，分享未来可能和其他团队成员相关的信息。这种方法的优点是，机构知识能够在一群可以相互帮助的个体（以及继任者）之间传播；缺点是这会花费很多原本可以用在执行上的时间。

> **【笔记】**
>
> 想要更多的信息？在管理和转移机构知识这个主题上，有许多资源可以利用。事实上，在组织研究这个学科内有一个完整的分支即知识管理。你可以在线搜索“知识管理”以获得更多相关见解。

离开并开始新的征程

这个至关重要的步骤对你和你的组织而言可能都极具挑战性。从个人层面而言，你需要以一种避免成为自己和团队负担的方式来继续你的事业。你应该努力成为继任者的资源：和他一起努力来发现他可能最需要的东西，然后确定一种策略，以便在必要时就这些问题保持沟通。

在离开后的前六个月内，你或许希望与继任者每月会面一次，或者每周进行邮件沟通。无论采用哪种沟通方式，你要确保沟通策略是由继任者以及他的需求来驱动的。无论你做什么，千万不要压制继任者。既然你已经给了他运营组织的工具，就放手让他去做。

为了让团队以及所有的利益相关者信任并尊重继任者，首先需要你信任并尊重他。练习 37.1 和练习 37.2 为你提供了进行领导层过渡的角色扮演练习。

练习 37.1

设计领导层过渡策略

角色扮演活动耗时 30 分钟，涉及 3 个角色。选择一个人作为即将离任的领导者，一个人为现在的团队成员，另一个人作为即将接任的领导者。你们要作为一个团队来执行以下步骤，并完成活动中的每一部分。

1. 虚构一家公司、一个非营利机构或者一个学生组织，或使用一个真实存在的组织（3 分钟）。

2. 明确组织的使命以及核心价值观是什么（3 分钟）。

3. 为继任者概括出一个职位描述，并明确理想的继任者应该拥有的一系列特质（5 分钟）。

4. 明确领导层过渡的时间表，并在与利益相关者磋商的情况下设计出一个合理的继任者遴选流程（5 分钟）。

5. 和新当选的领导者一同努力，指导他进入角色。要与他讨论内部管理、外部关系以及机构知识等事项（10 分钟）。

6. 在离开组织的同时设计一个与继任者保持沟通的策略（4 分钟）。

练习 37.2

坚持完成这个艰难的过渡过程

在这个 20 分钟的练习中，要考虑以下情景并回答相应的问题。你可以独自完成，也可以和团队一起完成。

情景：你现在读大学四年级，你在大二时创建的一个社区服务组织正苦苦挣扎。该组织无法顺利地从校方获取经费，时间一长，组织成员的积极性大不如从前。你还有三个月就要毕业了，你担心自己离开后这个组织无法生存下去。

1. 你会把团队的领导权移交给新的领导者吗？还是会鼓励团队并入一个既有的组织？抑或是决定停止这个团队的运作？

2. 如果你决定把团队的领导权移交给新的领导者，你将如何发现和选择继任者？

3. 你将采取哪些步骤来向继任者转移知识？进行领导层过渡的时间表是怎样的？

4. 你如何让不同的利益相关者（比如组织的其他成员、赞助方等）参与到领导层过渡过程中？

5. 你毕业后如何继续支持这个组织的工作？

莎拉：从我对很多国际化组织的管理和文化的研究来看，很多具有社会意识的团队面临的最大挑战之一就是严重依赖一位不愿意离开的创始人。他们长期在位有可能会损害组织变得成熟和持续发展的能力。

既然你已经把领导权移交给了下一位领导者，就放手让他去做吧。如果你的工作做得很出色，你的贡献是不会被忘记的，而且人们会记住是你使组织在你离开之后仍能持续发展。

一个新的开始

当你思考如何有效并全面地移交团队的领导权时，要牢记以下三个核心原则。

- 做可行的事：通过为你的离开设定时间表，使招募和遴选继任者的流程正式化，以及有策略地向继任者转移机构知识，你可以为自己提供一个目标基准，尽可能使领导层过渡更有效。

• 一同努力：当你逐渐离开现在的角色时，你应该始终让各利益相关者参与到这一过程中。无论他们是导师、捐赠方、伙伴组织还是团队成员，你要利用你的人际网络和各种关系来实现领导层的平稳过渡。

• 使之持久：为了确保组织具备自我可持续性，你应该创造一个保证继任者或继任团队充满激情、富有能力，同时拥有有效开展工作所需要的工具的环境。如果你想让自己的想法产生真正的影响，那么你的想法一定要比你在组织的任期持久。

最后，要记住，你的团队要想获得产生长远、可持续的影响的能力，确保职位或者团队顺利过渡至关重要。对你来说，也是这样。

莎拉·克兰曼在本书出版时正以罗德奖学金获得者的身份在牛津大学攻读国际关系方向的博士学位。她在斯坦福大学获得了历史方向的文学学士学位和社会学硕士学位。莎拉曾担任一个名叫“面对艾滋”(FACE AIDS) 的青年行动主义非营利机构的执行董事。在离开这家机构去牛津大学读书前，她成功地将执行董事一职传给了继任者。她曾是麦肯锡公司的合伙人。

第 38 章
注册成立一家企业

营利企业和非营利机构有很多相同之处：两者都向社会提供产品和服务，都需要收入以维持运转，都由致力于达成组织目标的个体来管理和运营。

把营利企业和非营利机构区分开来的是——你或许已经猜到——利润。营利企业和非营利机构都可能会把利润再投入组织，但是对营利企业而言，额外的利润会分配给企业的所有者——创始人、合伙人和投资者；而对于非营利机构，额外的利润会被用于进一步实现组织的愿景。

注册成立一家营利企业会对税收和筹资产生重大影响。501(c)(3) 型的非营利机构能够免除联邦和州的税赋，但是营利企业要对其所有收入纳税。营利企业的资金来源通常是投资者而非捐赠者。投资者用投资换取有望扩张并盈利的企业的一部分股份，并希望他们最终卖出这些股份并退出时，能够得到比最初投入时更多的资金。你可以阅读第 39 章的相关内容来快速了解一下营利企业和非营利机构之间的重要区别。

发起一家具有社会意识的营利企业真的比发起一家非营利机构更难吗?

不一定是这样。基于此的假设是，投资者在向专注于社会使命的企业投资时会更犹豫，而潜在的捐赠者可能不想把钱捐给营利企业。即便如此，具有社会意识的营利企业仍然有很多筹资渠道。趋利的风险资本以及天使投资是营利企业的主要资金来源，而正在兴起的慈善资本也开始帮助营利企业达成慈善目标。资金也有可能来自战略投资者——比如指导你和你们团队的其他公司的首席执行官，或者来自家人和朋友。商业计划或者社会企业大赛（常见于各所大学）、项目的拨款（要发挥创造力）以及在线筹资平台（比如 Kickstarter 和 Indiegogo）等都是获得无附加条件的资金的重要途径。更多关于资金来源的内容请参见第 22 章。

营利性的组织不必一切都和利润有关。社会企业家精神正在兴起，而且越来越多的企业开始承担社会责任。这样的例子比比皆是。Runa 是一家通过销售 guayusa 茶来帮助小种植户的企业。这家企业会帮助种植户建造基础设施，收购种植户的茶叶，为他们提供重要而可靠的收入来源。Runa 还通过它的非营利机构伙伴 Runa 基金来进一步推动事业的可持续发展，这家基金会为社会赋能和环境保护项目提供支持。

像 Runa 这样的公司的创始人饱受身边的社会和环境问题的困扰，于是决定成立营利性的公司来销售自己喜欢的产品。在这些公司采用的特定的盈利模式中，取得收入与履行社会责任有机地结合在一起：售出更多的产品意味着更多的生产者被雇用并获得收入，既减少了浪费，又减少了环境污染。

如果你仍在犹豫是否要采用营利性组织的模式来支持你的社会事业，要记住，若有必要，你可以之后再成立一个非营利性的伙伴组织。你可以通过完成练习 38.1 来更好地明确组织的目标和需求。

练习 38.1

阐明组织的目标与需求

明确优先目标：你希望组织做些什么？

例子：让农村地区的果农摆脱贫困。

1.

2.

3.

4.

5.

你需要哪些人的帮助？这些人追求的是什么？回答要尽可能具体：不同类型的员工、顾问和机构有不同的动机。

例子：全食超市追求以合理的价格提供美味、健康并合乎道德的食品。

1.

2.

3.

4.

5.

如果赚取利润是你最优先考虑的三个事项之一，或者是你最需要寻求帮助的三个人的优先事项之一，那你就需要考虑注册一家营利企业。

安妮： 最初，我计划把全球乡村水果设立成一家非营利机构，或者先设立一家营利性公司，再设立一家非营利性的伙伴机构。但是如今，全球乡村水果是一家独立的营利性公司。原本是非营利机构关注的焦点——为小种植户提供咨询以及种子资金，使他们能够建设用于生产的基础设施来摆脱贫困——不仅与公司的盈利目标相一致，而且符合投资者的利益，因为这些种植户之后会变成新的供应商。结果，我们发现这种盈利模式是实现全球乡村水果公司社会使命最直接有效的方式。

注册计划

注册会产生一些开支，每年需要处理纳税及申报事务，所以在决定注册之前要三思。首先，要确保你赚取利润的想法是坚定的。你要做好研究，并向了解市场的人征求意见。众多营利企业可以相同的方式解决相同的问题，但是如果想赚取利润，你就必须做些与众不同的事情，或者以与众不同的方式做一些普通的事情。你需要对以下问题给出一个强有力的答案："为什么你的公司可以在其他公司无法成功的领域获得成功?"这也是商业计划切入之处：弄清为什么你的公司会在当前的市场取得成功。如果你的论证不足以令人信服，那你在注册之前应该从头再好好梳理一下思路。

一旦你对于赚取利润有了清晰的计划，就应该考虑以下不同的情景。

- 你有一位或多位联合创始人，所以你们需要就如何分配利润达成协议。起草创始人协议时，你们应该寻求法律建议，以确保随着公司的发展，该协议具备根据贡献来决定收益的灵活性（而不仅仅是依据谁先在公司任职）。
- 你计划发布一项新的产品或服务，并且需要法律保护。比如你准备发布一款新的食品，为了避免有人认为你的产品使其致病并起诉你的公司，你必须拥有一个法律结构来保护个人资产。
- 你需要雇用员工。尽管在注册成立公司之前，你可以个人的名义开支票来酬谢别人的帮助，但是如果你经常需要外部的帮助，建议你雇用员工。
- 你需要融资或者发行股份。你需要一个法人实体来接受投资，并发行这个实体即你的公司的股份，以换取这些投资。

法律结构的“迷宫”

既然你已经决定注册一家营利企业，那么现在是时候走进法律结构的“迷宫”了。你需要在C型公司、S型公司和有限责任公司（LLC）之间做出选择。每种类型的公司都有有限责任保护机制，这种机制可以在发生诉讼的情况下保护个人资产。当选择公司的法律结构时，你可以寻求律师或会计师的建议（如果可能，最好是免费的）。

以下是对C型公司、S型公司和有限责任公司主要特征的简要介绍。

- C型公司：这是最常被采用的传统公司类型。

+可以拥有不限人数的股东；

+可以公开发行股票；

+是风险资本极其喜欢的法律结构；

一需要双重纳税：先在公司层面纳税，然后在股东层面纳税。

为什么风险投资人倾向于投资C型公司

1. 一家公司通常会向股东发行普通股票，但是风险投资人一般要求自己的投资换取的是优先股。而C型公司可以发行两类（或者更多类）股票。

2. 你的投资人希望你的公司拥有获得成功所需的资金。在C型公司中，当你遇到合适的投资人时，你就可以向他们发行股票，而不用担心突破股东人数的限制。

3. 风险投资人不希望公司将会计和税务问题交给他们，而S型公司和有限责任公司采用的是流转完毕的征税方式。

4. 对公司的所有权可以自由转让。这种可转让性对于公司的首次公开发行至关重要，首次公开发行是一种典型的风险资本退出策略。

为了获取风险投资，S型公司和有限责任公司很有可能需要转换成C型公司。

【笔记】

要成立一家S型公司，你需要先提交公司章程来注册成为一家C型公司，然后在本财年的3月15日前使用美国国税局的2553表格提请更改为S型公司。

- S型公司：这个类型日益受到小型企业的喜爱。

+流转完毕的征税方式（公司层面的收入不纳税）；

+易于转换为C型公司以获取融资；

—股东上限人数为 100 人。

- 有限责任公司：这是一种混合型的法人实体，兼具普通公司和合伙企业的特点。

＋流转完毕的征税方式；

＋可以拥有不限人数的股东；

＋组织形式和对所有权资格的要求没有普通公司严格；

—难以转换为 C 型公司。

选择你的注册所在地

大多数公司会选择在其业务开展所在的州注册，但是有些公司会选择在公司法对它们更有利的另外一个州注册。美国有超过一半的上市公司都注册在特拉华州，主要是因为这里的税收优惠政策。但是这些优惠对于小型公司可能并没有那么重要，而且额外的文书工作和支付给当地的注册代理人的费用等负担可能会超过获得的优惠。如同州政府要求的那样，注册代理人能够为在本州注册的公司提供一个合法的地址。

注册成立一家营利企业

一旦你决定了注册的时间和地点，注册一家营利企业也就比较简单了。申请费用和要求在不同的州有所不同，所以你需要了解本州的具体信息。你可以自行注册，也可以花钱请注册服务商或者律师帮你完成注册。

第一步：注册一个名称

先搜索一下在线的组织机构名称数据库，以确保你喜欢的公司名称在你计划注册的地区可以使用，并且不会和其他已经存在的组织名称过于相似。商标法禁止一家公司以容易混淆的其他注册名称进行运营。比如，不要试图把你的高科技家具公司或者其他类型的公司命名为 Microsofty*。该规则同样适用于那些不为人知的小公司。不要因为你不知道一家公司有类似的名称，就以为这个名称可以拿来使用。如果你之后决定改变公司名称，可以向有关部门提交一份运营名称申请表格（DBA 表格），然后以这个运营名称而非法律上的注册名称来开展业务。一旦确定了一个名称，你可以将其注册为商标，以确保别的公司无法采用与其相同或类似的名称。

* 该名称和微软公司的英文名称 Microsoft 只有一个字母之差。——译者

第二步：申请一个雇主身份识别号码

你需要获取一个雇主身份识别号码/纳税人识别号（EIN/TIN），以及当地政府要求的任何证照或许可。EIN/TIN 能够让美国国税局追踪你们公司的收支情况。EIN/TIN 还可以用来替代个人的社会保险号码来为公司开设一个有别于个人账户的企业银行账户。

第三步：提交公司章程

提交公司章程时，要包含你们公司的名称和地址、公司的属性、注册代理人的名字和地址，以及公司董事或经理的姓名及职位，并且要根据你在所在州注册的具体公司类型交纳相应的申请费。对于一家公司，你需要指定总裁、秘书和财务主管。这些头衔和法律文件相关，但是在实际运营时，你可以授予其他头衔（比如首席执行官和董事等）。在描述公司的属性时，要使用宽泛但清晰的语言，以便为你们公司未来的扩张提供空间。

第四步：制定公司规章

公司规章或者有限责任公司的运营协议是内部文件，你不需要将其提交给任何政府机构，但是需将其作为公司记录的一部分进行保存。

公司规章通常包括公司的识别信息，管理人员姓名，股票数量、类型与级别，召开董事会和股东大会、保存记录以及修订公司章程和规章的程序。

有限责任公司的运营协议通常包括公司每个所有者的所有权比例、分享利润或分担损失的规则、权利和义务，以及如果所有者退出时应该如何操作。

【小贴士】

你们需要开设一个银行账户。要把你个人的账户与公司的区分开。此外，要为公司的财务事项建立一个记账系统（纸质的或者在线的，或者两者都要）。

第五步：完善你的商业计划

如果你还没有完善商业计划，那么现在是时候来做这件事了。商业计划对于获取融资至关重要：投资者以及没有附加条件的支持者都希望在他们投资之前你已经就所要开展的业务做了充分的调查研究。在继续规划你的公司时，你可以把本章作为参考。规划对于实现公司的目标——无论是财务目标还是社会目标——至关重要。更多关于撰写商业计划的指南，可以登录 www. sba. gov 查看美国小企业管理局的在线指导课程。

【小贴士】

你们要满足保险要求。保险要求因你们提供的货物或服务不同而不同。你可以浏览一下小企业管理局网站（www.sba.gov）上关于保险的页面，找出你们公司所需要的保险。

注册成立一家混合结构的企业

新型企业正在兴起，以适应同时追求经济效益和社会效益的组织的需求。主要的类型是低利润的有限责任公司、公益公司，以及灵活目的的公司。你可以在美国少数几个州注册以上类型的企业，随着越来越多的州意识到社会企业的巨大潜力，可以注册这些企业的州会越来越多。你可以向各州了解相关进展。

安妮·隆是一个社会企业家。在本书出版时，她是哈佛大学大四学生。她联合创建并指导了一家名叫“Remindavax”的移动健康项目。这个项目可以利用手机短信提醒来减少不遵医嘱的情况，从而在全球范围内改进健康状况。她还发起了全球乡村水果项目，这是一家营利性公司，它致力于从印度种植户合作社那里进口菠萝蜜，在美国的特色食品商店销售。

第39章

注册成立一家非营利机构

设想一下，你的团队在成长，你们的一些项目需要经费。一位团队成员建议申请拨款。一位潜在的捐赠者问你们是不是合法的非营利机构。那么你们是否应该争取501(c)(3)型机构的身份呢?

是否注册成立一家501(c)(3)型机构

通过注册，你们会成为一个合法的组织：一个法人团体。法人团体有两种基本类型：营利性的和非营利性的。营利性的法人团体通过销售货物或者提供服务来为其所有者或者股东赚取利润；非营利法人团体主要致力于完成特定的社会任务。当非营利机构有剩余资金时，会将之用于推动任务的完成。

501(c)(3)是美国国税局（IRS）确定的美国税法的一个条款：非营利法人团体可以免除联邦和州层面的所得税。美国的很多大学、宗教团体、医院和人道主义组织都是501(c)(3)型机构。这些机构不需要纳税，它们具有税收豁免资格。此外，这些机构的捐赠者可以在申报所得税时获得相应的慈善捐赠扣除额。这是一项由美国政府制定的旨在激励公众向社会公益组织捐款的政策。

【笔记】

如果你的组织有意参与政治活动，比如实质性的游说或者竞选，你们可以考虑注册为501(c)(4)型机构，因为很多501(c)(3)型机构是不允许参与实质性的政治活动的。需要注意的是，因为501(c)(4)型机构有为政治竞选服务的倾向，所以捐赠给这个类型机构的捐款无法获得税收扣除额。

成立一家 501(c)(3) 型机构既有利也有不利。

有利

- 有资格接收来自政府和私人基金的拨款。
- 可以免除联邦和州层面的所得税和销售税，并有可能免除财产税。
- 向你们组织捐赠的个人可以在申报所得税时获得相应的慈善捐赠扣除额，前提是他们不从捐赠中获得任何回报。
- 有资格获得邮费折扣优惠。
- 对于寻求广告服务的非营利组织，很多报纸、电台和期刊会提供折扣优惠，并且发布有些公共服务公告是免费的。
- 对于向该类型机构发起的任何索赔，机构的董事、成员和管理人员等免于承担个人责任。

不利

- 禁止向董事、管理人员和成员分配任何利润，或者提供任何个人福利。
- 所有的收入和工作都必须和组织及其任务有关。
- 如果该类型的机构解散，那么其所有资产都必须被授予另一个 501(c)(3) 型机构，而不是分配给各个成员。
- 所有的资产都必须用于免税目的。
- 机构的财务事项需要接受公众监督。
- 每年必须提交纳税申报单，财务文件必须妥善归档并保存。

结合以上分析，可以通过练习 39.1 来决定是否成立一家 501(c)(3) 型机构。

练习 39.1

我们是否要转为一家 501(c)(3) 型机构

你的组织是否……	是	否
1. 有兴趣接收拨款		
2. 寻求 100 美元及以上的捐款		
3. 接收的捐赠足够多，有必要获得免税资格		
4. 发出大量的信件		
5. 举办需大规模推广和营销的活动		
6. 关注解决社会问题胜于赚取利润		
7. 考虑开设分支机构		

如果选择“是”的选项多于三个，你们应该考虑注册成为一家 501(c)(3) 型机构。

如果你不确定到底是注册成立营利性组织还是非营利组织，那么可以选择一家成熟的 501(c)(3) 型机构作为财务代理机构，由其负责接收和管理你们的捐款。如果选择这个选项，你必须完全信任这个财务代理机构。这种模式的运作方式是：你们的捐赠方向财务代理机构支付捐款，然后财务代理机构将这些捐款授予你们，有时代理机构会抽取一定比例的管理费用。但是在这种协议模式下，你们将更难申请到来自基金会的拨款。此外，美国国税局会仔细审查这种协议，以确保所有的相关资金都用于符合 501(c)(3) 身份的指定用途。即便如此，这种协议也不少见：几乎每个正式注册的大学生组织都能够通过具有免税资格的大学获取经费。

注册成立一家 501(c)(3) 型机构

【小贴士】

在开始注册之前，先准备好总额为 250～600 美元的申请费和邮寄费。具体费用在各州略有差异。

获得 501(c)(3) 身份是一个非常耗时的过程，需要你有足够的耐心，关注细节，并在必要时自我鼓励。注册过程中，你需要与注册所在州的州务卿（SOS）办公室以及美国国税局密切合作。本章中讨论的所有表格都可以从州务卿办公室或美国国税局获取，并且必须分别提交给这些部门。

第一步：注册一个名称

在为你的组织选择了一个名称之后（可以参考第 19 章相关内容），你可以提交“交易名称注册表”在注册所在州的州务卿办公室注册此名称。在等待获得官方许可的这段时间（可能需要几周）里，你可以使用该表格来暂时保留优先使用这个名称的权利。

第二步：申请一个雇主身份识别号码

九位数的雇主身份识别号码（EIN）好比组织的社会保险号码，美国国税局需要使用这个代码来识别你们的组织。为了获得 EIN，你需要填写并提交美国国税局的 SS-4 表格。如果在线提交表格，申请流程会在 10 天内完成；如果以邮寄方式提交，则是 30 天。

有了雇主身份识别号码才能为机构开设银行账户。这是确定一个财务系统并把财务事项委托给一个负责人或者组织内的财务委员会的好时机。这些职责通常由组织的秘书或财务主管来履行。在开设银行账户之前，你们要先通过一项法人决议，通过这项决议赋予合适的成员开具和签署支票以及代表组织在银行办理其他事务的权限。需要提醒你的是，这个账户的授权签署人中至少有一个是法律上的成年人（年满 18 岁或 21 岁，具体视美国各州的法律而定）。

第三步：提交机构章程

要成为一个合法的法人团体，你们的团队需要提交机构章程。这个章程定义了你们机构的管理规则。对于机构章程的要求，不同的州略有差异，所以要确保从州务卿处获得合适的机构章程表格。申请费通常在 100 美元以下。和任务宣言一样，机构章程应该表述清楚且具有概括性，因为很难对其做出修改。

机构章程通常应该包含以下信息：

- 组织的名称以及注册的办公地址。这些应该和你在“交易名称注册表”中提供的信息保持一致。
- 董事会成员的姓名、地址以及责任。大多数州要求机构设立之初至少有三名董事。
- 组织的目的。你需要在这里证明你们是一家慈善组织，使用的语言应该简洁有力，要确保对你们的目的解释到位。

> **费布**（Phebe）：我曾与别人一同创建了一家名为“改变世界儿童组织”（Change the World Kids）的 501(c)(3) 型机构。我们的宣言是这样写的：“这个法人团体的目的是，通过建立、维护并运营一个由青少年组成的志愿者组织来为社会公益服务。这些青少年希望通过以下努力来让世界变得更美好：提升所有人的认知；明确并实施由组织成员选择的项目；就对地球及其居民十分重要的问题对公众进行教育。”接下来的文字需要说明所有的收益都将用于社会公益，并且该机构不会发起任何不符合 501(c)(3) 型机构要求的活动。

- 解散组织的条款。这个条款明确了解散组织并分配组织资产的流程。501(c)(3) 型机构必须将其所有剩余资产留给另一家 501(c)(3) 型机构。
- 组织存在的起止日期。除非另有说明，否则你们组织开始存在的日期就是注册所在州批准机构章程的日期。结束日期表明组织将要存在的时间长度，所以它应该被标注为“永久”，除非你们有一个明确的终止该组织的日期。
- 注册代理人的名字。注册代理人是通过提交法律文件来帮助注册法人团体的人，必须为注册所在州的居民。

- 你们将如何管理组织事务。其中应该包括这句话："管理组织事务的权力被赋予董事会。"

我是否需要一名律师

律师的专业知识非常有价值，不过与其他有价值的东西一样，雇用律师需要花钱。但是你有可能找到提供免费服务的律师，因为很多律师会抽出一部分时间投入到慈善或者公益事业中。你可以尝试去找一位对你的想法产生共鸣，或者已经了解你们的行动的当地律师。你们也可以向其他小型的非营利机构了解具有社会意识的律师的信息。

当你找到合适的律师时，与其会面，并向他解释你们的使命宣言以及想注册成为 501(c)(3) 型机构的理由。你要在会面之前练习你的措辞，以展示你的激情、计划和目标。如果你只能和对方聊几分钟，就先让律师看一下你们的机构章程和机构规章，之后再向相关部门提交相关文件。

第四步：制定机构规章

机构规章确定了组织的法律框架，描述了它的结构并制约着它的发展方式。它回答了"如何……"以及"如果……"这两种类型的问题。州务卿那里或许有你们可以参考的例子。制定机构规章是一项团队工作，需要密切关注很多问题：

- 你们组织的成员资格以及会议流程分别是怎样的？获取成员资格的标准是什么？成员的基本职责是什么？组织需要拥有多少成员？召开会议的时间和地点是怎样的？如何通知成员参加会议？如何计划特别会议？决策以及投票的流程是怎样的？此外，规定成员的权限并说明解除成员资格的原因和流程非常重要。
- 你们的董事会是如何组成的？它是如何运作的？应谨慎挑选董事会成员，并明确告知其相应的职责。董事会应该拥有推进任务所需要的集体技能、专业知识、激情、时间和人脉。你们需要确定董事会的运作方式，包括多久召开一次董事会，董事会以及董事的任期多长，如何处理董事职位空缺与罢免、管理人员以及常务董事会，以及如何决策。

> **费布**：改变世界儿童组织得益于它来自不同专业背景的多样化的董事会成员：一位律师、一位筹资人、一位教育领导者、一位宗教领导者、一位前市镇官员，以及一位非营利机构的高级管理人员。

● 如何才能良好地管理你们的财务事项呢？一个组织成功与否很大程度上取决于它的财务管理是否成功。机构规章应该包含以下事项的规则：签署支票、存款、贷款以及代表组织签署合同。同时要明确你们的财年起止时间，一般有两种选择：自然年，或者从每年的 7 月 1 日至次年的 6 月 30 日。

如何让财务事项井然有序

1. 选择一个记账系统。

2. 投票选出负责银行事务的人员（通过一项组织决议）。

3. 研究一下哪家银行最适合你们。要关注以下细节：银行的费用、利率、支票费用、账户最低余额限制、可用性，以及网点分布等。

4. 开设一个活期存款账户。授权签署人向银行提交所有必需的信息（社会保险号码、雇主身份识别号码、两种形式的身份证明、你们组织所开展业务的属性等）。开设账户后要存入满足账户最低余额限制的存款以及任何支票费用（至少 500 美元）。

5. 制定一个预算方案并坚持执行。

我是否需要一名会计

一名会计可以就以下事项为你们提供建议：妥当保存提交必要的纳税申报表所需的财务记录；制定对组织的短期和长期运作以及获得拨款有帮助的预算。

为公司设立记账系统时，可能需要使用财务管理软件，比如 Quicken 或者 QuickBooks。填写 1023 表格和 8718 表格（获得免税资格的表格）时，你们最好咨询一下有财务估算专业技能的会计。与前文提及的咨询律师一样，有些会计可能愿意以优惠价格或者免费为你们提供帮助。

● 随着机构日渐成熟，你们或许需要对机构规章做出修改。在最初的机构规章里，可以加入这样的条款来为此做准备："若任何年度或特别会议提议修订机构规章或制定新规章，且出席会议的 2/3 以上的代表投票同意该提议，则可以修订原规章，或者废止原规章，采用新规章。"

● 有没有其他你可以预见的将成为组织运作的一部分的事项？如果你有一个长期计划，或许就能把这些规则写进最初的规章里。

> **费布**：成立改变世界儿童组织时我们考虑在美国其他州开设分支机构来进行扩张，所以在最初的规章里对分支机构的开设确定了标准和指导原则。你们也应该考虑在规章里加入一项非歧视政策，或者保护组织的成员或董事免于承担个人责任的条款："组织成员或者董事——出于善意并为了本组织的最大利益而行动时——免于因任何针对组织的诉讼产生的费用而被起诉或承担责任。"

和机构章程相比，机构规章不一定要非常完美，因为规章在组织内部使用（无须提交给州政府），并且很容易通过董事会决议进行修订。

第五步：申请免税资格

美国国税局是一个非常复杂的政府机构，在开始申请之前，你们最好研究一下《申请 501(c)(3) 免税资格》的内容。在州政府完成注册并获得雇主身份识别号码以后，接下来应该填写美国国税局的 1023 表格，即依据美国《国内税收法》501(c)(3) 条款获得免税资格的申请表，美国国税局审核该表格后正式授予申请方免税资格。根据你们预期的开支，需要支付 250 美元或者 500 美元的申请费。另外还需要完成 8718 表格（即免税组织核准申请书使用费表），以及 557 公告（即组织免税资格公告）。

你必须在注册完成后的 15 个月内申请 501(c)(3) 资格。处理时间通常为 2～12 个月。要注意，有接近一半的申请不会被批准，要么是因为被美国国税局断然拒绝，要么是因为申请者中途放弃。在资格审核过程中，美国国税局有可能会要求提供额外信息。对于这些要求，你们要快速回复。如果你对美国国税局提出的问题感到困惑或畏缩，可以打电话联系美国国税局信件上的联系人。

向美国国税局提交的信息要包含对组织活动的详细描述：比如活动及经费来源，捐赠、拨款、筹款活动等；你们是否会获得私人或公共的支持；预算。如果你们是一个全新的组织，可以制定一个行动方案来评估开支费用。

从美国国税局获得 501(c)(3) 资格后，下一步是什么呢？当然是庆祝了。现在你们就正式成为致力于让世界变得更美好的巨大的组织网络的一部分了。当然，文书工作还没有就此终止，你需要向州务卿和美国国税局提交年度纳税申报表以及年度报告。如果你们经常销售货物（比如你们组织的服装，或者来自你们团队的手工制品），或许需要向注册所在州申请销售税免税资格。如果你们的组织在获得 501(c)(3) 资格之前开设过银行账户，现在就需要申请修改该银行账户的属性，以反映非营利机构资格。至此，你们就是一个获得承认的法人实体了，那就迈出下一步，去完成你们的任务，实现你们的愿景吧！

费布·迈耶斯毕业于美国明德学院，她在那里学习了地理和环境研究专业知识。13 岁时，她与别人联合创立了一家名为“改变世界儿童组织”的 501(c)(3) 型机构，这是一家由青少年运营的社区服务组织。她曾帮助筹集了超过 25 万美元的资金，用于保护和恢复位于哥斯达黎加的自然栖息地，并从美国渔业和野生动植物基金（US Fish and Wildlife Foundation）获得了 55 000 美元的配对拨款。

第40章
进行沉思

只有向后看才能理解生活，但要生活好，则必须向前看。

——索伦·克尔凯郭尔

一觉醒来，匆匆穿上衣服，带着一个小型笔记本电脑和很多大想法步入这个世界。浏览一下推特的内容、脸书的更新，以及最喜欢的一些博客。主持召开一次团队会议，在奔赴一个活动现场时了解一下家人的状况，当产生灵感时给自己发送邮件记下来，挤出时间来锻炼或者和朋友聚会，早早回家以兑现对家人做出的承诺，最后精疲力竭地睡去。天天如此。

对于很多年轻的领导者而言，这就是他们每天的生活。遗憾的是，这样的循环往复会让人没时间沉思，而沉思是驱动创新性和可持续性影响的关键因素。在本章中，你将会了解为什么以及如何按下生活的暂停键。

乔纳森（Jonathan）：读大学时，我参加了一个每周为无家可归避难所的居民做早餐的团队。过了半年，我们举行了一次沉思谈话会，会上，我们把焦点放在了一个经常很早来吃早餐，并在工作上给我们建议（以及批评）的无家可归者。我们发现他的建议总是非常到位，于是决定邀请他和我们一起做早餐。

他非常乐意帮忙，我们了解到他曾经是一个副主厨。之后，另一个有经验的无家可归者也加入了我们的队伍。有了他们的帮助以后，我们轮班工作，并且和避难所的居民一同吃早餐，而不是像以前那样只是做早餐和招呼他们吃早餐。在和这些居民一同吃早餐时，我们听到了很多故事：关于令人痛苦的精神疾病的，和毒瘾做斗争的，家庭纠纷的，以及纯粹坏运气的。

随着早餐项目一周周地推进下去，我们的工作逐渐转变为每周学生与无家可归者之间的讨论，而这些讨论验证了我们对无家可归的原因做出的假设。比如，我们和其中一位男性居民变得尤其亲近，他的家庭因为他是同性恋而抛弃了他，他在找工作期间需要暂时住在避难所。时间一长，我们发现我们和这些无家可归者有很多共同的兴趣，相互之间有说有笑，烹饪技术也得到了很大的提升。

对我们的服务进行沉思的过程彻底地把这个孤立、普通的志愿项目变成了一个相互赋能并学习的过程。

将沉思作为学习

沉思是内容更为广泛的经验学习理论的一部分，这一理论被广泛地用于管理和领导力研究。一般来说，经验学习理论把组织视作和人体一样的有机系统，必须基于从新的数据和经验中得出的结论进行持续的调整和改进。[1]

在生活中进行沉思

我们乘坐飞机时，乘务员总是提醒我们：发生紧急情况时，在帮助别人戴上氧气面罩之前一定要先给自己戴上。这似乎有些自私，但是这个建议从根本上讲是以他人的利益为中心的。我们自己越强大，越有能力帮助他人。这个道理同样适于沉思。经常思考自己的愿景、价值观和好奇心，能够让我们自由地去领导，最重要的是去聆听。以下是把定期的沉思融入我们生活的三点建议。

于幽静处沉思

在当地找一个你通常不会去的地点，每周给自己 30 分钟在那里独处。在这段时间里，问自己以下问题：

- 过去一周发生的最好的事情是什么？
- 我应该做出哪些改变？为什么要做出这些改变？
- 在接下来的一周里，哪些方面我可以做得更好？

● 我渴望实现的更大的目标是什么？下一步应该立即采取哪些行动来达成这些目标？

2.0 版本的日记

尽管推特 140 个字符能够传递的情感深度让我们感到吃惊，但传统的日记仍然是进行个人沉思的最好工具。日记不应该仅仅记下自己的想法。你可以尝试以下方法：

● 以总结问题的方式记日记。写完一篇日记之后，把日记总结成试图说明的问题。时间一长，这些问题可能会形成一个主题。该主题可能会帮你找到你的激情所在，或者形成关于新项目的想法。

● 以艺术的形式记日记。艺术是传递意义的有力方式。你可以试着用素描或拼贴画的方式记日记，而不是单纯地写下你的想法。

● 利用新技术记日记。新技术能够增加你的写作在知识和视觉上的吸引力。你可以使用 WordPress 或者 Tumblr 来撰写博客。你也可以使用诸如 Prezi 和 Skitch 这样基于云端的应用来创造结合了声音、艺术和视觉的日记。你也可以使用 Evernote 来跨设备聚合你所有的想法和笔记。

创造一个标签云

你所关心的人或者和你一同工作的人是给你反馈的最佳人选。你可以定期让朋友和同事用三个词语来回答此类问题：“我可以努力对哪三件事做出改进呢?”或者“你认为我可以为这个项目贡献哪三种力量呢?”理想情况下，你可以通过谷歌 Forms 或者 SurveyMonkey. com 来征集匿名的反馈。然后你可以把这些反馈提交到 Wordle. net，在这里将它们转换成一个标签云，最终通过标签云来判断这些反馈的主题和形态。

对很多沉思活动而言，Wordle. net 是一个强大的工具。你也可以把个人日记或者团队的项目计划转换成标签云，从而查看你所使用的语言的形态。图 40－1 显示的是本章内容转换成的标签云。

图 40－1 Wordle. net

在团队中进行沉思

在团队中进行沉思之前，你应该先确定沉思目标，并围绕这一目标规划一些活动。下面介绍三个常见的团队沉思目标，以及可用来达成这些目标的一些活动。

目标一：通过对数据进行沉思来弄清可行之道。

目标二：促进团队成员之间的关系。

目标三：通过建立团队知识保持持久的影响力。

做可行的事：对数据进行沉思

数据能够让团队展示出它们的项目影响力。但是，量化的数据本身并不会告诉你事情为什么会变成这样，或者作为一个团队应该如何应对数据反映出的情况。对数据进行沉思能够让你理解结果的产生原因和影响。以下是一些对数据进行沉思的方法：

● 什么？那么？什么？在任何时间点，一个团队都可以对三个最基本的问题进行沉思：发生了什么事情？那么这些事情的含义和影响是什么？我们应该做些什么来应对？

● 图片式讨论会。团队成员通常会围坐在一起研究各种图表。你们可以将大尺寸的纸质图表贴满会议室，让大家自由走动，同时写下他们对数据的看法，以此鼓励分享。最后整个团队一起研究这些看法。

● 保持或者改变。在每个项目结束之后团队都要进行一次讨论，以确定哪些方面需要继续保持，哪些方面需要在未来做出改变。如果团队成员难以公开讨论关于改变的提议，可以让每个人匿名把自己的想法写在一个小纸条上，然后让大家随机抽取一张并大声读出来。

一同努力：促进团队成员之间的关系

如果想让大家保持投入，你需要增进他们之间的关系并激励他们。你可以考虑采用以下团队建设活动：

● 安排简短演讲。演讲是通过讲故事来分享想法，你可以在常规团队会议上或活动中为团队成员提供类似的机会，让他们花 5～10 分钟分享自己通过沉思得出的想法。

● 发现优点。充满活力且富有创造性的团队会努力去发现、认可并调动团队成员的天赋、激情和能力。发现优点的方法有很多种，它们的共同之处就是：尝试呈现团队的优点，然后将它们聚集起来，从而达到实现协同效应和为团队提供战略机会的目的。你可以通过练习 40.1 来了解发现优点的活动。

练习 40.1

发现优点

为你的人生故事命名

将团队分成几个小组，让大家思考并分享一下希望如何为自传命名，以及如何为有关自己在这个团队的经历的章节起标题。

评估价值观

你既要尊重团队中的个体所珍视的价值观，同时也要在团队中建立起共同的价值观（见图 40-2）。你可以在一次团队早会上带上一大张纸或者一个纸板，在纸的中间画一个圆圈，然后从圆圈辐射出多条线，每条线代表一个团队成员，最后在外围再画一个圈，这样一来整个图案看上去就像一个有辐条的轮子。在第二个圈的外面，让每个成员写下在团队工作中对他们而言最重要的价值观。如果团队规模比较大（超过 10 个人），每个人列出 3 个价值观就足够了；如果团队很小，那么每个人应该列出 5～7 个。然后把出现频率最高的价值观写到中间的圆圈里。最后让大家一起讨论团队共同的价值观，以及个体所珍视的价值观，并进一步讨论如何在遵循共同价值观的同时保持对个人价值观的尊重。你们要在团队的整个生命周期不断回顾这个图，及时对其做出修订，这样可以提醒你们牢记曾经做出的承诺。

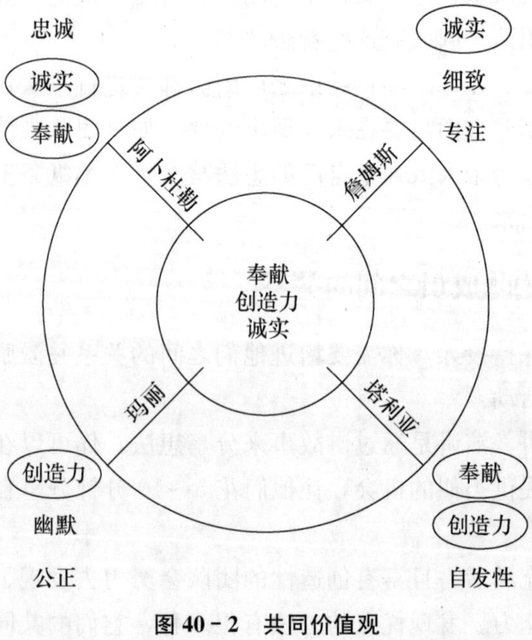

图 40-2 共同价值观

【笔记】

乔迪·克雷茨曼（Jody kretzmann）和约翰·麦克奈特（John Mcknight）是美国西北大学资产型社区发展研究所（Asset-Based Community Development Institute）的联合主任。这家研究所在优点的发现方法方面居于领先地位，并且开发出了很多有用的指南和工具，其中很多可以在 abcdinstitute. org 上免费下载。

促进良好的团队沉思的建议

- 坦诚对待沉思活动。大多数人会对沉思活动怀有戒心。你可以通过清楚地解释活动以及希望得到的结果来避免不满和怀疑。
- 不要害怕冷场。沉思活动的主持人最常犯的错误就是通过自问自答或者强迫别人发言来打破冷场。最有价值的评论往往在思考 30 秒之后才能做出，所以要耐心等待。
- 有备而来，但也要保持灵活。活动开始之前，你要思考一下讨论的大致方向，准备一些想提的问题。如果谈话进展缓慢，你就可以利用之前准备的内容来推动。

使之持久：建立团队知识

强大的团队会坚持学习。它们会了解自己的项目产生的影响，同行正在使用的尖端战略，以及自己所处的大环境。为了更好地促进团队成员学习，你需要：

- 为每一个项目开发一个团队教学大纲。团队教学大纲包括阅读材料、影音资料、网站以及和你们当前项目相关的嘉宾发言人能够提供的信息。你们可以就教学大纲的主题安排一些讨论，或者让团队成员就大纲主题提交短文以让同行评审。但是要确保所有成员都同意这样做，只有这样他们才会投入到这一过程中，而不是把它看作家庭作业。
- 启动一个员工能力发展项目。你们应该举办一些由外部专家（比如教授、你所在领域的其他组织的领导者等）主持的会议或活动，请他们就诸如筹资、活动策划和营销等对你们的团队成员进行培训。由此建立的人际网络也有可能会间接帮助那些具有职业前景的年轻领导者。
- 建立一个团队“图书馆”。当团队成员发现了感兴趣的东西时，你可以让他们把这些内容添加到一个持续增长的团队“图书馆”里。这个“图书馆”既可以采用实体的形式，也可以采用在线的形式，比如利用像 box. net 这样的云端工具。团队“图书馆”可以帮助建立机构知识，当团队成员发生变化时，这些机构知识可以被传递下去。

• 追踪想法。诸如 Ashoka Changeshops，OpenIDEO，IdeaShare，Yammer 等在线工具为在团队内产生、发展并追踪想法，以及将这些想法扩散到全球性的网络提供了不可思议的（通常也是免费的）平台。

在协作中进行沉思

协作性的沉思发生在你们团队和其他团队（比如你们的客户、合作伙伴、顾问或者其他利益相关者）之间。进行这样的沉思可能会比较困难，因为其他团队可能在很多方面（比如文化、社会经济地位、专业等方面）与你们不同。以下是关于这种沉思的三个建议：

• 一同就餐。聚餐是拉近人与人之间距离的极佳方式，也是进行沉思的一个很好的由头。那就为此安排一次聚餐吧。

• 征集书面的评估。允许目标受众对你的工作进行评估，能够为你带来非常有价值的见解，同时能让评估者自己得到提升。

• 创造向别人学习的机会。你要善于发现协作团队所拥有的你们感兴趣的技能，或者对方团队里可以向你和你的团队传授这些技能的成员。然后请他们主办研讨会、开发指南教程或者举行一次简短的讲座，来帮助你的团队发展这些技能。

为创新而沉思

为公益而创新是一个复杂的过程。领导者必须根据持续变化的需求以及面临的限制和机会为试错做好准备，并对这一过程持开放的心态。当然，在这些环境中获得成功部分取决于一个创造性的想法。最好的想法也有可能在不经意间产生，这通常是在我们把目光完全聚焦在另一个方向时。只有对我们的行动进行持续的沉思，我们才能理解这些顿悟，并让它们推动我们为这个世界带来超出想象的更深层次的影响。

> 未经审视的生活不值得度过。
>
> ——苏格拉底

乔纳森·马里诺在本书出版时是地球故事基金会（Mapstory Foundation）的内容和战略主管，这是一家非营利组织，它主要通过网站 www.mapstory.org 与公众分享他们对世间变化的评论。他是 2008 年度的富布莱特学者（Fulbright Scholar），全球参与峰会以及美国西北大学全球参与中心的联合创始人。

第 41 章

将履行社会责任作为职业

永远不要怀疑一小群有思想、有责任心的人能否改变世界。事实上，也只有他们才能改变世界。

——玛格丽特·米德

当你把社会创新者作为一个职业选择时，你首先想到哪些词语？鼓舞人心、理想主义还是切实可行？或许“切实可行”不是你立即想到的词语，但是你的确能够通过为社会变革以及社会公益而努力来创造（并维持）自己的生活。并且你也不必靠速食面维持生计。你或许对这种服务社会的职业向往已久，但直到今天才知道它是有可能实现的。本章将向你介绍一些能够帮你实现这一目标的建议、技巧和商业机密。

进行充分的自省

如果你已经读到这一章，说明你很可能找到了有激情从事的事业，并且勇敢地想过（即便是一瞬间）将其作为全职工作。如果不是这种情况，那么考虑把履行社会责任作为职业可能为时尚早。相反，你应该更多地关注能够让你动心并激励你去行动的东西（第 2 章的内容可能对你有帮助）。你应该思考过自己的天赋和技能——你擅长并喜欢做的事。如果还没有，你可以通过第 1 章的相关练习来确定自己的长项。一旦确定了你最热衷的领域以及你最擅长的事情，你就有了自我认知，从而可以实现自己的理想。

了解你的机会

你可以通过与导师、教师、职业发展顾问以及学校里的顾问交谈来了解潜在的机会。你应该与他们讨论你的技能与激情，询问关于潜在资源、未来方向或者相关机会以及职业路径的问题。你也可以从以下方面入手。

在线搜索

【小贴士】

你要选择一个和你的兴趣一致的职位，然后联系对方请求一次简短的会面。你要利用这个机会更多地了解对方的专业和教育背景，以及实际的工作内容。

访问与你感兴趣的事业相关的组织的网站，了解职位以及在职员工。这能够让你很好地了解这些组织所需要的技能、开展的活动和取得的成就，以及在职员工以前的工作和经历。通常你通过了解这些人的经历就可以发现一个很棒的机会。

人际网络

你可以试着请求与你感兴趣的领域的专业人士会面，来了解他们的工作内容，以及他们是否从专业层面参与到你感兴趣的事业中。如果没有，那么问他们是否认识参与进来的其他人。

你也可以利用这些会面来分析别人是怎样努力来取得如今的成就的。你可以请教他们，指引他们一步步走到现在的职业路径是怎样的。下面是一些与你的兴趣相关的开放式问题：

- 是什么让你决定进入现在的这个领域？
- 你最享受你工作中的什么方面？
- 你在工作中面临的最大的挑战是什么？
- 你认为今后十年内这个领域的发展趋势是什么？
- 如果任何事情都能重来一次，你希望改变哪些做法？

这样你就能够对达成目标所需的经验以及教育背景有更好的了解。

利丽克（Lyric）：不要羞于去联系你不认识的人。你可以通过信件展示你希望向他们学习的真挚意愿，这将对你非常有帮助。让我感到惊讶的是，那些成就不凡的人士——来自学术界、政界、非营利机构或商界——经常在繁忙中挤出时间给予我指导。

管理好这些人脉很有用，因为人际网络对你而言是一项宝贵的资源。你可以使用电子表格等来管理你的人脉。表 41－1 是一个示例。

表 41-1 会面及联系记录

姓名	联系信息	人物简介	会面日期	我们讨论了……/我学习到了……	需要跟进的事情

- 准备一个简短的电梯演讲：事先准备好能够在乘电梯的短暂时间里表达清楚的关于你自己和你的职业目标的演讲。这能够让你在很多社交场合自信地表现自我。电梯演讲也可以用于会议上的非正式自我介绍、邮件自我介绍以及说明信等。
- 社交网站（比如领英、推特等）能够以动态的方式让你建立自己的职业页面，访问别人的页面，链接论坛，以及在世界范围内扩展你的人际网络。
- 每个人都希望自己的付出得到回应。与对方会面之后要记得向其表达谢意。要时常与他们保持联系，即便只是一封简短的邮件、一张卡片或者一个电话。

凯利（Kelly）：你要尽可能与身边的每个人交谈，因为你永远都不知道一个好的建议什么时候会出现。在大学时，我遇到了儿童癌症相关领域的一些专业人士。通过他们我了解到，如果我想在更广的政策层面带来改变，最好有法律方面的专业背景。与一位儿科肿瘤护士的会面对我的影响很大，她所在的领域正是我已经排除掉的个人职业发展方向。这位护士告诉我，如果可以重新选择，她会去法学院攻读学位，这样她就可以影响和癌症患儿相关的全国公共政策。

【提醒】

在网上发布任何关于你自己的信息时要多加留意。在发布之前要问一下自己：这些信息或者照片适合让自己未来的雇主看到吗？

获得宝贵的经验

通过实习、志愿服务以及有酬工作获得的真实经验能够让你更好地判断一个职业路径是否适合你（见图 41-1）。在你研究各行各业之前，不妨退一步，以便从全局的角度进行思考（练习 41.1）。

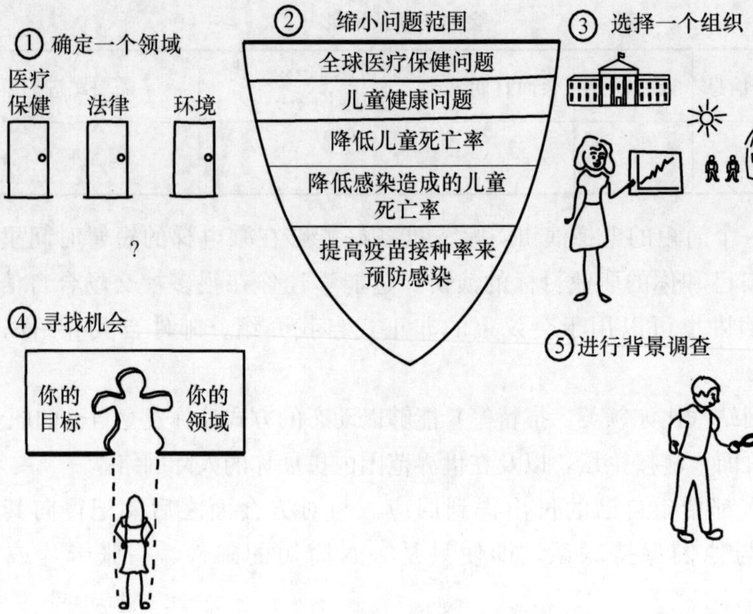

图 41-1　获得宝贵的经验

练习 41.1

全局指南

作为一个社会创新者，我希望达成的三件事情是什么？

1.

2.

3.

我现在受到的教育最终可能会帮我达成什么（比如帮我追求一份事业，或者帮我获得一个职位）？

1.

2.

3.

对于一段实习或工作经历，我的学习目标及个人目标分别是什么？

1.

2.

3.

一段工作经历带来的技能和挑战对我实现长期目标有何影响？

1.

2.

3.

既然你已经了解自己希望从工作经验中获取什么，就说明你准备好去寻找一个职业方向了。你在寻找时可以参考以下四个步骤。

将你感兴趣的领域缩小为具体事项

到目前为止，你应该十分清楚自己感兴趣的大致领域，但是可能还没有明确希望解决的具体问题。从长远来看，这就可以了，但是如果你打算获得一段工作经历，至少从短期来看，你只能选择一个希望解决的问题。比如，如果你感兴趣的领域是环境，那么你可以从诸如渔业过度捕捞、空气污染或者湖水富营养化等具体问题中选择一个。

选择一个组织

每一个问题都可以由多个不同的组织来解决。比如医疗保健问题，如果你希望解决低收入国家的医疗系统问题，你可以为以下机构工作：麦肯锡公司（私营企业）、克林顿基金会（Clinton Foundation）（非营利机构）、波士顿大学全球健康与发展中心（Center for Global Health and Development）（学术研究机构）、洛克菲勒基金会（Rockefeller Foundation）（慈善基金）或者美国国际开发署（US Agency for International Development）（政府部门）等。每种类型的组织都在完善低收入国家医疗系统的过程中扮演了独特的角色。比如，如果是为克林顿基金会工作，你可能需要和撒哈拉以南非洲的当地合作伙伴一同为艾滋病治疗项目规划和分配资源。如果是为波士顿大学全球健康与发展中心工作，你可能是一名位于波士顿的项目经理，你需要负责协调一个研究项目，该项目主要评估赞比亚的医疗系统，为阻止艾滋病病毒母婴传播的项目提供技术和后勤支持。

如果你希望为政府工作，那么你最好对其存在的官僚主义做好心理准备。你不可能在短短一个夏季乃至一年的时间里推倒一个政府部门竖起的重重围墙或者改进它的运作方式。无论在哪种情形下，为你的职位设定明确的目标，确保你在充分利用机会的同时，对你将从职位中获得的技能和经验有合理的期待。

选择地点：国内还是海外

你想在美国还是海外工作？这个选择主要取决于你最关心的问题是什么。以下是在美国国内工作和在海外工作的优缺点的对比。

在美国国内工作

优点

- 熟悉文化环境
- 开支较少（更少的旅行、免疫接种和旅行保险等开支）
- 能够更好地应对紧急情况（如家人和朋友受伤害或生病）
- 有更多的机会接受导师的指导
- 一般而言，无须应对没有现代化设施的情况

缺点

- 可能承担更少的职责，做一些单调重复的工作
- 如果你想做国际化的工作，可能缺少相关的经验
- 如果你们的工作是国际化的，你可能无法经常看到你们劳动的成果
- 美国的工作伦理有时可能会导致无法把握工作与生活之间的平衡

在海外工作

优点

- 有可能承担更多的职责
- 获得非常宝贵的见解和工作经验
- 学会如何在多元文化的环境中工作
- 通过亲身实践获得关于如何有效改变的经验，这与国外捐赠者认为正确的东西不同
- 学会如何在高压环境下有效发挥作用，以及如何创造性地解决问题

缺点

- 增加开支（旅行、免疫接种等开支）
- 有患传染性疾病的可能
- 存在安全风险，如政治动乱或犯罪
- 资源受限的生活条件
- 孤独，想家
- 作为外人带来改变的挑战
- 只能带来短期的改变
- 导师的指导可能无法像在美国国内那么系统
- 缓慢的工作节奏带来的挫败感
- 饮食可能会缺乏必要的营养

关于在低收入国家工作的提示

一般而言，去低收入国家主要从事两种类型的工作：现场工作（设想一下偏远、没有稳定供电、没有自来水、离大城市有几个小时路程的农村）和办公室工作（设想一下拥有现代化设施的城市，工作人员定期到现场工作地区出差）。如果

你计划从事国际医疗健康或者国际开发方面的工作，大多数雇主都会要求你先从事一些现场工作（一般是两年），再考虑让你从事办公室工作，所以你要试着寻找那些能够为现场工作奠定坚实基础的工作机会。虽然你将要从事的具体工作可能和你想做的不完全一致（你可能不会亲自负责拯救婴儿，但可能会协助拯救婴儿者），但是你可以更好地了解工作方式和日常活动，也能获得可用来指导你在未来的抉择的宝贵见解、技能和知识。最重要的是，这也能够帮你发现你在海外工作的局限和偏好。

信（Shin）：在莱索托王国莱里贝的农村地区生活和工作后，我有以下感受：我非常喜欢和当地的医疗保健工作者一起工作；莱索托的工作和生活节奏比其他地方要慢一些，而试图催促同事在截止日期前完成工作只会让项目的成功来得更慢；我认识到电和热水澡并不是必需的，但我确实需要摄入足够的蛋白质和维生素来避免因营养不良导致的昏厥；最后一点，离开家人和朋友的七个月是如此漫长，但是每天充满激情地工作令人满足。

寻找机会

大多数人是这样寻找工作机会的：先确定他们希望加入的知名组织，然后联系对方询问它们是否正在招募工作人员。但是，你加入的组织越小、越年轻，你通常能在里面发挥越重要的作用。不要迷恋于名气或者地位，你选择一个组织的原因应该是：它正在解决你关心的问题，它符合你的个人学习目标，并且它会聘用你。你要找的是机会，而不是大的名头。

珍妮弗（Jennifer）：我大学时就读的恰好是一所不会向非营利机构输送太多学生的学校。但是我十分清楚我想做的事情（尼泊尔的医疗和传染病防治工作），所以我花了几天时间仔细研读了关于海外学习的书籍，联系了我所在区域的尼泊尔籍的内科医生，并在线搜索了相关信息。果然，我找到了一家接受本科生志愿者在其位于尼泊尔的诊所工作的非营利机构，之后我在尼泊尔度过了非常美妙的两个月。一点点机智加上浓厚的兴趣通常会把你带到你想去的地方。

利用人脉

【小贴士】

如果你对非营利组织感兴趣，charitynavigator. org 会是一个非常有价值的资源。如果你可以提供你们公司的税务表格（代号为 990S），这个网站能为你们公司的整体效能进行评分。

你可以问问周围的人——你的同辈、教授、导师或者脸书好友——是否认识与你想去实习的组织有关联的人。他们甚至可能愿意为你转交简历。但是如果你没有这样的人脉，那也不用担心。坚持不懈和足智多谋会非常有用。一旦你有了一份工作，你就会有大量的机会为未来的发展积累人脉。

进行背景调查

一旦你找到了一个你想加入的组织，首先查看一下这家组织的财务状况、领导层和影响力等。一个让人伤心的现实是，有些非营利机构实际上难以担当“慈善”这两个字——有些机构是作为其资助方的避税天堂而存在的；有些机构长期面临资金不足或者经营不善的状况，以致它们根本无法提供任何公益服务；还有些机构则混杂了一些不应该有的特点。

关于筹资的提示

如果你是一个学生，你感兴趣的工作不支付薪酬（并且假设你没有时间和精力向家人、朋友、福布斯富豪榜上的人等寻求资助），那么你可以从学校开始寻找资助机会。很多学校都会向有兴趣从事社会服务工作的学生提供某些类型的资助。如果你的工作涉及研究，你有资格去申请一些机构的支持，你的研究成果有可能使相应的领域受益！

发展你的领导技能

通过实际工作，你能获得很多宝贵经历，这些经历能够帮你判断致力于解决社会问题的职业是否适合你，并且能以多种方式让你形成宝贵的领导技能：

- 通过实践来领导。从施粥处到医院，很多志愿者角色都需要亲身实践，比如优化流程，与其他志愿者沟通，以及募集捐助等。
- 通过动笔（或键盘）来领导。你可以建立一个网站，通过网站为大家提供关于如何支持环保的信息；或者建立一个电子邮件群发系统，通过该系统促进糖尿病患者之间的讨论；也可以就当前的人权不平等问题撰写一篇社论。

> **尤里**（Yuriy）：作为一个生活在相对保守的州的本科生，我希望能够为校园里一些小型进步运动发声。为了达到这个目的，我创办了一份讽刺报纸，这份报纸挑战了人们坚信不疑的信念，并鼓励了校园内各种观点之间的对话。

- 通过发声来领导。永远不要低估你发声的力量。比如，你可以教育社区的儿童认识毒品的危害性，通过参加市政厅会议来影响当地政策，甚至是和当地议员见面。
- 以身作则来领导。促进未来领导者的发展是最崇高的，或许也是最重要的领导力行为之一。你可以通过多种活动对社区里的儿童产生积极的影响，并鼓励他们的领导力发展：指导一个青年运动队，辅导当地小学生的课业，或者领导一支男孩或女孩童子军队伍。

> **尤里**：当我在大学创办讽刺报纸（这也是我们学校的第一份讽刺报纸）时，我没有任何管理经验。当我过于微观的管理把几位潜在的新闻记者吓跑以后，我得到了教训。成功的领导力包括招募有才能的人，比所有的下属都要更加努力地工作，尊重下属的努力（即便不认同他们的观点）等。

享受你的旅程

一段很棒的工作经历有助于你在同一领域寻找一份职业。而在其他情况下，你可能以为某个领域适合你，一头扎进去，最后却发现这个领域实际上并不适合自己。不过这没有关系，因为很少有旅途是平坦的。遇到曲折是再正常不过的，这也会为你带来一些精彩的冒险历程，所以尽情享受你的旅程吧！只要坚持指导原则，你就能一直走在正确的道路上（见图 41－2）。

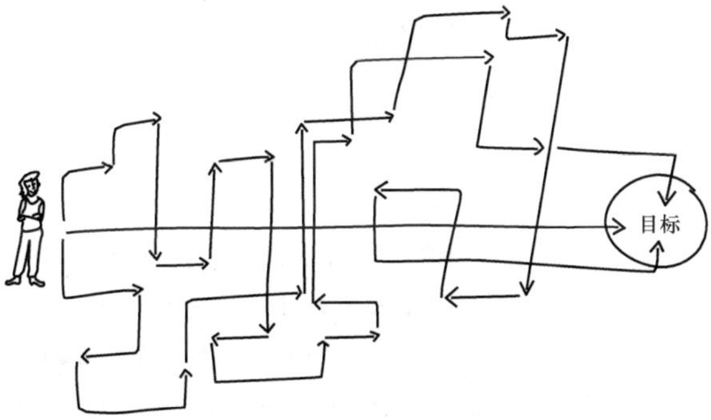

图 41－2　殊途终同归，所以请享受你的旅程

凯利：无论是过去还是现在，我的领导经历都在持续：这一经历始于中学时的一项“踩脚马拉松”筹款活动（通过一种踩脚舞蹈筹款来“踩走”白血病），之后去医院看望孩子，在营地当志愿者，为医院策划活动，写一本书，建立全国性的在线资源以及游说国会等。

随着你不断成长、学习并体验新的经历，你或许会发现吸引你的新灵感、事业以及问题。你一路上要探索自己感兴趣的事物。如果你始终如一地关注一项事业，可能会发现，随着时间的推移，你学到的东西越来越多并能发现新的参与方式，你投身于事业的状况也会发生改变。

珍妮弗：进入医学院以前，我以为我的职业生涯是这样的：我会接受流行病学领域的培训，学习关于热带感染疾病的知识，然后在一家备受尊重的非营利机构谋得一份很棒的工作。我原以为我进入医学院只是为了一纸文凭，也就是在知名非营利机构谋得一个职位可能需要的敲门砖。然而我没有想到的是，我这么喜欢临床医学。所以毕业后，我决定成为一名普通外科医生。虽然我的职业生涯路径发生了改变，但是我依然关心全球医疗健康问题。但是现在我的关注点已经转移到外科疾病给全球带来的负担，这是一项既能让我为这个世界带来积极的改变，也能让我发挥自身技能的事业。

在你追求社会变革的旅程中，会充满难以置信的成功以及重大的失败，无比清晰的时刻以及令人头疼的时刻，一生的挚友以及不尽如人意的同事。不论如何，每一段经历、每一个人都会在你作为领导者和社会变革者的旅程中给你上关键的一课。你要真诚地吸取教训，并接受一点：这些经历和人，无论好坏，都会推动你接近最终的目标。你要认识到：无论你的经历是怎样的，你都在为这个世界带来更多的美好，这本身就是非常有价值的。所以现在就开始行动吧，去做有益的事，最好能精益求精。

凯利·科特在 11 岁时被诊断出白血病。这一经历激发她参与了以下活动：增加癌症研究经费；开发关于癌症患儿的书籍；为年轻的癌症幸存者提供在线资源；在社区和医院提供志愿服务；教育医学专业的学生以及作为很多和癌症相关的活动的发言人。从法学院毕业后，凯利曾在治愈研究组织（Cure Search）担任法律事务主管，努力增加有助于儿童期癌症研究的联邦资金。

信·大名在本书出版时是健康伙伴组织（Partners in Health）心理健康方面的项目经理，任职期间他开发并管理了位于海地和卢旺达的心理健康项目。他的相关背景包括：为世界卫生组织进行政策研究；在奥巴马竞选团队担任佛罗里达州健康政策委员会主任；改进莱索托王国的医疗健康系统。

珍妮弗·卡斯滕以最高荣誉毕业于肯塔基大学。作为马歇尔奖学金的获得者，她在伦敦大学卫生和热带医学学院获得了传染疾病控制方向的理科硕士学位，并在牛津大学获得了科学和医学史方向的理科硕士学位，之后在哥伦比亚大学医学院获得了医学博士学位。在本书出版时，她是华盛顿大学的普通外科住院医生。

尤里·布鲁施特恩以最高荣誉毕业于肯塔基大学，之后以杰克·肯特·库克奖学金（Jack Kent Cooke Scholarship）获得者的身份就读于美国范德比特大学医学院。2010 年从医学院毕业以后，他在波士顿马萨诸塞综合医院的麻醉和重症监护部门被训练成为一名内科住院医生。

利丽克·陈是华盛顿的一名律师，她对实现正义、妇女权利以及法治感兴趣。她拥有哈佛大学、牛津大学以及密歇根大学的学位，也是杜鲁门奖学金（Truman Scholarship）、马歇尔奖学金的获得者，同时是一名富布莱特学者。

第 42 章
将履行社会责任作为生活方式

英雄是懂得责任与自由同在的人。

——鲍勃·迪伦

本书的大部分内容都在关注用于解决社会问题的有组织的行动和有规划的解决方案，但是创办一家企业或者非营利机构并不是促进积极改变的唯一途径。事实上，为了让可持续的改变发生在更广泛的层面上，履行社会责任应该成为日常生活的一部分。我们想传递给你的信息是：随着我们步入社会责任的新时代，我们定义社会责任的方式已经发生改变。它既不是你们在周二晚上 7：00～8：00 的志愿者会议上考虑的一个单独的问题，也不是需要发血誓的全面承诺。具有社会责任的价值观会指导你的生活方式，履行社会责任本身就是一种生活方式。

拥抱理性的理想主义

理性的理想主义是将履行社会责任作为生活方式的基础。即便你充满理想主义并愿意为了一个更好的世界去努力奋斗，也不能单凭盲目的激情去处理问题。你要理智地对待你的激情，花时间去了解社会问题的背景，研究清楚如何带来有效、可持续的改变。

单凭“我在帮助别人”或者“我在努力让世界变得更美好”这样的理由来解释你的决定和行动是不够的。以这样的思维方式来解决社会问题时，你其实是在危害你关心的事业。你要做好准备工作，并力求保证质量和可持续性。你要了解目前的真实情况，以及如何做才能获得成功并令目标受众与你们产生共鸣。你要从你对创新的激情和基于证据的逻辑中找到一种可以实现目标的快乐方法。

寻求平衡

我们通常会面临两种选择：

- 路过式行善：通过短信发送“立即帮助”向灾难救援行动捐赠 5 美元，在假期里向食物银行捐赠罐装食品，或者其他的善举。
- 人道主义行为：模仿那些既是我们的英雄，也在号召我们去行动的社会正义倡导者。他们卓有成效地解决了严重的社会问题，为此放弃了大部分的正常生活，无暇顾及自己的家人和朋友。

【小贴士】

不论你的才能或兴趣是什么，总有用到它们来履行社会职责的途径。

这些都是相对极端的选择：要么是自在随意的，要么是奉献一生的。如果你想每年捐赠 5 美元，或者搬到一个没有无线网络和自来水的地方去改善当地的状况，那就尽管去做吧。这些行动很有价值，并且会为有意义的社会进步奠定基础。但是我们希望你致力于包含两个极端以及两个极端之间的全面的社会责任行动。我们希望你有定义自己的社会责任的自由——为自己定制日常生活中的社会责任行动。

我们倡导平衡，既不把社会责任看作一件待办的琐事，也不把它看作一份全职的工作，而是把它看作我们思考自身以及世界的一种方式——把履行社会责任当作生活方式来达成目标、做出选择以及发起行动。

有目的地行动

> 不闻不若闻之，闻之不若见之，见之不若知之，知之不若行之。
>
> ——荀子

你要把价值观转变为行动。你可以通过很多方式把积极的改变融入日常生活。履行社会责任并将其作为一种生活方式，将你的价值观整合到每天的选择中：关于个人风格、人际关系、职业生涯、金融理财、健康医疗、社区生活、娱乐以及食物等的选择。这既可以是很大的事情，比如职业生涯的选择；也可以是很普通的事情，比如年假旅行地点的选择；还可以是简单到购买什么衣服或喝什么咖啡这样的选择。练习 42.1 和 42.2 将会帮到你。

练习 42.1

改进你的日程

用三件你能够做到的并且可以让你的生活方式更富有社会责任感的事情来精心安排你的日程（见图 42－1、表 42－1）。

图 42－1　每一种行为都可以更具社会责任感

表 42－1　日程安排

	通常的方式	具有社会责任感的方式
清晨		
午后		
傍晚		

练习 42.2

对目前的生活方式和人生目标进行自我评估

基于表 42-2 列出的 15 项内容，思考一下你现在分别是怎么做的。然后思考一下哪些改变——大的、小的或两者之间的——是你可以做出的，据此制定你的行动计划。

表 42-2　对目前的生活方式和人生目标进行自我评估

	我现在是怎么做的	我希望怎么做	行动计划
健康			
职业			
教育			
理财			
住房			
习惯			
爱好			
人际关系			
家人			
社区			
食物			
娱乐			
造型			
旅行			
技术			

以下是关于理财的一个例子。

我现在是怎么做的：使用在城市里有很多自助取款机的大型银行的活期储蓄账户服务。但是这些银行可能会把客户的存款投资于雇用童工或者反对工会的企业。

我希望怎么做：在一家社区发展金融机构开设我的活期和定期账户。这样的金融机构会致力于促进欠发达社区的经济发展，它们最近的投资包括：翻修一家本地学校，贷款给那些试图把新鲜农产品销售到城区的小企业。

行动计划：

（1）找到一家靠近你的社区发展金融机构。

（2）开设一个新账户，向银行经理了解一下这家银行目前正在做的社会发展工作，并确保这些工作符合你的价值观。

（3）用之前一家银行的账户支付完剩余的账单，然后销户，并确保将所有的自动支付账单都关联到新账户。

(4) 把你的资金都转移到新的银行账户。

【笔记】

如果无法通过头脑风暴想出一些可以做出的简单改变，那就访问一下WeAreWhatWeDo.org，这是一个位于伦敦的非营利机构，它致力于倡导人们在日常生活中做出一些简单的有利公益的行为改变。

采取行动

【小贴士】

经常购物吗？那就注册一个叫 SocialVest 的组织吧。通过把你在线购物金额的一部分捐赠给你选择的公益事业，这个组织可以帮你实现“有目的地购物”。

社会责任可以成为你做的任何事情的一部分。从事志愿服务，创建一家组织，或者在一家公司内部驱动改变都是履行社会责任的途径。同时，你在此之外的一举一动也很重要。起初，意识到所有行为都可以更富有社会责任感可能会让人感到不堪重负。但是你不必突然就这么做，即便做，也不需要事事都做到完美。

几乎没有任何事情是纯粹的、完美的，或者绝对好的。我们需要权衡自己的经历和观点，或者我们信任的人的经历，然后据此做出决定。没有一个适合所有人的正确的生活方式，只有适合当下的你的生活方式，这一点也会随着你的境况的改变（比如有新的经历）而改变。

【笔记】

你可以读一下《更美好的世界》（*The Better World Handbook*）这本书，它会告诉你为什么你的改变很重要。

我的价值观

珍妮特·费彻伯格（Janet Frishberg）是一位生活在旧金山的作家和社会创新者。她是 FemSexComm 的联合创始人，这是一个基于社区的研讨会。她珍视的三种东西是城市里的花园、二手书店以及英国豆子。

珍妮特：具有社会责任感的生活方式意味着我们在这三种东西上花费时间、金钱和精力的方式符合我们的价值观。你读什么书，平时和朋友或家人做些什么，与谁交谈，在哪里锻炼，所有这些都可以反映你的价值观。你为履行社会责任投入的精力既可以很小（改用不含有毒清洁剂的牙膏品牌），也可以很大（让整个社区的居民将采购本地食材的比例提高到 50%）。你把你的精力投入什么地方了？有没有让你感到生气或者沮丧的事情？你能否将这些转化成行动，从而让事情变得更好？

以现在为起点开始行动

珍妮特：从你的激情所在开始行动吧！如果你不确定你的激情所在，那么尝试思考：如果你能实现一个改变世界上的一件事情的愿望，这必须是一个驱动社会创新的利他性的愿望，你希望得到什么呢？我希望建立一个公正且可持续的食物体系。你需要问自己的下一个问题是：我以怎样的方式生活才能帮助创造一个更好的食物体系呢？

做可行的事

珍妮特：了解世界上正在发生的事情并且采取相应的措施是你的社会责任。当我 19 岁时，我去了撒哈拉沙漠。当我们驾驶一辆车前往位于沙漠的营地时，我被挂在灌木丛上的大量塑料袋惊呆了。放眼望去，连绵数里的沙漠里都是塑料袋。这是我见过的人们破坏环境的最严重的情形。由于这个经历，我再也无法像以前那样看待塑料袋，并且尽量避免使用它们。

无法避免的是，你做的任何事情都会在某种程度上影响这个世界以及其他人。你可以先咨询他人并学习如何把事情做得更好，然后采取行动去开发一种符合你的价值观的生活方式。

使之持久

珍妮特：要使之持久，就要创造结构性的改变。我的朋友莎拉在这一方面做得非常好。她在一家社区诊所开始新的工作，不久她就发现，社区诊所购买的所有清洁产品都是不可持续并有毒的。她研究了哪些替代产品是诊所可以承担并且对地球和诊所员工无害的，找到了每月负责采购这些产品的人，然后向对方解释她的观点以及她建议的替代品。结果这家诊所在当地的多家分诊点都用上了更好的清洁产品。这都是因为莎拉关心这件事，并投入时间和精力改变现状。

你如何让做更具社会责任感的事情变得更加有趣呢？有没有一种可以带来更具结构化和系统化的改变的方法呢？这种改变能够让其他人更容易地以更具社会责任感的方式去生活。一旦你做出了一项改变，这让你觉得很正常也很容易，那么你要问一下自己，下一步应该做什么。

从你关心的事物开始行动

珍妮特：有时，社会责任会令你考虑许多“不应该”和“不要”做的事：你不应该在刷牙时开着水龙头；不要乘坐飞机。绕过这些问题，问问自己：我珍视哪些东西？哪些东西对我而言是美丽的或者可怕的？什么能给我带来欢喜？我关心的是什么？

现在就走出去并创造能体现这些东西的生活。你做的事情和你的生活方式很重要，并且没人能为你代劳。

练习 42.3 可以帮你理清思路。

练习 42.3

清楚地阐明你的价值观

开始思考你关心的是什么非常重要。哪些事物对你而言很重要？你珍视的是什么？对于这些事物，你将如何分配时间、金钱和精力？花些时间来沉思一下你珍视的是什么，然后在下面列出一个清单（或者发挥一下创造力，把你的价值观画出来）。

留下一笔财富

> 你要做出的改变应是你希望看到的世界的变化。
>
> ——圣雄甘地

你很重要，你的行动也很重要。当解决重大且根深蒂固的社会问题时，人们很容易不堪重负。但是你要意识到，这个世界上发生的每一项改变，社会取得的所有进展，最终都可以归功于一个个心怀愿景和目标的个体。你有很多伟大的想法，有些会实现，有些不会。你的例子可以成为公益事业的一笔财富。即便你只做了一些简单的改变，也有可能激发别人做出更好更大的改变。每一天都是一次机会。问问自己：我能做些什么来让今天成为重要的一天？

注　　释

前言

1. Corporation for National and Community Service. (2010, June 15). Federal report shows greatest spike in volunteers since 2003. Washington, D.C.: The Corporation for National and Community Service.
2. Corporation for National and Community Service, Office of Research and Policy Development. (2010, June). Volunteering in America 2010: National, state, and city information. Washington, D.C.
3. Office of Social Innovation and Civic Participation.(2012). About SICP: The community solutions agenda. Retrieved July 2012 from www.whitehouse. gov/ administration/eop/sicp/about.

第2章

1. American Humane Association. (2011). Animal shelter euthanasia. Retrieved from http://www.americanhumane.org/animals/stop-animal-abuse/fact-sheets/animal-shelter-euthanasia.html
2. U.S. Equal Employment Opportunity Commission. Disability discrimination. Retrieved October 12, 2012, from U.S. Equal Employment Opportunity Commission: http://www1.eeoc.gov/laws/types/disability.cfm?renderforprint=1
3. United Nations High Commissioner for Human Rights. (2011). *Discriminatory laws and practices and acts of violence against individuals based on their sexual orientation and gender identity*. United Nations General Assembly Human Rights Council.
4. Same-sex marriage. (2012). Retrieved from *Encyclopaedia Britannica*: http://www.britannica.com/EBchecked/topic/753687/same-sex-marriage
5. U.S. Bureau of Labor Statistics. (2012, October 5). The employment situation—September 2012. Retrieved October 12, 2012, from United States Department of Labor Bureau of Labor Statistics: http://www.bls.gov/news.release/pdf/empsit.pdf

6. Schevitz, T. (2012, November 26). FBI sees leap in anti-Muslim hate crimes—9/11 attacks blamed for bias. *San Francisco Chronicle*.
7. The World Bank. (2011). World development report 2012: Gender equality and development. Washington, D.C. : The International Bank for Reconstruction and Development/The World Bank.
8. The World Bank. (2011). World development report 2012: Gender equality and development. Washington, D.C. : The International Bank for Reconstruction and Development/The World Bank.
9. The World Bank. (2011). World development report 2012: Gender equality and development. Washington, D.C. : The International Bank for Reconstruction and Development/The World Bank.
10. United Nations General Assembly. (1948, December 10). The universal declaration of human rights. Retrieved October 2012, from United Nations: http://www.un.org/en/documents/udhr/index.shtml
11. Ogden, C. L., et al. (2010). Prevalence of high body mass index in US children and adolescents, 2007–2008. *Journal of the American Medical Association, 303*(3), 242–249.
12. School Health Policies and Programs Study. (2007, October). SHPPS 2006—Pregnancy prevention. Retrieved October 2012, from Centers for Disease Control and Prevention: http://www.cdc.gov/healthyyouth/shpps/2006/factsheets/pdf/FS_PregnancyPrevention_SHPPS2006.pdf
13. Kirby, D. (2007). *Emerging answers 2007: Research findings on programs to reduce teen pregnancy and sexually transmitted diseases*. Washington, D.C.: The National Campaign to Prevent Teen Pregnancy.
14. Jalongo, M. R., & Heider, K. (2006). Teacher attrition: An issue of national concern. *Early Childhood Education Journal, 33*(6), 379–380; Ingersoll, R. M. (2002). The teacher shortage: A case of wrong diagnosis and wrong prescription. *NASSP Bulletin*, 16–31.
15. OECD. (2010). PISA 2009 results: Executive summary.
16. National Association of Secondary School Principles. (2011, January). Breaking down the PISA results. *News Leader, 58*(5).
17. Makin, J. (2011, December). Implications of climate change for skin cancer prevention in Australia. *Health Promotion Journal of Australia, 22*, S39-41.
18. Liou, J.C., & Johnson, N.L. (2006, January 20). Risks in space from orbiting debris. *Science, 311*, 340–341; Law, K., et al. (2010, August). Plastic accumulation in the North Atlantic subtropical gyre. *Science Express;* Pichel, W., et al. (2007). Marine debris collects within the North Pacific subtropical convergence zone. Marine *Pollution Bulletin, 54*, 1207–1211.
19. Gottret, P., & Schieber, G. (2006). *Health financing revisited: A practitioner's guide*. Washington, D.C.: The International Bank for Reconstruction and Development/The World Bank.
20. Kessler, R. C., et al. (2005, June). Prevalence, severity, and comorbidity of twelve-month DSM-IV disorders in the national comorbidity survey replication (NCS-R). *Archives of General Psychiatry, 62*(6), 617–27.

21. Office of Statistics and Programming, National Center for Injury Prevention and Control, CDC Using WISQARS. (2011). 10 leading causes of death by age group, United States—2010. Retrieved October 2012, from Centers for Disease Control and Prevention: http://www.cdc.gov/injury/wisqars/pdf/10LCID_All_Deaths_By_Age_Group_2010-a.pdf
22. U.S. Cancer Statistics Working Group. (2012). *United States cancer statistics: 1999–2008 incidence and mortality web-based report.* Atlanta: U.S. Department of Health and Human Services, Centers for Disease Control and Prevention and National Cancer Institute.
23. Hoyert, D. L., & Xu, J. (2012). *National vital statistics reports—Deaths: Preliminary data for 2011.* Atlanta: U.S. Department of Health and Human Services, Centers for Disease Control and Prevention.
24. Centers for Disease Control and Prevention. (2004). *The health consequences of smoking: A report of the surgeon general.* Atlanta: Department of Health and Human Services, Centers for Disease Control and Prevention, National Center for Chronic Disease Prevention and Health Promotion, Office on Smoking and Health.
25. The World Bank. (2012, February). An update to the World Bank's estimates of consumption poverty in the developing world. Retrieved October 2012, from The World Bank: http://siteresources.worldbank.org/INTPOVCALNET/Resources/Global_Poverty_Update_2012_02-29-12.pdf
26. The World Bank. (2012, February). An update to the World Bank's estimates of consumption poverty in the developing world. Retrieved October 2012, from The World Bank: http://siteresources.worldbank.org/INTPOVCALNET/Resources/Global_Poverty_Update_2012_02-29-12.pdf
27. R.A. (2011, May 3). Rich and poor, growing apart. Retrieved October 2012, from The Economist: http://www.economist.com/blogs/freeexchange/2011/05/income_inequality
28. Food and Agriculture Organization of the United Nations. (2010, September). Global hunger declining, but still unacceptably high. Retrieved October 2012, from Food and Agriculture Organization of the United Nations: http://www.fao.org/docrep/012/al390e/al390e00.pdf
29. Food and Agriculture Organization of the United Nations. (2010, September). Global hunger declining, but still unacceptably high. Retrieved October 2012, from Food and Agriculture Organization of the United Nations: http://www.fao.org/docrep/012/al390e/al390e00.pdf
30. U.S. Census Bureau. (2011). *Income, poverty, and health insurance coverage in the United States: 2010.* Washington, D.C. : U.S. Government Printing Office.
31. Coleman-Jensen, A. (2011). *Household food security in the United States in 2010.* Washington, D.C. : U.S. Department of Agriculture, Economic Research Service.
32. U.S. Bureau of Labor Statistics. Labor force statistics from the current population survey. Retrieved October 2012, from United States Department of Labor Bureau of Labor Statistics: http://data.bls.gov/cgi-bin/surveymost

33. United Nations Office on Drugs and Crime. (2009). *Global report on trafficking in persons.* United Nations Office on Drugs and Crime, Global Initiative to Fight Human Trafficking.
34. The World Bank. (2011). *World development report 2012: Gender equality and development.* Washington, D.C. : The International Bank for Reconstruction and Development/The World Bank; Wong, E. (2012, July 22). Reports of forced abortions fuel push to end Chinese law. *The New York Times.*
35. Savage, D. (2012, May 20). Registry tallies over 2000 wrongful convictions since 1989. The Los Angeles Times.
36. Woodward, B. (2009, January 14). Guantanamo detainee was tortured, says official overseeing military trials. *The Washington Post.*
37. Negrin, M. (2012, July 3). Guantanamo Bay: Still open, despite promises. ABC News; *The New York Times.* (2012, October 17). Guantanamo Bay Naval Base (Cuba). Retrieved October 2012, from The New York Times: http://topics.nytimes.com/top/news/national/usstatesterritoriesandpossessions/guantanamobaynavalbasecuba/index.html

第3章

1. Itaborahy, L. P. (2012). *State-sponsored homophobia: A world survey of laws criminalising same-sex sexual acts between consenting adults.* The International Lesbian, Gay, Bisexual, Trans and Intersex Association. http://old.ilga.org/Statehomophobia/ILGA_State_Sponsored_Homophobia_2012.pdf

第5章

1. Osbourn, A. F. (1953). *Applied imagination.* New York: Charles Scribner's & Sons.

第6章

1. National Coalition for the Homeless. (July 2009). Mental health and homelessness. Nationalhomeless.org/factsheets/Mental_Illness.pdf
2. Folsom D. P., Hawthorne, W., Lindamer, L., Gilmer, T., Bailey, A., Golshan, S., Garcia, P., Unulzer, J., Hough, R., & Jeste, D. V. (2005). Prevalence and risk factors for homelessness and utilization of mental health services among 10,340 patients with serious mental illness in a large public mental health system. *American Journal of Psychiatry, 162*(2), 370–376. (As referenced on nationalhomeless.org)

第7章

1. U.S. Preventive Services Task Force. (2002). Screening for breast cancer: recommendations and rationale. *Annals of Internal Medicine, 137*(5 part 1), 344–346; Yankaskas, B. e. (2010). Performance of first mammography examination in women younger than 40 years. *Journal of the National Cancer Institute, 102*(10), 692–701.

2. International Campaign to Ban Landmines. (October 2005). *Landmine monitor report 2005: Toward a mine-free world*. New York: Human Rights Watch.
3. Bruschini, C., & Gros, B. (1998). A survey of research on sensor technology for landmine detection. *Journal of Humanitarian Demining, 2*.
4. Sabatier, J. M., & Korman, M. S. (2003). Nonlinear tuning curve vibration response of a buried landmine. In R. S. Harmon, J. H. Holloway Jr., & J. T. Broach (Eds.), *Detection and remediation technologies for mines and minelike targets VIII*. Bellingham, WA: SPIE; Sabatier, J. M., & Korman, M. S., & Fenneman, D. J. (2003). Nonlinear acoustic techniques for landmine detection: Tuning curves and two-tone tests (A). *Journal of the Acoustical Society of America, 114*, 2456; Sabatier, J. M., & Korman, M. S. (2001). Nonlinear acoustic techniques for landmine detection: Experiments and theory (A). *Journal of the Acoustical Society of America, 110*, 2757.

第8章

1. Office of the Surgeon General. (2001). *Youth violence: A report of the surgeon general*. Washington, D.C.: Office of the Surgeon General.
2. Drug Abuse Resistance Education America. (2012). *The new D.A.R.E. program*. Retrieved October 2012, from The Official D.A.R.E. Web Site: http://www.dare.com/home/newdareprogram.asp
3. Hecht, M. e. (2006). The dissemination of keepin' it REAL through D.A.R.E. America: A lesson in disseminating health messages. *Health Communication*, 267–276.
4. Zernike, K. (2001, February 15). Antidrug program says it will adopt a new strategy. *The New York Times*.
5. Miller, T. &. (2008). *Substance abuse prevention dollars and cents: A cost-benefit analysis*. Rockville, MD: Center for Substance Abuse Prevention, Substance Abuse and Mental Health Services Administration.
6. Ries, E. (2011). *The lean startup: How today's entrepreneurs use continuous innovation to create radically successful businesses*. New York: Crown.
7. Rogers, E. M., & Singhal, A. (1999). *Entertainment-education: A communication strategy for social change*. Mahwah, NJ: Erlbaum.

第9章

1. Dyer, J., Gregersen, H., & Christensen, C. M. (2011). *The innovator's DNA: Mastering the five skills of disruptive innovators*. Boston: Harvard Business School Press.
2. Ries, E. (2011). *The lean startup: How today's entrepreneurs use continuous innovation to create radically successful businesses*. New York: Crown.

第11章

1. Partners In Health. (2010). *Partners In Health: A model for delivering health and social justice for the poor*. Retrieved December 26, 2012, from Partners In Health: http://model.pih.org/files/PIH-overview-and-model.pdf

2. Levinson, M. (2012). *No citizen left behind*. Cambridge, MA: Harvard University Press.
3. Levine, P. (2007). *The future of democracy: Developing the next generation of American citizens*. Boston: Tufts University Press.
4. American Political Science Association. (2004). *American democracy in an age of rising inequality*. Retrieved from: http://www.apsanet.org/imgtest/taskforcereport.pdf

第12章

1. McMillian, D. W., & Chavis, D. M. (1986). Sense of community: A definition and theory. *Journal of Community Psychology, 14*, 6–23.
2. Pentland, A. (2012). The new science of building great teams. *Harvard Business Review, 90*(4), 60–70.
3. Achor, S. (2010). *The happiness advantage: The seven principles of positive psychology that fuel success and performance at work*. New York: Crown.
4. Achor, S. (2011, June 23). The happiness dividend. *Harvard Business Review Blog Network*. Retrieved from http://blogs.hbr.org/cs/2011/06/the_happiness_dividend.html
5. Ibid.

第13章

1. World Health Organization (2012, June). *Prevention of blindness and visual impairment*. Retrieved December 1, 2012, from World Health Organization: http://www.who.int/blindness/causes/magnitude/en/index.html
2. Rani, D. P. (2010, July). Consultant, International Center for Advancement of Rural Care, LV Prasad. (S. Tyle, Interviewer).
3. Kloth, C., & Applegate, B. (2004). Inter-Organization collaboration and partnerships: A critical analysis. 2004 OD Network Annual Conference. http://www.applegateonline.com/storage/pdf/InterorgCollabArticle.pdf
4. Human Rights Campaign. (June 2012). Buyer's guide. hrc.org/apps/buyersguide/index.php.

第14章

1. Dees, G., Anderson, B. B., & Wei-skillern, J. (2004). Scaling social impact: Strategies for spreading social innovations. *Stanford Social Innovation Review*, Spring 2004.
2. GSANetwork. (2012). History and accomplishments. www.gsanetwork.org/about-us/history.
3. Dees, Anderson, & Wei-skillern.
4. Ibid.
5. Ibid.

第16章

1. Bornstein, D. (2007). *How to change the world: Social entrepreneurs and the power of new ideas*. New York: Oxford University Press.

2. Interview with Bill Drayton. (May 25, 2007). NOW on the news with Maria Hinojosa, accessed October 2, 2012. www.pbs.org/now/news/321.html.
3. Ibid.
4. Bornstein.

第17章

1. Opencontent.org. *Defining the "open" in open content.* Retrieved December 2012, from Opencontent: http://opencontent.org/definition/

第18章

1. Barnes, J. E., Noll, J. G., Putman, F. W., & Trickett, P. K. (2009). Sexual and physical revictimization among victims of severe childhood sexual abuse. *Child Abuse & Neglect, 33*(7), 412–420.
2. United Nations, Economic and Social Council, Commission on Human Rights (1996). Report of the Special Rapporteur on Violence Against Women, Its Causes and Consequences, Ms. Radhika Coomaraswamy, Submitted in accordance with Commission on Human Rights Resolution 1995/85, E/CN.4/1996/53,50.
3. World Health Organization/London School of Hygiene and Tropical Medicine. (2010). Preventing intimate partner and sexual violence in women: Taking action and generating evidence. Geneva: World Health Organization; Centers for Disease Control and Prevention. (2004). Sexual violence prevention: Beginning the dialogue. Atlanta, GA: Centers for Disease Control and Prevention.
4. Centers for Disease Control and Prevention.
5. World Health Organization/London School of Hygiene and Tropical Medicine.

第19章

1. Hochschild, A. (2005). *Bury the chains: The British struggle to abolish slavery.* New York: Houghton Mifflin Harcourt.

第22章

1. Flexible Purpose Corporation, California Corporations Code, SB 201, U.S. § 2500–3503 (2011); Benefit Corporation, California Corporations Code, AB 361, U.S. § 14600–14631 (2011)

第23章

1. Chance, J. Is it more effective to touch 100 potential customers once or 25 potential customers four times? Retrieved January 7, 2013, from http://www.businessknowhow.com/directmail/response/reach.htm; Thanks are also due to Hal Hofman, former radio executive, for his insight into marketing strategy.
2. American Lung Association. *American Lung Association homepage.* Retrieved January 7, 2013, from American Lung Association Web Site: http://www.lung.org/

3. Meeker, M. (June 7, 2010). Internet trends. [CM Summit videotaped presentation]. Retrieved from http://paidcontent.org/2010/06/07/419-mary-meekers-internet-trends-cm-summit-edition/
4. Concept Marketing Group. (2013). *Press release example and template.* Retrieved January 7, 2013, from Concept Marketing Group: http://www.marketingsource.com/pressrelease/releaseformat/
5. Polland, J. (2012, August 29). *The ultimate guide to exploring Paris in style.* Retrieved January 7, 2013, from Business Insider: http://www.businessinsider.com/paris-for-design-lovers-2012-8?op=1

第24章

1. Riesberg, D. (2007). *Cognition: Exploring the science of the mind.* New York: W. W. Norton, p. 150.
2. Andresen, K. (2006). *Robin Hood marketing: Stealing corporate savvy to sell just causes.* San Francisco: Jossey-Bass.
3. Gerber, A. S., & Rogers, T. (2007). The effect of descriptive social norms on voter turnout: the importance of accentuating the positive. *The Journal of Politics.*
4. Goldstein, N. J., Martin, S. J., & Cialdini, R. B. (2008). *Yes! 50 scientifically proven ways to be persuasive.* New York: Free Press.
5. Ibid.
6. Center for Information and Research on Civic Learning and Engagement. (2008). Youth voting: Why youth voting matters. http://www.civicyouth.org/quick-facts/youth-voting/. Accessed May 28, 2012.
7. Klem, K. (2010). *Louisville-Courier* letter to the editor.

第25章

1. National Education Association. Research spotlight on best practices in education. http://www.nea.org/tools/17073.htm, accessed June 1, 2012.
2. Gardner, H. (1993). *Multiple intelligences: The theory in practice.* New York: Basic Books.
3. Ives, B., & Obenchain, K. (2006). Experiential education in the classroom and academic outcomes: for those who want it all. *Journal of Experiential Education, 29,* 61–77.
4. Kuh, G. D. (2008). High-impact educational practices: What they are, who has access to them, and why they matter. Washington, DC: Association of American Colleges and Universities. http://www.neasc.org/downloads/aacu_high_impact_2008_final.pdf
5. Kuh, "High-Impact Educational Practices."
6. Glatthord, A., Boschee, F., Whitehead, B., & Boschee, B. (Eds.). (2012). Curriculum evaluation. In *Curriculum leadership: Strategies for development and implementation* (3rd ed.). Thousand Oaks, CA: Sage.

第27章

1. Darley, J., & Batson, C. D. (1993). From Jerusalem to Jericho: A study of situational and dispositional variables in helping behavior. *Journal of Personality and Social Psychology, 27*, 100–108.
2. Haney, C., Banks, W. C., & Zimbardo, P. G. (1973). Interpersonal dynamics in a simulated prison. *International Journal of Criminology and Penology, 1*, 69–97.

第28章

1. Ensher, E. A., & Murphy, S. E. (2005). *Power mentoring: How successful mentors and protégés get the most out of their relationships*. San Francisco: Jossey-Bass.
2. George, B. (2007). *True north: Discover your authentic leadership*. San Francisco: Jossey-Bass.
3. Zachary, L. J., & Fischler, L. A. (2009). *The mentee's guide: Making mentoring work for you*. San Francisco: Jossey-Bass.

第29章

1. Gladwell, M. (2000). *The tipping point*. New York: Little Brown.
2. Dyer, W., Dyer, W. G., & Dyer, J. H. (2007). *Team building: Proven strategies for improving team performance*. San Francisco. Jossey- Bass.
3. Weitzel, S. R. (2000). *Feedback that works: How to build and deliver your message*. Greensboro, NC: Center for Creative Leadership.
4. Gottman, J., & Silver, N. (1999). *The seven principles for making marriage work*. New York: Three Rivers Press.
5. Kouzes, J. M., & Posner, B. Z. (2008). *The student leadership challenge: Five practices for exemplary leaders*. San Francisco: Jossey-Bass.

第30章

1. Corvette, B. A. (2007). *Conflict management: A practical guide to developing negotiation strategies*. Upper Saddle River, NJ: Pearson.
2. Frey, L. R. (1999). *The handbook of group communication theory and research*. Thousand Oaks, CA: Sage.

第31章

1. Bruner, J. (1985). Vygotsky: An historical and conceptual perspective. In J. Wertsch (Ed.), *Culture, communication, and cognition: Vygotskian perspectives*. Cambridge: Cambridge University Press; Gokhale, A. (1995). Collaborative learning enhances critical thinking. *Journal of Technology Education, 7*(1); Rau, W., & Heyl, B. (1990). Humanizing the college classroom: Collaborative learning and social organization among students. *Teaching Sociology, 18*(2), 141–155.
2. Alexander, J., & Nank, R. (2009). Public-nonprofit partnership: Realizing the new public service. *Administration and Society, 41*(3), 364–386.
3. Shaw, M. M. (2003). Successful collaboration between the nonprofit and public sectors. *Nonprofit Management and Leadership, 14*(1), 107–120.

第33章

1. Lublin, N. (April 23 2012). Get the most out of your board. *Harvard Business Review*, <blogs.hbr.org/cs/2012/04/geting_the_most_out_of_your_bo.html>.

第34章

1. Chambers, R. (1995). Paradigm shifts and the practice of participatory research and development. In *Power and participatory development: Theory and practice*, N. Nelson & S. Wright (Eds.). London: Intermediate Technology Publications.

第35章

1. Drucker, P. F. (1993). *Innovation and entrepreneurship*. New York: Harper Business, p. 21.
2. Putnam, R. D. (2000). *Bowling alone: The collapse and revival of american community*. New York: Simon & Schuster.

第36章

1. Deming, W. E. (1986). *Out of the crisis*. Cambridge, MA: MIT Center for Advanced Engineering Study.

第37章

1. Hansen, M. T., Nohria, N., & Tierney, T. (March-April 1999). What's your strategy for managing knowledge? *Harvard Business Review*, P1.

第40章

1. Kolb D., & Kolb, A. (2009). Experiential learning theory: A dynamic, holistic approach to management learning, education and development. In *Sage Handbook of Management Learning, Education and Development*, S. J Armstrong & C. V. Fukami (Eds.). Thousand Oaks, CA: Sage, 2009.

Do Good Well: Your Guide to Leadership, Action, and Social Innovation by Nina Vasan and Jennifer Przybylo
ISBN: 9781118382943

图书在版编目（CIP）数据

社会企业创立指南/尼娜·瓦萨等著；刘曼红等译. —北京：中国人民大学出版社，2019.7
ISBN 978-7-300-26651-0

Ⅰ.①社… Ⅱ.①尼… ②刘… Ⅲ.①企业管理-指南 Ⅳ.①F272-62

中国版本图书馆 CIP 数据核字（2019）第 014843 号

社会企业创立指南
尼娜·瓦萨
珍妮弗·普舍贝洛 著
刘曼红　刘小兵　申长江　董伟国　译
Shehui Qiye Chuangli Zhinan

出版发行	中国人民大学出版社		
社　　址	北京中关村大街 31 号	邮政编码	100080
电　　话	010－62511242（总编室）		010－62511770（质管部）
	010－82501766（邮购部）		010－62514148（门市部）
	010－62515195（发行公司）		010－62515275（盗版举报）
网　　址	http://www.crup.com.cn		
经　　销	新华书店		
印　　刷	天津中印联印务有限公司		
规　　格	175 mm×250 mm　16 开本	版　　次	2019 年 7 月第 1 版
印　　张	27.25 插页 1	印　　次	2019 年 7 月第 1 次印刷
字　　数	520 000	定　　价	89.00 元